高等院校创新创业教育系列教材

ENTREPRENEURIAL
ETHICS

创业伦理

本力　秦弋 ＞ 著

机械工业出版社
CHINA MACHINE PRESS

本书聚焦创业伦理的基本理论，以及创业风险管理、创业机会识别与开发、创业团队建设、技术创新、商业模式设计、风险投资等创业实践中的伦理问题，结合对近年来相关典型案例的反思和剖析，在创业生态系统的视角和利益相关者理论的基础上，阐述了创业伦理的理论框架、相关原则和伦理决策方法。

本书读者定位于创业者和有创业意愿的社会人士、高等院校学生，旨在帮助他们系统提升创业领域中的伦理意识，以创建更负责任、更值得信任、更能全面可持续创造价值的企业。同时，本书也可以作为了解创业伦理思想演进及其前沿问题的通俗读物。

图书在版编目（CIP）数据

创业伦理／本力，秦弋著. —北京：机械工业
出版社，2022.8
高等院校创新创业教育系列教材
ISBN 978 - 7 - 111 - 71398 - 2

Ⅰ.①创…　Ⅱ.①本…　②秦…　Ⅲ.①创业-
职业伦理学-高等学校-教材　Ⅳ.①F241.4

中国版本图书馆 CIP 数据核字（2022）第 148416 号

机械工业出版社（北京市百万庄大街 22 号　邮政编码 100037）
策划编辑：裴　泱　　　　　责任编辑：裴　泱　单元花
责任校对：张亚楠　王明欣　责任印制：单爱军
河北宝昌佳彩印刷有限公司印刷
2023 年 1 月第 1 版第 1 次印刷
184mm×260mm · 20.75 印张 · 386 千字
标准书号：ISBN 978 - 7 - 111 - 71398 - 2
定价：64.80 元

电话服务　　　　　　　　　　网络服务
客服电话：010 - 88361066　　机　工　官　网：www. cmpbook. com
　　　　　010 - 88379833　　机　工　官　博：weibo. com/cmp1952
　　　　　010 - 68326294　　金　书　网：www. golden-book. com
封底无防伪标均为盗版　　机工教育服务网：www. cmpedu. com

前言

法国杰出的启蒙思想家孟德斯鸠曾经说过，"哪里有商业，哪里就有美德"。他还说过，"财产权是道德之神"。创业既是商业之始，也是企业财产权的源头，本身具有现代伦理的进步意义。启蒙运动鼓励人们利用理性与洞察力来改善人类的处境，也从一开始就将创新创业与伦理道德联系在一起。

但是在现实的商业和创业环境中，常常看到两种截然相反的观点：要么奉行"企业非道德性神话"，认为创业的目标就是追求利润最大化；要么更多地看到创业对道德的负面影响甚至破坏力，认为创业放大了商业社会的自私和贪婪。客观地说，这两种观点都有其合理性。前者可能主要担心对企业的道德要求侵蚀了自由市场的基础，而后者很大程度上来自对现实中"道德沦丧"的感叹，例如不时见诸报端的创业企业在获客、融资、运营中的"迷路""套路"乃至"跑路"。

长期以来，经济学家米尔顿·弗里德曼（Milton Friedman）所主张的"企业存在的目的就是创造利润"的观点被许多创业者和投资人信奉。在这种后来被称为"企业非道德性神话"观点的指引下，缺乏道德伦理约束的商业活动对社会利益的伤害愈演愈烈。

然而，这种观点已被广泛质疑，相关的反思在 2008 年全球金融危机后进入了一个新的阶段。2011 年，管理学家迈克尔·波特（Michael E. Porter）及合作者马克·克莱默（Mark Kramer）指出，企业成功的逻辑已经从单纯追求利润增长的经济价值转向追求社会整体进步的共享价值，企业不能再把自己看作孤立的个体，而要看作社会中不可分割的一部分。

因此也就不难理解，在"大众创业、万众创新"的时代大背景下，为何对于创业伦理这一创新创业教育的核心内容，却缺乏相应的学习资源。不仅社会公众和创业者知之甚少，即使是学术界和创业教育者也存在着诸多偏见和误区。实践与教育严重的不匹配和脱节便也难免，这既有"无知者无畏"的妄行，也有"利字当头"的鲁莽，还有教条主义的乏力。但究其根本，是因为创业伦理本身是一个在实践中不断更新，极为注重现实影响并具备强大生命力的学科，而伦理决策又无时无刻不体现在每一位创业者的行为中。创业者的伦理困境有来自创业者个人、创业组织和社会环境等各方面的复杂成因，从创业生态的视角，从具体情境出发，是应对创业伦理问题，提升创业者伦理能力的必由之路。

彼得·德鲁克（Peter Drucker）在《创新与企业家精神》一书中指出：创业不仅指小而新的企业组织，不仅限于经济性的组织；创业是一种行动而非个性特征；创业的基础是概念和理论而非直觉，落脚点在于价值观的改变。实践也表明，创业活动已从个体拓展到组织层面，逐渐融入传统意义上的各项管理职能中。无论新企业和小企业，还是大企业及其他形式的机构，创业精神都是组织基业长青的重要因素，也是促进个人转型和社会转型的强大力量。创业伦理能够为创业企业及每个人提供创业精神、伦理思维和行动指南上的帮助。在这一进程中，管理研究和教学更加注重文化、价值体系和社会责任。

本书的目标是：增强创业者和相关人员的创业伦理意识，把握创业中的伦理原则，帮助解决创业中的伦理问题，提升创业伦理决策能力，并思考如何使创业活动更加符合伦理，使创业者通过学习和实践，在价值观层面获得更长期、更全面、更稳固的竞争优势。本书不仅可以使创业者和有志于创业的读者能够系统学习相关的知识、方法、工具、案例，还可以帮助创业企业及其从业人员，以及个人创业者提升做伦理决策的能力，更是对创业伦理这一新兴学科的有益探索。

本书编写过程中着重体现了理论和实践的统一、经典与前沿的统一、问题和方法的统一、探索和应用的统一，具有以下特点：

1）按照创新型企业从初创到逐步发展的全过程，致力于开创性地、系统详细地解读创业中各种主要的伦理问题及其成因和影响。

2）结合近年来我国创业实践中普遍存在的伦理冲突及丰富真实的典型案例，注重吸收最新的研究成果和最佳实践。

3）将创新活动必备的伦理思想、知识、技能在"知识社会"的大时代背景下展开，尤其注重在实践中解决问题的具体方法和管理工具，使微观和宏观得到统一。

4）创业伦理本身就是一门新兴的交叉学科，本书也非常注重跨学科的研究方法，着力从分析冲突困境、指导实践实务出发，帮助读者建立多元化的伦理认知，培养解决伦理问题的能力。

本书以跨学科的视角共同描绘了创业伦理这门学科的全貌，力图帮助读者系统掌握创业中必要的伦理知识、伦理原则、伦理决策方法，并且每一章也可以单独学习和研究。

第一章主要介绍了创业伦理的基本理论体系和理论基础。

第二章以管理学大师彼得·德鲁克的"生态社会学"理论来帮助读者拓宽视野，理解创业伦理在创新创业活动中所起的决定性作用。

第三章集中在方法论层面介绍"利益相关者理论"这一主要分析方法，阐述了面对各主要利益相关者，在创业中需要解决的热点和重点伦理问题。

第四、五章分别阐述了面对创业风险和市场中的伦理，将创业的高风险和服从市场机制放到重要位置，帮助读者建立这两个方面的伦理思维框架，系统把握其中的根本性伦理问题。

第六～十章按照创业过程需要把握的五个主要方面和创业企业"从0到1"的发展进程，分别展开讨论创业机会识别与开发、创业团队、技术创新、商业模式设计、风险投资与发展等的伦理问题及应对措施，尤其注重前沿实践和情境因素，强调应对信息技术、人工智能技术、全球化等时代变化以及共享经济等新的商业模式带来的伦理问题。

第十一章又回到系统、全面的视角，从创业企业可持续发展所承担的社会责任出发，介绍了社会责任的基本理论及相关信息披露等规范和方法。

第十二章从"生态社会学"以及社会、技术、商业模式等维度，提供一个"面向未来的"前瞻性的创业伦理学科的发展框架和视角，并对全书内容做整体上的总结。

本书由本力、秦弋合著，本力负责撰写第一、二、三、五、七、八、十一章，秦弋负责撰写第四、六、九、十、十二章，全书最终由本力统稿。本书最主要的构想产生于新冠肺炎疫情最严重的时期，这也使本书有了更为特殊的意义。

感谢北京大学汇丰商学院创院院长海闻教授、汇丰金融研究院执行院长巴曙松教授和魏炜、陈玮、张坤教授的支持和指导。感谢香港中文大学（深圳）高等金融研究院政策与实践研究所所长肖耿教授、哈尔滨工业大学商学院院长马涛教授的帮助和鼓励。感谢启蒙导师胡健教授和李伯重、赖建诚、韦森、汪丁丁、王忠民教授在思想上的启发和指引。感谢何帆、吴伯凡、肖知兴、秦朔、郑磊、梁捷、徐瑾、丁建峰、岳永等诸位师友的宝贵建议和改进意见。感谢深圳市地方金融监督管理局局长何杰博士及其倡导成立的深圳金融科技伦理委员会提供的调研和研讨机会。感谢机械工业出版社裴泱在选题策划和出版过程中的辛勤付出。

诺贝尔经济学奖获得者罗默在20世纪90年代写的论文中提醒道，"在技术的支撑下，世界处在持续变化的过程中，随着生产力的提高，技术不断地解放着人们的思想。从某种程度上来说，最稀缺的东西就是人类智慧的力量"。正如一场有着远大目标的创业，尽管仍有诸多不尽完美之处，我们仍笃信，本书坚定地朝着人类进步的方向迈出了关键一步。

作　者

目录

第一章
创业伦理的
理论基础

学习目标

1. 从伦理层面了解创业的重要意义
2. 掌握伦理学的三大理论体系
3. 熟悉社会责任运动对伦理发展实践的助推作用
4. 了解创业者为何需要学习伦理
5. 了解创业伦理需要解决的核心问题
6. 熟悉创业伦理的跨学科背景

导入案例

电子烟禁令难挡风口 资本像抽大麻一样"上瘾"

一、颇有争议的生意

依靠"上瘾"赚钱的电子烟行业，最近被推上了风口浪尖。一边是巨大的市场空间，吸引着大量资本的进入，把行业推上了风口；另一边是越发趋严的控烟令，让行业的发展面临较大的不确定性。

这不，投身电子烟行业的罗永浩近期不断发声，为行业呐喊。在连续为小野电子烟打广告之后，罗永浩微博承认自己不仅是为电子烟站台，而且是全情参与。老罗发布微博表示，"电子烟是烟民的减害产品，不能用于戒烟，烟草成瘾性主要由尼古丁造成（当然危害主要是焦油和其他燃烧有害物造成的）某些电子烟的尼古丁含量比烟草还高，所以谈戒烟是扯淡的"。

然而，2019年3月15日夜间，央视的3·15晚会点名电子烟，质疑行业所声称的"抽电子烟对身体没有危害"的说法。节目播出不到一小时，苏宁、天猫、京东等电商平台纷纷屏蔽了"电子烟"关键词。

与此同时，全国多地也相继出台了有关电子烟的禁令。央视3·15晚会的曝光，让当时已经高调进入电子烟行业的罗永浩，又一次从风口上摔了下来。不过，此后不久，各大电商平台逐渐取消了对"电子烟"的屏蔽，罗永浩也重新开始高调站台电子烟。

二、担忧

虽然全国多个城市相继发出电子烟禁令，但是深圳华强北的电子烟老板张祥（化名）并不太在意。

"只是限制公共场合，所以并不太会影响生意。"他对第一财经记者说，"而且，现在国内绝大多数消费者不太习惯抽电子烟，生意本来就算不上好"。

让他不在意的真正底气是，他的电子烟瞄准的并非国内市场，而是国外庞大的市场。

作为全球最大的电子烟制造基地，深圳近日拟升级"控烟令"，电子烟也将被纳入黑名单，堪称当地"史上最严控烟令"。不仅仅是深圳。此前，香港、澳门特别行政区和杭州、南宁等城市也已规定：公共场所禁止使用电子烟。

不过，由于用户习惯问题，电子烟主要用于外销，短期来说电子烟禁令对厂家影响不大。与此同时，随着大麻在部分国家和地区逐步合法化，大麻和电子烟的组合备受资本追捧。

深圳市无烟城市项目技术官员熊静帆对第一财经记者表示："深圳将电子烟与传统烟草制品一样纳入管控，拟在所有的禁烟场所禁止电子烟使用，同时也禁止电子烟的广告、促销和赞助，目标是保护公众健康，让更多的人认识电子烟的危害。"

她认为，长期以来，电子烟市场有两大误导：一是认为电子烟没有传统烟草制品危害大，二是可以帮助吸烟者戒烟。"生产商以电子烟可以帮助戒烟进行广泛宣传，误导公众，使之对电子烟的危害认识不足。早在2016年，世界卫生组织就已建议各缔约方对电子烟实施有力的监管措施。"

值得关注的是，电子烟的流行在青少年人群中尤为突出。近年来全球电子烟市场成倍增长，尤其是在青少年人群中使用率显著上升。研究已经证实，从未吸烟的青少年使用电子烟会使其开始吸烟的可能性增加至少一倍。

资深控烟人士、新探健康发展研究中心副主任吴宜群也有同样的忧虑。在她看来，"让不抽烟的人上瘾，是电子烟最大的罪恶"。

她对第一财经记者说："电子烟里含有尼古丁，容易上瘾。而且电子烟外形设计得很漂亮，多种多样，有的像支笔，有的像U盘，很酷炫，还有的科技感很强。如果不管制电子烟，青少年随便买来吸，一两次就会上瘾。"

虽然目前电子烟在我国的市场份额还相对较低，处于刚刚起步阶段，但吴宜群担心，爆发的趋势很快会到来。"我国现在青少年吸电子烟的比例虽然没有美国高，但是和3年前相比，增幅很大。可怕的是，大多数电子烟是'三无'产品，无产品标准，无质量监管，也无安全评价。"

三、飞蛾扑火般的资本

虽然面临争议，但是资本对电子烟行业的关注度正在迅速提升，电子烟堪称2019年最火的创业风口之一。

据天风证券统计，2018年之前，市场公开的新型烟草融资数量仅在1~2笔，2018年公开的新型烟草融资数量猛增至8笔，其中包括IDG等顶级资本入局。

虽然多个城市先后发布禁令，但是由于目前电子烟以外销为主，短期来看对该风口行业影响不大。

一家大型电子烟企业人士对第一财经记者说："禁烟令对国内市场或多或少肯定有影响，但是电子烟企业的市场主要是在国外。例如，去年我们的产品主要销往日本等国，在国内平台上只有少量的销售。"

目前，仅有加热不燃烧制品的烟弹受国家烟草专卖局监管，电子烟及加热不燃烧设备暂无明确监管条令。天风证券研究认为，监管未来将细化，其中电子烟国家标准相关计划正处于批准阶段。

（资料来源：第一财经资讯. 罗永浩高呼进军电子烟　禁令难挡风口　资本像抽大麻一样"上瘾" [EB/OL]. [2022-01-10]. http://www.yidianzixun.com/article/0Lt2gHTF.）

案例讨论分析

1. 电子烟的争议和风险是否在创业中具有共性？

2. 创业为什么不仅要顾及法律和现有的监管，也要有道德上的考量？

3. 在本案例中，我们应该如何从伦理角度进行推理和思考？

第一节　引论：伦理在创业中的基本意义

创业具有伦理上的进步意义，具体表现为以下几点：

1. 创业本身是时代进步的体现

20 世纪 90 年代以来，在以电子信息为代表的新技术迅猛发展、应用和资本市场日渐发达的大背景下，我国人民的创新创业激情被空前激发，通过创业获得巨大财富和社会影响力的传奇故事不断上演。可以说，创业是当前这个时代最能代表活力和能力的一个词语。

其活力在于，创业在强调创业团队的同时，尤其推崇个人创造力和影响力，在大幅解放生产力的同时，诸多成功创业的企业家成为人们心目中的明星和偶像。这种创造力通过思维上的引领、技术上的赋能和持续创造新的商业模式、市场价值，不同程度地参与新的经济结构，人们生产生活方式不断被打破和再均衡，最终实现经济持续增长和社会不断进步。而且由于数字技术的发展和广泛应用，政府的积极倡导、支持和鼓励，在我国创业的门槛大为降低，大量的普通创业者参与其中，并涌现出成千上万平民出身的创业英雄。

在约瑟夫·熊彼特（Joseph Schumpeter）这位伟大的经济学家看来，人类经济增长的动力正是归因于这种"创造性破坏"，其中的核心是他所定义的"企业家精神"。例如，由于摩尔定律和梅特卡夫法则⊖，在互联网产业中，以我国有史以来最快的速度产生了一批全球领先的创业企业，在这一轮全球新经济的竞争中实现了"弯道超车"。但马化腾、雷军、王兴、张一鸣、黄铮等企业家被社会瞩目，并不仅

⊖ 1993 年，美国科技先驱、3Com 创始人罗伯特·梅特卡夫提出了这样一个理论："如果只有 1 部电话，它不产生任何经济价值；如果有 2 部电话，电话网络的经济价值等于电话数量的平方，即 4；如果有 3 部电话，其网络经济价值上升到 3 的平方，等于 9……"它的本质是：网络聚集的用户越多，产生的价值越大。当用户超过一定阈值，就会出现指数性增长。

是因为他们通过发掘创业机会、整合资源，以空前的速度和规模积累了国人前所未有的个人财富，代表了迄今为止中国人在商业价值创造上的最高水平；也不仅是因为他们创建的企业创造了数以万计的就业岗位和工作机会，纳税用于国防、消防等公共品和兴建学校、医院、道路等公共设施；更重要的是，他们以企业家的身份和企业家精神参与经济结构和社会转型的演进中，为改变世界贡献了力量。

归根结底，这是社会主义市场经济发展带来的伦理观的结果，这种伦理观遵循市场规律、注重个体贡献、突出创造价值，符合社会发展的规律，并且正是由于这种伦理观的进步，最终推动了我国进一步的现代化。随着我国市场经济的创新发展和创业实践领域的巨大进步，创业在伦理上的进步性也相应成为一整套社会化伦理治理体系的重要组成部分。

2. 伦理决策是创业者必备的素养和能力

无论什么样的创业者，只要通过创立企业，提供更受市场、消费者欢迎的产品和服务来增进财富和发展经济，创造市场价值、社会价值，就不仅是个人创新或者管理能力本身的问题了。这种商业意义上的成功，能够在一定程度上体现企业家在创业领域所蕴含的能力，但还不够完整，至少还应该包括创业者关于道德选择和伦理决策方面的能力。这些能力决定了其树立良好品牌形象的能力、塑造优秀企业文化的能力、协调内外部不同合作者利益诉求的能力、推动行业发展的能力、承担社会责任的能力、促进而不是阻碍社会进步的能力。

随着"大众创业、万众创新"的热潮，国内的各种创业类出版物也前所未有的丰富。问题在于，绝大多数的创业类著作主要是讲如何获得前一种能力，而很少论及后一种能力，关于创业伦理的专著基本上是空白。因此，在技术进步带来的"指数化增长"和"逆全球化"的冲击下，创业领域伦理理念和教育上的缺失导致的问题和悲剧层出不穷。其实，这种情况并非国内独有，早在 21 世纪初就有国外学者指出，现有研究大多考虑了大型成熟企业的伦理，却忽视了伦理在中小企业包括新创企业中的重要作用。[一]

创业者及其企业的行为，不但对员工、客户、合伙人、投资人、金融机构、政府、行业协会等相关方乃至生态环境、社会环境负有经济上、法律上的责任，而且也负有人类共同的道德责任。这种道德责任与创业者的价值观和企业的品牌声誉息息相关，一旦出现受舆论谴责的非道德行为，对其商业价值方面会产生巨大的杀伤力。即使瑞幸咖啡等一些曾经成功上市的明星创业企业，也由于财务造假等事件引

⊖　SPENCER L J. Ruthierfoord R. Small business and empirical perspectives in business ethical: Editorial
　　[J]. Journal of Business Ethics, 2003, 47(1): 1-5.

发市值缩水，以及国内外投资者的索赔及中国和美国证监会的调查和处罚，相关造假人员面临刑事责任。一度非常受追捧的开展大数据爬虫业务的诸多征信企业，由于触犯了个人隐私保护方面的法规，以及暴力催收等问题，近年来也频频被监管机构和执法机构整顿、处罚，不少这一领域的创业企业就此走到尽头，数万名该行业的工作人员受到影响。

一言蔽之，创业伦理是创业活动与社会关系的基础。创业能否成功，不仅取决于企业的规模和利润等财务因素，也取决于企业与包括员工、客户、供应商、股东、金融机构、媒体、社区等利益相关者的良好关系，乃至更多的非财务因素。具有建立良好关系、声誉、品牌和输出价值观的能力，与前一种创造利润的能力息息相关。因为一个企业在创办发展过程中，会不断地遇到各种利益冲突，在这种利益与道德的困境中，持续正确的分析判断和决策至关重要。对于尚在成长期、相对脆弱的创业企业，如果说前一种能力是硬实力，后一种能力可谓软实力。

由于这种软实力对企业是一种长期目标和整体性目标，并难以量化，因而常常被忽视或者弱化，甚至出现创业企业争先突破业内底线和践踏公序良俗获利的行为——这被称为"逐底竞争"，例如生产对儿童健康安全有害的产品、侵犯知识产权、在用工中歧视女性、在财务报表中虚增利润等。

硬实力决定成败，但软实力常常决定生死。伦理问题导致的灾难性后果乃至毁灭性打击已经成为创业企业失败的重要原因之一。因此，任何创业企业和创业者都必须敬畏伦理，这对创业活动的稳健、高效起着决定性作用。创业伦理已经成为创业者和创业企业亟待面对和解决的核心问题。

3. 创业中的伦理问题是时代进步亟待解决的重要问题

我们采取的每一项行动都需面对伦理问题，我们的每个决策都离不开道德考量，伦理决策是每个人的日常事务。人的行为是否具有正当性，需要在道德层面的实践、反思、抉择，用古希腊哲学家苏格拉底的话来说，就是"未经检验的生活不值得度过"。

人类社会的伦理建立了人们行为的基本原则和标准。对中国人影响极大的儒家经典著作《论语》首先倡导的是一系列的道德准则，犹太教和基督教传统里的十诫、佛教里的五戒等也都是具体的伦理原则。在一个文化范畴中，首先要解决的问题就是学习如何按照这些相应的基本伦理原则生活。

但是，在实践中，不同的伦理原则、标准之间会出现相互冲突的情况，而且随着时代的发展，道德原则和伦理体系也会产生"新陈代谢"。例如"少活二十年，也要拿下大油田""有条件要上，没有条件创造条件也要上"的大庆会战的创业精神是历史上的道德丰碑，但是现在整体社会接受了更加尊重生命和自然规律的人性化、科学化的工作伦理。又如，对于颇受争议的大学生休学创业，随着时代进步也有不同的态度——对此，本书会进一步讨论。这给创业中的伦理决策带来一定的难度，也是产生创业伦理问题的重要原因之一。

著名伦理学家、北京大学教授何怀宏倡导底线伦理，并认为"底线伦理观点是一种同时强调社会伦理的基本性和普遍性的观点，主张'不可伤害、不可欺诈'和'权责相符'、职业操守这样一些基本道德规范是社会所有成员都应遵循的。而且，这种基本性和普遍性是相通的：能够成为基本道德规范的行为准则都是'可普遍化'的，即用于自己的行为准则能够且必须用于他人、用于所有人；这样过滤下来的行为准则和规范，也就具有了一种基本性。反过来说，也正是因为它们是有一种基本性，不涉及高迈的价值追求和终极关切，就可以且应不论出身、不问身份，平等地要求所有社会成员遵守"。

本文开篇案例中提到的电子烟的创业，曾一度受到创业者和资本追捧。数据显示，我国电子烟企业从 2013 年的 45457 家快速增长至 2020 年的 168452 家。[一]但是由于其选择的赛道存在健康安全、未成年人保护等方面的问题并逐步发酵，相关的监管政策越来越严格。2019 年，由国家烟草专卖局、国家市场监督管理总局发布的《关于进一步保护未成年人免受电子烟侵害的通告》之后，电商平台将电子烟产品及时下架，但其"成瘾性"和对健康的危害仍然备受质疑。2021 年 3 月 22 日，工业和信息化部公布《关于修改〈中华人民共和国烟草专卖法实施条例〉的决定（征求意见稿)》，拟在附则中增加一条，作为第六十五条："电子烟等新型烟草制品参照本条例中关于卷烟的有关规定执行。"这个条款对国内电子烟产业产生了根本性的影响，引发相关上市公司的股票暴跌。

对电子烟加大监管力度已成全球共识。2016 年 5 月 5 日，美国食药监局发布了电子烟管控办法，强制要求 2007 年以后上市的所有电子烟产品必须通过一系列极其昂贵的检测方可继续销售。2019 年 9 月，美国疾病控制与预防中心对公众发出了"停止使用致癌电子烟产品"的警告，Juul 等电子烟龙头企业在美国市场的销量一路下降。2020 年年初，美国又实行了调味电子烟禁令，导致 Juul 撤下了包括多种水果味在内的调味产品，只保留了烟草和薄荷口味的烟弹。此外，Juul 目前在美国陷入了青少年流行病的指责。美国多个州发起了对 Juul 的起诉，指责其利用互联网发布吸引青少年的广告以发展用户，更有数十个学校发起了对 Juul 的诉讼。《华尔街日报》报道，2020 年 9 月 2 日，Juul 表示，正计划实施另一轮大规模裁员，并考虑

㊀ 和讯名家. 电子烟熄灭了 [EB/OL]. (2021 - 03 - 29) [2021 - 11 - 04]. http://news.hexun.com/2021 - 03 - 29/203297991. html.

停止在欧洲和亚洲市场销售电子烟。⊖ 与此同时，电子烟的征税也被提上日程，截至2020年12月28日，美国对电子烟征收烟草税的州数上升到29个。

随着社会进步和人们对环境、健康、安全等方面诉求的不断提升，在这些方面有负面作用和影响，以及有违公共利益、公序良俗和社会稳定的创业机会只会遭到更加严格的监管和整顿。例如，在国内曾经成为"风口"的P2P，已经在数次全行业清理后成为禁区。在创业机会的选择中，创业者不仅需要评估其经济因素和获利能力，还应从伦理和价值观角度加以评判、决策，而且战略层面的创业伦理决策并不是一劳永逸的，需要动态把握和及时调整。正如有人所感慨的，导航软件经常会说三句话，"你已偏离路线""正在为你重新规划路线""请在合适位置掉头"，在创业的路上，如果有人经常给我们说这三句话该多好啊！

据有关媒体报道，大约8成以上的新创企业向公众公布的融资额都会虚高好几倍，这一数字高于10倍也是稀松平常的，甚至有些企业把多次分阶段的融资当作一次融资额的数据公布于众。这种虚报融资额的行为不是通常意义的企业财务问题，而是包括投资人、创始人、创业团队乃至中介机构在内的人共同所为。很多创业者透露，他们存在夸大融资额的行为，而作为衣食父母的投资人自然也乐于见到公众对新创企业的赞赏。虽然在创业融资阶段没有人会揭穿新创企业的谎言，但是一旦到了IPO阶段，招股说明书上的融资额会实实在在地戳破之前的谎言。例如某新创企业IPO阶段公布的融资额仅为之前公布的融资额的25%，这不得不让公众对这些新创企业的诚信和公信力严重质疑。⊜

2013年，《中国企业家成长与发展专题报告》通过对4015家企业的调查发现，企业在创业阶段发生的商业贿赂等不道德行为的比例高于企业成长、成熟衰退阶段发生的比例。

正如杰弗里·弗里德曼（Jeffrey Friedman）和理查德·波斯纳（Richard Posner）所指出的："在健全的法律和监管下，通过激励利益最大化、竞争和创新行为，欲望成了创新和经济增长的引擎。然而，如果没有适当的制度和监管约束，欲望将退化为寻租、腐败和犯罪。"⊜ 没有道德伦理边界的创业是可怕的，许多知名创业者由于在伦理上突破底线，对自己和企业乃至社会造成打击和伤害，最终退出了历史舞台，

⊖ 常蕾. 电子烟溃败，Juul 收缩过冬 [EB/OL]. (2020 - 09 - 03) [2020 - 09 - 21]. https://www. bbtnews. com. cn/2020/0903/367655. shtml.

⊜ 李逸. 领头创业者伦理对创业团队成员变动与产品创新的影响研究 [D]. 武汉：华中科技大学, 2016.

⊜ ACEMOGLU D. The crisis of 2008: Structural lessons for and from economics [J/OL]. CEPR Policy Insight, 2009, 28 (1) [2021 - 11 - 08]. https://cepr. org/sites/default/files/policy_insights/PolicyInsight28. pdf.

遭受牢狱之灾的也不乏其人。

在近年来频频发生的伦理事件中，备受社会关注、引起轩然大波的 2018 年 11 月"世界首个基因编辑婴儿"，也与创业相关。该事件主要责任人贺建奎将其作为所创办企业的主要业务方向之一。在引发了全球各国学术界的一致谴责后，2019 年 1 月 21 日，根据媒体公开信息，广东省"基因编辑婴儿事件"调查组将其定性为"为追逐个人名利，自筹资金，蓄意逃避监管，私自组织有关人员，实施国家明令禁止的以生殖为目的的人类胚胎基因编辑活动"。最终，事主不但身陷牢狱，其创业和研究生涯中断，也被所在研究机构和学术共同体摒弃。

相反，一些具备伦理素养和伦理决策能力的创业者，不但能够有效解决伦理问题，负起相应的道德责任，而且能够通过企业影响社会，成为社会价值观的引领者，使这种能力成为成功创业和企业可持续发展的基石。1983 年，杰弗里·蒂蒙斯（Jeffry Timmons）和霍华德·史蒂文森（Howard Stevenson）对哈佛商学院总裁班 128 个企业的总裁及创始人做了一次调查。他们的企业销售额大多在 4 亿美元左右，平均年龄在 45 岁左右，一半是自己企业的创始人。他们被问到对企业成功最关键的因素是什么，72% 的答案强调了道德标准是长期成功最重要的因素。

2018 年，入选"改革开放四十周年 100 位杰出贡献人物"中的多位创业领域的领袖级人物，就是经济责任、道德责任两种责任及相应的能力兼具，并获得主流社会认同、推崇的创业家。

第二节　创业者为何需要学习伦理

一、伦理是创业价值的深层次体现

与创业联系在一起的是自由、平等、包容等价值观，或者说创业可以看作是以这些价值观在鼓励人们变革。创办企业、参与市场竞争的伦理实践是促进社会进步的积极力量。

我国在古代长期处于封建专制统治之中，各种形式的等级制度形成了牢固的身份社会，在这种僵化、腐朽的社会中不但特权横行，滋生食利阶层，也让底层的普通人失去了上升通道和努力方向，同时腐败肆虐、效率低下，经济停滞不前，社会最终瓦解。隋唐以后，官方推行的科举考试之所以能够带来社会整体的活力，成为打破阶层固化的重要机制，就是因为其孕育着平等和奋斗带来的机会，而这种机会成为无数普通人通过努力奋斗改变命运成为精英的澎湃动力。

对于西方社会等级制度的瓦解，北京大学教授厉以宁先生曾指出：工业化导致的最本质的进步，还是由于收入分配结构和社会凝固化导致的社会不公和缺乏活力被不断打破。[⊖]在这种进步中，创业是其中最具有个人色彩的。诸多推动时代进步的创业者，从蒸汽时代的瓦特，到电气时代的爱迪生、特斯拉，再到信息化时代的比尔·盖茨、乔布斯、贝佐斯、马斯克，他们不仅是技术变革的弄潮儿和技术创新的推动者，更是把握时代趋势利用商业机会成功创业，突破既有阶层、实现自我并引领创业大潮的革命者。

爱迪生是电气时代世界上最伟大的发明家和创业家，但是他曾经只是一名电话接线员，过着流浪似的生活，生活没有保障。爱迪生曾换了十个工作地点，五次是被免职，另五次是自己辞职，足迹所至斯特拉福特、艾德里安、韦恩堡、印第安纳波利斯、辛辛那提、纳什维尔、田纳西、孟菲斯、路易斯维尔、休伦。爱迪生最终完全是通过创业改变了命运，并影响了世界。他被美国的权威期刊《大西洋月刊》评为影响美国的 100 位人物第 9 名。

爱迪生是"美国梦"的一个重要符号。人们津津乐道的"美国梦"意味着每个人都有可能通过奋斗拥有美好的生活。表面上看是收入大幅度提高后以住房、汽车等为代表的生活品质的改善，但更重要的正是市场和商业带来的自由和平等机会。像爱迪生一样白手起家，通过创业打破阶层固化和成就梦想，是最有说服力的实现"美国梦"的途径。"在美国以大学为基础的创业企业的普遍现象被称为保时捷原理。这个原理是，校园里的教授或研究生创建企业最大的动力之一，是当他们的一位同事卖掉创业企业后开着新款保时捷兜风。"[⊜]

创业过程的核心是创新精神，熊彼特也将其定义为能够实现"创造性破坏"的企业家精神，其根基在于个人主义的伦理观。美国国家科学基金会、美国商务部在 20 世纪八九十年代组织的研究发现，自第二次世界大战以来，小型创业企业提供了美国所有技术创新的一半，以及所有突破性创新的 95%！其他研究表明，小型创业企业的研发活动比大企业更有成效、更强健。较小型的企业单位研发投入获得的创新产出是大企业的两倍；科学家人均创新产出也是大企业的两倍；单位研发投入的创新产出是拥有万名以上员工企业的 24 倍！[⊜]这个研究结果公之于世时，令很多人感到震惊。

───────────

⊖ 厉以宁. 欧洲经济史教材 [M]. 北京：中国人民大学出版社，2015：238.

⊜ 黄，霍洛维茨. 硅谷生态圈：创新的雨林法则 [M]. 诸葛越，许斌，林翔，等译. 北京：机械工业出版社，2015：225.

⊜ 斯皮内里，亚当斯. 创业第一课 [M]. 浦汉淞，译. 北京：中国人民大学出版社，2017：30.

对于我国经济奇迹的根源，经济学大师科斯也曾在《变革中国》一书中提出过类似的原因，其中很重要的改革是同时由几种"草根运动"推动的，并将其称为"边缘革命"。总之，创业及其背后的企业家精神推动了社会整体的发展进步。研究表明，"世人常道，创新的时代，穷人变得更穷。实则不然，恰恰相反，穷人是现代创新的主要受益者"。○

与推崇个人奋斗和勇于创新探索的价值观的创业活动相反，社会上另一种更常见的选择是坐享其成和成为既得利益者，以及与之相联系的寻租、依附、食利等行为。在这种价值观之下，许多有潜力的青年将主要精力投入在收入分配中占据有利地位，而忽视甚至放弃了更为本质和更有可能产生颠覆性力量的创新创业，以及相关的技术、商业的变革与发展。

电力、石油、电信、航空等行业曾经是许多一流高校毕业生的首选方向。但随着信息技术的发展，尤其是互联网进入我国 20 多年来，数字经济等新兴的创业领域获得指数级的蓬勃增长，创业者以及创业企业从市场上得到其他工作方式无法比拟的超级发展机会，个人的知识、能力、眼界等也在创业和商业活动中不断迭代进化。阿里巴巴、腾讯等互联网巨头及一大批涉及各个新经济领域的独角兽创业企业还拥有比较有利于创新的股权激励措施，并获得资本市场的青睐。这些企业的飞速发展，使众多创业者发展和积累财富的空间和速度大大提升，而那些毕业后在国企的中国顶尖高校甚至国际名校的优秀人才，却由于过早选择了稳定的工作和生活方式而错失了"风口"，甚至许多人由于生活优渥过早放弃自我奋斗和个人提升，视野和能力停滞不前。

2015 年，李克强总理在《政府工作报告》中提出"大众创业，万众创新"，每到一地考察，他几乎都要与当地年轻的"创客"会面，希望激发民族的创业精神和创新基因。近年来，人们对创业的价值观上的认识有很大进步。2020 年 7 月 4 日，由中国人民大学、中国高等教育学会创新创业教育分会联合主办的《2019 中国大学生创业报告》报告指出，2019 年有超过 75% 的受访在校大学生具有创业意愿，其中有超过 25% 的在校大学生的创业意愿较强。通过与 2017 年以来的持续调查数据对比，结果显示大学生创业意愿更加趋于理性，受访者有更明确的发展方向。大学生创业动机持续表现为以机会型创业动机为主，表明在校大学生创业动机主流是满足自身愿望、兴趣与实现价值相结合。○根据《2019 年中国大众创业万众创新发展报

○ 麦克洛斯基. 企业家的尊严：为什么经济学无法解释现代世界 [M]. 沈路，陈舒扬，孙一梁，译.
北京：中国社会科学出版社，2018：94.
○ 邹硕. 中国人民大学发布《2019 中国大学生创业报告》[EB/OL]. (2020－07－05)[2020－09－21].
https://cn.chinadaily.com.cn/a/202007/05/WS5f014de3a310a859d09d60ea.html.

告》，2019 年，国内新登记注册青年创业者达到 446.7 万人，增长 4%；大学生创业者 74.1 万人，增长 9%。⊖ "为自己工作"，这种带有个人解放意味的使命感及蕴含在其中的 "道德激情" 是优秀的乃至伟大的创业者必不可少的精神内涵。对高风险的创业活动的容错文化和机制也是让更多的优秀人才跨入创业领域的重要动因。

根据《全球创业观察 2018/2019 中国报告》，我国创业活动的产业分布主要集中在以批发、零售为主的客户服务业，占全部创业活动比例的 60% 以上。虽然创业活动中以专业服务业、金融、管理服务为代表的商业服务业创业比例，10 年间由 2.5% 提高到 14.3%，但与发达经济体相比仍有明显差距。此外，我国创业环境中的相对短板是学校创业教育、研发转移，以及商业和法律基础设施，亟待加以改善。

对创业在价值观层面的认识，既是个人冒着风险以创业追求自由、公正的深层次动力，也是社会对人类整体利益的更高层面的考量。这种注重创新、突出个人贡献的价值观和伦理实践，相对传统尤其是东方社会相对保守、不利于创新的集体主义伦理，无疑是一种巨大的进步。因此，理解创业伦理的价值观内涵，是理解创业者为什么要学习创业伦理的起点。

二、伦理是一切创业活动的灵魂

创业是一个从 0 到 1 的过程，也是一个创造行为规范和道德标准、伦理文化的过程。在创业中，企业发展的实力和环境相对脆弱，容易发生各种冲击，甚至产生一些比较大的动荡。如果合伙人、员工、投资人及更多相关的利益方能够对其道德规范、伦理文化有更强的认同和共识，就会更容易增加相互的信任，促进忠诚度，赢得长期合作的成功前景。

创始人决定了创业企业的基因，也塑造了企业的价值观和核心文化，很大程度上是创业企业的灵魂。一些创业英雄成为真正的商界领袖之后，也会激励一代又一代的创业者。洛克菲勒是比尔·盖茨的崇拜对象，他曾经说："我心目中的赚钱英雄只有一个名字，那就是洛克菲勒"。洛克菲勒曾垄断全美 80% 的炼油工业和 90% 的石油管道生意。他给孩子写的 38 封信没有讲如何赚钱的秘密，而是大谈特谈品德和价值观，"我信仰个人的价值至上，我信仰个人对生命、自由和追求幸福权利的价值无与伦比。我相信每一种权利皆包含一种责任，每一个机会皆包含一个义务，每一次拥有皆包含一份职责"。

⊖ 中国产业经济信息网.《2019 年中国大众创业万众创新发展报告》发布创新创业呈现五个 "更加聚焦" [EB/OL].（2020 – 08 – 25）[2020 – 09 – 21]. http://www. cinic. org. cn/hy/zh/903031. html? from = singlemessage.

比尔·盖茨本人也是一个将企业伦理贯穿创业与商业活动全过程的企业家。在微软进入中国之初，他就推动了面向落后地区赠送计算机、提供免费培训计划，并实施了 20 余年。近年来，面对人工智能等新兴技术在伦理上的挑战，微软内部成立了伦理道德委员会，由产品开发、研究，法律事务，人力资源等部门的负责人组成，并推出了六项人工智能伦理道德准则，它们包括公平、可靠和安全、隐私和保证、包容、透明和责任。微软全球执行副总裁沈向洋在第六届世界互联网大会上也坦言，微软在每一个技术产品、每一项服务的研发过程中都会进行人工智能伦理道德的评审。

我国创业者或多或少受到了传统的农业社会、熟人社会的伦理观的影响，一言堂、夫妻店、家天下等情况屡见不鲜，也不时出现夫妻、父子将家庭纠纷与企业经营纠缠在一起，甚至发生为争夺企业控制权相互大爆个人丑闻的闹剧。这种落后的伦理观，不仅是情大于理、崇尚特权、公私不分的问题，更重要的是由于对规则、契约、专业精神的不尊重甚至践踏，使企业难以适应现代社会的基本要求。

总体而言，经过几十年的快速发展，我国的创业伦理取得了长足的进步，除了人们耳熟能详的一些著名的互联网创业企业，海底捞、新东方等诸多从事餐饮、教育等传统行业的创业企业也能够在这个创业之魂的层面上，赢得市场和社会的尊重，在取得丰厚的物质回报和发展、尊重的同时，也在输出其价值观。例如，新东方董事长俞敏洪提出的"信、善、勇、让"，以及给创业者的四句话：不要因为个人的利益做决策，不要因为个人的面子做决策，不要因为个人的好恶做决策，不要因为个人的情绪做决策。这正是通过强化伦理提升决策能力和现代企业管理水平的一个具体应用。据俞敏洪讲，新东方本身就是一所创业孵化器，新东方员工出去创业成功的企业有数百家。海底捞的价值观是"双手改变命运"，其创始人、董事长张勇进一步解释，"双手改变命运，对于员工来说就是把钱挣到"。"我们一定要创造一个平台，在这个平台上，每一个员工，每一个阶层的人，他们都要有能力改变或者创造出属于自己的繁荣和未来。"⊖这正是"海底捞你学不会"的灵魂所在。

创业活动中必然有价值观的有限次序，这是伦理决策的基础。创业需要可持续就必然需要伦理层面的支持，以前瞻地、持久地、全面地解决领导力、战略、组织、营销、融资等方面遇到的伦理困境。伦理在创业全过程中所起的作用虽然很难量化，但影响深远而且无处不在。

正如经济学大师肯尼斯·J. 阿罗（Kenneth J. Arrow）在一篇论述"看不见的

⊖　湖畔大学. 海底捞张勇：我们的价值观就是"双手改变命运" [EB/OL]. (2019 – 09 – 23) [2022 – 03 – 21]. https://baijiahao. baidu. com/s？ id =1645450862817850252&wfr = spider&for = pc.

手"的定理的文章中强调的："由于契约的不完全性，道德必须在某些情况下充当价格的角色，而非相反。"所以，看不见、摸不着的伦理正是统摄创业活动一切环节和过程的灵魂，这是任何一位创业者都需要学习创业伦理的最基本原因。

三、伦理是维护、平衡创业中利益问题的关键

虽然创业活动存在从"改善生活"到"改变社会"的巨大差异，但创业者在价值观和伦理行为上的差异，本质上围绕着对利益的判断和决策。创业伦理始终是一种关于利益的认知，而且可以在实践中不断完善进化。

这种认知在创业者中的发展水平千差万别，虽然总体并不乐观，但是已经比传统的企业和各类组织有了历史性的突破。例如，大多数创业企业，尤其是高科技创业企业对团队核心成员和骨干员工采取了期权激励的方式。将企业的股权作为报酬的一部分而不是单纯的工资收入，既能够降低创业企业短期的工资成本，又能够将企业创造的价值和员工获得的长期回报结合起来。又如，创业企业的组织形态一般更加扁平化和人性化，使员工获得了更有利于创新的环境。

在切实的利益分歧和冲突面前，没有伦理这个维度的分析和决策，或者只有一种简单的、狭隘的、短期的自我利益最大化的视角，很难将不同的利益相关者协调起来成为利益共同体，遑论更开放的具有互惠关系的合作生态系统。

1962年，美国管理学大师詹姆斯·马奇（James March）提出，任何组织实际上都是不同的利益集团组合而成的，因此组织的决策过程，是一个各种利益集团之间讨价还价，相互影响，相互妥协的过程，而不是一个理想的理性选择的过程。阿里巴巴、腾讯、华为这样的数字经济基础设施提供者，甚至要承担许多公共产品的职能，以及更多的社会责任。

创业企业能够与团队成员建立更加密切的关系，员工就能够更努力参与创业活动，与供应商建立更友好的关系，供应商也更愿意与企业分享信息、共担风险，与社区和媒体建立密切的关系，就可以更充分地使用当地的基础设施和媒体平台、互通有无。如果没有一套有效的、明晰的利益协调机制及其背后的稳定的伦理观，很难有效地让各利益相关者形成共识，协调各方利益，甚至成为伦理上的共同体。这方面的问题主要有三种：

1）所谓无知者无畏，创业企业只是本能地看到了自身的利益，对有违道德伦理和长期合作预期行为的后果，在决策的时候未必非常清楚。例如，由于对员工激励没有做到公平、公正，即使在一些知名的创业企业，也出现过创业团队核心成员为此出走、跳槽等情况。还有的创业企业长期不注重客户、社区的不满和投诉，例如对顾客隐瞒产品和服务中的缺陷，这种创业项目最终很可能因为恶劣的客户关系

或者糟糕的形象而难以为继。

2）创业企业的失败率很高，创业首先需要为生存而奋斗，面对短期不当行为的利益引诱、生存压力，可能会迫使创业者屈从于一些非伦理行为，或对利益相关者采取机会主义行为。前者可能是一种被动的无奈选择，后者有的时候被称为企业家的原罪。但是无论动机如何，只要这种违背伦理底线的行为发生，企业就必然要为之承担后果，并且会影响企业整体的伦理气氛和企业文化。例如，某搜索引擎发生了由于患者根据搜索出的结果就诊身亡的事件，尽管进行了整改，甚至取消了相关的业务，但是作为互联网企业商业伦理发展中的标志性事件，对其品牌打击是灾难性的。许多创业者违反伦理的理由是为了"活下去"，但是真正的活下去，必须遵从伦理底线。

3）创业企业的利益相关者以及团队内部成员在价值观层面本身具有冲突分歧。如果是跨国、跨民族、跨地区的情况，尤其是不同宗教、不同文化背景的国家，其伦理规范体系有极大的差异。由于当下的各种商业环境更为复杂，协调其冲突也就更为困难。

优秀的创业企业其实往往非常重视价值观和伦理层面的建设。阿里巴巴在2004年成立五周年时就正式形成"六脉神剑"的价值观：客户第一，团队合作，拥抱变化，诚信，激情，敬业。2019年9月10日，阿里巴巴在成立20周年之际，正式公布"新六脉神剑"，明确提出了"客户第一、员工第二、股东第三，因为信任，所以简单"等内容。阿里巴巴从客户第一发展到客户、员工、股东的排序，是非常清晰的关于利益协调的价值观，在创业伦理方面也是重要的探索者和引领者。华为的企业文化中最著名的两句话就是"以客户为中心""以奋斗者为本"，这也是该企业在利益分配上最重要的价值观。这是华为不断吸引优秀人才和赢得市场，保持创新和发展优势的关键所在。

由于数字经济的兴起，人类的生活、工作逐步迁移到各个互联网平台，活动和交易频率、数量都大幅度增加。创业企业面对的利益相关者更为广泛，联结更为紧密。创业更需要面对各种利益相关者和整个社会的创业环境、生态的支持。创业要想获得成功，必须从更宽广的视角出发，实现对利益相关者和社会的责任。

这需要持续反思个人利益、企业利益、社会利益，乃至所有利益相关者的利益及其之间的关系，这也正是任何一位创业者都需要学习创业伦理的最基本原因。本书的第三章将就企业如何协调解决该问题，在利益相关者理论基础上，提出具体的框架和解决之道。

美团在疫情中的逆势扩张

2020年，新冠肺炎疫情发生后，许多企业的经营受到严重影响，但由于用户的消费习惯由线下向线上转移，以及传统商家加速服务线上化，提供外卖等生活服务的美团却由于更能响应特殊情况下的需求而逆势扩张。5月，美团市值突破一万亿元，短短三个月后，市值再次翻倍，突破两万亿元。在香港上市的美团市值对中国平安、工商银行的逆袭，被认为是中国科技股对金融股的历史性超越。看起来是本地生活在疫情中的爆发，但更深层次的核心是平台提供的服务，以及围绕服务在过去10年沉淀下来的与各种利益相关者合作的能力和机制。

美团的业务是个高风险、多痛点的苦累行业，从数百万骑手组成的庞大即时配送网络，到网络所触及的每一个具体商家，以及各种保障骑手安全、准确触达的机制，各种利益问题的冲突无处不在。例如，美团提出"消费者第一、商家第二、美团第三"，与Groupon（高朋）等认为的"商家第一、消费者第二"颇为不同，这个原则在很多关键问题的抉择上发挥了重要作用，使美团不断积累消费者的好感。

而且美团将提成从营业额改为GMV（网站的成交金额）和毛利率。这期间的难点在于，早期的团购属于非标准化的营销方案，定价要涉及商家、消费者和团购企业三个利益相关者，还要考虑竞争对手、市场潜力、开发度、不同细分行业的情况，不同阶段还要根据不同的目标进行调整，需要非常精细化的运营管控能力。

（资料来源：维克资讯聊商业. 大商业｜万字长文看懂美团的野心，1.5万亿剑指阿里［EB/OL］.（2020 – 09 – 03）［2022 – 01 – 10］. https://baijiahao. baidu. com/s? id = 1676812697296406566&wfr = spider&for = pc. ）

四、伦理是驱动创业前沿探索的动力

1. 硅谷创业文化的伦理因素

硅谷的创业文化曾被认为是美国的工作伦理加上冒险的赚钱意识。这种文化将清教徒的节制、勤奋的奋斗精神与"发现新大陆"的航海冒险精神、科学技术驱动的研究实验探索精神结合在一起，通过新的产品和商业模式快速占领市场，成为取代旧的商业模式的颠覆力量。加上与海外殖民扩张同步发展起来的风险投资和资本市场结合在一起，其产生的巨大的冲击涉及经济、社会、技术等各个层面，成为驱动创新创业探索的重要动力。

马克斯·韦伯在《新教伦理与资本主义精神》中指出，加尔文教的入世禁欲主义及其所造成的经济理性主义是西方经济发达和近代文明产生的伦理动因和精神基础。韦伯引证了本杰明·富兰克林的话，"认为个人有增加自己的资本的责任，而增加资本本身就是目的……违犯其规范被认为是忘记责任"，这样一种观念、一种奇特的伦理、一种精神气质。这种伦理观是指个人把努力增加自己的资本并以此为目的的活动视为一种尽责尽职的行动，把赚钱本身当作一种职业责任、一种美德和能力的表现。倡导勤劳节俭、强调自律、反对奢侈的入世苦行有利于积累资本专注于商业活动，正所谓"时间就是金钱，信用就是金钱，金钱可生金钱"，于是带着世俗主义色彩的获取财富、资本增值成为一种经济道德。这种新教伦理还具有尊重科技、注重技术与工匠气质的内容，也使投身创业、打破常规和商业价值的创造成为一种使命和信仰，进而成为以美国为代表的发达国家商业发达、创新繁荣的价值观基础。

在其基础上，随着电子、信息技术的进步和产业的蓬勃发展，硅谷逐步成为创业圣地，这里的创新和探索前沿的文化成了全球创业者的精神动力。第二次世界大战结束后，美国著名电子学专家弗雷德里克·特曼（Frederick Terman）回到母校斯坦福大学出任工程学院院长。特曼率先洞见科研院所的创新力量与资本联手，迅速转化为生产力和市场商机的巨大价值。于是，他将圣克拉拉谷一些战后闲置、靠近大学和研究院的工业建筑盘下，建立了斯坦福工业园（后来改称斯坦福研究园），租给了惠普、柯达等公司，专门吸引高科技企业前来"筑巢"。

1955 年，晶体管之父肖克利（Shockley）博士离开贝尔实验室，在旧金山湾区创建了肖克利半导体实验室。1957 年肖克利半导体实验室的 8 位杰出精英——包括英特尔公司的创始人、摩尔定律的提出者戈登·摩尔和集成电路的发明人罗伯特·诺伊斯，因不满肖克利的唯我独尊而出走，创办了仙童半导体公司。某种程度上可以说，硅谷的诞生是由于肖克利背弃了贝尔实验室的工作伦理，他的自负是其原罪，而这项原罪产生了硅谷。[一]

之后，仙童利用半导体技术优势，在短时间内变成硅谷成长最快的企业。同时还成为半导体技术人才的孵化器，一批批人才从仙童跳槽，在硅谷附近创办了众多衍生企业，其中有英特尔、AMD 等知名的大企业。[二]

这个被称为"硅谷"的地区（现已扩大到整个旧金山湾区）在不同的时代都能涌现出电子信息行业的领军企业，并延续至今。例如，惠普、思科、苹果、甲骨文、雅虎、VISA、Adobe、推特、谷歌、脸书。硅谷也造就了无数的千万富翁、亿万富

　　[一]　拉奥，斯加鲁菲. 硅谷百年史 [M]. 闫景立，侯爱华，译. 北京：人民邮电出版社，2014：136.
　　[二]　张玉利，陈寒松，薛红志，等. 创业管理 [M]. 4 版. 北京：机械工业出版社，2019：20.

翁。硅谷文化的内涵很丰富,包括了反叛、冒险、多元化、包容,甚至由于乔布斯而闻名的禅宗等自发、直觉、简约等东方文化元素。其中,最具有代表性和独特性的就是工程师文化。

工程师文化集中体现在硅谷对工程师及其专业技术、创造力的高度尊重上,其地位仅次于创业家。熟练的工程师在硅谷不仅社会地位高,工资水平也很高。很多科技公司的工程师除了基本工资还有奖金和股票或者期权收入,其总年收入超过政府高级官员。工程师有专门的上升通道,并且不同等级和能力的工程师之间的工资差距是数量级上的。另外,工程师的工作也比较稳定,工作时间灵活,休假较多,一般企业裁员时最后才到工程师这一级。谷歌创始人拉里·佩奇在谷歌上市后不久就对全体员工讲,谷歌会永远保持工程师文化,工程师在企业里会永远处于金字塔的顶端。在中国的 IT 企业中,华为等领先企业也具有典型的工程师文化的特征。

2. 极客伦理与黑客伦理

极客伦理崇尚"技术成就梦想",以及通过技术创新改变世界,乔布斯、马斯克就是其中的典型——他们分别是移动互联网和新能源汽车产业的重要开创者。而且,马斯克还在雄心勃勃地推动太空探索、火星移民等最前沿的技术革新和探索。2010 年前后,PayPal 的联合创始人、facebook 早期投资者彼得·蒂尔(Peter Thiel)提出关于技术让人们失望的主张,"人们想要的是会飞的汽车,而不是 140 个字符。"[一]这其实也是极客伦理的另一种表达。

极客伦理发展到极致,就是黑客伦理(Hacker Ethics)。社会学家安德鲁·罗斯(Andrew Ross)在 1991 年写道:"20 世纪 50 年代,麻省理工学院开发多用户系统的学生首次提出了'黑客伦理'。"从它的知情权原则及其对技术去中心化的倡导来看,这一伦理是一种自由主义和加密无政府主义,及其充满激情和创造力的态度。比特币、区块链等颠覆性的创新很大程度上就是黑客伦理的产物。

世界公认的第一次黑客事件是 1982 年北美空中防务指挥系统遭到入侵。入侵者翻遍了美国指向苏联及其盟国的所有核弹头的数据,然后扬长而去,这些数据一旦被泄露给其他国家,美国政府就必须花费数十亿美元来重新部署自己的核弹头,损失难以计算,而事发之后美国政府竟然无法抓到入侵者,这也成为美国军方的一大丑闻。这名年仅 16 岁的黑客凯文·米特尼克(Kevin David Mitnick)最终被联邦调查局抓获,他被认为是世界上第一个黑客。

乔布斯的黑客经历对他的创业有着重大的影响。20 世纪 60 年代,乔布斯和他

㊀ 万斯.硅谷钢铁侠:埃隆马斯克的冒险人生 [M].周恒星,罗庆朗,译.北京:中信出版集团,2015:13.

的合作者史蒂夫·沃兹尼亚克（Stephen Wozniak）在斯坦福大学直线加速器实验室的地下室图书馆，发现了一本晦涩难懂的 AT&T 技术手册，让他们可以非法地侵入国际电话系统。这促使他们制造和销售了一些用于免费打电话的蓝盒子。乔布斯在1995 年接受访谈时说："我认为如果当时没有那些蓝盒子，也就不会有第一台苹果电脑。"乔布斯认为这段经历颇有启发：小小的别出心裁，可以让一个年轻的黑客控制价值数十亿美元的先进的基础设施。

派卡·海曼（Pekka Himanen）在 2001 年的《黑客伦理与信息时代精神》一书中描写了"狂热程序员"的伦理。在互联网时代，人们在摆脱了政府、传统利润或律师的新框架下与新技术共事的意愿和能力令我们很多人大感意外。facebook 是崇尚"黑客伦理"的典型，公司所在的街道叫作"Hacker Way"，公司的中心叫作"Hacker Square"，Hacker 这个词在公司无处不在，其愿景"完成一个社会使命——连接世界、更加开放"也是"黑客伦理"的体现。

3. 免费开源和自由软件运动

免费开源和自由软件运动也是一种有代表性的思想和新的创业伦理思潮。一般的商业软件源代码是受到版权保护和保密的，但是免费开源的软件允许和鼓励人们复制使用和修改。Linux 操作系统就是一个成功的案例。莱纳斯·托瓦德（Linus Torvalds）最早编写了 Linux 内核，并把它免费放在了网上，后来通过一个自由软件的全球网络 Git 再继续对它改进。刚开始 Linux 很难用，也不适合作为消费者产品或企业产品。但随着开源软件带来的大规模互补创新和交易成本的显著减少，该软件逐步取得优势和越来越强的竞争力，包括 IBM、甲骨文、惠普在内的很多大企业开始逐渐支持和使用 Linux 操作系统。我们今天广泛使用的安卓系统，就是基于 Linux 操作系统开发的，现在已经成为使用人数最多的操作系统。

这种开源精神还产生了其他新的大规模、自由协作方式。例如，维基百科是大批匿名人士通过合作打造的、令人叹为观止的信息库。机器人操作系统 POS 大多采用开源技术。苹果为了鼓励基于 iOS 平台的开发应用，也提供了廉价的软件开发包和开发应用程序接口。2014 年 6 月，特斯拉将其持有的所有专利开源。2015 年 11 月，谷歌向全世界开源了旗下最重要的人工智能系统 TensorFlow。我国的腾讯、阿里巴巴、华为等企业都在开源方面做出了显著的贡献。其中，华为鲲鹏处理器、服务器操作系统全面开源，同时对 GaussDB 数据库部分开源。

开源技术和开放平台本身已经成为创业生态的重要组成部分，目前有 4 种长期的盈利或补偿方式：销售企业就绪产品＋配套专业服务；细分权利，按服务项目收费；绑定收费和间接获益。[一]许多内容创业的互联网平台，也会向内容的提供者开放

○一 何宝宏. 开源法则［M］. 北京：人民邮电出版社，2020：136.

操作系统和培训相关技能，例如李子柒一开始就是在 YouTube 上火起来的。

创新是推动经济、社会进步和创造商业价值最重要的驱动力，也是企业家精神的核心内容，其背后的伦理内涵、文化基因对创业意义深远，这是任何一位创业者都需要学习创业伦理的最直接原因。

阅读材料

腾讯正式发布四大开源项目

2019 年 11 月 6 日，在 Techo 开发者大会上，腾讯正式发布四大重点开源项目，包括分布式消息中间件 TubeMQ、基于最主流的 OpenJDK8 开发的 Tencent Kona JDK、分布式 HTAP 数据库 TBase，以及企业级容器平台 TKEStack。截至 2019 年 11 月，腾讯已经在 Github 上开源了 86 个项目，超过 1000 个贡献者参与了开源贡献，拥有超过 25 万个 Star 数，腾讯在 Github 全球企业贡献榜上排名前十。

腾讯开源联盟主席堵俊平表示："开源给整个软件和互联网行业带来了巨大影响，在云计算时代，这种影响会更加明显，开源将推动行业协同发展，加速创新。腾讯一直是开源生态的坚定拥抱者和积极建设者，在内部开源协同战略推动下，腾讯所有技术栈将更加开放。"

TubeMQ 项目是腾讯大数据从 7 年前起开始研发的一款分布式消息中间件，支持了腾讯海量数据业务，目前每天支撑的数据量超过 30 万亿条。作为业界延迟最低的一款开源消息中间件，TubeMQ 可支持数据的高性能存储与传输，吞吐率高，延迟可低至 5ms。2019 年 9 月，腾讯在 ApacheCon 大会上宣布 TubeMQ 开源。目前，TubeMQ 已经在 Apache 基金会高票通过，被官方正式接受为 Incubator 项目。

Kona JDK 在主流 OpenJDK8 的基础上进行了有针对性的开发和优化，引入高版本 JDK 特性，能够帮助用户无感知地使用共享核心类信息来提高启动速度，在云场景下 JVM 的启动速度最高能够提升 40%。为了增强线上诊断的能力，腾讯 Kona JDK 还引入了 JFR 以及活页图等功能，可以帮助 Java 用户获得从系统到应用的 profiling 信息，增强运行时诊断以及热点分析，指导优化。目前，腾讯 Kona JDK 已经在腾讯上万台服务结点上大规模部署，服务云上 Java 场景。未来，腾讯还将对 Kona 进行长期维护，包括季度性的版本更新，以保证 Kona 用户的 Java 应用的稳定与安全。

发布的第三款开源项目是腾讯基于 PostgreSQL 开发的分布式 HTAP 数据库 TBase，其在兼容 SQL 标准，提供完整的分布式事务能力的同时，保证了金融级数据容灾，并在数据安全、分布式执行器的优化，以及读写分离等方面也做了很多优化工作。TBase 不仅在腾讯内部得以大规模采用，并在 HTAP、地理信息系统，以及实时高并发等场景被很多外部客户采用，目前线上运行超过 200 个集群实例，节点规模突破 1000，单日请求量超过 10 亿次。

堵俊平介绍，腾讯从 2009 年开始开发自己的容器编排平台，到 2013 年已经在内部维护了上万台服务器，支撑腾讯多业务的平稳运行。当 Docker 和 Kubernetes 开源并成为事实标准后，腾讯将自己的内部平台切换到这两个项目上，并在公有云和私有云上为大量客户提供服务。随后，腾讯将相关经验和改进整合在一起，从而形成了 TKEStack 这一 Kubernetes 发行版。该平台面向离线业务、在线业务混合部署的业务场景，能够稳定地管理万级别的 Kubernetes 集群，并且提供全方位的资源管控，解决网络带宽控制、磁盘 I/O 等难题。同时 TKEStack 还拥有腾讯创新的 GPU 虚拟化技术，包括对 GPU 调度的改进。

除了项目开源贡献，腾讯还是各大基金会的重要赞助商。目前，腾讯已经成为 Apache 基金会、Linux 基金会及 Openstack 基金会的顶级白金赞助商，而这种顶级支持，在国内尚属首家。

（资料来源：2019/11/7 C114 中国通信网，http://www.c114.com.cn/news/211/a1107561.html。）

[第三节　伦理学的源流]

一、伦理学的概念

"伦"为辈、类，"理"是条理、道理的意思。所谓"伦类的道理"，即调整人伦关系的原则。按照蔡元培先生的考证，我国伦理学说，发轫于周季。其时儒墨道法，众家并兴。及汉武帝罢黜百家，独尊儒术，而儒家言始为我国唯一之伦理学。[一]

伦理（ethics）一词来源于古希腊，本义是习俗、风俗或性情。[二]约在公元前 3 世纪，亚里士多德把他关于人的道德品行的学问，正式称为"伦理学"，创立了"伦理学"这一学科。他提出，伦理学的主题是高尚和正义，它就人们该做什么和不该做什么制定规范，其目的是人之善亦即人生幸福。[三]清末，严复在翻译赫胥黎的 *Evolution and Ethics* 一书时，将其翻译为《进化论与伦理学》，这是中国人第一次正式使用这个概念。从此，我国学者便把专门研究道德的学问叫作"伦理学"，即伦理学是"哲学的一个分支学科，即关于道德的科学，亦称道德学、道德哲学或道德科学"[四]。

[一] 蔡元培. 中国伦理学史 [M]. 桂林：广西师范大学出版社，2010：序言.

[二] 帕尔玛. 为什么做个好人很难：伦理学导论 [M]. 黄少婷，译. 上海：上海社会科学院出版社，2010：5.

[三] 徐曼. 西方伦理学在中国的传播及影响 [M]. 天津：南开大学出版社，2008：20 - 21.

[四] 罗国杰. 中国伦理学百科全书：伦理学原理卷 [M]. 长春：吉林人民出版社，1993：1.

随着我国的现代化以及全球化进程，我们必须站在整个人类文明的历史尤其是从指导实践的角度出发，去梳理、了解人类伦理和伦理学的脉络。

二、伦理的起源

1. 伦理的文化起源

马克思把社会关系看作许多个人的合作，把生产力看作共同活动方式本身，这种认识本身就蕴含了人类对伦理的内在需要。了解作为人类文明的重要组成部分的伦理，也可以由人类的文化入手。

在原始社会，原始人那里还没有严格意义上的伦理，只有一套禁忌规则。禁忌的作用在于制止某种现实存在或已经存在的危险，这种危险高悬在人类集体的头上并威胁着集体本身的生存。⊖

在人类的狩猎与采集时期，伦理就已经是一种进化机制。为了维护部落的公正，需要尽可能激励那些为部落做出贡献、带来利益的人。在当时，伦理机制本身是一种简单的合作机制，在自然选择和进化的过程中，所谓强者生存，伦理机制奖励好斗、勇敢，能够使部落成员安全、满足的人。同时，这种合作机制落后的部落逐渐衰落、消亡。

大约1万年以前，人类开始进入农业社会，以农耕劳作为主。获取食物的方式发生根本变化后，人类的劳动组织方式和崇尚的价值观也从暴力、凶猛转为勤劳、节俭。更重要的是，和平逐步为人崇尚，也逐渐形成了符合时代伦理特点的文化礼俗，例如在中国传统社会里起决定性作用的儒家伦理。人类初步的伦理体系逐步形成，这种传统的伦理至今影响仍然很大。

梁漱溟曾经指出："吾人亲切相关之情，发挥天伦骨肉，以至于一切相与之人，随其相与之深浅久暂，则莫不自然有其情分。因情而有义。父义当慈，子义当孝，兄义当友，弟之义恭。夫妇、朋友，乃至一切相与之人，莫不自然互有应尽之义。伦理关系，即是情谊关系，亦是相互间的义务关系。"⊜伦理的文化起源还与家庭相关，尤其是关于通婚的禁忌，这些伦理文化一直延续到文明社会，影响至今。我国古代的伦理立足于宗法人伦，也有赖于家庭及其拓展出来的血缘亲情关系。

18世纪，进入工业时代以来，随着技术、全球化、人口增长等的快速发展，人类的生产方式和生活方式也逐步现代化，同时生态破坏、不平等、非道德行为等加剧，物质主义、消费主义盛行。崇尚节俭、实干的农业时代的伦理观受到致命的冲

⊖ 龚群. 社会伦理十讲 [M]. 北京：中国人民大学出版社，2008：63.
⊜ 梁漱溟. 中国文化要义 [M]. 上海：学林出版社，1987：79－80.

击，注重血缘、地缘关系的熟人社会关系和家庭关系也被打破，前现代社会的伦理系统已经无法满足时代发展的需要。随着陌生人之间的商业活动发达，注重诚信、对等、守诺等原则的契约伦理逐步发展成熟，成为商业活动和人际关系的基本原则。

20世纪末，信息技术发展迅猛，互联网技术得到广泛应用，人类进入后工业社会或者知识社会，伦理体系再一次受到冲击，发生重大变革。与原始社会、农业社会和工业社会相比，知识社会更加强调个人的价值和创造，更为宽容，也更加强调平等和自由。

总之，从伦理的文化起源来看，人类在不同的历史发展阶段，有着不同的道德规范。从这里也可以看出，伦理可以被称为道德哲学，但不同于道德。正如陈嘉映先生所言，"道德根植于伦理并与伦理生活交织在一起，伦理则植根于一般社会生活并与一般社会生活交织在一起。"[一]

2. 伦理的宗教起源

在西方世界关于伦理与宗教的关系，许多人是从马克斯·韦伯的《新教伦理与资本主义精神》开始了解的。从西方传统来看，文艺复兴和宗教改革是世界现代文明的两大人文传统，它们对商业伦理的发展也起到了积极的作用。宗教尤其是基督教一直在伦理原则中占据主导地位，许多伦理教义来自基督教，包括某些具体的规则，如十诫。迈克尔·诺瓦克（Michael Novak）却强调天主教的伦理道德和人类感知的影响[二]。美国著名经济学家德隆·阿西莫格鲁（Daron Acemoglu）在《国家为什么会失败》[三]一书中，从开篇就对比了新教盛行的北美洲和以天主教为主流的南美洲的繁荣程度，并将其巨大差异归结为制度因素，而推崇与攫取型制度相对的包容型制度。

维尔纳·桑巴特（Werner Sombart）对伦理的宗教起源的研究延伸得更为久远[四]，他论证了犹太人的信仰和商业以及资本主义的关系。犹太人不但是西方现代早期金融体系的主要建立者和控制者，发展起了汇票、股票、债券等有价证券市场体系，制定了早期的相关规章制度，掌控着阿姆斯特丹、法兰克福、伦敦、汉堡等金融中心的证券市场；而且，也是现代早期自由资本主义观念的主要倡导者和实践者，他们创造性地运用当时基督徒所不齿的"薄利多销""压价出售"、为商品做广告和包装、主动"追逐顾客""分期付款"等营销方式，以自由贸易和自由竞争实

㊀ 陈嘉映. 何为良好生活 [M]. 上海：上海文艺出版社，2015：9.
㊁ 诺瓦克. 美德的经济学 [M]. 台北：台湾校园书房出版社，2011.
㊂ 阿西莫格鲁，罗宾逊. 国家为什么会失败 [M]. 李增刚，译. 长沙：湖南科学技术出版社，2015.
㊃ 桑巴特. 犹太人与现代资本主义 [M]. 文贵仁，译. 上海：上海三联书店出版，2015.

践，冲破了基督教世界传统守旧的经贸规范和经济秩序。这或许可以解释犹太人为什么天生就是进行金钱与货物贸易的民族。

所以，卡尔·马克思在《论犹太人问题》一文中指出，资本家不管其种族如何，都是真正的犹太人[一]。根据捷克经济学家托马斯·赛德拉切克（Tomas Sedlacek）的研究，《旧约》集中反映了犹太人的商业伦理，《旧约》中到处都有道德行为的例子。"历史似乎是根据伦理来书写的；伦理看起来是历史的决定性因素。对于希伯来人来说，历史前行的基础是参与者的道德水准。人类的罪孽对历史有影响，那就是为什么《旧约》的作者们要制定繁复的道德准则。是为了确保拥有更美好的世界。罪恶不在城邦之外，不在自然或森林中的某个地方，就在我们心中。"[二]犹太教经典《塔木德》和《摩西律法》中也有为火灾事故负责、对雇用员工补偿等内容。

从宗教信仰、地域文化、精神生活和商业发达的联系，再联系到佛教、儒家文化、伊斯兰文明等人类不同文明与商业发展的关系，我们可以看到伦理在人类历史进程中与经济社会发展之间的渊源。

3. 伦理的经济起源

历史唯物主义认为，社会生活中的道德伦理等因素与经济活动因素一起交互发生作用。社会经济关系作为社会关系的基础，是围绕经济利益而展开的各种活动。因此，可以从人类的经济活动视角来考察伦理的起源、演变。"人类还属于交易者，为了双方利益而实行交换是人类生存状态的一个组成部分，至少和类人猿作为一类物种存在的历史同样久远。交易并不是现代社会的发明。"[三]

在人类社会早期，分工与交易促进了人们建立在经济利益之上的合作，道德也就具有了相当的稳定性和可靠的发展，这也是伦理产生的经济基础。正如哲学家罗素所言，"随着智慧和发明使社会结构日趋复杂，集体合作的利益也越来越大，而相互竞争的利益则越来越小。由于理智和本能的冲突，人类需要有伦理和道德法典。如果仅仅有理智或者有本能，伦理学就没有存在的余地"[四]。

按照博弈论的解释，因为理性经济人为了更好地实现利益的最大化，通过博弈形成了均衡，均衡又需要每个人都信守诺言，遵守秩序。通过多次博弈，人们由非合作博弈走向合作博弈，道德就在这种维系利益均衡的博弈中产生。[五]

[一] 中共中央马克思恩格斯列宁斯大林著作编译局. 马克思恩格斯全集：第2卷 [M]. 北京：人民出版社，1998：163.

[二] 赛德拉切克. 善恶经济学 [M]. 曾双全，译. 长沙：湖南文艺出版社，2012：70.

[三] 里德利. 美德的起源：人类本能与协作的进化 [M]. 吴礼敬，译. 北京：机械工业出版社，2015.

[四] 罗素. 罗素文集 [M]. 王正平，主编. 北京：改革出版社，1996：412.

[五] 陆劲松. 道德起源及其功能的经济博弈维度探求 [D]. 重庆：西南大学，2006.

现代市场经济、商业社会和金融体系的逐步发达与伦理相互促进，这种经济社会机制的进步其实也是道德伦理的进步。当人们具有更加进步的经济思想时，伦理也会在正确的方向上取得进步。

第四节 伦理学的演变及商业伦理的兴起

一、伦理学研究体系的演变

对伦理的正式研究产生于古希腊的苏格拉底时期，当时希腊人的思想陷入相对主义的困境中，进而走向虚无主义。苏格拉底认为道德完善的最高形式是生活中的自制并依照通过思维获得的伦理价值来塑造它，也就是"知识和德性是同一个东西"[一]，这也使他成为伦理学的奠基人。

苏格拉底的弟子柏拉图及柏拉图的弟子亚里士多德将这一学科发扬光大，并由亚里士多德一手创建了美德伦理学——这是人类第一个伦理学理论体系，且至今仍属主流。其他两大最重要的伦理理论分别是杰瑞米·边沁（Jeremy Bentham）、约翰·史都华·密尔（John Stuart Mill）的功利主义（结果道德）和康德的义务论（道义道德）。功利主义和义务论都起源于欧洲的启蒙运动，得益于对人性的解放和自由、平等、公正等共同价值的阐发，这是更加具有现代性的伦理体系。

1. 美德伦理学

"美德"一词源于希腊文 arete，英文中常将其译为 Virtue 或 Excellence。在古希腊人那里，其最初的意思是指能够表现一个事物本性的特长和功能。当它用以指表现人的本性的特长和功能时，它事实上指的是人的相对稳定的、习惯性的心理结构，一种好的、值得称赞的、应当如此的习性或品质。其反面则是恶习，也是坏的、遭到谴责的、不应当如此的习性或品质。

美德伦理学将美德作为伦理学根本的和核心的概念，认为伦理行为不仅包括遵守常规的道德标准，而且考虑一个拥有优良道德品质的、成熟的人在给定情境下认为恰当的做法。道德品质是后天获得的代表个人性格一部分的性情。随着个人的社会发展，他的行为可能会以他认为道德的方式表现。如果某人拥有诚实的品格，他就会倾向于讲真话，因为这被认为是人际沟通的正确方式。

㊀ 斯通普夫，菲泽. 西方哲学史 [M]. 邓晓芒，匡宏，译. 北京：世界图书出版公司，2009：34.

当代美德伦理学和功利主义与义务论等传统规范伦理学的区别主要有两点：

第一，美德伦理学所采用的具体的美德概念所评价的对象主要是行为主体（品质和动机），故也被称为以行为主体为基础的伦理学，而传统规范伦理学所采用的"正确"或"错误"等概念所评价的主要是人的行为，故也被称为以行为为基础的伦理学。

第二，美德伦理学将美德概念看成是道德评价中第一性的概念，对行为正确性的道德评价都是源自具体的美德概念。传统规范伦理学则以行动效果（如社会幸福）或义务（如规则）作为道德评价中第一性的概念。假定一个人需要并且应当获得帮助。为什么应当帮助他？功利主义者会说因为这样做的效果可以最大限度地增加社会的幸福。义务论者会说因为这样做符合"己所不欲，勿施于人"的道德规则。美德伦理学家则会说因为这样做是慈善的或是具有爱心的。

功利主义和义务论也有各自的美德论，但在当代美德伦理学家看来，它们都不是真正意义上的美德伦理学，因为它们并没有将美德当成伦理学根本的或核心的概念，而是将它们看作从行动效果或道德义务中推导出来的概念，例如将美德看作遵守道德法则或义务的习性。

美德之所以被认为值得赞颂，是因为这是个人通过实践和承诺发展而来的成就。美德伦理的倡导者经常讨论一系列基本的善和美德，这些美德一般被当作积极有效的思维习惯或后天养成的品格特征。亚里士多德列举了忠诚、勇气、机智、集体主义、判断力等社会要求的"卓越"规范。虽然列举重要的美德是理论家的任务，但杜威提醒我们，检视不同美德之间的互动就能提供个人正直品格的最佳理念。

美德伦理对现代企业来说具有很强的应用性。就现代企业而言，常见的企业美德伦理可以归纳如下：

第一，良好的企业伦理程序，鼓励个人美德与正直。

第二，根据员工在组织中的角色，用这些美德培养出好人。

第三，个人的最终目的是服务社会需求和公共利益，并在职业上获得回报。

第四，组织健康与个人卓越紧密相连。

这种理论具有强烈的目的论意蕴而摒弃为了达到目的不择手段，又强调中庸之道。在这两点上他与中国的孔子不谋而合。美德伦理学特别关注实施者（执行人）、行为（如康德主义者和社会契约论）和行动的后果（如功利主义），强调"在恰当的时候就恰当的事务而言，对恰当的人，基于恰当的动机，以恰当的方式感受到情感，才可以称为适度和最佳，这正是美德的特征。"○

○ 出自亚里士多德的《尼各马科伦理学》一书，转引自：汪丁丁. 经济学思想史讲义 [M]. 上海：上海人民出版社，2008：74.

该种伦理决策既与人们的日常生活经验一致，也充分注重了情感或情境的重要性，又是东西方文明智慧的相通之处。但与儒家学说的伦理观相悖，此类"前现代"的伦理学说缺乏共同的道德标准，并且由于强调情感而不是规则使人们具有以此逃避责任的动机及可能，使其面对现代性乃至后现代性的诸多矛盾，可操作性显然是其软肋。但无论如何，关于美德伦理学这种讲究情感和家庭、社会关系的伦理学研究在近几十年逐渐复苏。

2. 义务论

义务论也叫责任伦理学、康德主义。康德作为 18 世纪哲学影响最大的西方思想家，其被称为西方思想蓄水池，后来者几乎无不受之影响。他认为"责任是一切道德价值的源泉，合乎责任原则的行为虽不必然善良，但违反责任的行为必然邪恶"⊖。义务论强调"普遍法则"，即绝对命令第一公式：必须实现善良意志，同时将成为普遍的道德法则。康德还提出了绝对命令第二公式：人总是被当作目的而不仅是手段。

义务论者认为，我们在追求利益最大化时，必须接受某种制约。换言之，无论是个人利益还是共同利益的最大化，都不应该是道德考虑的全部因素。一个行动的道德并不完全由它的后果所具有的性质所决定。

义务论就是把行动的对错建立在是否履行义务之上。一个义务，就是做某个行动或者不做某个行动的一个理由，也可以理解为一项约束行动的道德要求。例如，对子女的抚养义务就构成一个人给孩子提供食品、教育、不虐待的理由。义务论的伦理理论就是要说明人类具有的义务的性质和内容。

义务论者认为，行为本身就是具有内在的道德价值的，不管它们有什么可能的后果。一个行为在道德上正确与否，在于它是否符合某种或某些义务或规则的限制，而跟这个行为的收益计算无关。这样，根据义务论，撒谎或者不守信用在任何情况下都是错的，即使在许多情况下它们可以最大化行为者期待的利益，而说真话和守信用在任何情况下都是正确的，即使在许多情况下它们可能带来害处。

义务论又可以分为行动义务论和规则义务论。行动义务论认为，道德的行动不依靠规则来指导，要决定在特定的情景之下如何行动，人们只需要诉诸良知、信仰或者直觉。这种行动义务论在历史上有较大的影响，但现在已经式微，因为它很难被理论化，而规则义务论在当代伦理学中占据绝对优势的地位。例如，人们非常熟

⊖ 康德. 道德形而上学原理 [M]. 苗力田，译. 上海：上海人民出版社，1986：6.

悉的"你想别人怎么对你,你就怎么对别人"就是很典型的规则义务论。显然,康德的义务论在追求共同性和平等方面,打破了许多由来已久的歧视和恶习,与我国儒家传统中的"己所不欲,勿施于人"接近,成为伦理学的黄金律。

义务论者一般会将消极义务与积极义务区分开来。消极义务要求人们不做某些事情,如不伤害、不谋杀、不撒谎等,这些义务构成了一类禁令。同时,积极义务要求人们主动做某些事情,如友善、礼貌、利他、公正等。大部分义务论者认为,消极义务优先于积极义务。但在义务的制约程度上,义务论者有一些分歧。例如,康德是一位绝对义务论者,他曾说,即使能救一条命,撒谎也是错误的。但很多义务论者并不认为不撒谎这种义务具有如此压倒性的地位。

履行一项义务意味着遵守体现该义务的规则。但人们的生活并不总是被看作遵守规则。除了遵守道德规则以外,每个人都有自己的个人计划和目标。义务论者认为,人们可以自由地追求自己的目标,只要这么做不违反道德规律,即每个人都有在不违反道德规则下的自由度。

同时,义务论者也承认由特殊关系所引起的义务或责任。这些关系可以是天然的,例如家庭和血缘关系;也可以是人为的,例如契约中的某一方;还可以是社会交往中的关系,例如朋友。基于这些特殊关系的义务,与一般的义务制约既有相似之处,也有不同之处。相似之处在于都需要对一个人的行动构成道德上的约束。不同之处在于特殊关系的义务只是针对这些特殊对象,而一般的义务制约指向所有人。

义务伦理思想在现代企业中具有广泛的应用性。在具体工作中,如遵守契约、恪守信用等行为都是现代企业有效运作、实现广泛合作共赢的前提和基础。

3. 功利主义

目的论的伦理理论具有多种形态,功利主义是其中非常重要的一种。功利主义伦理理论在评估一个可能的后果好坏时,不是只考虑这个后果对行动者本人的好坏,而是对所有被这个行动影响的对象的好坏。如果我们将利己主义者的个人最大利益扩展为社会的最大利益,我们就得到了功利主义的伦理主张:一个行为是正确的,当且仅当它使社会善最大化,或者说,它促进了最多数人的最大利益。

经典的功利主义思想最早是在18世纪末由哲学家边沁(Bentham)提出的。边沁认为,人们一切行为的准则取决于是增进幸福或减少幸福的倾向。不仅私人行为受这一原理支配,政府的一切措施也要据此行事。按照边沁的看法,社会是由各个人构成的团体,其中每个人可以看作组成社会的一分子。社会全体的幸福是组成此社会的个人的幸福的总和。社会的幸福是以最大多数的最大幸福来衡量的。如果增加社会的利益即最大多数的最大幸福的倾向比减少的倾向大,这就适合功利原理。边沁把功利原理应用于经济学,各种经济制度和经济政策恰当与否以功利原理作为权衡标准。

所谓自利选择原理，按边沁的说法，什么是快乐、什么是痛苦，每个人自己最清楚。个人在原则上是他自身幸福的最好判断者。同时，个人追求一己的最大幸福，是具有理性的一切人的目的。在人类社会生活中，自利的选择占支配地位。当人们进行各种活动的时候，凡是对自己的最大快乐能有最高的贡献的，不管对自己以外的全体幸福会带来什么样的结果，他都会全力追求，这是人性的一种必然倾向。

密尔（Mill）是边沁之后最重要的功利主义伦理学者。但他的看法与边沁有一些区别。他认为，人类行为的唯一目的是求得幸福，所以对幸福的促进就成为判断人的一切行为的标准。人类有为别人的福利而牺牲自己的最大福利的能力，如果是不能增加幸福总量，或没有增加幸福总量的倾向的牺牲，不过是白费。他强调功利主义在行为上的标准的幸福，并非行为者一己的幸福，而是与此有关系的一切人的幸福。当你待人就像你期待他人待你一样和爱你的邻人就像爱你自己一样，那么功利主义的道德观就达到了理想完成的地步。

功利主义在过去两个多世纪里一直是伦理学中最重要的组成部分。它的一个重要特点在于，它比其他竞争理论更接近于一种科学的力量，也使它更容易与心理学、经济学、法学等理论相结合。

在现实生活中，人们有时按照功利主义来思考、评价和做出行动，但很少有人会说他们总是这么做，或者从不这么做。这就意味着，对于后果的考虑的确是道德思考的一个重要维度。但是功利主义把对后果的考虑看作道德思考的唯一因素，这种道德观就引发巨大的争议。

功利主义伦理是现代企业中最经常使用的伦理分析思想。功利主义要求企业正确认识所有利益相关者的利益目标，制定的方案与各方的利益目标一致。同时，在激励机制上实现激励兼容，即使每一方获得激励并按照制定的方案努力工作，最终使各方都获得令自己满意的收获和回报。

功利主义的特点是在道德决策时只考虑结果不考虑动机，正如边沁所言：没有任何一件事情本身的动机是坏的，动机的好坏只在于它们所产生的影响⊖。无论是边沁的观点"最好的结果会带来最多的愉悦"，还是密尔的观点"最好的结果会带来最大的快乐"（更注重快乐的质量），都基于人们对结果的主观感受，也被称为效用原则。一般意义上的功利主义被称为行为功利主义，其缺点是与美德伦理学一样过于关注每个人所处的特殊境遇，从而更没有原则。由此发展出来的规则功利主义结合了义务论注重规则的优点，从普遍适用的道德标准去衡量评价，不同之处在于，

⊖ 边沁. 道德与立法原理导论 [M]. 时殷弘，译. 北京：商务印书馆，2005：152.

义务论更注重行为背后的动机，规则功利主义更注重行为的结果。

功利主义思想的发展直接促成了现代经济学的诞生，从贝尔纳德·孟德维尔（Bernard Mandevile）的《蜜蜂的寓言》和亚当·斯密（Adam Smith）的《国富论》中"自利利人"开始，伦理学对个人行为的道德标准给予了更大的宽容和自由度，是启蒙运动的自由主义思潮在伦理学上展开的革命。甚至也可以说，经济学本身就是伦理学的发展和具体应用。由此，在功利主义的伦理学说之下，经济学又产生了"外部性""道德风险""社会选择""合同理论""机制设计"等诸多与商业伦理直接相关的概念和理论。

此外，还有尼可罗·马基雅维利（Niccolò Machiavelli）的现实主义学派、约翰·洛克（John Locke）的人权理论、马克斯·韦伯（Max Weber）的意图伦理与责任伦理、约翰·罗尔斯（John Rawls）的"无知之幕"、汉娜·阿伦特（Hannah Arendt）的"平庸之恶"、安·兰德（Ayn Rand）的伦理利己主义等具有较大影响的伦理理论。这些理论相对以上三种主流伦理体系，在影响力、可操作性、稳定性上各有不同程度的欠缺。

以上伦理体系各有利弊，发展到今天，一个典型的伦理理论通常包含两个部分：一部分是价值理论，说明哪些东西是善的或有价值的；另一部分是行动理论，说明哪些行为是应该的、被允许的或被禁止的。因此，伦理学家一般把伦理理论分为两大类：目的论和义务论。目的论坚持认为善的概念优先于正当的观念。义务论则坚持正当的独立性，认为不管结果如何，一个行为本身就具有道德价值，不管它是否导致可欲的或最佳的后果。

二、商业伦理的兴起

一般认为，伦理学是哲学的分支，但与认识论、形而上学不同的是，这也是一门关于实践的人文学科、一种理解商业的方式，尤其是本书的主要对象，即作为商业中尤其注重实践的创业领域。"伦理学最重要的特征在于它以理智和人类的经验为基础。"[⊖]它们最终围绕商业活动、制度、企业中人的行为的道德评判和决策，并由人的行为所推动。这种商业伦理实践有两个源头：普通法系的形成和发展及社会责任运动。

1. 普通法系的形成和发展

商业伦理实践的发展未必来自法律的要求，而是来自社会的压力。但是法律制

⊖ 波伊曼，菲泽. 给善恶一个答案：身边的伦理学［M］. 王江伟，译. 北京：中信出版社，2017：6.

度的演进却对商业伦理有助推作用。英国在 1873 年和 1875 年分别将《普通法》和《衡平法》在司法法案中合并，形成了今天的普通法系。

普通法系强调"遵循先例"，多采用不成文法，并实行陪审团制度。这一方面与伦理决策中的传统相合，另一方面也使司法人员之外的社会精英参与法律实践，最终形成社会价值判断的标准。

1964 年，《美国民权法》出台，立法禁止因种族、肤色、宗教或者国籍而产生的歧视。紧接着 1970 年美国又颁布了《职业安全与健康法案》《环境保护法》和《反海外腐败法》。

研究表明，企业环境影响伦理行为，随着企业规模的扩大，个人的伦理标准在下降，有伦理行为规范的企业比没有伦理行为规范的企业在伦理方面表现要好。1991 年，美国参议院颁布了《联邦审判指导准则》（编者注：也译为《联邦量刑指南》或《联邦组织刑事责任指南》），为企业对自身行为触犯各种法律进行判断提供了依据。如果有"防止和察觉违法行为产生的有效机制采取了必要的措施"，可以给予企业在触犯法律时豁免处罚。客观上促进了企业超越法律条文的规定对企业道德机制进行整体监督和管理，推广其商业伦理标准并有效激励。

进入 21 世纪，发生了一系列商业欺诈和针对企业的起诉事件，以 2002 年安然公司事件最具代表性。该丑闻促使美国国会在 2002 年通过了《萨班斯－奥克斯法案》（Sarbanes Oxley Act），出台了监管企业伦理计划的新规定。

美国次贷危机引发 2008 年全球金融危机之后，2010 年 7 月 21 日，美国总统奥巴马正式签署了《多德—弗兰克华尔街改革和消费者保护法》（Dodd-Frank Wall Street Reform and Consumer Protection Act，简称《多德－弗兰克法案》），它被认为是自 20 世纪 30 年代美国出台《格拉斯－斯蒂格尔法案》（Glass-Steagall Act）以来美国改革力度最大、影响最深远的金融监管改革。该法案体系庞杂，内容涵盖金融体系的多个方面，旨在通过改善金融体系问责制和透明度，促进美国金融稳定、解决"大而不倒"的问题、保护纳税人和消费者的利益。

2. 社会责任运动

被金钱"异化"了的价值观以及商品拜物教是马克思和恩格斯对资本主义制度永恒批判的核心内容之一。他们在《共产党宣言》中号召"全世界无产者，联合起

㊀ 乔治. 企业伦理学：第 7 版 [M]. 王漫天，唐爱军，译. 北京：机械工业出版社，2012：10.

㊁ SCHMINKE M. Considering the business in business ethics：An exploratory study of the Influence of organizations size and structure on Individual ethical predispositions [J]. Journal of Business Ethics, 2001 (4).

㊂ 乔治. 经济伦理学：第五版 [M]. 李布，译. 北京：北京大学出版社，2002：25.

来！"，开启了劳工组织及工人运动。其中，通过社会责任运动，要求改革和争取权益而不是推翻制度的各类组织也层出不穷，这直接促进了商业伦理实践的发展。

19 世纪末和 20 世纪初是伦理实践尤其是商业伦理与社会责任发展的一个重要阶段。当时，在欧美主要国家，社会达尔文主义以及自由主义经济学带来的诸多问题，受到社会广泛质疑。尤其是蓬勃发展的几十家媒体有组织地对商业和市场、政府的恶性事件曝光，……"大企业被指控生产不安全而且劣质的产品，通过价格垄断来摧毁竞争；银行业存在欺诈行为；有关工厂和血汗作坊中妇女和儿童从事长时间、单一、危险工作的报道催人泪下……"，"丑闻揭露者"的行为导致政界做出反应，成立起了以监管商业行为、改善劳动条件、制定职业标准以及改革政府为目标的各种组织⊖。1900 年，提倡给工人分发补偿金的国家公民联盟成立。1904 年国家童工委员会成立，使童工立法得以通过。1905 年世界产业工人联盟成立，工人运动在全世界范围风起云涌。这一时期，企业社会责任理念开始产生，例如"八小时工作制"和福特改造"少年犯"的社会计划。1913 年，詹姆斯·卡西·彭尼（James Cash Penney）在他的超市中制定了行为规范，是企业道德规范的首创。多德在 1932 年指出："公司董事必须成为真正的受托人，他们不仅要代表股东的利益，而且要代表其他利益主体，如员工、消费者，特别是社区整体利益。"⊜

20 世纪 60 年代，随着欧美发达国家反主流文化的出现，关于企业经营活动中的伦理问题的公开讨论，以及用户利益至上的消费者运动不断高涨。在各种频发的劳工权益保护、公司治理、商业贿赂、环境污染、安全事故、商业欺诈、虚假广告等问题，以及相关的社会运动中，商业伦理得到显著发展。尤其是随着"媒体的关注程度不断提高，个人企业也开始尝试开发自身的伦理宗旨与核心价值理念"⊜。

因此，也有"作为社会运动的商业伦理"之说。企业和社会团体、商学院开始做出调整和回应，这种积极的互动到了 20 世纪 70 年代成为一种良性的社会运动。"企业非道德性神话"逐步瓦解。诺贝尔经济学奖得主米尔顿·弗里德曼（Milton Friedman）在题为"商业的社会责任是增加利润"文章中，攻击了当时兴起的社会责任运动，在他看来"商业伦理"就是避免欺诈舞弊，而他反对保护契约所需最起码的商业管制之外的所有一切⊗。然而，当公众觉得企业具有更广的社会责任感后，往往更愿意接受其本身预示着长远商业成功的伦理承诺。因此，逐步发展出利益相

⊖ 贾德，斯旺斯特罗姆. 美国的城市政治 [M]. 于杰，译. 上海：上海社会科学院出版社，2017：83－84.
⊜ 卢代富. 企业社会责任的经济学与法学分析 [M]. 北京：法律出版社，2002：47.
⊜ 乔治. 经济伦理学：第五版 [M]. 李布，译. 北京：北京大学出版社，2002：25.
⊗ FRIEDMAN M. The social responsibility of business ethics is to increase its profits [J]. NewYork Times Magazine，1970（9）.

关者理论，认为企业对所有利益相关者负有道德或伦理义务。

20 世纪 80 年代、90 年代，各种关于商业伦理的社会责任运动更加频繁，《财富》杂志 500 强企业中的绝大多数已经开始建立本企业的伦理道德准则。1981 年，在全球 200 家大型企业的首席执行官参加的商业圆桌会议上，发布了《企业责任声明》，强调了商业行为必须具有社会意义。2008 年全球金融危机，出现了"占领华尔街"等抗议活动。在国内，2008 年发生的乳业三聚氰胺事件也具有标志性意义，更是引发了全社会对商业伦理的重视和反思。

随着互联网和人工智能技术的发展及商业应用，今日商业社会面临的伦理冲突和各种矛盾问题更加纷繁复杂。市场和商业的发展，既给了人们更多地发现、理解自己的机会，也对基于"以人为中心的发展"带来诸多挑战，其中许多是全新的、颠覆式的重大冲击。尤其是在互联网等新兴技术发展日新月异的当下，以技术上或市场中的优势获取不当利益及推卸责任的可能性更大，数据等存在着泄露、被盗取的高危风险，算法存在被操控和歧视的可能等问题也越来越突出，解决相关领域的伦理问题已经显得极其迫切。以伦理学来指导商业行为的紧迫性意义凸显，其未来在实践中的发展更加令人期待。

阅读材料

企业伦理行为对企业经营业绩的影响

20 世纪 80 年代，美国企业伦理研究者有效地论证了企业伦理活动和企业经济活动的内在相关性。他们指出，企业是在各种各样的社会关系和组织结构中生存和发展的，伦理道德历来就是维系各种关系和组织结构的必要因素；企业的任何活动都和伦理道德有关，即企业的效率性、功利性以及这种效率、功利的社会结果、达到这种效率的手段等，都涉及伦理关系及其发展水准。

美国本特莱学院伦理研究中心的一项调查表明：在《幸福》杂志排名前 1000 家企业中，80% 的企业把伦理价值观融合到日常活动中，93% 的企业有成文的伦理准则来规范职工的行为。哈佛商学院教授约翰·科特（John P.Kotter）和詹姆斯·赫斯克特（James L.Heskett）在 1996 年对 207 家企业 11 年以来的业绩考察后发现，企业伦理对企业长期经营业绩有着重大的作用，那些重视利益相关者权益，重视各级管理人员领导伦理的企业，其经营业绩远远胜于没有这些企业伦理行为的企业，在 11 年的考察中，前者总收入平均增长 682%，后者则仅增长 166%；企业员工前者增长 282%，后者增长 36%；公司股票前者增长 901%，后者增长 74%；公司净收入增长前者为 756%，后者仅为 1%。他们的实证研究说明了企业伦理的经济价值：良好的企业伦理形成良好的企业信誉，良好的企业信誉产生企业的"超额利润"。企业的"超额利润"又促使企业更强有力地维护和发展企业伦理，自觉维护市场经济秩序，实现了利润与伦理的良性互动。因此，企业对不同国度、不同地区所处的不同商务环境了解程度，也就成为企业在进行商务决策过程中，不可或缺的部分，是对消费者生活方式、家庭观念、消费者倾向等使然的过程，也是进行合理化企业伦理决策的关键。

（资料来源：陈炳富，周祖诚，"企业伦理对企业管理的影响"，《南开经济研究》，1995年第1期。）

第五节　创业伦理：商业伦理基础上的交叉学科

一、创业伦理的发展现状

作为商业中的重要领域，虽然 1961 年美国社会心理学家 McClelland 的《实现社会》一书首次提出创业中存在的伦理问题，并指出在充满压力的商业环境中，创业者及其组织可能面临独特的伦理问题。[一]但时至今日，伦理仍然没有引起研究者的广泛关注，没有出现在创业研究这个大舞台的焦点位置。

20 世纪 90 年代，随着创业活动的极度繁荣，人们发现创业与伦理具有一些相悖的成分。Vyakarnam 等学者认为，创业和伦理两个概念是相互矛盾的。[二]与一般的商业经营活动不同，创业更强调打破常规的"创造型破坏"，但伦理常常是一系列的理念原则、标准规范；创业注重通过变革拥抱未来，伦理讲究维护秩序、注重传统；创业突出个体的贡献，伦理强调个体与他人、组织、社会之间的关系。

Hannafey 等认为，一直以来创业和伦理基本上可以说是两个相互独立的研究领域，创业伦理作为两者的交叉领域研究还不够深入。[三]在教育实践中，尤其是在商学院的课堂上，商业伦理常常被认为并不是很好传授的一门课程，而创业伦理基本是空白。

与对商业与伦理的关系认识发展类似，人们长期认为创业与伦理没有什么关系。但与前者不同的是，直到 21 世纪初，理论界才在这方面有一些实质性突破。例如，Bucar 和 Hisrich 从创业研究的视角出发认为创业伦理对全球经济的发展都是十分重

[一] MCCLELLAND D C. The achieving society [M]. New York：D. VanNostrand Company，Inc，1961.

[二] VYAKARNAM S，BAILY A，MYERS A，et al. Towards an understanding of ethical behavior in small firms [J]. Journal of Business Ethics，1997，16 (15)：1625－1636.

[三] HANNAFEY F T. Enterprenership and Ethics：A Literature Review [J]. Journal of Business Ethics，2003 (46)：99－110.

要的，而现有研究却恰恰忽视了这一点。

国内的创业伦理研究是随着商业伦理研究的兴起逐步发展起来的，主要的文献集中在 20 世纪以来，尤其是 2005 年以后，可谓是一个方兴未艾的前沿领域。其中，刘志、梁祯婕通过综合分析国内外现有研究成果之后，从教育和人才培养角度将创业伦理的研究议题分为以下三个方面[一]：

（1）微观层面的创业伦理研究 微观层面的创业伦理研究从个体创业者角度进行分析，关注的是创业者与非创业者的伦理差异、创业者如何做出伦理决策、创业者在创业过程中面临的特定伦理等议题。

（2）中观层面的创业伦理研究 中观层面的创业伦理研究从创业组织、创业环境和创业过程来分析创业伦理问题。

（3）宏观层面的创业伦理研究 宏观层面的创业伦理研究主要集中在"社会创业"和"创业与社会"两大议题。

李华晶、陈子薇等认为创业伦理研究是实现创业与伦理相融合，创造新价值、走向创业"绿色化"的新趋势，其中李华晶从创业者伦理的角度揭示创业伦理，将其分为伦理意识和伦理行为两个维度。[二]

总体而言，国内对于创业伦理的研究整体还处于起步阶段。对问题的认识和解决还多半在个人自律、企业负责、政府监管等比较宽泛的层面上。

二、创业伦理需要解决的核心问题

由于作为人类文明和社会秩序的重要组成部分，无论在发达国家还是发展中国家都很强调伦理的重要性，然而实践中的现状却不容乐观，尤其是对创业者的伦理教育普遍缺失。随着技术进步和经济社会发展，新的趋势、新的事物、新的技术又对人类的伦理构成了冲击，对其的认识、反思和建设往往是严重滞后的。从前文就可以看出，人们对创业伦理本身的认识在短短几十年就发生了彻底的变化。这给创业伦理这门学科的发展带来了困难，但也提出了一些更深层次和面向未来的问题。理解和解决这些问题，既是未来这门学科发展的重点方向，也是创业者和创业企业在实践中对伦理层面不断探索和反思的核心内容。

1. 创业伦理的复杂性与伦理决策的简单化之间的矛盾

当今我国是一个正在转型的发展中国家，尤其是改革开放几十年来成功创造了社

〇 刘志，梁祯婕，"双创时代"研究生创业伦理培育的意义与研究进路 [J]. 学位与研究生教育，2017（6）.

〇 陈子薇. 创业伦理：问题、审视与对策 [J]. 科技管理研究，2020（4）.

会经济飞速发展的奇迹，但也同时存在前现代社会、现代社会、后现代社会的特征及其问题。传统社会是熟人社会和人情社会、面子社会，更注重传统的道德规范，我国在历史上尤其讲究"以礼入法"，被哲学家李泽厚定义为"情本体"。现代社会注重规则和利益，更加追求理性和契约精神。后现代社会是以事实和创造、价值为导向，打破陈规，悬置了"真理"和意义的一种状态。这三种社会的特征并存，处理不同的道德和利益关系，面对着不同的伦理困境和伦理问题，有着不同的理念和方法，矛盾与困惑比比皆是，也使我国的伦理道德问题尤其复杂。

特别重要的是当前呈现出来的后现代社会的特征，与创业伦理直接相关。后现代主义关心的是非线性的表现力和丰富性，以及超越理性的思想。随着互联网及各类信息技术的迅速发展，呈现出开放、在线、去中心化、大规模协作、长尾等特征，使这种后现代主义的思想得到了最适宜的发展空间，可以说创业本身就是一种后现代的生活方式。正如英特尔创始人安迪·格鲁夫（Andy Grove）所言"只有偏执狂才能生存"，这是极客、黑客和创客如鱼得水、大放异彩的时代。许多传统的理论失去了解释力，打破常规创造出来的财富，也使一些传统的经验似乎失去了魅力。董明珠与雷军在央视财经频道年度财经人物颁奖仪式上著名的打赌，也成为其重要的象征之一。但其一个负面作用就是，消解了传统价值观的意义，"一切坚固的东西都烟消云散"，甚至也有许多创业者缺乏对道德伦理的最起码的敬畏之心。

正如经济学家熊彼特对创业的两面性给出了"创造"和"破坏"两种属性。由于创业与伦理的既有矛盾又相互制约促进的辩证统一关系，使创业伦理在这种大的时代背景下更为复杂，需要能解决实际问题、指导实践的系统性的思维、理念和解决方案。

创业伦理虽然本质上具有模糊、复杂的特征，但人类本能的反应都是直奔目标的线性思维。在过去长期的应试教育中，"不犯错""精确""唯一答案"的思维方式又在不断强化。在曾经长期的指令性经济和行政思维中，这种本能的线性思维和应试教育非此即彼的习惯性思维，又得到了进一步加深和固化。在一些传统的、基层的工作岗位，个人行为决策所考虑的因素非常有限，按照本能的线性思维循规蹈矩，似乎并无大碍。但是，在竞争激烈，发展变化迅速的市场领域，尤其是在极高风险的创业活动中，没有非线性、动态、权变的分析决策能力，甚至是跨学科的复杂性思维，很难识别出本应认真对待的伦理问题，就更不要说做出客观、正确、有利的判断和决策。例如，先赔钱再赚钱在创业领域虽然不鲜见，但像互联网这样大规模、长时间的烧钱，这对一般人而言是反本能和反直觉的。按照传统的态度，在盈利遥遥无期的情况下这样烧投资人的钱也是不道德的。但这种赔本赚吆喝的新经济却带来了人类历史上最快速度的指数级增长机会和无数商业神话，让按照线性思维的人们完全错过了这个划时代的机会。"非黑即白"思维导致的开放度不够，让不少人丧失了创业良机，也错杀了许多时代赋予的绝佳机会。

"万般皆下品，唯有读书高"，根据一般的逻辑，完成学业毋庸置疑是一种更重要的价值观，但是在信息技术飞跃的创业黄金年代，也会有一些不同的结果。纵观全球创新创业领域的佼佼者，其中有众多退学创业的明星级人物。例如，创办甲骨文的拉里·埃克森、创办微软的比尔·盖茨、创办苹果的史蒂夫·乔布斯、创办Facebook的扎克伯格、创办YouTube的陈士骏。而且，Facebook对招聘人才有着其独特的标准，他们偏向于聘请年轻人，对这群中途退学、挑战旧习俗、自学成才的人来说，辍学是一种美德。"当你可以参与其中的时候，为什么要浪费时间去研究它呢？"扎克伯格会这样问他试图招聘的毕业生，他甚至开始保证如果某人退学来Facebook工作，而且以后决定再去读书的话，公司将为其支付学费。[一] 国内也有一个高中开始创业，没有上大学的创业者典型，那就是先后创办了泡泡网、汽车之家、理想汽车的李想。他自述，"我18岁之前，学习成绩中下等，老师、亲戚都觉得我以后没什么出息。我那时候和很多同学一样，随波逐流，满眼是非，但是也没什么改变命运的行动"。[二] 创业对他的改变肯定比上大学更大。我国餐饮业市值最大的上市公司海底捞的创始人、董事长张勇也只是中专生。本书并非鼓励盲目地辍学创业，甚至并不建议大学生直接创业。但在创业这种情境下，保持创业激情体现了一种价值观，这样就需要聚焦于机会，也需要竭尽全力把机会转化成为成果。至少，这是一种更宽容的文化，其背后是在人类创新创业密集度、成功率集中的大趋势之下，对机会的把握。

华为的灰度理论是一个在实践中解决问题的典型案例，对理解创业伦理复杂性的解决有一定的启示。任正非在《开放、妥协与灰度》一文中指出："一个清晰方向，是在混沌中产生的，是从灰色中脱颖而出的，方向是随时间与空间而变的，它常常又会变得不清晰，并不是非白即黑、非此即彼。合理地掌握合适的灰度，使各种影响发展的要素在一段时间内保持和谐，这种和谐的过程叫妥协，这种和谐的结果叫灰度。任何事物都有对立统一的两面，管理上的灰色，是我们的生命之树。我们要深刻理解开放、妥协、灰度。"

无独有偶，腾讯也有一个类似的"灰度法则"，2012年7月9日，在腾讯合作伙伴大会举办一周年之际，腾讯公司董事会主席兼CEO马化腾向广大合作伙伴发出

[一] 柯克帕特里克. Facebook效应 [M]. 沈路，梁军，崔筝，等译. 北京：华文出版社，2010：105.

[二] 郭佳莹，马吉英. 李想的理想与现实：不讲投资人爱听的故事，为何能得到王兴的投资？ [EB/OL]. (2020–05–06) [2020–10–10]. http://www.iceo.com.cn/com2013/2020/0506/307428.shtml.

公开信，其中重点强调了灰度法则的七个维度：具体包括需求度、速度、灵活度、冗余度、开放协作度、创新度、进化度（详见第二章导入案例），虽然更侧重于"产品创新和企业管理"，但仍然体现了符合"后现代特征"的非线性、复杂性思维。

伦理学从普适性上来看，可以分为道德绝对主义与道德相对主义两种观点。对创业伦理而言，特别需要注重道德相对主义。在一个成功的创业者眼中，不存在任何时间、任何地点都普遍适用的永恒的道德价值理念和原则。对于不符合现代工作和创业的一些农业时代的伦理不必过分僵化对待。对于符合未来时代特征的、将会纳入新的人类文明的新的伦理理念，要保持一定的开放度和包容度。

正如乔布斯所言："人的时间都有限，所以不要按照别人的意愿去活，这是浪费时间。不要囿于成见，那是在按照别人设想的结果而活。不要让别人观点的聒噪声淹没了自己的心声，最重要的是要有跟着自己的感觉和直觉走的勇气。"

2. 理论异化加大了具体情境下的伦理决策难度

价值观是超越情境的，按照价值观的诉求，各种伦理原则引导个体对行为与事件展开评价和选择。但是，关于价值观的伦理决策必须充分考虑具体情境，在现实的因素中做出抉择。

同时，在情境的建构中，使用伦理学或者法律术语更可能引发伦理思考，而在不道德的行为背后往往有一套把其道德意义降至更低的语言陈述。例如，在新媒体中经常发生抄袭稿件的行为，在业内被称为洗稿，也有为其行为"洗白"的成分，如果说侵权或者剽窃，就会使相关的决策和行为带有更多的道德责任和思考。

1996 年，Hunt 和 Vitell 提出包含伦理问题的情境是整个伦理决策模型的触发机制，如果个人无法意识到该情境中包含的伦理问题，后续的过程将无法发生，因此运用伦理情境或伦理场景来进行模型的实践检验非常重要，并且伦理困境场景已经成为伦理决策研究中经常使用的一项数据收集工具。[一]但是，在创业实践中，具体情境下的伦理困境的解决往往被根深蒂固的异化思维扼杀了。

"异化"最早出现于《圣经》之中，其概念的产生受到《圣经》"偶像崇拜"的启示。偶像崇拜是指人匍匐于人造的偶像之下，对偶像顶礼膜拜，听从偶像的差遣，从而丧失了自我，偶像成了独立于人的存在，控制奴役着人。因此，偶像崇拜具有异化的性质。

19 世纪，黑格尔系统建立了"异化理论"，在他 1807 年出版的《精神现象学》

一　田虹，企业伦理学 ［M］. 北京：清华大学出版社，2018：106.

中，第一次把异化作为哲学术语来使用，黑格尔使异化真正地纳入了哲学的范畴。黑格尔对"异化"持肯定态度，认为人可通过异化实现自我超越。其继承者费尔巴哈的观点与黑格尔的观点相悖，所持的是悲观的态度，他认为"异化"是主体的丧失，而这种丧失是永恒的。[一]

对于理论异化如何影响现实中的判断和决策，在中国传统思想中也有长期的争议和反思，其中以王阳明的"心学"和"理障说"尤为典型。王阳明的心学在我国的传统思想中有着独特的地位，在我国的现代化进程的启蒙中也起了至关重要的作用。"理障说"是王阳明心学理论发展中的一个重要的问题和转折点。所谓理障，就是理论也会成为认识真理的障碍。这个词语来自佛教经典《圆觉经》，"若诸众生永舍贪欲，先除事障，未断理障，但能悟入声闻缘觉，未能显住菩萨境界"。他在正德十五年，在与陈九川的答问中首次提到该理论，并以"理障说"终结了"格物致知"与"心理两分"的为学功夫，首创"致良知""知行合一"的宗旨。

人们学习了许多理论，很容易异化从而陷入各种既定的知识体系，进而忽视现实，类似的理论异化的情况，经济学中称为"李嘉图恶习"[二]。这个问题在已经比较规范化或者比较传统的商业活动中也许还没有那么严重，但对迅速发展迎接变革中的创业企业而言，就是生死大忌，是诸多明星企业陨落的根源。桥水基金创始人雷·达里奥（Ray Dalio）在《原则》一书中说的"极度求真，极度透明"，就是这个道理。但事实上现在很多人的决策是先从理论出发，先入为主，而不是从实事求是，甚至带着一些意识形态或者站在道德高地上去做决策。

Eric W. K. Tsang 在 Falletihe 和 Lynch 的研究基础上，将情境定义为"一个环境的相关方面（分析的、时间的、空间的或制度的），其中的一系列初始条件通过特定或集合的因果机制引起（在概率上的）一个具有规定范围和意义的结果"。然而在真实的社会环境中，不可能有完全一致的情境。"具体问题，具体分析"说的也是这个问题，而刻舟求剑恰是一个反例。在这一点上，笔者对创业者的建议是"打破常规，尊重常识"。不打破常规，很难放下偏见和习惯，从而真正理解具体情境的特定条件。不尊重常识，又很容易突出其特殊性，将具体情境中的道德问题主观合理化。

关于理论异化对人产生的思维惯性以及情境的重要性，高毅资产董事长邱国鹭曾经在《投资最简单的事》中讲述了一个故事：

⊖ 新传考研粥哥."异化"的概念与理论比较 [EB/OL]. (2020 – 03 – 13) [2020 – 10 – 10]. https://zhuanlan.zhihu.com/p/113019211.

⊜ 经济学方法论中的经典隐喻，是指将高度抽象的经济模型直接应用于错综复杂的现实世界的倾向。

初学投资策略时，我写了篇颇为自得的报告，非常高兴地跑去交给了老板，他的第一句评价是："逻辑性很强。"我赶紧做谦虚状："过奖过奖。"他笑着说："别误会，这不是夸奖，是指出你的不足。逻辑性强的策略报告一般没用，因为市场经常不讲逻辑。"在经历了市场的几次大起大落之后，我回想起这句话，言犹在耳。老板并不是说策略报告不需要逻辑，而是说成功的策略需要对市场短期的反逻辑的非理性行为有充分的考量。

商业实践与商学教育的这种脱节虽然一直很突出，但也有其重要的根源。"商业课程缺乏情境式学习机会的一个原因是，人们对管理情境、组织文化和员工视角等领域的相关研究持怀疑态度。"⊖这种怀疑很大程度上来自对定性研究的偏见。但在管理学、经济学的研究中，定量研究仍然占据绝对的主导地位，定性研究成果常常被轻视或被忽视。

好在这种状况有所改变，哈佛商学院开创的案例研究，就是一种通过情境来增强实践情境决策能力的重要教学方法和研究途径。詹姆斯·马奇（James G. March）的领导力课程使用的教材是四本文学名著：托尔斯泰的《战争与和平》、塞万提斯的《堂吉诃德》、莎士比亚的《奥赛罗》和萧伯纳的《圣女贞德》。他置汗牛充栋的研究文献于不顾，而独辟蹊径，从文学作品来解读领导力，成为美国大学中的美谈。⊜

三、很难做到以行为为基础，而不是道德说教

1. 创业伦理注重系统性、可操作性

创业伦理应该以人及其行为为中心，注重实践和可操作性，而不是苍白的道德诉求，甚至过高的道德标准。如果不是这种行为导向，它就很容易成为贴标签，而不是对事物本身采取客观公正的态度。

例如，伦理和政治中心提出的有效伦理项目的 7 个结果分别是：

1）发现不道德或违法行为。

2）建立对于伦理和法律问题的意识。

3）提供指导和建议的资源。

4）报告不道德行为。

⊖ 格林伯格，麦科恩 – 斯威特. 新型创业领导者：培养塑造社会和经济机会的领导者 [M]. 吴文华，林晓松，曹明，译. 北京：北京大学出版社，2020：207.

⊜ 周雪光. 马奇论管理 [M]. 北京：东方出版社，2010.

5）在决策过程中贯穿价值观。

6）提升员工对组织的忠诚度。

7）满足股东的需求。[一]

2. 创业伦理推崇分析、检验和评价

伦理学是反思性道德，具有思辨的传统，但创业伦理并非简单的形而上学，而是能够指导实践的应用伦理学的分支。在私营企业管理涉及价值判断的领域中，伦理决策尤其重要。诺贝尔经济学家获得者赫伯特·西蒙（Herbert Simon）在《管理行为》一书中指出："人们在日常对话中经常混淆决策中的判断要素与道德要素。事实上，手段目的的链越往后（也就是道德成分越大），对链上步骤的怀疑度就越大，对什么手段有利于实现什么目的的确定中的判断成分就越大。"在具体的实践中，组织和人的行为决策本身就包含了伦理决策的因素，但是这种管理决策中的伦理考量往往变成了一种手段而被忽视，"不忘初心"何其难也。如果要符合管理中最开始的真正的价值观，就需要通过分析、检验和评价等综合性的方法，自始至终维护和实现企业决策所要实现的核心价值观。[二]

3. 创业伦理的跨学科发展前景

伦理与创业之间存在着一种高深莫测的关系，正如黑格尔所说，"密涅瓦的猫头鹰到了黄昏时候才起飞"，创业过程中的各种伦理问题常常是时代变革的缩影。人类进入互联网时代后产生了许多划时代的创业企业，也面对着新的伦理问题。这个时代发展日新月异，变化太快，旧的理论很难从容应对，即将形成新的理论的真知灼见还散落在各个角落。

创业如同一场革命，正在改变这个世界。它作为一个新兴的领域和一种生活方式，正在吸引着越来越多的人关注和参与。创业伦理作为与人性和文明相关的交叉学科，必须广泛吸收哲学、经济学、法学、社会学等多个学科的成果，从多个方面结合起来加以研究，尤其从跨学科的复杂科学中汲取发展资源和能量。否则，很容易经常掉进学科范式所布置的陷阱。尤其是不能将创业伦理看成是纯粹的智慧活动，通过直觉和意志力可以实现人类某些方面的进步，但是只有真正深入创业伦理相关的经验知识，才能帮助我们在各种相互冲突的标准中做出最佳选择。

○ EPIC. Questions about Organizational Ethics & Integrity ［EB/OL］．［2020 – 09 – 21］．http://www. ethicaledge. com/questions. html.

○ 西蒙. 管理行为 ［M］．詹正茂，译. 北京：机械工业出版社，2020.

练 习 题

（单选或多选）

1. 为什么创业中的伦理问题是时代进步亟待解决的重要内容？（　　）

    A. 伦理决策是每个人的日常事务

    B. 在实践中，不同的伦理原则、标准之间会出现相互冲突的情况

    C. 随着社会进步和人们对环境、健康、安全等方面诉求的不断提升，有负面作用和影响，以及有违公共利益、公序良俗和社会稳定的创业机会只会遭到更加严格的监管和整顿

    D. 道德完美的创业才能说是真正的成功的创业

2. 下列硅谷创业文化中（　　）反映了伦理因素？

    A. 互联网思维　　　　　　　B. 工程师文化

    C. 开源精神　　　　　　　　D. 极客文化

3. 以下（　　）不属于伦理学最主要的三大理论体系？

    A. 美德伦理学　　　　　　　B. 伦理利己主义

    C. 义务论　　　　　　　　　D. 功利主义

4. 创业伦理的（　　）与创业中伦理决策的简单化之间的矛盾是当前创业中伦理问题的主要来源之一。

    A. 协调性　　B. 重要性　　C. 复杂性　　D. 模糊性

第一章
变革中的创业生态
及其伦理挑战

学习目标

1. 熟悉知识社会及知识工作者的特点
2. 了解经验曲线和加速回报法则对创业所起的作用
3. 掌握生态学的基本概念和创业生态的意义
4. 了解相互依赖理论和责任原则的伦理意义
5. 熟悉克里斯坦森的价值观网络理论

导入案例

马化腾致合作伙伴的一封信（节选）

从去年合作伙伴大会到现在，已经过去了一年。这一年里，我们大家一起向一个开放的、没有疆界的互联网新生态迈出了第一步。大量的创业伙伴在腾讯开放平台上涌现出来，其中不少团队还取得了初步成功。

看到这些新的现象，我既感到高兴，也体会到责任重大。如果说以前腾讯做得好不好只关系到自己的员工和股东，现在则关系到大家，腾讯还必须促进平台繁荣、与广大合作伙伴一起成功。

这个转变让我一再思考，除了流量、技术、服务等"硬件"的分享，腾讯还能带给大家什么？换句话说，怎么把腾讯累积的经验和能力开放出去，让整个互联网行业生态发展得更加健康繁荣？

一年来，通过对开放平台上合作伙伴的观察，我发现，做好一款产品对很多人来说并不太难。但是，如何让它持续地运营下去，如何移植一款产品的成功经验从而创造一系列的成功产品，却是一个相当难的问题。

这里，我想跟大家分享一下我的思考。这些思考来自腾讯14年来的经验和教训，希望对大家能有所帮助。在腾讯内部的产品开发和运营过程中，有一个词一直被反复提及，那就是"灰度"。我很尊敬的企业家前辈任正非也曾经从这个角度深入思考，并且写过《管理的灰度》，他所提倡的灰度，主要是内部管理上的妥协和宽容。但是我想，在互联网时代，产品创新和企业管理的灰度更意味着时刻保持灵活性，时刻贴近千变万化的用户需求，并随趋势潮流而变。那么，如何找到最恰当的灰度，而不是在错误的道路上越跑越远？既能保持企业的正常有效运转，又让创新有一个灵活的环境？既让创新不被扼杀，又不会走进创新的死胡同？这就需要我们在快速变化中找到最合适的平衡点。互联网是一个开放交融、瞬息万变的大生态，企业作为互联网生态里面的物种，需要像自然界的生物一样，各个方面都具有与生态系统汇接、和谐、共生的特性。从生态的角度观察思考，我把14年来腾讯的内在转变和经验得失总结为创造生物型组织的"灰度法则"，这个法则具体包括7个维度，分别是：需求度、速度、灵活度、冗余度、开放协作度、进化度、创新度。在这里简短地与大家一一探讨。

需求度：用户需求是产品的核心，产品对需求的体现程度，就是企业被生态所需要的程度。

我想强调的是，在研究用户需求上没有什么捷径可以走，不要以为自己可以想当然地猜测用户习惯。例如，有些自认为定位于低端用户的产品，想都不想就滥用卡通头像和一些花哨的页面装饰，以为这样就是满足了用户需求；自认为定位于高端用户的产品，又喜欢自命清高。其实，这些都是不尊重用户、不以用户为核心的体现。我相信用户群有客观差异，但没有所谓高低端之分。不管什么年龄和背景，所有人都喜欢清晰、简单、自然、好用的设计和产品，这是人对美最自然的感受和追求。

现在的互联网产品已经不是早年的单机软件，更像一种服务，所以要求设计者和开发者有很强的用户感。一定要一边做自己产品的忠实用户，一边把自己的触角伸到其他用户当中，去感受他们真实的声音。只有这样才能脚踏实地，从不完美向完美一点点靠近。

速度：快速实现单点突破，角度、锐度尤其是速度，是产品在生态中存在发展的根本。

在市场竞争中，一个好的产品往往是从不完美开始的。同时，千万不要以为，先进入市场就可以安枕无忧。我相信，在互联网时代，谁也不比谁傻 5 秒。你的对手会很快醒过来，很快赶上来。他们甚至会比你做得更好。你的安全边界随时有可能被他们突破。

我的建议就是"小步快跑，快速迭代"。也许每一次产品的更新都不是完美的，但是如果坚持每天发现、修正一两个小问题，不到一年，基本上就把作品打磨出来了，自己也就很有产品感觉了。

所以，这里讲创新的灰度，首先就是要为了实现单点突破允许不完美，但要快速向完美逼近。

灵活度：敏捷企业、快速迭代产品的关键是主动变化，主动变化比应变能力更重要。

互联网生态瞬息万变，通常情况下我们认为应变能力非常重要。但是，实际上主动变化能力更重要。管理者、产品技术人员而不仅是市场人员，如果能够更早地预见问题、主动变化，就不会在市场中陷入被动。在维护根基、保持和增强核心竞争力的同时，企业本身各个方面的灵活性非常关键，主动变化在一个生态型企业里面应该成为常态。

冗余度：容忍失败，允许适度浪费，鼓励内部竞争、内部试错，不尝试失败就没有成功。

仅做到这一点还不够。实际上，在产品研发过程中，我们还会有一个困惑：自己做的这个产品万一失败了怎么办？

我的经验是，在面对创新的问题上，要允许适度的浪费。怎么理解？就是在资源许可的前提下，即使有一两个团队同时研发一款产品也是可以接受的，只要你认为这个项目是你在战略上必须做的。并非所有的系统冗余都是浪费，不尝试失败就没有成功，不创造各种可能性就难以获得现实性。

开放协作度：最大限度地扩展协作，互联网很多恶性竞争都可以转向协作型创新。

互联网的一个美妙之处就在于，把更多人更大范围地卷入协作。我们也可以感受到，越多人参与，网络的价值就越大，用户需求越能得到满足，每一个参与协作的组织从中获取的收益也越大。所以，适当的灰度还意味着，在聚焦于自己核心价值的同时，尽量深化和扩大社会化协作。

对创业者来说，如何利用好平台开展协作，是一个值得深思的问题。以前做互联网产品，用户要一个一个地累积，程序、数据库、设计等经验技巧都要从头摸索。但平台创业的趋势出现之后，大平台承担起基础设施建设的责任，创业的成本和负担随之大幅降低，大家可以把更多精力集中到最核心的创新上来。

对我个人来说，2010年、2011年、2012年以来，越来越意识到，腾讯成为互联网的连接者也就是帮助大家连接到用户以及连接彼此的责任、意义和价值更大。在这个过程中，我们要实现的转变就是，以前做好自己，为自己做，现在和以后是做好平台，为大家做。互联网的本质是连接、开放、协作、分享，首先因为对他人有益，所以才对自己有益。

对腾讯来说，我对内对外都反复强调我们作为平台级企业一定是有所为有所不为的。现在肯定还有许多不尽如人意的地方，我们也希望通过各种渠道，听听大家对如何经营好开放平台的意见和建议。这绝不是一个姿态，而是踏踏实实的行动力。一个好的生态系统必然是不同物种有不同分工，最后形成配合，而不是所有物种都朝一个方向进化。

在这种新的思路下，互联网的很多恶性竞争都可以转向协作型创新。利用平台已有的优势，广泛进行合作伙伴间横向或者纵向的合作，将是灰度创新中一个重要的方向。

进化度：构建生物型组织，让企业组织本身在无控过程中拥有自进化、自组织能力。

进化度，实质就是一个企业的文化、DNA、组织方式是否具有自主进化、自主生长、自我修复、自我净化的能力。在传统机械型组织里，一个"异端"的创新，很难获得足够的资源和支持，甚至会因为与组织过去的战略、优势相冲突而被排斥，因为企业追求精准、控制和可预期，很多创新难以找到生存空间。要想改变它，唯有构建一个新的组织形态，所以我倾向于生物型组织。那些真正有活力的生态系统，外界看起来似乎是混乱和失控的，其实是组织在自然生长进化，在寻找创新。那些所谓的失败和浪费，也是复杂系统进化过程中必需的生物多样性。

创新度：创新并非刻意为之，而是充满可能性、多样性的生物型组织的必然产物。

创意、研发其实不是创新的源头。如果一个企业已经成为生态型企业，开放协作度、进化度、冗余度、速度、需求度都比较高，创新就会从灰度空间源源不断涌出。从这个意义上讲，创新不是原因，而是结果；创新不是源头，而是产物。企业要做的，是创造生物型组织，拓展自己的灰度空间，让现实和未来的土壤、生态充满可能性、多样性。这就是灰度的生存空间。

互联网越来越像大自然，追求的不是简单的增长，而是跃迁和进化。腾讯最近的组织架构调整，就是为了保持创新的活力和灵动性，而进行的由"大"变"小"，把自己变成整个互联网大生态圈中的一个具有多样性的生物群落。

（资料来源：腾讯科技. 马化腾致信合作伙伴：灰度法则七个维度［EB/OL］.［2022 - 01 - 13］. https://tech.qq.com/a/20120709/000099.html.）

案例讨论分析

1. 马化腾这封公开信谈到的主要挑战是什么？

2. 根据该文，腾讯2012年战略变革的主要方向是什么？

3. 腾讯提出创造生物型组织的"灰度法则"，其思想来自什么学科？

第一节　知识社会带来的创业生态变革

一、知识社会及其对创业的影响

1. 知识社会的思想起源

工业社会全面改变了人类的生活生产，极大地促进了社会的繁荣和商业的发展，目前以云计算、大数据、人工智能和新能源、太空探索为代表的创新浪潮也被一些学者称为第四次工业革命。但人类产业革命新的历史阶段和社会形态有各种不同的概念和理论。例如，著名社会学家丹尼尔·贝尔（Daniel Bell）的"后工业社会"，管理学大师彼得·德鲁克的"知识社会"。从创业的角度而言，知识社会也许最能体现其带来的变革本质。

1959 年，"管理学之父"德鲁克在《明日地标》（*The Landmarks of Tomorrow*）一书中，首次预言了知识社会的到来。他指出，从 1750 年—1900 年的 150 年，"资本主义与科技征服了全球，创造出了一个文明世界"。此过程与"知识"这一要素密切相关，当时知识主要用于工具的创造，大量的科学技术运用在新的生产工具的发明上，极大地提高了社会的生产力，并开辟了举世闻名的"工业革命"时代。"在新社会真正支配性的资源、绝对决定性的生产要素，既不是资本、土地，也不是劳动力，而是知识。在后资本主义社会中，社会主导阶级不是资本家，而是知识工作者与服务工作者。"[一]随着后资本主义社会的到来，知识的管理和创造将成为一种新的组织形式和创造生产力的形式，占据主导地位的将会是"知识工作者"。如果不能激发"知识工作者"的自主性，无论投入多少资本都无法创造出真正的价值。[二]

知识工作者是指"把自己从学校学到的知识而非体力或体能投入工作，从而得到工资的人"。并且"身处这种知识组织中的所有成员都必须是负责任的决策者，都必须把自己看成经理人"。德鲁克还指出，经理人的正确定义是"负责知识的应用与绩效表现的人"[三]。

[一]　德鲁克. 后资本主义社会［M］. 傅振焜，译. 北京：东方出版社，2009：序言.

[二]　德鲁克. 后资本主义社会［M］. 傅振焜，译. 北京：东方出版社，2009：23.

[三]　德鲁克. 管理：使命、责任、实践　使命篇［M］. 陈驯，译. 北京：机械工业出版社，2006：序言.

著名管理学家托马斯·达文波特（Thomas Davenport）也指出，知识工作者具有高学历或专业技能，其工作主要是创造、传播或使用知识。他们的工作包括研发、营销、工程、规划、客户服务和管理等，都对组织的创新和成长有着举足轻重的作用。要使知识管理兴旺起来，组织就必须设立一整套规则和技能来完成获取、传播和运用知识的工作。[⊖]

时至今日，德鲁克的这些预言已经成为现实。20世纪90年代以来，以信息技术的广泛应用为重要标志，人类已经全面进入知识社会，知识创新成为创业和商业的核心内容。除了移动互联网、人工智能等信息技术对人们生产生活的改变，新技术、新经济对社会的重构之外，一个典型的特点就是信息技术重新定义传统的工业和制造业，"硬件就是新软件"成为趋势，越来越多的数控机器等数字驱动工具和人工智能技术应用于传统的制造业和自动化生产。在知识社会中，知识正在全面地改变、更新着各个领域。

2. 知识工作者的特点

在知识社会中，知识工作者及其知识创造成为企业竞争和创业活动中的核心内容，因此了解知识工作者的特点至关重要。并且，知识工作者的这些特点，也深刻地反映了知识社会变革对人本身所带来的巨大影响。

（1）专业性　成为知识工作者不但需要有相当程度的、规范的专业教育和训练，还需要在实践中不断提升个人专业技能和工作效能，如程序员、教师、律师、会计师、医生、投资分析师等。随着社会分工的更加细密，以及知识工作本身的加速发展、更新，知识工作者越来越多样化，如物联网安装调试员、算法工程师、数字化管理师等。

（2）流动性　在以知识和知识工作为特征的新兴社会，知识工作者的话语权和选择权较传统工作者更大。而且，知识工作者通过不断获取关键知识资源和学习，大大拓宽了向上流动的机会。这种流动性拓宽了知识工作者的竞争和发展空间。

（3）自主性　与体力工作者等传统的工作者不同，作为知识的拥有者和创造者，知识工作者自己就是生产资料，有较强的独立意识和自我管理能力。知识工作者在通过持续学习和在知识创造中获得向上发展的机会的同时，也获得了内在的自我激励和自主性。

（4）复杂性　知识工作者的工作主要以脑力为主，比一般的劳动更难以观测、控制和评价。在团队合作中，个人贡献的评价和激励机制的设计也更为复杂。较之

⊖ 《哈佛管理前沿》《哈佛管理通讯》编辑组. 知识管理：推动企业成长的加油站 [M]. 陈儒，程明，等译. 北京：商务印书馆，2009：39.

传统工作方式，知识工作者的知识创造活动更加具有不确定性，企业对知识工作者有更多耐心，给予的弹性也更大。

（5）持续性　知识工作者需要对其生产工作——"知识"进行持续投资。在知识社会，"教育"将成为中心，而"学校"会成为关键机构。掌握和运作知识的组织雇员在教育培训等方面的投资已经大大超过了传统的制造工人，并推动知识工作者"终身学习"。

3. 知识社会的"加速回报"法则

知识社会不但重新定义了资本、组织及与人之间的关系，更重要的是开启了一种通过不断学习和涌现创意实现"加速回报"的新的商业法则。

20世纪90年代，波士顿咨询公司的布鲁斯·亨德森（Bruc Henderson）等在美国海军的研究基础上，通过"学习曲线"，为学习与创新的复杂关系提供了新的理论贡献。

学习曲线也被称为经验曲线，该理论认为随着工作经验的积累，在产出规模和销售额增长的同时，企业家的知识也会保持增长。所以每当产品或服务的销量翻一番，其制造成本就会下降大约20%～30%。

表面上看是销售额带来的规模效应，但实际上是企业及其员工对知识经验的积累可以获得加速回报。更为人熟知的摩尔定律只是学习曲线在IT行业的一个案例，这为知识在创业乃至整个商业社会中所起的基础性作用提供了一个视角。

知识构成了组织的基础，并使创业生态发生了根本性改变，成为创新创业活动需要面对的基础性问题。颠覆式创新、创造性破坏是创新创业的动力，而知识社会正是它们的时代背景和外部环境。

知识社会使知识工作者不再成为单纯的劳动力，劳动和资本的关系也不再简单地对立起来。创业活动使知识工作者既成为劳动者，也成为资本的拥有者。知识工作具有许多新的时代特征及其带来的复杂性，同时也使人类创造的价值和财富的可能性空前提高。由于这种复杂性，评估绩效和激励已经不再像工业社会时代那样简单，这集中体现在股权、产权和组织、制度等全方位的变革，并由其引发了创业的革命性的变化。

根据谷歌前CEO埃里克·施密特（Eric Emerson Schmidt）在《谷歌是如何运营的》一书中的描述，谷歌作为一家全球领先的科技巨头，最核心的财富不是技术，而是创意精英。谷歌所追崇的是寻找创意精英，然后为他们赋能，充分发挥创意精英的创造力。

组织与知识工作者的关系不仅是雇佣关系，更是合作关系。企业不可忽视他们也是企业核心竞争力和价值的主要源泉。玛汉·坦姆仆（Mahen Tampoe）在《激励知识工作者》一书中，将知识工作者的激励因素分为以下四类：

（1）个人成长　组织使知识工作者认识到个人能够提升和发挥自己潜力的机会。

（2）工作自主　建立一种工作环境，使知识工作者能够在既定的战略方向和自我考评指标框架下，完成交给他们的各项任务。

（3）业务成就　完成的工作业绩达到一种足以令个人自豪的水准和质量水平。

（4）金钱财富　获得一份与贡献相称的报酬，并使雇员能够分享自己所创造的财富。这种奖励制度既要适合企业的发展，又要与个人的业绩挂钩。

4. 知识社会的生态学意义

知识社会使这个世界更加复杂、多元并加速进化。对创业而言，知识社会带来的这种革命性的变化是具有生态学意义的。生态学是一门研究有机体及其所处环境的科学，关注的问题是：为什么会这样和为什么在这里。这门科学揭示"多样、改变、学习和适应"的法则。这个概念由德国生物学家恩斯特·海克尔（Ernst Haeckel）在1866年首创，它向我们揭示了有机体如何通过模仿，共生协作和竞争相互联系在一起。

生态学的视角是整体的、彻底的和具有挑战性的。创业生态就是以生态学的思想和方法来解释创业活动。它不仅是一种客观的状态，而且代表了一种对创业更深刻的认知。现代生态学是由进化论引发的人类向现代化思想转变进程的一部分，是从基于还原论、机械论和定量的旧观点，到基于复杂、涌现和整体论的新观点。

2012年，《硅谷生态圈：创新的雨林法则》通过探讨硅谷高科技生态圈形成和发展的新时代特征，提出了"创新生态系统"的概念，成为研究创业生态的经典之作。书中认为，"创新生态系统不只是像生物系统，它就是生物系统。天赋、想法和资本这些养分在这个生物系统中流淌。测量这些养分的流速能够为我们提供工具来衡量创新生态体系的健康程度，这是通过观察随着时间推移的动态活动而不是静止的时间点来实现的。当特定的社会系内允许天赋、思想和资本更自由地活动时，我们发现人类网络能够产生自发组织形式的超常模式"。⊖

二、知识社会的创业生态

1. 双面市场与新经济生态

美国斯坦福大学谢德逊（Edison Tae）教授的《源创新》首次提出了"双面市

⊖ 黄，霍洛维茨. 硅谷生态圈：创新的雨林法则［M］. 诸葛越，许斌，林翔，等译. 北京：机械工业出版社，2015：序言XXIV.

场"的概念,认为在传统商业生态系统中,往往只关注销售市场,而忽视供应市场,这样组织由于环境变化所形成的波动就比较大,很难获得可持续的自发式发展。同时考虑两个方面的市场将获得一个"独控"生态般的效果。

这种商业模式和以往点对点的商品和服务交付模式存在本质的差别。在著名的3Q大战中,法院对双面市场进行了定义:"其商业模式主要通过基础网络服务免费+增值服务收费+广告服务收费的模式运营。该类网络运营商通过免费的基础网络服务锁定用户,并通过网络运营商又将免费网络服务锁定的用户作为推介信息的对象,在广告中赚取利润。"[一]

互联网行业就是基于"双面市场"建立起强大的新经济生态能力的典型行业。以亚马逊为例,在这种生态体系中,它既有"更快、更便宜、顾客体验更好"等方面的极强的市场竞争力,又能够帮助企业以较低的成本创立品牌、连接客户。

更重要的是,在这种"双面市场"的商业生态下,知识及其所负载的信息流越来越密集、高速地运转,世界已经越来越联为一体。人类的生活、工作从来没有如此依赖信息、知识和互联网,一方面这创造了前所未有的物美价廉的商品,促进了商业繁荣和人们生活水平的提高;另一方面也以更低的成本使更多的人成为产品和服务的供应者,创造了成千上万的创业机会,引发人们投入创业大潮,并通过创业推动了社会的转型和知识社会的发展。这种由于人类进入知识社会导致的创业生态的变革,使创业活动本身的利益、责任也发生了根本性的变化,其中的伦理决策和治理越来越重要。

个别昙花一现的互联网企业出现问题往往并不是因为单纯的产品或者运营上的问题,多数是在这个"双面市场"的商业生态上出现了危机。例如,已经陨落的MSN、开心网都曾经做到亿级用户,但其衰落速度之快表面上看是产品周期没有跟上用户的需求,以及开放性不够,但更深层次的原因是没有放弃强烈的"中心化"特征,使之最终没有建立起与"双面市场"相匹配的可以迭代进化的生态系统。这种残酷性在依靠单一产品就可以过得很滋润的传统企业是不可想象的。

2. 互联网平台与创业生态

"双面市场"发展到一定规模就成为互联网平台,数字经济的发展尤其是互联网平台的崛起是当前创业生态的重要特征。方军等在《平台时代》一书中指出互联网平台是数字经济的主要资源配置、组织模式:"数字化、连接、带宽增长、云计

[一] 参见北京市第二中级人民法院（2011）二中民初字第12237号。

算及大数据、交易成本降低、互联网分享精神六大驱动力既推动互联网平台的成长，又因互联网平台的成长而受益，形成一种相互推动的循环。"[一]

事实上，平台并不是知识社会和互联网出现后的新事物，集装箱、信用卡组织都是典型的平台，比尔·盖茨曾经大力推荐的《集装箱改变世界》一书就认为集装箱运输作为标准也是平台，它改变了世界做生意的方式。只是，互联网平台出现之后，人们通过网络实现数字化信息快速流动，数量庞大的社交连接和大规模社会化分享、协作才成为可能。互联网平台确实是一种技术驱动的新物种，而这种新生事物是通过信息技术将人类社会由来已久的社会化属性转移到各种在线的互联网场景中，并重构企业的价值链，形成"生产者—平台—消费者"的格局。简而言之，就是技术驱动的大规模社会化协作。

由于与互联网平台对应的人的社会化场景转移到了线上，人们被手机占据的注意力大大超过日常的社交、交易，互联网经济对传统商业的冲击自然呈摧枯拉朽之势。按照以互联网发明者命名的"梅特卡夫法则"，网络规模增长 10 倍，其价值就增长 100 倍。《平台革命：改变世界的商业模式》的作者桑基特·保罗·邱达利（Sangeet Paul Choudary）等得出结论："互联网让商业设计从'管道模式'向'平台模式'转变"。如此，再从平台模式理解可编程金融、信息公证、大规模协作流程、分布式商业平台等区块链应用场景，就会发现互联网平台仍然在继续迅速地改变着这个世界。"

从经济学意义上看，互联网平台仍然是企业，但确实是一种具有强烈社会化和公共基础设施属性的新兴企业形态，而且具有大规模协作的自组织系统的特征。这种互联网平台特征非常突出的企业，既是符合创业生态变革的创业成功者，本身又成为创业生态的重要组成部分。

平台的这种创业生态系统特征，还体现在与用户的交互和深层次的关系重构中。"和自然界的生态系统一样，平台也在不断地和它的组成部分一起演化。大多数平台的主要活动都涉及外部参与者，所以无法像线性业务那样控制其关键资产。平台必须不断适应它的网络，因为用户已经成为平台的一部分，它必须像人一样不断地变化调整。因此，平台的设计不仅仅是工业流程设计，更需要社会学领域的独到见解和持续的行为设计。"[二]阿里巴巴提出的"生态圈"、腾讯的"微信生态系统"，都具有创业生态的典型意义和时代特征。

阿里巴巴在我国的创业企业中较早地提出了"生态"的概念。阿里巴巴生态系

[一] 方军，程明霞，徐思彦. 平台时代 [M]. 北京：机械工业出版社，2018：28.

[二] 莫塞德，约翰逊. 平台垄断：主导 21 世纪经济的力量 [M]. 杨菲，译. 北京：机械工业出版社，2018：165.

统，如图 2 – 1 所示。2007 年 9 月 20 日，在阿里巴巴战略会上，对于未来十年的战略，提出了"建设一个开放、协同、繁荣的电子商务生态系统"。根据曾鸣的解释，最核心的就是，"我们要建设一个生态系统，而生态系统的第一个核心是客户，是数据，是最底层的信息流、资金流、物流。所以，我们把贯穿所有子公司的数据业务打通，命名为整个集团未来的'奔月计划'。我们认为这是公司未来发展最重要的核心，也是生态系统的基本"。"我们当时意识到，如果我们真正能够把数据打通，还能把对外开放 API 的链接做好，那么阿里巴巴应该会创造一个前所未有的经济奇迹——生态系统。这样一个生态系统应该会有千亿美元的可能性。"

图 2 – 1　阿里巴巴生态系统

（资料来源：曾鸣，《智能商业》。）

王赛在《增长五线：数字化时代的企业增长地图》一书中，又将平台型企业与生态进一步区分。他将生态的本质定义为"把企业的核心能力，用杠杆的方式与外部资源进行交易，使原有的业务领域扩展到无穷多的边界，使企业的业务从 N 走向无穷大。通俗地说，企业要从价值点上的企业、价值链上的企业走向价值网上的企业。所谓价值网，是指生态，而生态战略是构建企业天际线最重要的策略"。"商业生态系统是一种全新的企业组织和资源交换方式，原有的企业组织模式是科层制，后来又向平台转型，而现在的生态系统模型可以充分反映企业间资源的协调和聚合。如果说科层制应用的企业价值十亿量级，平台性企业价值百亿量级，那么生态型企业价值就是千亿量级。"⊖。例如，亚马逊等互联网巨头允许其他卖家使用其仓库和

⊖　王赛，增长五线：数字化时代的企业增长地图［M］. 北京：中信出版社，2019：204.

云计算业务，还能帮助其抵御技术、安全等方面激烈的竞争压力，以及鞭策其相应的企业创新。YouTube 由于谷歌的服务器运营和"内容识别"算法而获得爆炸性增长。但在整个生态系统或者食物链系统中，这些科技巨头处在核心位置，并且会获得更多的商业利益。

在知识社会带来的创业生态变革中，创业者面对的是以人为中心的网络化的生态系统，人应处于中心，产品、平台、企业、社群、市场及整个生态，都是为了人而存在的。如果没有伦理上的系统思考、决策、举措，就不能通过利益相关者向这一生态输出正向的信号和能量，更无法获得整个生态的认同和支持。而且，创业活动往往要受风险投资等利益相关者的影响，存在追求短期收益或者铤而走险违反道德规则的行为，会逐渐形成脱离人类道德规范的系统，从而与生态系统的存在价值背道而驰。由于许多创业者和创业企业对此认识长期不清、决策屡屡失误，必然出现诸多伦理问题，甚至对社会产生了巨大的冲击。这也可以解释大多数由政府或机构支持的风险资金，无论多么用心良苦都注定不会持久，因为这种做法使风险资金不能很好地融入整个生态系统，风险投资不仅仅是个工程问题，更是个生物学问题。⊖

3. 创业生态战略

创业生态的意义不仅在于企业与利益相关者关系的重构，在知识社会的大背景下，还对创业相关联的创新和创意有着战略性的和全局的意义。对此，创意和创业理论界也有着积极的探索。

约翰·霍金斯（John Howkins）在《创意生态》中指出，创意不只是关于稀有艺术天分和文化财富的事情，而是各种生态学要素的丰富混合体，主要包括"多样、改变、学习和适应"。只有在生态系统许可的情况下，创意才会存在，并通过"适应性效率"而变得繁荣。⊜

多伦多大学罗特曼管理学院商业与创意力教授理查德·佛罗里达（Richard Florida）在《创意阶层的崛起》中将这种生态概念从组织拓展到了社区、城市，提出"创意资本理论"。他认为，区域经济增长由创意人士驱动，他们选择的地方往往都是具有多样性、包容性，以及容易接受新思想的地方。他的理论可以解释为什么硅谷这样一个在传统意义上偏远的地方能够崛起为世界创新之都。

⊖ 黄，霍洛维茨. 硅谷生态圈：创新的雨林法则 [M]. 诸葛越，许斌，林翔，等译. 北京：机械工业出版社，2015：262.

⊜ 约翰·霍金斯创意生态实验室网站. 约翰·霍金斯《创意生态》：各章简介 [EB/OL]. (2022-01-13)[2020-09-21]. http://creco.cn/? p=213.

第一个提出生态战略概念的是美国学者詹姆斯·穆尔（Jamas F. Moore），他在1996年出版的《竞争的衰亡》一书中引用生物系统的概念，创造性地提出了商业生态系统的新概念，来描述当下市场中的企业活动。吉姆·亨森（Jim Henson）、米切尔·奥梯茨（Mitchell Ortiz）、安迪·葛鲁夫（Andy Grove）、山姆·沃尔顿（Sam Walton）等企业家的战略发展方向很好地说明了我们所了解的原有的娱乐业、教育业、保健业等行业都发生了巨大变化。企业仅拥有一种商业模式是远远不够的，企业领导还必须建立具有分享意义、产生特殊恢复力和机动性、抵御灾难的强健的共同体。

第二节　创业生态变革带来的伦理冲击

如果站在创业面对的新知识社会的基础上，就可以发现更具有伦理学意义和时代特征的思想线索，或者说，当前创业领域最重要的伦理问题正是基于创业中的生态变革及挑战。

一、创业生态变革的特点

来自知识社会的划时代变革是建立在工业社会基础之上的。工业社会一个典型的特征是福特主义，也就是流水线、标准化、自动化，尤其是对人的生产动作的标准化。与之形成巨大反差的是，知识社会更注重新知识和创意带来的价值，更侧重自学习、自组织、自适应，以适应更复杂的、分布式的、技术驱动的大规模社会化协作。知识社会对创业生态产生的划时代变革，主要有五个方面：

1）更加注重和尊重个人的价值。在知识社会中，作为知识工作者的创业团队成员已经不再是简单的劳动者，他们本身也是企业重要的资本。而且，由于知识工作者的行为特征和激励更为复杂，如何尊重和激发个人的价值创造，就成为创业企业的核心问题。创业企业必须按照知识社会的规律和知识工作者的特点来对待员工，给予更有利于激发他们创造力的效能激励体系和发展环境。优秀知识工作者在创业活动中的这种重要性，已经越来越成为创业企业的共识。乔布斯说，他花了半辈子时间才充分意识到人才的价值。由于苹果公司需要有创意的人才，因此他大约把1/4的时间用于招募人才。他曾在一次讲话中说："我过去常常认为一位出色的人才能顶两名平庸的员工，现在我认为能顶50名。"谷歌创始人谢尔盖·布林和拉里·佩奇并不同意三个臭皮匠能顶一个诸葛亮的说法。在他们看来，再多的臭皮匠也起不了诸葛亮的作用。谷歌前工程副总裁韦恩·罗森毫不讳言，"我们只需要天才"。

2）与传统垂直的组织体系相比，当下创业企业的组织体系越来越扁平化、弹性化、网络化、虚拟化。随着知识社会的发展，创业企业的开放度和敏捷度获得前所未有的提高，不利于知识分享和创造的行政化的层级制度在实践中以不同的方式被打破，内外部专家资源网络和知识联盟、虚拟化学习机制也在互联网技术的推动下得到更好的发展。一些平台和众包、共享经济企业呈现去中心化的特征，具有前所未有的弹性和自适应性。其中，一个极致的例子发生在硅谷。硅谷所在的加利福尼亚州的法律禁止任何劳务合同对员工离职后从事什么工作加以限制。这使得旧金山湾区的劳务市场呈现很高的跳槽率，而且硅谷的工程师喜欢水平流动，而不是垂直流动。改换工作可以使自己的专业技能得到更大的发挥。这样就创造了一个奇特的无意识的合作交流模式，促进了知识在行业的流动和开发，有利于繁荣整体的创业生态系统。

3）过去许多企业的战略是以竞争为主，而现在更注重合作——这称为战略的复杂混合，即竞合。新企业拥有的新颖性和创新能力会吸引供应商、消费者、竞争对手和合作伙伴的注意力，他们将组成一个价值网络。"创新的生态常常是由引领企业与它的互补者共同组成的。"⊖创业企业相互的竞争是残酷的，但是也存在不同程度的合作关系。早在 1997 年，乔布斯重返苹果时就发生了一件在创业领域具有生态意义的标志性事件。乔布斯在波士顿的 Macworld 的展会上宣布与竞争对手微软结成联盟。协议的内容是一项跨平台的授权是微软能够使用苹果操作系统中的设计元素，苹果可以使用微软的 Office 和 Explorer 作为苹果系统中默认的办公软件和浏览器程序，微软可以投资 1.5 亿美元给苹果。又如，同为外卖平台的美团和饿了么的一些技术支持和服务是由同一家第三方公司来提供的，而且它们的数据在一定程度上还能够共享。同时，风险投资者和天使投资人也在促进创业企业之间的合作方面发挥了重要的作用。他们往往既是出资人，也是人脉网络、业界经验、学习方法等方面的重要节点和导师，成为推动知识社会背景下创业生态变革的积极力量。

4）各种算法、数据、信息已经渗透到知识社会带来的生态系统，从而使人类和各种网络及技术共存在各种社会场景中，以人为中心的各种活动都可能实现了人与数据算法、人工智能及各种物之间的连接。创业生态发展到极致就是迅速崛起的 IT 企业巨头，以及由其开拓出来的人与人、人与组织、组织与组织，以及人、组织、社会之间新的共生、协作关系。在互联网行业，如果与知识社会带来的生态系统格格不入，甚至按照传统的一些狭隘的理念将企业的利益与这个生态系统隔绝开，

⊖ 拜尔斯. 技术创业：从创意到企业：第 4 版 [M]. 陈劲，李纪珍，译. 北京：北京大学出版社，2017：66.

很有可能会使企业无法分享相关的信息和学习机制，进而影响企业在这一社会网络中进化、迭代的可能性。

5）有不少创业企业培养了众多创业者，孵化出了更多创业企业，被称为 Spin Off（脱离母公司的创业）。国内出现了新东方、腾讯、阿里巴巴、富士康等对离职创业极度宽容的创业企业。有些企业的离职创业者还会参与原公司支持的创业互助社群，许多创业企业会对离职创业者提供帮助甚至成为离职创业者创办企业的投资方。据不完全统计，从阿里巴巴离职创业的超过 6 万人。参与阿里巴巴年会的除在职员工外，还有部分曾经任职于阿里巴巴但目前已经离职的"前任"。腾讯离职员工创业群体被称为"南极圈"，南极是腾讯吉祥物企鹅的栖息地，这本身就有生态的意味。腾讯离职员工创办的创业企业包括快手、小红书等"独角兽"，以及老虎证券、富途证券等具有行业独特地位的企业。

以上企业典型的代表是新东方和富士康。新东方以涌现徐小平、罗永浩等创业领军人物著称。

富士康是全球著名的电子设备代工工厂，按照雇员人数来说，它是目前世界上第二大非国有企业，仅排在沃尔玛之后。富士康没有自己的产品，代工产品的利润非常微薄。但该公司注重学习培训和提升员工专业技能，堪称一个巨大的创业训练营和孵化器。在该公司，从普通的打工者成长起来的创业者在国内堪称第一。众多在富士康成长起来的蓝领，创办了自己的电子制造业企业，其中蓝思科技、立讯精密等已成功上市，成长为中国在该领域的一线乃至领军企业。

二、创业生态视角下的伦理问题

每一个创业活动和创业企业的起点，都是在这个世界中找到自己的位置，并且在创业生态中扮演某种角色。类似于认知心理中的"人格面貌"。创业企业必须建立符合其定位的主要道德规范，以及与外部环境的价值观关系。同时，创业企业对其创业行为也应该承担道德责任，并且需要反思所处生态系统中反馈回来的道德问题并加以解决。否则，如果在其生存、发展的世界中，不断面对伦理道德的质疑，最终将被这个生态系统排斥。因此，从创业生态的角度来看创业企业的伦理问题，就不仅是组织的道德问题，而且是在其生存的这个生态系统中的"合法性"问题。

我国近年来的创业生态变革固然深刻地改变了创业环境和创业文化，使我国成为全球为数不多的，能够不断成长出符合新的时代特征的创业企业和"独角兽"的国家。但是，由于在这方面的理论和实践都缺乏进一步的总结，加之创业者之间对此的交流也不够深入，有很多创业企业，并没有清醒地认识到这种创业生态的巨大转变，出现了许多伦理问题，或者在这方面走了弯路。

（1）创业过程中违反了普遍的伦理原则　由于知识社会创业生态的变化，在企业创新的各个方面，如信息流、资金流、物流等都有可能出现监管跟不上实践的情况，在短暂的监管空窗期，出现监管套利、伦理套利等不端行为乃至犯罪行为并不罕见。这些做法虽然看似在短期带来了明显的效果，但是最终将给企业带来难以想象的伤害。由于算法、平台、资本市场等放大了过去的道德风险，给创业生态带来了较过去更大的冲击，甚至灾难性后果，例如某公司财务造假导致的整个中国的创新创业企业在海外资本市场受到质疑，政府鼓励创新创业和支持新兴产业带来的骗补等问题，以 P2P 为代表的互联网金融、以共享单车为代表的烧钱商业模式的价值观问题，新媒体、自媒体向未成年人精准推送宣扬暴力、色情等低俗内容的问题。不会因为这些创业涉及一些新兴领域，或者采取了前沿技术就不承担相应的伦理责任。反而由于创业生态的变化，有可能承担更大的责任。

（2）技术创新中的伦理问题　技术作为一种中介存在赋能和伦理问题，如互联网、人工智能、监控技术带来了隐私侵犯、大数据杀熟、引诱未成年人上瘾等新的道德风险；人工智能技术在无人驾驶等领域的应用带来了主体的责任伦理问题；以基因编辑、胚胎干细胞为代表的基因生物新技术和脑机接口技术，对人类尊严和安全产生的新威胁。在人们越来越依赖互联网和平台的当下，数据、算法的安全风险、事故风险、操纵风险、权利风险也日益凸显。面对技术创新中的伦理问题，我国已在 2020 年成立了国家科技伦理委员会，相关部门出台了若干法规和防范指引。

（3）在创业生态形成中，新的商业形态、组织契约、权力机制产生过程中的伦理问题

1）新经济、新业态中前所未有的道德危机。市场经济中的委托代理责任问题，在新的创业生态下更为复杂。许多新经济形态，还没有建立起比较完善的、规范的、符合人类伦理原则的、对等的权利义务关系，如共享经济、零工经济中的工作方式改变、劳动保护等问题。而且，一些创业企业用信息技术放大了单纯追求效率的简单、线性管理模式的弊端。虽然这些问题对企业和整体创业环境而言是"顽症"，但有些互联网企业运用技术和算法控制员工，引发员工过劳猝死等。这反映了工业时代以来，一直被诟病的劳动保护问题在知识社会以一种新的方式爆发。

2）在组织和领导力方面的创业伦理问题。在知识社会变革中的创业生态下，传统的组织文化和领导力受到了重大的冲击，一些创业者误将野蛮和道德沦丧当成创新和进步的方向，崇尚狼性文化、机会主义和短期的快钱制胜，让很多创业团队的伦理文化出现了紊乱。在企业内部，片面追求成功让一些创业团队合伙人之间、员工之间缺乏信任、关系紧张，有个别夫妻掌控的创业企业曝出争夺股权的丑闻，

甚至发生了创业企业高管向创始人投毒的悲剧。在企业外部，虚假宣传、恶意中伤竞争对手、采用不当手段恶性竞争、肆意欺瞒消费者与合作方、破坏生态、窃取商业机密等行为屡见不鲜。有些事件已经严重地损害了创业者在社会公众中的形象，对市场环境造成了恶劣影响，成为创业领域的公害。

3）创业与一般企业的最大区别就在于风险投资等融资方式的影响，由于涉及至关重要的委托代理关系、金融工具和公司治理，其中的道德风险和创业伦理问题也很突出，包括但远不限于欺骗投资人、转移资产、侵犯股东利益、为完成对赌协议造假等问题。

（4）外部性带来的伦理问题　外部性是一个经济学的重要概念，是指一个经济主体的行为影响到其他经济主体，但是没有承担后果或者予以赔偿，产生了成本和收益不对等的情况。在知识经济背景下，创业企业面临着更复杂的安全、健康、环境等外部性和社会成本问题。受创业生态演变影响，有平台特征的创业企业不仅具有市场属性，还具有类似社会的公共性和政府的权力属性。如何应对创业中产生的外部性和社会问题，将创造经济价值与履行社会责任相结合，并且能够使创业符合未来大的道义方向，也是创业领域的重要内容。

第三节　创业中的价值观网络

创业活动中的大量伦理问题，看似纷繁复杂，但是从创业生态的角度，既能够厘清其产生的根源，也能从本质上把握改进和治理之道。在知识社会和日益复杂的创业生态中，协同不同层面的各种合作者的利益问题较过去发生了重大变化，利益与价值观和道德冲突的困境也相应地发生了变化。面对变革中的创业生态和伦理挑战，需要进一步从知识社会时代的创业生态学角度，理解和把握创业伦理的深层次规律，以及从价值观管理和价值观网络角度建构有利于创业生态的创业伦理体系。

一、利益、关系与创业生态

在知识社会的变革中，理解创业生态中的伦理问题需要有更宽阔的视角和动态思维。创业企业合伙人、客户、债权人、供应商及其他内部成员的目标经常有冲突，创业者要学习和不同的人及组织相处。创业者需要具有处理各方面关系的能力，善于调和不同的观点，让所有的利益相关者的注意力都集中在实现共同的目标上。其核心是在一个创业的生态中，如何处理协调利益与道德的关系。在这个核心关系问题上，个人利益和群体利益、社会利益的关系问题又成为理解创业生态演变的一个基本线索。正因为如此，德鲁克强调，"社会与文明的连贯性和创新变革之间的张力是所有问题的中心"。⊖他没有单纯地把商业看作"商业"，而是把商业看作社会机制的有机部分。

1. 从自助到互助

从工业革命开始到现在，创业伦理观发生了巨大的变化，一个显著的特征是从更注重个人到更注重组织，从更注重组织到更关注社会，从更关注社会到更关注创业的整个生态。不同时代的创业思想和创业生态不同，但整体上呈现出一种以个人主义为内核，从自助到互助的态势。

塞缪尔·斯迈尔斯（Samuel Smiles）的《自助论》与查尔斯·达尔文（Charles Darwin）的《物种起源》及约翰·密尔（John Mill）的《论自由》并列为 1859 年欧洲出版的三本巨著。这本书当年风行一时，对英国当时的创业者及各个领域的奋斗者起到了巨大的激励作用。该书作者斯迈尔斯以许多真实的故事教导年轻人如何勤奋地自我修养、自我磨炼和自律，以诚实、正直的态度，认真地履行职责而获得幸福生活。他的伦理思想结合了维多利亚时代的道德观及自由市场的概念，很有说服力地呈现出节俭、努力工作、教育、坚持不懈，以及合理的道德观特质。所谓"自助者，天助也"。

明治维新时期，中村正直翻译了斯迈尔斯的经典著作《自助论》，该书在日本狂销百万册。后来日本文化界对中村正直给予高度的评价，认为如果说福泽谕吉使明治青年看到了智的世界，那么中村正直则让人们看到了德的世界，两者是同等重要的。⊜这恰逢其时地对当时日本中等阶层的伦理观带来深刻的促进作用。

塞缪尔·亨廷顿（Samuel Huntington）在《文化的重要作用：价值观如何影响人类进步》一书中这样评价这种价值观教育的作用，"在一个没有正规的宗教教育和礼仪的国家里，学校成了道德品质和伦理教育的殿堂"，"要认真理解日本的成就，就必须看到这种由文化因素所决定的人力资本"。⊝

自助和励志的商业文化不断发展，一直是激励创业者的重要精神动力，随之也不断涌现出了《思考致富》《高效能人士的七个习惯》等经典的自助手册，有时被称为成功学，但其更合适的称谓可能是积极思想。美国最大的中餐连锁店熊猫快餐创始人程正昌就是热心阅读这类读物并引导员工积极向上、不断成长的典范。除了

⊖ 德鲁克. 变革中的管理 [M]. 张旭东，译. 北京：华夏出版社，2011：232.
⊜ 本力. 日本做对了什么？[N]. 21 世纪经济报道，2018 - 10 - 13 (12).
⊝ 亨廷顿，哈里森. 文化的重要作用：价值观如何影响人类进步 [M]. 程克雄，译. 北京：新华出版社，2013.

分享读物，他还要求其企业骨干员工参加地标论坛等励志课程以及相关集会。

《互助论》是彼得·阿历克塞维奇克鲁泡特金在1902年发表的一部代表作。书名全译是《互助：一个进化的因素》。全书是作者1890年—1896年间在伦敦陆续发表在英国《十九世纪》杂志上的单篇论文的结集。这本书主张，虽然达尔文主义认为自然界的法则是"适者生存"，但在大自然中，除了互争的法则以外，还有互助的法则，而这个法则对生存竞争的胜利，特别是物种的逐步进化来说，比互争的法则更为重要。动物组成群体更利于生存竞争，在群体中年长的动物更容易生存下来，因此也更能积累经验，不会互助合作的动物种类，更容易灭亡。克鲁泡特金认为人类依靠互助的本能，就能够建立和谐的社会生活，无须借助权威和强制；而没有权威和强制的社会较之有国家和权力支配的社会，更能保障人的自由。

在尊崇儒家的东方社会也有互助的传统和价值观，这被德鲁克推崇并总结为相互依赖伦理，他指出，"相互依赖伦理特别注重义务，并且所有的义务都是双向义务。和谐和信任，即相互依赖关系要求一方有义务满足另一方达成目标和实现自我的需求"。他提出吸收儒家伦理得以长久有效的核心概念：

对基本人际关系的清晰界定。

普遍适用的行为规则，与任何个人或组织的行为契合，个人和组织可以依据规则行事，处理各种关系。

关注正确行为，而不是避免如何犯错，关注行动而非动机或意愿。

行之有效的组织伦理、能让人认为是伦理的组织伦理，必须将正确行为定义为各方利益最大化的行为，从而使组织关系变得和谐、富有建设性、互惠。

在传统创业中，更加突出的是个人的奋斗和自助。在这方面，爱迪生可能是最典型的案例。但是，在相互依赖伦理的基础上，源于社群但超越基于社群的互助，可以使更多的物种有意识地在一起共享明确的已知好处，达到互利的效果，这种协作的目的成为参与者的共识。与更聚焦于自助的图书相比，倡导互惠和人际交流的《影响力》《别独自用餐》《人生定位》《巴拉巴西成功定理》等商业书籍更多地阐发了这种互助的重要性。

左宗申和他的摩托车创业故事为此提供了一个中国版本的案例。据统计，全球有一半的摩托车产自中国，而重庆生产的摩托车占我国摩托车总量的40%。重庆最著名的摩托车企业是宗申动力，这家企业由一个名为左宗申的青年企业家创办于1990年。当时国有摩托车工厂卖的零件特别便宜，组装一台发动机的全部零件总价要比买发动机整机便宜几百元。左宗申看到这是一个赚大钱的好机会，但当地政府拒绝向其销售零件。他通过建立一个由300家小店组成的网络来解决由此带来的困难。

这些供应商之间展开了所谓的合作竞争，他们聚在茶馆里讨论改进和削减成本的方法，建立了一个非正式的功能齐全的"企业"，促使大家从小处革新，以比正规的摩托车行业更低的成本生产更好的发动机。合作沟通的一个重要环节，就是类似下面的这样的一些谈话，"如果你能将那个零件开口向左移 2cm，我就可以将我的成本降低 X%"，对方可能会回答，我可以将它向左移动 2cm，但前提是那边的 A 零件能让这个管子更灵活 $1/N$ 等。在这种相互信赖和连续沟通的环境中，合作沟通才能取得良好的效果。这样，参与者才能将所有的建议综合考虑进来，生产出成本最低效率最高的摩托车，并分享因竞争力提高而带来的好处。20 世纪 90 年代，当政府取消了某些对私营企业的限制时，左宗申就开始销售自己品牌的产品，生意更是红红火火。它的发动机成本低，质量高，而这一切都要归功于他组建的网络中的那些供应商的积极协作。[⊖]

在互联网时代，互助式的创业更容易达成，社群营销也成为一种新兴模式。有许多早期的互联网创业企业的合伙人及创业伙伴来自网站、论坛、微信公号等互联网社群，有许多人是志同道合的网友。在他们的创业过程中，不同程度地依赖过去的平台和社交网络。丁香园、壹心理、沪江英语网等网站，以及年糕妈妈公众号等，就是由诸多资深网友在互助中建立和维护的社交平台，逐步成长为所在领域的一线创业企业。

2. 责任伦理与创业生态

经济学的诸多研究证实了合作，以及合作的进化的可能性和重要性。美国科学院院士、密歇根大学政治学与公共政策教授罗伯特·阿克塞罗德（Robert Axelrod）是著名的行为分析及博弈专家，他用计算机模拟方法和动态博弈研究人类社会的合作关系，其模拟结果不但能够用来解释人类社会中合作现象的产生，而且能够用于解释生物的合作性行为的产生，即协同进化。

在生物与环境的互动关系中，当环境多变时（相当于博弈链很短），许多物种就会采取机会主义的立场。从阿克塞罗德理论的角度看，我国社会目前的迅速变化造成了人与人之间的博弈链非常短（或者说博弈次数非常少），这使机会主义行为成了事实上的最优选择。这种行为模式可以解释创业中的诸多伦理问题和法律问题，也说明了创业中的互助和健康、稳定的创业生态何等重要。

有许多赚快钱、投机成功的商人，例如在 20 世纪 90 年代证券市场刚刚开放时，

⊖ 本科勒. 合作的财富：获取合作红利的 7 个关键因素 [M]. 简学，译. 杭州：浙江人民出版社，2018：108-109.

就有不少人通过收购法人股这种一次性的套利机会而暴富。在体制的转轨和社会的变革中，有许多这样套利的机会，因而这种"短平快"的一次性交易和博弈有相当大的诱惑，在一定程度上对商业环境和创业伦理形成了冲击。在互联网刚刚兴盛的时候，就有许多企业利用监管的短暂空白期和互联网的虚拟性特点肆意侵犯版权和传播违规内容，网络刷单、钓鱼软件、欺诈产品等问题也成为社会公害。而且，伴随着新技术的发展应用和创业环境的变迁，各种新的类似伦理失范行为不断涌现。一个很重要的原因就在于，他们在牟利的同时没有考虑相应的责任，往往是在一次性博弈中，在个体获利的同时，把风险和损失推给了客户、上下游企业和社会，其行为还破坏了社会的伦理规则，败坏了社会风气。2013 年 7 月，医药巨头葛兰素史克公司有 4 个高管被我国警方拘留，原因是贿赂我国医生，让医院购买葛兰素史克相关器具。当时的《哈佛商业评论》发表了这样一篇文章：《在中国创业不需要道德?》

而且，由于利益的相关性，利益相关者之间会相互替对方隐瞒道德上的问题，这正是德鲁克指出的相互依赖理论的致命伤。

1993 年，德鲁克出版《生态愿景》，对自己进行定位："我不是一名经济学家……也算不上社会学家……我自认为是一个'社会生态学家'，我关注的是人类自己创造的社会环境，就像自然生态学家研究生态环境一样。"他认为社会生态学属于道德范畴，不能"价值中立"，社会生态学有着基本的价值追求："责任、与能力相适应的权威以及激情。"⊖社会生态学最重要的主题是保守与创新之间的平衡，而这是创业的核心问题。

现代社会的伦理首先是一种责任伦理，承担责任未必是善，但不承担责任一定是恶。德鲁克说，"我着眼于人和权力、价值观、结构和规范去研究管理学，而在所有这些之上，我聚焦于'责任'，那意味着我是把管理学当作一门真正的'博雅技艺'来看待的"。"正宗的一般的市场经济所要求的道德基础是责任感，责任感的建立，不必经过长期宗教生活，因为它可以是小范围内学员基础上相互间的责任感，这样的市场它的半径也许狭小，也许会限制了规模经济的发展，但这是市场经济的一般情况。"⊜当今的商业伦理更注重责任，在越来越具有社会生态学的特点的创业领域更是如此，而且互联网的发展加速了这个进程。

相互依赖理论与责任原则共同构成了互助的形成和进化，创业生态的形成和发展也使创业活动中的互助和利益相关者的关系更加稳定，从而减少机会主义行为和

⊖ 慈玉鹏. 德鲁克的"社会生态学"[J]. 管理学家（实践版），2011（12）：77 - 81.
⊜ 汪丁丁. 市场经济与道德基础 [M]. 上海：上海人民出版社，2007：68.

道德失范。也正因为如此，强调责任后果的法治是创业生态和创业伦理的重要保障。弗里德里希·哈耶克（Friedrich Hayek）在《通往奴役之路》这部世界名著中曾指出，"在一个人身自由与个人责任被破坏殆尽的制度中，无论人们的善良愿望，还是组织的效率，都不足以维系社会的行为准则"。根据著名经济学家韦森的解释，哈耶克这一论辩的逻辑实际上是说，只有在法治社会之中，人们的道德情感才会得以展示和再造，社会的道德水准和商业诚信才会不断提高。[⊖]

二、创业生态中的价值观网络

分析和解决创业生态中的伦理问题，本质上是围绕相互依赖理论和责任原则，对创业中利益和关系的认识、判断、决策的能力。本书开篇就提到创业需具备的能力包括伦理方面的能力，这种能力需要具有创业生态的观念、视野、判断力及相应的举措，而这一切首先是从企业的核心价值观开始的，并逐步形成与创业生态联结、融合在一起的价值观网络。

1. 价值观与价值观管理

（1）价值观的概念　价值观的重要意义首先在于，它是所有伦理决策的最重要的根基。在创业企业中，企业的价值观及其在此基础上形成的企业文化和制度规范决定着每个员工的决策，也会产生相应的伦理行为，包括潜在的非道德行为。按照创业伦理的需要构建创业文化，需要在符合人类共同的基本伦理原则和核心价值观基础上，形成一套与企业使命相连的核心价值观体系。该体系会有利于创业团队合作和与创业生态融合、增进共识，以及与之一以贯之的行为规范体系和社会关系。

明尼苏达大学的米尔顿·罗克奇（Milton Rokeach）教授是研究价值观的世界级权威之一。他对"价值观"和"价值观体系"的经典定义是：价值观是引导个体或者社会认为某些具体的行为操守或人生终极追求，比与之相反的行为操守或人生终极追求更可取的某种持久信念。价值观体系则是指偏好的行为操守或人生终极追求的、一些相对重要性不同的持久信念的组合。[⊜]价值观的例子包括：选择创造财富，还是贪图享乐；注重学习创新，还是枪打出头鸟；寻求短期利益，还是可持续的增长；破坏环境，还是保护环境；团队平等合作，还是个人专制；独立自主、良性的

――――――

　⊖　韦森. 商业伦理为何缺失［J］. 中欧商业评论，2012（6）.

　⊜　多伦，加西亚. 价值观管理：21 世纪企业生存之道［M］. 李超平，董克用，译. 北京：中国人民大学出版社，2009：28.

互相依赖，还是非良性的依附；诚信，还是机会主义甚至欺诈。许多优秀的企业也拥有尊崇人类传统文明和现代化进步特征的价值观，有一些企业的价值观主张或者企业使命宣言脍炙人口，如海底捞的"用双手改变命运"、阿里巴巴的"让天下没有难做的生意"。这种企业的价值主张能够体现企业的奋斗目标和使命，以及创造价值的伦理因素，而不仅仅是利润。

根据价值观管理方面的权威西蒙·L. 多伦（Simon L. Dolan）等的研究，"管理者和员工拥有和谐的理念和价值观，已经成为企业获取核心竞争优势的重要源泉之一"。"对 21 世纪的组织领导者或管理者来说，最重要的就是学会如何将价值观付诸实践。""价值观管理正在迅速变为如何建立和持续有竞争力和更人性化文化的主要动力。"[一]

从知识社会大的时代背景和创业生态角度来看，价值观管理主要解决 4 个方面的问题：

1）知识社会越来越凸显人的价值和个体的贡献，而价值观本质上要符合人性，价值观管理是使企业更加人性化的一个过程。一个有着上下一致、言行合一、贯彻始终价值观的企业，会更有人类个体应有的情感、活力和创新精神，甚至是道德激情。

2）对知识社会中的创业者来说，价值观是企业乃至与企业相关的创业生态"共享"的信念，这既是一种在管理和创业中减少分歧及沟通成本、增强信任的方法，也有利于新知识的分享和创造。

3）在知识社会中，企业的每位员工面对的情况都更为复杂，并随之增加了不确定性，在与创新创业相关的活动中更是如此。在千变万化的具体情境中，企业的价值观可以帮助员工做出最符合企业伦理原则和使命、战略的决策。

4）价值观管理实际上是一种伦理治理中的自律机制。企业对社会公众和员工宣誓的企业价值观，事关企业的品牌和声誉，如果有违背的事件曝光，将给企业带来沉重的打击。面对违规舞弊等违反企业价值观的行为，以及在遇到具体的伦理分歧和伦理困境的时候，每个人也更有可能依据企业的价值观做出伦理反思，而不是人云亦云或者受权力影响干脆放弃个人意见。

创业不仅是努力从创造利润和商业价值中获益，也是价值观和伦理观的产生、发展的过程，可以说价值观管理是创业及其管理行为中的灵魂。如果没有平衡好利益和道德的关系，导致有违公序良俗的伦理失当行为曝光，不但有可能遭到法律制

[一] 多伦，加西亚. 价值观管理：21 世纪企业生存之道［M］. 李超平，董克用，译. 北京：中国人民大学出版社，2009：4.

裁或行政处罚，也会使团队的形象受损，并削弱创业团队成员的认同度、忠诚度。没有人希望在歧视、冷漠、欺骗、不公中工作，也没有人希望自己所服务的机构被客户、政府、媒体、公众、社会组织等抨击、抗议。人们都希望自己在一个有道德的组织里。避免犯罪和名誉受损失，是一个创业者或者创业团队成员最基本的诉求之一。

由 Booz Allen Hamilton 咨询公司和 Aspen 研究院针对 30 个国家和 5 个地区的 365 家企业所做的一项研究表明，道德行为是企业活动的核心，其中 89% 的企业拥有企业价值观陈述，90% 的企业制定了道德行为准则，大约 81% 的企业认为它们的管理行为能鼓励员工间的道德行为。研究发现，在正式的道德陈述中，与伦理相关的语言，不仅为员工的行为设定了希望，也在日益复杂的法律法规环境中保护了企业。[一]

企业文化与商业伦理都将核心价值观作为根本内容，但企业文化并不等同于商业伦理，两者都有自己特定的范围和领域，尤其是两者研究的方法不同。商业伦理主要是从道德伦理原则入手，在企业行为、责任等方面形成伦理治理机制和体系，而企业文化除了考虑道德判断之外，更注重从企业的发展和战略的角度分析、判断和建设，但两者无论存在多少差异，核心价值观都是共同的基础内容。

（2）核心价值观 企业核心价值观是企业员工所拥有的共同信念和判断是非的标准，以及调节行为以及企业内外关系的规范，对企业的生存发展至关重要。孙陶然在《创业 36 条军规》中将核心价值观总结为："核心价值观是指企业在经营过程中坚持不懈，努力使全体员工都信奉的信条，是解决企业在发展中如何处理内外矛盾的一系列准则，是企业表明如何生存的主张。它包含 4 个方面的内容：①它是判断善恶的标准；②它是这个群体对事业和目标的认同，尤其是认同企业的追求和愿景；③它是在这种认同的基础上形成的目标追求；④形成一种共同的境界。"[二]

在孙陶然总结的核心价值观这 4 个方面内容中，首先是善恶标准，道德标准应该优先于其他价值观，而这正是团队伦理文化的基础。

对基本的善恶在伦理中的重要性，我国传统哲学中也有相当精彩的阐述，且影响深远。明代大思想家王阳明强调"致良知"，他在《传习录》中给出了一个心学四诀："无善无恶是心之体，有善有恶是意之动，知善知恶是良知，为善去恶是格物。"其中关键的一步就是"知善知恶是良知"。

阿尔伯特·史怀哲（Albert Schweitzer）在《文明与伦理》一书中指出："善存

———
㊀ 奥罗克. 管理沟通：以案例分析为视角：第五版 [M]. 康青，译. 北京：中国人民大学出版社，2018：57.
㊁ 孙陶然. 创业 36 条军规 [M]. 北京：中信出版社，2011.

在于维持生命，促进生命并强化生命的一切行动之中，而恶则会毁灭生命，伤害生命，并压制生命。"[一]如何看待善恶，其实就是如何对待生命的问题。生命的背后就是生态，因为任何一个生态都是由单个的人以及人组成的组织组成的。

谷歌有"不作恶"的企业文化，腾讯鲜明提出了"科技向善"的理念。但对什么是善、什么是恶，大多数创业企业并没有非常明确地告诉员工。即使有这方面的基本共识或口号，例如"顾客是上帝"，但在一些创业企业的实践中却并没有得到最低限度的遵循。例如，在标榜用户至上的同时，利用 App 过度收集用户的个人信息。

如果企业的善恶标准与公序良俗及主流价值观不一致，甚至鼓吹唯利是图、不择手段的社会达尔文主义或者"狼性文化"，那么在这种为了效率和利益而激励不道德行为的文化氛围中，员工就很难做出增进企业伦理的行为。例如，在产品的销售中，如果激励约束只是围绕着销售业绩和考核指标，导致刻意隐瞒产品风险、夸大产品效果的行为被鼓励，这种有损消费者知情权的非伦理行为就会蔓延，甚至成为一种常态。短期内固然可以刺激业绩，但会产生重大隐患，并对长期客户关系和企业品牌造成巨大的威胁。又如，许多创业企业为了获得融资，也在一些经营数据上造假或者进行不负责任的粉饰包装，而这些不道德的行为往往是由创业团队共同完成的。在这种情境下，新员工很可能被裹挟着加入这种造假行为。

许多初创企业采取了公关的、策略性的方式对待核心价值观，更多的是从品牌形象和商业利益本身来考虑，而不是将真正的价值观融入企业的行为准则和创业实践中。表面一套，做的又是另一套。一个企业可能在其价值观陈述中将"诚实"列为最重要的价值观，实际上却经常做假账，并且拒绝接受员工或其他利益相关者的批评意见。

长此以往，一旦发生企业行为与其宣扬的价值观对立的情况，就会导致企业形象崩塌。

道德的行为促进合作，不道德的行为导致报复及报复行为不断升级。正如启蒙思想家托马斯·霍布斯（Thomas Hobbes）曾经说的，在一个没有伦理的社会中，猜疑和无限制的自利主义会导致"所有人与所有人之间的战争"。在欺骗、偷窃、霸凌成风的社会中，商业将无法进行下去。例如，近年来，有诸多合规与伦理问题的 P2P 行业、有传销色彩的保健品行业等领域恶性事件不断，已经被全面整顿甚至全行业清理。在所处的创业生态中，促进自身和生态的道德改善会令创业者成为最大的受益者。在推动行业自律、道德进步、伦理治理等方面做出贡献的企业往往会成

㊀ 史怀哲. 文明与伦理 [M]. 孙林，译. 贵阳：贵州人民出版社，2018.

为创业生态中的领导者。

因此，价值观管理更注重扬善除恶的行动，这种实践成为个人和组织的义务和责任，也是拥有团结、稳定、繁荣的创业生态的基石。正如德鲁克所说，"社会生态学家的目标不是知识，而是正确的行动。社会生态学有两个目的：一是平衡连贯性和保守力量，二是保证变革与创新的协调。它的目的是构建动态平衡的社会，只有这样的社会才是稳定且具有凝聚力的"。

2. 价值观网络

在创业生态变革的大背景下，企业需要建立一套有效的价值观体系，并运用价值观网络理论来建构企业的相互依赖和责任体系，通过价值观网络阐明企业运营中的价值观及与其他组织之间的关系，对价值主张做出承诺并承担责任，不断提升相互的信任和对彼此的期待。

也有学者将价值观网络总结为伦理共识，可以理解为一定社会共同体中的不同成员对某些价值原则、道德规范的肯定、认同和接受，并认为"就实践层面而言，伦理共识首先从一个方面为社会秩序的建立提供了担保。从消极的方面看，一定历史层面上所达到的伦理共识，可以在观念上克服人们因价值取向差异而引发的彼此紧张和对峙，并避免由相争进一步走向冲突。从积极的方面看，伦理共识又使人与人之间在社会中的和谐共处，以及行为协调、相互合作成为可能"。[一]这对创业企业推动外部合作、化解公共关系危机而言是一种相对有效的思路和途径。

哈佛大学克莱顿·克里斯坦森（Clayton Christensen）教授是全球创新创业领域公认的权威，他在《创新者的窘境》一书中将机构能力总结为三个方面的因素，即RPV框架（资源、流程、价值观）。其中，价值观是最核心的因素。这为在创新性的商业关系中把握企业创造价值的能力持续提升提供了一个框架。

资源是影响机构能力的三个因素中最直接的一个，包括人员、设备、技术、产品设计、品牌、信息、现金，以及供应商、分销商和客户关系等资源，通常都表现为事物或资产的形态——它们可以被使用或闲置被购买或出售，可贬值也可升值。与流程、价值观相比，资源更易于在不同机构间实现转移，相应的受创业生态变革的影响相对比较小。

流程是在员工将资源投入全方位、各环节的生产、服务的过程中产生的。在这个过程中企业也随之创造了价值。在实现创造价值的转化过程中，人们所采取的互动协调沟通和决策的模式就是流程，包括制造、开发、采购、营销、预算等。

〇 杨国荣. 论伦理共识 [J]. 探索与争鸣，2019（2）：30－35；55.

影响机构能力的第三个因素就是企业的价值观。克里斯坦森认为这些关系被编织成的人际网络需要有相似的价值观，使企业与商业伙伴、行业前辈之间保持着密切的关系，员工的目标与企业或者机构的目标高度一致，客户及员工明白想从企业得到什么。例如，说到强生的价值观，人们会联想到其确保患者健康的原则；说到美国铝业，人们会想到去维护员工安全的决策。

约瑟夫·米歇利（Joseph Michelli）在其《星巴克领先之道：联结客户、产品、员工的五大原则》一书中总结了星巴克在其伙伴关系的这个价值观网络中的道德准则：

1）制定决策时富有同情心和仁慈心。

2）准确地表达意图，承认缺点，遵守承诺。

3）平衡股东之间的利益冲突。

4）完善运营体系，改进产品质量，始终如一地提供可靠的产品。

5）培训伙伴，授权给伙伴，提供服务补救业务。

这些价值观体现在企业的每一项决策、每一个产品上，从而逐步成为独特的文化和基因。因此也必然会对这些组织当中的人产生极大的影响。为了在某个特定领域内取得成功，人们需要积累特定经验，与他人结盟或建立合作伙伴关系，同时让自己与支持该领域价值观的企业组织和机构保持一致。针对相关的供应链问题，全球咖啡行业设计了一些推动方案和认证体系，包括 Sustainable Coffee Challenge（可持续咖啡挑战）、SCS Global Services 及 C. A. F. E. （咖啡和种植者公平规范），以提高咖啡供应链的透明度，采购符合伦理标准的咖啡。星巴克一直是这些方案的重要推手：它是 Sustainable Coffee Challenge 的创始组织之一，是 C. A. F. E. 的开发组织之一，也是 SCS Global Services 的合作组织之一。[○]

克里斯坦森把这种关系网络叫作价值观网络，他认为价值观网络指的是一家企业如何定义并回应客户的需求，如何解决问题，争取资源投入，对竞争者做出反应，以及努力争取实现利润目标。根据他的研究，发现企业要想获得成功就必须建立价值观网络。当企业在既定的关系网络中取得经验，它很有可能根据价值网络的突出要求，发展出相应的能力、组织结构和企业文化。

价值观的匹配能够推动组织内积极能量的持续转换，进而促使组织内的关键因素与环境和谐互动。价值观的匹配也能确保企业审慎地从事商业活动，尊重上下游合作者共同的行为准则。这已经越来越成为创业企业成长为大企业的一个竞争优势。

○ 邱慈观. 与星巴克相比，瑞幸关心 ESG 吗？[EB/OL]. (2020-05-06) [2020-03-10]. https://baijiahao. baidu. com/s? id=1665910802428096275&wfr=spider&for=pc.

竞争战略之父迈克尔·波特（Michael E. Porter），在 2018 年哈佛商学院的高级经理人论坛上提出："未来的超级价值企业是以价值观为纽带，贯穿市场增值价值所形成的生态系统。"

根据克里斯坦森的理论，在进入颠覆式创新的时候，必须与原来的价值观体系道别。这主要是因为"身处某个价值观体系之中，无论是个人还是企业，都需要遵循许多程序和方法，这些程序和方法最终会磨灭人们冲破这种体系的念头，一旦价值观体系中出现了以现有观念不吻合的新思想，他们都会被清除"。

但如果把它的价值观体系分成两个部分：一个是与道德相关的；另一个是与道德无关的。在这个价值观网络中，对于与道德和伦理相关的内容一定要坚守底线；对于与道德无关的内容可以在颠覆式创新和创业的过程中不断调整和突破。

这对创业者非常有启示意义，笔者把它总结为"不设限，但坚守底线"。许多失败的创业者和创业团队在这方面的做法恰恰是相反的，那就是"过于设限，但没有坚守底线"。需要强调的是，这与本书第一章中提到的"打破常规，尊重常识"也是相通的。

练习题

（单选或多选）

1. 阿里巴巴提出的"生态圈"、腾讯的"微信生态系统"，都具有（　　）的典型意义和时代特征。

   A. 双面市场　　　　　　　　　B. 创业生态

   C. 合作双赢　　　　　　　　　D. 创新平台

2. 下列哪些属于创业生态变革的特点？（　　）

   A. 更加注重和尊重个人的价值

   B. 创业企业的组织体系越来越扁平化、弹性化、网络化、虚拟化

   C. 过去的许多企业的战略是以竞争为主，而现在更注重合作

   D. 创业企业培养了众多创业者，孵化出了更多创业企业

3. 价值观管理首要的问题是（　　）。

   A. 美与丑　　　　　　　　　　B. 是与非

   C. 成与败　　　　　　　　　　D. 善与恶

第二章
企业伦理与利益
相关者理论

1. 掌握企业"非道德性神话"的主要原因
2. 了解与企业道德责任相关的概念
3. 掌握利益相关者理论的分析框架
4. 熟悉企业首要、主要利益相关者的伦理问题
5. 了解企业次要利益相关者的主要伦理问题

导入案例

滴滴下线顺风车

2018 年 8 月，浙江温州乐清市一名 20 岁女乘客乘坐滴滴顺风车遇害案持续引发关注。此案距离 2019 年 5 月河南郑州空姐搭乘滴滴顺风车遇害案不过百日。短短 3 个月时间，发生两起侵害乘客生命安全的恶性事件，暴露出滴滴出行平台存在的重大经营管理漏洞和安全隐患。

2018 年 8 月 26 日，滴滴出行在其官方微博公布乐清顺风车乘客遇害一事自查进展，决定自 8 月 27 日零时起，在全国范围内下线顺风车业务，内部重新评估业务模式及产品逻辑；同时免去黄洁莉的顺风车事业部总经理职务，免去黄金红的客服副总裁职务。

此外，滴滴还表示要将客服体系重新整改升级，加大客服团队的人力和资源投入，加速梳理优化投诉分级、工单流转等机制，针对此次事件中客服回应不及时这一点做出了应对。

7 月 18 日，顺风车在安全整改 325 天之后，滴滴出行官方微信发文，向社会正式详细公布了滴滴顺风车阶段性的整改方案。滴滴方面称，诚邀社会各界针对顺风车的整改方案进行评议，提出意见和建议，帮助顺风车团队更好地改进。

滴滴方面介绍，顺风车团队深刻反思，持续征求各方意见，对整改方案进行细化和打磨，聚焦"全程安心保障""保证真正顺路行程""保证真实身份核验"三个方向，累计迭代 12 个产品版本，优化了 226 项功能。

1）注册：车主和乘客注册顺风车时均需要通过身份证和人脸识别验证，全部顺风车用户均为实名出行。

2）发布行程：去掉附近接单功能，避免无明确目的地的营运行为，确保每次行程均为真正的顺路行程。

3）确认同行：下线个性化头像、性别和非行程相关评价展示，全面保护用户隐私。

4）行程中：上车前，车主和乘客使用信息核验卡进行信息核验，尽最大努力杜绝人车不符现象。

5）行程后：重构用户评价体系，去掉非行程相关评价标签，禁止车主和乘客自主编辑评价内容，保护用户隐私。

6）女性专属保护计划：防挑单模式——隐藏个人信息、采用司乘双向确认出行机制，降低风险。

（资料来源：根据凤凰财经、腾讯科技及滴滴官方网站公开资料综合整理。）

案例讨论分析

1. 你认为引例中暴露出了哪些问题？

2. 应该如何解决这些问题？

3. 出行平台的整改措施为什么要征求社会各方面的意见？

企业作为一种社会经济组织形式，是人类告别传统社会迈入工业社会和现代文明的重要标志。所谓创业，主要指的就是创办企业。企业不仅是社会经济结构上"现代化"的关键，也是在"工业革命"和"全球贸易"的推动下，社会生产力得到极大解放的基石。

与传统的个体经济、手工作坊等模式相比，企业与员工、市场、资本的关系更为复杂，引发的社会影响也更大。因此，与其效率更高对应的是，引发的伦理冲突也更多。

企业出现几百年来，企业伦理问题一直伴随着其发展、演变。从早期的劳资冲突、工人反抗压迫到当今充斥于新闻中的不安全产品、财务造假、歧视消费者、泄露用户隐私、环境污染、商业贿赂等丑闻，乃至因为重大伦理问题导致企业破产的悲剧。因此，创业伦理作为一门正处于发展中的新兴学科，一方面当然需要充分肯定企业在社会经济发展中所起的根本性作用，但另一方面不应回避当前企业伦理问题的严重性。企业伦理问题的解决不但不可能一劳永逸，而且随着人类全面进入互联网时代，以及商业模式、技术应用的创新和多元化，新的伦理冲突、问题还会层出不穷。

20 世纪初开始，随着管理科学的兴起，企业伦理逐步得到理论界的重视和发展。到了 20 世纪 70 年代，企业带来的自然、社会等伦理问题越来越突出，企业伦理得到了重大发展。1974 年 11 月，在美国堪萨斯大学举办了首届美国企业伦理研讨会，开设了企业伦理课程，此后企业伦理的理念和方法被广泛接受、传播、应用，企业伦理的研究也得到深入、持续地开展。

在这一章，首先需要打破"企业无道德"的神话，通过对企业的价值观和法人人格特征有理论和实践层面的了解，认识到企业必然如同自然人一样承担伦理责任和道德义务的事实，并通过建立企业"利益相关者"的分析框架，使伦理分析和决策能够突破股东利益最大化或者利润最大化的传统目标。

第一节 企业的价值观与法人人格

追求利润是企业和创业的本分，但"唯利是图"不是一种值得称道的价值观。这是因为，如果在伦理决策的时候，企业只从利润出发，对是非标准和重要性的把握就会出现混乱。污染环境、商业贿赂、不安全产品、内部人控制等涉及企业伦理问题的大量商业丑闻，特别是数次金融危机中爆发的米尔肯骗局、麦道夫诈骗案等重大金融非伦理事件，不但对涉及的企业和行业产生了重大影响，也从根本上动摇了企业不需要伦理的观点。

企业是市场经济的主体，理解企业的价值观与法人人格的特点，以及使用这种价值观来评估、权衡得失，开展伦理决策，这是理解企业伦理的起点。

一、"企业非道德性神话"的破产

长期以来人们对"企业行为是否应当受到伦理道德标准的约束?"这一问题的看法是相当矛盾的。一种流行的观点认为企业自身行为与伦理无关，伦理与企业经营是两码事，这被称为"企业非道德性神话"，产生的主要原因有三个：

（1）社会达尔文主义　在达尔文推出《物种起源》和进化论思潮兴起的同时，英国哲学家、教育家赫伯特·斯宾塞（Herbert Spencer）提出了社会进化思想，并将其与社会发展联系起来。后来，这种进化思想与社会理论结合起来的思想得到延伸，逐步发展为社会达尔文主义。

大英百科全书对社会达尔文主义的解释是："社会达尔文主义曾经被用于支持自由放任式资本主义和政治保守主义，也用于支持阶级分层的正当性。理由是，个体之间存在所谓的'自然的'不平等，财产多少被认为与一些优越的内在道德品质相关，如勤劳、节俭等，因而国家干预被认为是干扰自然过程，而无限制的竞争和维护现状则符合生物学的选择过程。穷人被认为是'不适应环境'因而不应当被援助，在生存竞争中，富裕是成功的标志。社会达尔文主义还被用于为以下社会思潮和政策做哲学上的辩护，如帝国主义、殖民主义、种族主义等，特别用于支持盎格鲁撒克逊人或者雅利安人在文化和生物学上的优越性。"

社会达尔文主义带来的一个观点是：以公平和道德的人性作为基础的现代社会歧视阻碍了自然的发展，最终让社会失去了自然选择优胜劣汰的机制。按照这个逻辑，企业自然没有必要强调伦理。但事实上，社会歧视会给人类带来重大灾难，纳粹主义和白人至上主义已经使此理论臭名昭著，直至今日，极端的社会达尔文主义的理论信条已经没有多少追随者了。但也有学者指出，斯宾塞的思想中尽管确实包含着为以往"野蛮时代"的那种生存竞争进行辩护的立场，但是他确实极为清楚地表达了文明人的社会生活从本质上是一种道德的生活这一伦理观念，而且事实上认为公正和善行的伦理意义要远远高于征服和奴役。他一方面表现出了鲜明的强调个人自由和个性的思想倾向，但同时却又主张个人应该从属于社会这个有机整体。斯宾塞思想的这些方面，还有待学术界进一步深入研究。⊖

（2）企业的组织观点　自由主义经济学代表人物、诺贝尔经济学奖获得者弗里德曼在《资本主义与自由》一书中指出，"在市场经济条件下，企业仅具有而且只有一种社会责任——在法律和规章制度许可的范围之内，利用资源和从事旨在增加它的利润的活动"。⊜他认为，股东是企业的所有者，股东的目标是追求利润最大化，而促进社会福利等方面的事情是政治机构的责任。如果企业来承担将会损害自由市场的社会基础。因此，企业的社会责任主要就是在法律和基本的道德规则下追求利润。另一位诺贝尔经济学奖获得者赫伯特·西蒙（Herbert A. Simon）也指出，"企业和其他正式组织并非道德实体"。根据这个观点，企业最多是法律存在。可以负法律责任，受制于法律，但是只有个人才是道德的行为者，也只有人类才承担道德责任。⊜

面对企业伦理问题越来越突出的现实，这种观点已经广受批评。企业与个人是不同的道德实体，但都有道德责任。而且，个人在企业通常也会受企业大环境和气氛的影响，员工做出违反道德伦理的行为，如粉饰财务报表、泄露用户信息等，也经常是受到上级指使、暗示，以及与同事共谋的。

（3）以法律代替伦理　认为有法律约束或者合规即可，而无视其他的道德要求，或者将企业伦理职责与法律要求等同起来。这种观点非常流行，其误导之处在于推卸企业的伦理责任，直接将相关的非道德行为的法律责任推向了社会。法律是一个社会中相对较低的行为水平标准，它不仅低于公众预期，而且往往低于企业对外的承诺。

确实，许多法律禁止的内容体现了伦理和道德准则，但法律是滞后的，是"后验"的，企业的伦理准则和行为却是可以预设、"前瞻"的。有些企业家的个人非道德行为也给企业带来了极其恶劣的负面影响。例如，某制药公司董事长花650万美元将女儿送进美国斯坦福大学，被媒体曝光后引发争议。虽然该制药集团官网发

　⊖　舒远招. 我们怎样误解了斯宾塞 [J]. 湖湘论坛, 2007, 20 (2)：40 - 43.
　⊜　弗里德曼. 资本主义与自由 [M]. 张瑞玉, 译. 北京：商务印书馆, 1986：128.
　⊜　乔治. 企业伦理学：第7版 [M]. 王漫天, 唐爱军, 译. 北京：机械工业出版社, 2012：95.

布声明称，女儿在美国留学事宜属个人及家庭行为，资金来源与公司无关。○但是，"与此同时，该制药公司的行贿历史及核心产品曾被曝出质量问题的旧闻也被媒体重提，高昂的销售费用也被舆论质疑"，大量媒体曝光的负面消息显著影响了该公司的股价。○"舆论对该事件的强烈反应，体现了公众对造假、欺诈、行贿问题的零容忍，也是该制药公司多年来累积负面影响的一次集中爆发。"○

总之，一方面，股份制的灵魂是信托责任，而信托责任生于严刑峻法。但另一方面，法律依据虽然是必要的，但不是充分的。道德责任是法律责任的前提和基础，道德在人类前现代社会普遍实行的习惯法中占据重要地位。法律是一种"底线伦理"，如果仅将法律视为企业伦理的准则，那么重规则轻价值观甚至漠视价值观将成为常态，将使企业和员工、投资人受到极大的威胁和伤害。

这些观点和"企业非道德性神话"的存在，掩盖了真实的情况，使大量的企业没有切实制定和实施伦理准则，以及开展相应的培训教育，或者即使有也形同虚设，最终造成对公共利益或利益相关者的伤害后，也被用户、市场和投资人抛弃，并被媒体与社会公众谴责。

二、企业的道德责任

每个人都要为自己的行为承担道德责任，企业当然也不能例外。在摈弃了"企业非道德性神话"这种对道德责任理解的误区之后，必须进一步了解企业的道德责任及相关概念，这有助于企业在面对伦理困境时做出正确的伦理决策。这也是企业伦理需要在理念上解决的首要问题。

1. 道德责任

（1）责任 康德在《道德的形而上学基础》一书中曾经说过："责任是出于尊重规律而做出的行为的必然性。"他认为责任是一切道德价值的源泉，合乎责任原则的行为虽不必然善良，但违反责任原则的行为却肯定都是邪恶，在责任面前一切其他动机都黯然失色。○伦理是由人类的行为规则组成的，即使试图不去尊重这些客观规律，拒绝解决伦理问题，但一旦发生违反伦理的行为，仍然要承担后果。

○ 声明 0503 [EB/OL]. (2019 – 05 – 13) [2022 – 03 – 10]. https://yq. zjol. com. cn/yqjd/201905/t20190513_10107994. shtml.

○ 肖司辰. 医药舆情：步长制药卷入"斯坦福丑闻"获舆论关注 [EB/OL]. (2019 – 05 – 10) [2019 – 08 – 14]. http://yuqing. people. com. cn/n1/2019/0510/c209043 – 31078607. html.

○ 同○。

○ 康德. 道德形而上学原理 [M]. 苗力田，译. 上海：上海人民出版社，1986：代序.

（2）惩罚 惩罚是为了促使人们负责承担道德责任的一种手段。不履行道德责任的人往往会受到谴责，例如金融监管部门对上市公司高管的失当行为予以通报批评、监管关注和公开谴责。其中公开谴责会被记入诚信档案，还与上市公司再融资挂钩。[一]有些道德责任也是法律责任，还会受到法律的惩罚。

（3）道德释责 道德释责是为自己或别人的某种行为负有的道德责任的解释[二]。在一个组织里，道德释责常常是按照层级结构化分解的，下级向上级说明行为的原因，而不是相反。

（4）主观合理化 发生不道德的行为之后，人们往往会本能地找出有利于自己的原因，将其"合理化"，主观合理化本身是伦理决策的一个难点。这种行为也扩展到企业，经常可以看到一些企业在发生伦理问题后，不是正面回应和解决，而是将重心放在强调合理的原因上，甚至面对政府和舆论的压力，也仍然是"大事化小，小事化了"。

（5）沟通障碍 当人们害怕提出道德问题，或害怕讨论他们的错误和顾虑，或害怕在道德灰色领域寻求指导时，组织就失去了在局面失控之前管理和控制问题的能力。尽管识别和讨论道德问题不能避免组织发生问题，但一个沟通良好的环境能大大提高经理人道德方面的免疫力[三]。

2. 代理人道德责任

伦理之所以重要，就是因为它是信托责任体系最核心的环节。市场经济的核心是一种信托责任体系，这反映了一种委托代理关系。在其中，既有企业内部不同职级之间的委托代理关系，也有会计、律师等大量的专业人员及其机构的委托代理关系。即使伦理问题和道德责任首先来自上级或客户，但是作为代理人，仍然要为自己的行为承担道德责任。

3. 法人人格及其道德

法人是个法律概念，是法律意义上的"人"，特指具有民事权利能力和民事行为能力，依法独立享有民事权利和承担民事义务的组织。法人作为民事法律关系的主体，是与自然人相对的，它是社会组织在法律上的人格化。

伦理责任是法律责任的基础，法人与自然人一样具有人格化的伦理责任。同时，

[一] 卢文道，王文心. 对上市公司的公开谴责有效吗：基于上海市场2006—2011年监管案例的研究 [J]. 证券法苑，2012（2）：176 - 195.

[二] 乔治. 经济伦理学：第五版 [M]. 李布，译. 北京：北京大学出版社，2002：136.

[三] 威克斯，弗里曼，沃哈尼，等. 商业伦理学管理方法 [M]. 马凌远，张云娜，王锦红，译. 北京：清华大学出版社，2015：33.

企业这个抽象的法人组织是由具体的人组成的，所以构成企业的人的行为能够产生可以与人的价值观和道德责任相当的东西。所以，企业拥有价值观和道德责任及这种人格化的身份。

许多企业将伦理和社会责任仅视为一种品牌、形象，主要通过宣传和媒体来做相应的包装、传播，或者作为一种危机公关的策略行为。也有一些企业乐于通过捐款助学、公益活动等直接行为向社会公众宣称其具备输出价值观的能力。甚至一些有着较高道德声誉的企业，在真正履行企业伦理责任和义务的时候，也并不是那么心甘情愿。

其实，企业作为人格化的"法人"组织，其社会作用往往比个人重要得多。法人人格有赖价值观的支撑，企业需要在追求利润目标之外还具有一套价值观体系，才可能有道德规范及伦理决策的能力。

管理层也有责任设定企业的价值观和道德风格，尽管股东往往都是追求短期利益的，但是管理层应该综合考虑企业的短期和长期利益制定伦理目标，并将企业伦理纳入管理中。

阅读材料

投资银行的商业伦理建设

纽约一家全球知名的投资银行把伦理道德看成是企业健康发展的基础，以至于在企业价值陈述中三次提到了这些词汇。然而正是这家企业，与其许多竞争对手一样，给员工下达了如果讲诚信就几乎不可能完成的任务，从而在不知不觉中使自己关于伦理道德的目标落空。从一件小事上就能看出这一点：初来乍到的银行职员叫作"分析员"，一天三顿饭都要在办公桌上解决。在每天要在办公室工作到晚上10点钟的重负之下，分析员们很快就学会了如何耍手段，晚上溜出去健身时，把西装外套留在椅背上，让人以为他们就在座位附近。这样，欺骗的行为习惯就融进了企业文化中，从微小的种子，酿成了日后的大患。

资深的投资银行家以连年的巨大风险获取潜在的高额经济回报，如果做得好的话，他们可以在40多岁的时候退休，还有足够的时间开始享受真正的生活。银行呢？则接受过早失去许多最有价值员工的损失，把这种损失当作做生意的代价，并以这些员工在他们短暂但硕果累累的职业生涯中为企业所带来的巨额收入来自我安慰。高度紧张的银行家一个交易接着一个交易，很少有机会谋求作为个人或作为领导的自我发展。他们太忙了，太专注于残酷的竞争，而难有兴趣来探索自我。正因为如此，许多银行都缺少拥有伦理道德和商业智慧的鼓舞人心的领导。

表面上看，这种自相矛盾的体系好像是众多投资银行卷入财务丑闻的主要原因，但深挖下去，这些企业尽管都虚伪地强调商业伦理的建设，但它们真正关心的绝非商业伦理，而是要遵守行业的游戏规则。如果违背了这些规则，可能企业就被毁掉了。在现实中，遵守游戏规则是主要的，而商业伦理是次要的。具有讽刺意味的是，这样的体系终于导致这些游戏规则本身走向崩溃。

（资料来源：斯德拉福德·舍曼，"企业诚信来自何处"，《中外管理》，2004 年第 2 期。）

第二节 利益相关者理论

一、基本理论框架

具有价值观和法人人格的企业"已经把社会放在心头，要求现代企业不能仅仅为所有者服务……还要为整个社会服务。"[一]作为现代企业的主要形式，公司之"公"有"公共""公众"的意义。所以，公司也就有了"社会契约"的特点。

按照传统的企业理论——产权理论，对企业具有所有权的股东的利益最大化就是企业的目标。但是，在大多数国家的法律中，股东只承担有限责任。美国布鲁斯金研究中心布莱尔（Blair）博士指出，"公司股东实际上徒有理论上所有者身份，因为他们并没有承担理论上的全部风险"[二]。

根据关于企业的主流经济学理论——契约理论，公司就是所有利益相关者的契约集合，反映的不仅仅是股份所有者的利益。利益相关者包括所有者、员工、供应商、客户、政府、贸易协会等，每一个利益相关者都向公司提供了资源，并或多或少受到公司行为相应的影响，如图 3 - 1 所示[三]。为了保证契约的公平公正，应该确保所有利益相关者的权益。利益相关者理论也是企业伦理的核心分析框架。图 3 - 2 展示了微软公司反垄断调查期间的利益相关者的情况——这也是人类历史上最经典

[一] 伯利，米恩斯. 现代公司与私有财产 [M]. 甘华鸣，罗锐韧，蔡如海，译. 北京：商务印书馆，2005：355.

[二] BLAIR M M. Ownership and control：Rethinking corporate governance for the Twenty-First Century [J]. Long Range Planning，1996，29（3）：432 -432.

[三] 本章主要讨论员工、客户、股东、媒体四种企业主要的利益相关者。关于环境等相对重要的利益相关方的讨论，根据本书的整体安排其他章节会有讨论，本章不再重复。另外，篇幅所限，各利益相关方也无法兼顾。

的反垄断案件之一。

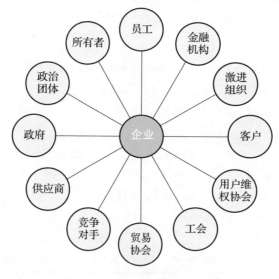

图 3-1 大型组织的利益相关者

（资料来源：R. Edward Freeman. Strategic Management：

A Stakeholder Approach. Boston Pitman. Reproduced of Admission of the Publisher. 1984：242.）

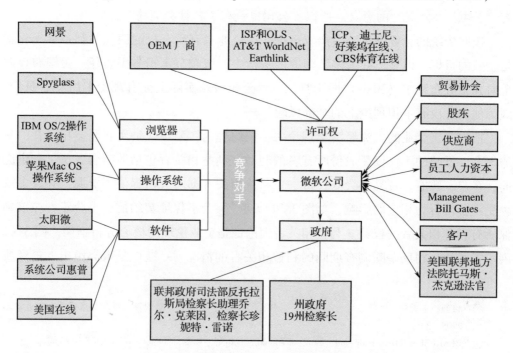

图 3-2 微软反垄断调查期间利益相关者的情况

（资料来源：上海立信上海国家会计学院，《商业伦理与 CFO 职业》，

经济科学出版社，2011 年，第 318 页。）

利益相关者理论在 20 世纪 60 年代产生并逐步发展起来，并在 20 世纪 80 年代兴起。爱德华·弗里曼（R. Edward Freeman）在《战略管理：利益相关者方法》（*Strategic Management：A Stakeholder Approach*）一书中正式提出了企业伦理的利益相关者管理概念，并且被广泛采纳。利益相关者是能够影响一个组织目标实现或受这种实现影响的群体或个人。⊖

使用利益相关者理论可以使企业的伦理责任更为清晰，有利于企业在运行的时候将利益相关者的诉求考虑进去。这种方法的优势在于，可以把企业伦理这个庞杂的充满冲突的问题，通过利益相关者的方法和分析工具，分解成若干小的分支问题。保持这种良性的关系，对企业具有显而易见、更为全面和长远的价值，能够更加保障企业的最终利益。

阅读材料

用户拯救蔚来

李迪一家是新晋的蔚来车主，她说做蔚来车主"巨快乐"。他们在 2020 年 9 月中旬交"大定"，一个月后付清尾款，拿到了 ES6。当时他们将蔚来、特斯拉、理想的产品都体验了一遍，在查阅相关产品资料，并向周边朋友取经后，才决定购入 ES6。和大部分蔚来车主一样，也增配了一堆配置，落地价超 50 万元。提车由作为志愿者的老车主负责接送，"这是蔚来提车的规矩"，增强了他们对蔚来的认同感。

提供终身免费换电服务，是李迪选择蔚来的最大原因。蔚来曾表示，自 2019 年 8 月 24 日起，购买蔚来 ES8 和 ES6 的首任车主，可享终身免费换电服务。李迪称，换电很方便，其他品牌即使提供免费充电服务也不考虑，"换电几分钟就能搞定，充电太慢了"。因为家附近就有换电站，李迪家里没有家用充电桩。蔚来 2021 年计划在北京布局 50 座换电站，二代换电站预计在下半年集中投入使用，容纳的电池包从一代的 5 块升为 13 块。而且车主通过 App 就可自动换电，不再需要下车操作。

对于这辆车 430 公里的续航在跑高速和冬天会缩水的问题，李迪表示并不担心，"真实电耗会显示出来"。因为在异地充电也是免费，提车当月，他们一家从北京自驾前往海口，一路上高速并不缺乏换电站。而像陈昂这样的 ES8 初创版车主同样可享受终身免费换电服务。

蔚来的用车无忧计划也是吸引李迪的另一个服务。蔚来在 2020 年 2 月发布了服务无忧 2.0 版本，包括保险、免费维修、免费增强保养、维修代步出行服务、维保取送车、上门补胎、事故安心、增值、爱车积分、年检代办理、增强流量十一项服务，车主可自主灵活搭配。李迪选择的是 1.3 万元/年（最高）服务套餐，一次李迪开车去古北水镇游玩，把车开没电了，因为附近没有充电桩或换电站，只能寻求蔚来官方帮助，"工作人员充满电才走"。

⊖ FREEMAN R E. Strategic management：A stakeholder approach［M］. Cambridge：Cambridge University Press，2010：3.

李迪目前没有增购蔚来产品的计划，但会主动推荐给亲朋好友，"我弟弟被'种草'了，有购买意向"。

她向财经网汽车和中国汽车画报透露，北京顺义有一位车主家里有 9 台蔚来。陈昂家里也有 4 台蔚来，第 5 台 ET7 已经完成订购。从他提供的截图显示，他已邀请 300 多人，其中近 100 人已提车，还有 10 余人正在等待交付。

在外界看来，正是李迪这样的"死忠"用户才是蔚来汽车最大的秘密，他们对于品牌的认同匪夷所思，远超奔驰、宝马、奥迪这样的传统豪车品牌，在蔚来遇到一些不利的舆论质疑时，这些车主也是冲在第一线——甚至都不需要蔚来官方去动员。蔚来的澳门车友会 2019 年年底自筹 40 万元，代表蔚来参加澳门车展，这在全球汽车品牌中都绝无仅有，而且各地车友会争相申请 NIO Day 的举办资格。

蔚来创始人李斌称"是用户拯救了蔚来"。秦力洪也认为，用户是蔚来最宽广的护城河。

2018 年，蔚来在纳斯达克敲钟上市，成为中国造车新势力第一股。但过了 6 个月股份锁定期，原始投资人陆续"套现"退出，第三大股东高瓴资本也在 12 月清空持有股份。蔚来当年股价一度跌至 1.19 美元每股，接近每股 1 美元退市红线。因两个月内发生四起自燃事件，ES8 产品质量遭到质疑。叠加新能源汽车下行，蔚来当年前三季度累计交付仅 1.2 万台。业绩财报显示，蔚来 2019 年亏损达 114.13 亿元。蔚来 4 年亏损了 300 多亿元，李斌被称为"烧钱大王"。

整个 2019 年，李斌都是在"找钱"的路上度过，他挖掘一切人脉关系，"产业基金、资本市场、政府和个人"，来获取资金。

据媒体报道，蔚来曾和北京亦庄国投、浙江湖州产业基金进行洽谈，涉及资金分别为 100 亿元和 50 亿元，但都没了下文。李斌称蔚来最困难的时候，"现金流都是按天算的，大概持续了几个月的时间"。2019 年年底蔚来账上仅有 10.5 亿元，是"现金及现金等价物、限制性货币资金和短期投资"的总和。

为了活下去，蔚来 2019 年开启多轮裁员，员工从 9500 人减至 7500 人，多位高管相继离职。员工的福利开始基于公司经营做调整，如鼓励员工自愿选择蔚来股票代替 13 薪奖金。一位蔚来员工韩风透露，2020 年年初是蔚来现金流最危险的时候。

转机发生在 2019 年四季度，蔚来当季交付新车 8224 台，环比增长 71.27%，老用户购车占比达 50%。李斌称在最困难的时候，用户没有放弃蔚来，"如果只有 4000 多台，蔚来可能就没了"。

2020 年 2 月时，界面新闻报道，2019 年年底广汽和吉利均接洽过蔚来，吉利的条件之一是"李斌去职"。韩风透露，李斌曾提过，如果当时引入资本融资，就得答应对方提出的众多"过分"条件，"包括传闻中某 Top 车企拯救蔚来的条件，就是换掉李斌"，它认为"李斌是蔚来的灵魂"，蔚来的产品路线、商业模式，均以李斌的思考为核心。在渡过融资困局后，李斌在接受《遇见大咖》采访中说了句，"感谢不救之恩"。

蔚来 2020 年交付量为 43728 台，同比上涨 112.6%，实现交付至今累计销量超 8 万台。易车研究院分析师周丽君表示，ES6 在一定程度上奠定了蔚来造车新势力的头部地位。ES6 是蔚来的第二款车型，2019 年 6 月开始交付，当年累计销量 11433 台，占比超五成。2020 年，ES6 贡献达六成。2021 年 1 月，蔚来共交付新车 7225 台，同比增长 352.1%，ES6 和 EC6 合计占比超六成。

（资料来源："饭圈"拯救蔚来，2021 年中国汽车画报第 1~3 期。）

二、首要利益相关者：员工

员工和企业的关系通常被认为是一种劳资关系或者雇佣关系，企业雇佣员工并为之提供工作条件，员工按照劳动契约履行责任和义务是企业的一级利益相关者之一。但企业所有的决策、运营都离不开员工，企业的创新、发展本质上来源于员工，员工的就业也是企业首要的社会责任。按照利益相关者的分析框架，企业与员工的关系不仅是创造利润和就业的关系，"企业的社会责任问题首先是对职工负责，是对职工负什么样的责任和造就什么样的职工的问题"⊖。同时，如果企业和员工的关系能够良性促进，也会有利于企业实现愿景和渡过难关。CEB（Corporate Executive Board，公司执行董事会）公司的调查表明，通过尊重员工价值并提高员工投入度，企业绩效能提升20%，员工幸福度及满意度提升32%，跳槽的概率则能减少87%。⊖例如，9·11后，美国多家航空公司倒闭，但西南航空公司持续盈利，就是因为这个企业自成立之日起就没有裁过员，是企业对员工的责任造就了员工对企业的忠诚，帮助企业共同抵御了市场风险。

从企业法人人格和道德特征来看，企业的价值观和伦理原则必须通过每位员工的行为体现出来；而同时，企业也强调员工的信托责任和职业伦理。所以，从企业伦理氛围的营造和伦理的有效管理，以及企业伦理问题产生的后果来看，员工也是首要的利益相关者。

作为企业雇员，一旦被聘用，也要承担相应的职责和义务。其中，纳入伦理层面的内容，既有劳动合同中签署的岗位保密、工作时长等方面的条款，也有《员工守则》等管理制度中的行为规范，还要遵守基本的道德和公序良俗，例如不能撒谎和传播虚假的信息、为竞争对手出谋划策、泄露企业的保密商业信息和技术资料、商业贿赂等。

1. 人力资源管理中的伦理问题

（1）歧视　歧视是指对社会成员不公正的、有悖道德的偏见。这种偏见往往针对的不是员工本身的绩效和为企业创造的价值，而是其固有的或难以更改的个人身份特征。例如，性别、年龄、民族、信仰、地域、家庭出身等方面的歧视。歧视可能发生在员工招聘、升职、加薪、解雇等各个环节，尤其有可能施加给不善于表达

⊖ 康劲. 企业首要的社会责任是对员工负责 [N]. 工人日报，2008 - 01 - 01（5）.

⊖ Corporate Leadership Council. Driving performance and retention through employee engagement [R/OL]. [2020 - 09 - 21]. https://www.stcloudstate.edu/humanresources/_files/documents/supv-brown-bag/employee-engagement.pdf.

个人诉求的相对弱势的员工。

国际劳工组织1958年通过的《就业和职业歧视公约》（第111号公约）对歧视做了权威界定："基于种族、肤色、性别、宗教、政治见解、民族、血统或社会出身的任何区别、排斥或特惠，其效果为取消或损害就业或者职业方面的机会平等或待遇平等。"

在国内职场的各种歧视中，性别歧视最为常见。男性、女性承担着不同的性别角色，尤其是我国传统观念里"重男轻女"的偏见影响至今，在职场文化中又或多或少的是男性主导。这方面的歧视和不公会形成企业的道德责任，如果让弱势的女性受到伤害，会让企业付出沉重的代价。其实，最近的研究显示，在互联网和人工智能时代，女性性别优势凸显，"女性比男性更加严谨自律。她们更有可能精确地遵循指示和命令，同时不会产生怨恨。这就意味着在这个新时代，很多女性会有更好的工作和更高的工资，而男性的状况则没有同等程度的改善"。[⊖]同时，年龄歧视、健康歧视、户籍歧视等也在一定程度上存在。

歧视最重要的问题在于预设立场，以员工后天很难改变的身份特征来评价、决策，而不是从事实出发，是严重的不公正行为，会给企业人力资源管理带来潜在的危害。而且，这种现象假设某种特定身份特征的人一定优于另一些身份特征的人，不但影响了员工的公平竞争，也会降低相关群体潜在的工作积极性和创新能力，甚至激发怨恨、不满，导致一些过激言行和违法行为。

案　例

百事公司大中华区：改善职场性别不平等

由于传统观念的原因，女性在家庭、抚养教育子女等方面承担着更为重要的角色；在职场上，男女就业机会不平等，同工不同酬，女性就业权益如职位升迁、劳动安全保障等不公平的现象在我国仍依然普遍存在。这不仅影响女性人才资源的合理利用，而且导致社会人力资源的闲置和浪费，为整个社会的可持续发展特别是女性的可持续发展留下隐患。

当今世界的家庭消费购买决策约70%以上是由女性做出的，而在我国消费者家庭中这一比例高达89%。百事公司并非女性公司，也并非只做女性产品。如何发挥男性与女性员工的互补优势，塑造出适合中国消费市场需求的品牌，成为百事公司的一大挑战。

解决方案

在全球，百事公司是女性理想职业的选择，在美国、澳大利亚、土耳其等国家，百事公司被

⊖　考恩.再见，平庸时代：在未来经济中赢得好位子［M］.贺乔玲，译.杭州：浙江人民出版社，2016：28.

评为"女性的最佳雇主"。百事公司的产品进入我国已经长达30多年，是首批进入我国的美国商业合作伙伴之一。自2007年，卢英德女士出任百事公司董事长兼首席执行官之际，在百事内部积极推行百事公司承诺，将人才可持续发展作为重要的可持续发展战略。百事相信，基于公司内部的多元化视角，更多地吸纳女性意见，考虑到女性的需求，可以更进一步加深对消费者的不同需求的理解，因此能提供、创新更适合消费者的产品。2016年10月17日，百事公司推出了"2025可持续发展议程"，以促进业务的持续增长，回应日益变化的消费者和社会需求，其中的核心重点就是"赋能与人"，持续建立能够代表业务所在地社区的多元化、包容和高参与度的人才团队，包括对百事公司管理层职位达到性别平等和女性收入平等的持续关注。

注重人才培养中的性别平等。 在新员工入职培训的时候，百事公司也会对每一位新员工强调：百事公司的价值观之一，是以多元化和包容性的态度取胜，彼此尊重、共同成功。百事公司将反性别歧视政策融入招聘、培训、晋升等人才培养环节中，百事公司大中华区所属的百事亚洲、中东、北非区域总部每年都会制定区域范围内女性高管（总监及以上）比例的指标，以指导促进女性雇员的职业发展。

弹性工作制。 为便于员工更好地平衡生活，特别是方便女性员工需要更多时间照料家庭，在确保正常工作小时数不受影响的前提下，百事公司提供了灵活工作时间的选择。除了严格遵照执行国家法定的假期安排外，所有员工每年还可以选择在妇女节、青年节、儿童节或圣诞节中选择一个节日额外休息半天。

提倡健康生活方式。 百事公司大中华区还为有特殊需求的女性员工提供便利，例如特别设置了哺乳室。每年3月都是百事公司大中华区女士健康月，3月8日被特别设立为百事女士节，每年都会在当天举行丰富多彩的关怀女性员工身心健康的活动。人力资源部还会常规性地开展宣传女性疾病保健，如关于乳腺健康、宫颈养护等专题活动，通过讲座以及邮件的形式将乳腺、宫颈疾病防治的知识告知员工，提醒女性关注身心健康。

女性高管论坛。 百事公司时常召开女性高管的圆桌会议，以分享她们的工作心得和成功经验，并倾听女性高管面临的挑战和问题，从而为她们的发展提供帮助和支持。百事公司大中华区通过采访、论坛等一系列活动，推出了一本女性领导者分享生活和职场经验的书，书中汇集了百事31位女性高管的故事，其中11位来自大中华区。为进一步将故事背后的人生体验和职场经验分享给更多员工，百事公司大中华区开展了针对女性员工的签书会，让她们更进一步地了解女性高管在文字背后的故事，从而给她们的职业生涯和生活更多的启发。

社会效益

通过这些举措，百事公司大中华区构建了性别平衡的文化与机制，为越来越多的女性求职者提供了职业发展舞台。公司的普通员工女性比例高达53%，她们分布在百事公司的工厂、农场、市场部、人事部等各个部门。女性领导（总监及以上）的比例也由2014年的53%增长到了2015年的58%，远超出中国女性高管25%的平均比例。百事公司大中华区荣获史迪威国际企业大奖——职场女性类。百事公司大中华区主席林碧宝女士也被《财富》（中文版）评为2013中国最具影响力的商界女性。

经济效益

这样的人才培养结构和方式，使得百事公司大中华区凭借其在领导力发展、员工职业发展规划和培养、企业文化建设、人才策略及规划，以及人力资源管理等方面的杰出表现，荣获"2016 年中国杰出雇主"认证，并名列前三。

此外，对性别与文化的多元、包容，为百事公司在华业务取得成功起到了不可或缺的作用。通过考虑不同性别的需求差异，百事公司的产品创新体现了对消费者不同"口味"的深刻理解，中国市场和消费者也给予了高度肯定和认可。例如，为更好地满足年轻女性消费者对健康的需求，美年达在中国启动了减糖计划。在征求了大量女性消费者的意见后，经过 30％减糖后的新版美年达，不仅做到了卡路里更低，口味上也保持了原版一贯的好喝果味，真正让女性消费者畅享无负担。百事公司 2015 年全球净收入也超过 630 亿美元，旗下 22 个品牌的预估年零售额都在十亿美元以上。

（资料来源：根据《2015 金蜜蜂责任竞争力案例集》及公开资料整理。）

案例讨论分析

1. 职场的性别不平等对企业的直接危害有哪些？

2. 百事公司如何解决这些问题？

3. 百事公司改变性别不平等的举措收获了什么？

（2）薪酬分配不合理　1948 年 12 月 10 日，联合国大会通过第 217A（Ⅱ）号决议并颁布《世界人权宣言》[一]，明确提到："人人有同工同酬的权利"，以及"每一个工作的人，有权享受公正和合适的报酬，保证使他本人和家属有一个符合人的尊严的生活条件，必要时并辅以其他方式的社会保障"。

但是，由于员工身份不同，或者薪酬体系和奖惩机制的不完善，同工不同酬的情况以及由此引发的利益冲突和伦理问题并不鲜见。如合同工与市场化用工以及新老职工的薪酬待遇，不同的企业差异也很大。又如，在一些行业不同程度地存在高管与普通员工薪酬差异过大的问题。

薪酬管理是企业人力资源管理的重要内容，合理公平的薪酬会激励员工积极完成企业设定的任务目标，提升工作绩效，最终增强企业的竞争力。虽然，无论薪酬管理如何精妙、科学，也很难保证其绝对的公正合理，但企业还是应建立尽可能完善、科学的薪酬体系和激励机制，尤其避免同工不同酬、奖惩体系不公正等伦理问题。

［一］　联合国. 世界人权宣言. ［EB/OL］. ［2022 - 03 - 10］. https://www.un.org/zh/about-us/universal-declaration-of-human-rights.

2. 工作场所中的伦理问题

（1）工作场所安全健康　企业需要保障员工在工作场所的安全、健康。工作环境、工作时长、工作压力对员工身心健康和人身安全的危害，是工作场所中的首要伦理问题。

许多企业将经济效益置于安全生产和员工健康之上。血汗工厂正是被用来形容工作安全保障低、工作环境差、工作时间超长、工资低的工作场所。20 世纪 90 年代，耐克公司被发现雇用童工并强迫他们在狭小昏暗的厂房里连续工作 15 小时以上，[⊖]该公司产品在当时遭到消费者的抵制，公司名誉严重受损。在我国，富士康员工连续跳楼的恶性事件也曾引发媒体和舆论的强烈反应。[⊜]据统计，美国每年有超过 4000 名工人因工作死亡，还有 300 万工人因工作严重受伤。每年有 10% 的劳动力遭受工伤或职业病。[⊜]随着社会进步和劳动保护监察监管工作的规范、加强，无视员工基本人身保障的血汗工厂遭到普遍唾弃甚至行政处罚，诸多企业已经开始推行 HSE（健康、安全、环保）体系等包含员工工作环境的管理规范。

近年来，过劳死及工作压力也已经成为我国社会公众关注的问题。IT、金融等行业的"996"超负荷工作造成的健康长期透支等问题也时常引发争议。[⊗]美国斯坦福大学教授杰弗瑞·菲佛（Jeffrey Pfeffer）在《工作致死》（*Dying for a Paycheck*）一书中指出，由于工作压力致死的美国人每年多达 12 万人。工作时间长、裁员、缺少医疗保险，以及工作压力不仅给员工带来经济不安感，同时也是造成家庭矛盾和员工疾病的原因。据统计，由于工作压力所导致的员工请假、生病等给美国商业雇主也带来 3000 亿美元的巨大经济损失。[⊗]

（2）个人隐私　企业与员工在技术上是不对等的。在监控技术迅速发展的背景下，需要警惕滥用监控侵犯员工隐私的问题。相当多的企业会从防范风险、维护经济利益等角度，在工作场所设置摄像头等监控设施，有的还对员工使用的计算机、工作用电子邮箱等采取监控措施。这种与工作有关的监控有其合理性，但前提是员工的人格尊严和基本的个人隐私应该受到严格保护，并且员工应该对监控的范围和

⊖ Savage. The state；Nike takes ad liability case to high court ［N］. Los Angeles Times，2002 – 10 – 15 (6).

⊜ 深圳富士康员工跳楼事件是指主要发生于 2010 年我国广东省深圳市的台资企业富智康集团生产基地及生活园区内的一系列跳楼死亡或重伤事件。跳楼者都是当地的雇员，大多数死者的自杀动机或死亡原因未知，此事件引起社会的广泛关注。

⊜ Statistics Abstract of the United States，2010，Table No. 641，"Workers Killed or Disable on the Job：1970 to 2001."

⊗ "996"是指早晨 9 点工作到晚上 9 点，一个星期工作 6 天。

⊗ 职场过劳死频发敲警钟　这样的死亡离我们有多远 ［EB/OL］. (2020 – 05 – 05)［2022 – 03 – 10］. https://www. 163. com/dy/article/FBTDOLT60517NVRN. html.

后果拥有知情权，将对员工隐私权的影响尽可能降到最低。

企业对雇员（包括未录用的应聘者和已离职的员工）的个人信息也负有个人隐私保护的伦理责任。作为雇主，企业势必会收集、保留大量的员工信息，包括个人简历、人事档案、入职的体检信息、薪酬信息、申请奖项补贴提供的个人信息等。对雇员数据的利用，应当遵守企业事先与雇员商定的范围或目的。

有些信息是非常敏感的，根据瑞曼（Riman）的观点，可能会有两个方面的个人隐私侵犯带来的伤害。一方面，"可能会失去外在的自由，因为缺乏隐私经常使个人行为容易受到他人的控制。未经本人同意的敏感信息可能被用来剥夺个人应有的报酬和机会"；另一方面，"我们也有可能失去一种内在的自由。在被他人注视和监督的时候，大多数人会有不同的表现。人们通常会感到受到抑制，对自己的行动非常谨慎"。[⊖]

如果雇员的隐私要求不是有悖于其对企业或公司的责任，没有与检测安全要求、效率要求的监督、监控相抵触，那么雇员的这种隐私要求就是合理的、正当的。相反，若雇员以隐私为由推卸或逃避自己对企业、公司的责任，抵制企业、公司为实现或维护其正当利益、提升效率所必须实施的监督、监控，那么雇员的这种隐私要求就有可能在某种程度上影响企业、公司利益的实现、效率的提升，并间接影响社会利益。如此看来，雇员隐私要求的道德边界应是不超越企业、公司的正当利益；雇员在工作场所的隐私利益，不应当超越必要的监督、监控所体现或促进的企业、公司的正当利益。[⊜]

3. 举报与员工的忠诚

举报是指"企业的在职员工或离职员工，揭露发生在企业内部或由企业实施的、他或她认为是错误做法的企图"。[⊜]作为首要的利益相关者，员工在发现企业的错误行为时，就处在一种伦理困境中。不举报良心过不去或者个人受到道德责任的压力，举报则有可能受到打击报复甚至失去工作。在这种情况下，可以根据情况选择举报，也可以考虑自身承受的风险和代价不举报。这种举报是对企业、同事的负责和忠诚。但这种举报行为不包括个人的报复行为，如果是心怀不满或者对企业长期漠不关心的员工来举报，人们也会怀疑他的动机。

举报一般分为个人举报、内部举报和外部举报。个人举报是指检举对本人造成

⊖ 鲁蒂诺，格雷博什. 媒体与信息伦理学 [M]. 霍政欣，罗赞，陈莉，等译. 北京：北京大学出版社，2009：306.

⊜ 吕耀怀，王源林. 雇员的隐私利益及其伦理权衡 [J]. 学术论坛，2013，36（6）：62-68.

⊜ 韦斯. 商业伦理：利益相关者分析问题与管理方法 [M]. 符彩霞，译. 北京：中国人民大学出版社，2005：207-208.

的伦理问题；内部举报是指向上级领导或者企业内部高层举报；外部举报是指借助政府、媒体等外部途径和力量来达到披露伦理失范行为、纠正错误的结果。

具体而言，有 3 种举报符合道德伦理[⊖]：

1）当企业的产品或政策将对公众造成严重的伤害时。

2）员工确认有造成伤害的严重威胁时，应该反映这一情况，并说明他或她的道德观念。

3）当员工的直接主管不作为时，员工应该充分通过内部程序和命令传达链向董事会反映情况。

在举报过程中，员工应该保留证据材料，并有证据表明企业的做法、产品或政策会严重威胁或伤害员工、公众、用户。

《萨班斯－奥克斯莱法案》(*Sarbanes-Oxley Act*) 为了保护举报者，要求所有的上市公司允许那些担心会计和审计问题的员工秘密地和匿名地举报。该法案还要求那些给因将欺诈信息透露给官方而受到雇主惩罚的人复职和补偿。2010 年，《多德－弗兰克华尔街改革》(*Dodd-Frank Wall Street Reform*) 和《消费者保护法案》(*Consumer Protection Act*) 获得签署之后成为法律。新法律包含了一个"慷慨大方"的条款，如果举报者提供的信息导致一次成功的强制措施，并对肇事者处罚 100 万美元以上，那么举报者可得到罚款总额的 10% ~30% 的奖励。2011 年，安然造假事件中的一个举报者从美国国税局领取了 100 万美元的奖金。[⊖]

4. 工作性质的改变

随着人类进入知识社会，越来越多的知识工作者成为企业员工队伍的骨干，促使企业更有动力改善与员工的关系。优秀的企业往往会以更加优越的工作环境吸引优秀的员工，员工也更愿意参与企业公共事务。《幸福》《福布斯》等杂志还会定期发布全球最佳雇主榜单，智联招聘等机构也推出了中国最佳雇主排行，促进了企业在相关领域的竞争和进步。同时，技术方面的变化对工作性质也带来根本性的改变，呈现出更加多样化的特征。在这一过程中，相关的道德要求和伦理问题、行为准则也有新的变化。

计算机和互联网的发展，早已经使打字员的职位消失，工业机器人的发展和大规模应用，也使"机器换人"成为现实。还有大量的信息收集、分析和整理工作岗位正在消失。与"数字鸿沟"类似，在这种技术力量带来了不平等，使诸多职业消

⊖ 上海国家会计学院. 商业伦理与 CFO 职业 [M]. 北京：经济科学出版社，2011：20.

⊖ 尼科尔斯，麦克修 J，麦克修 S. 认识商业 [M]. 陈智凯，黄启瑞，译. 北京：世界图书出版公司，2009.

失的同时，与信息技术相关的新的岗位大为增加。

知识社会和知识工作者的兴起也使远程办公、弹性工作制度成为可能，使劳动的强制性大为降低，也使工作关系更为平等，相对工业化时代的金字塔形组织体系，这种松散的或者扁平化的工作组织方式更为人性化和符合道德进步。

另外，共享经济的发展使专车司机等大量的劳动力进入与传统雇佣关系有别的"零工经济"，传统的企业与雇员的关系发生了重大变化，利益相关者的伦理问题也呈现诸多新的问题。雇员对服务的企业缺乏以往雇佣关系的稳定性，对企业所提供的工作环境、劳动保护的诉求降低，从长期看牺牲了劳动保护带来的问题还是得由本人承担。

阅读材料

《福布斯》发布 2018 年全球最佳雇主榜单，
谷歌母公司 Alphabet 连续两年蝉联榜首

2018 年 10 月 11 日，《福布斯》发布 2018 年全球最佳雇主榜单，谷歌母公司 Alphabet 连续两年蝉联榜首，是该榜单上唯一一个获得满分的企业。

Alphabet 在企业形象、工作条件、多样性等方面占据了压倒性优势：

谷歌宣布女性担任领导职位的比例为 25.5%，而拉丁裔和黑人雇员的比例略有增加。

与此同时，其不断扩大的规模和亮眼的业绩也备受称道。Alphabet 拥有超过 80,000 名员工，2017 年的销售额为 1179 亿美元，利润为 166 亿美元，资产为 2069 亿美元，市值为 7,663 亿美元。在其最新的财报中，Alphabet 报告第二季度的收入为 327 亿美元，比 2017 年第二季度增长 26%。

其竞争对手微软（Microsoft）再次排名第二。该科技公司拥有 124,000 名员工，2017 年的销售额为 1033 亿美元，利润为 142 亿美元，资产为 2454 亿美元，市值为 7506 亿美元。

Statista 以 60 个国家和地区、2000 家上市公司为对象，分析了超过 430,000 份全球建议，从而分析得出这份全球雇主名单。调研中要求员工评价自己的雇主，以及他们向朋友或家人推荐公司的可能性。他们还被要求回答是否会推荐朋友或家人来自己所在公司，并且填写自己心目中的理想雇主。

最佳雇主榜单上的企业在企业形象、工作条件和多元化等方面都得到了高度评价，排名靠前的企业大多为全球大型企业。在榜单前 10 名中，有 6 家是美国企业。除了 Alphabet 和微软，还有苹果（第 3 名）、迪士尼（第 4 名）、亚马逊（第 5 名）和赛尔基因（Celgene Corporation，第 9 名）。在中国科技公司中，网易、京东、阿里巴巴、唯品会上榜，排名分别为 80、131、165、332 和 414。

（资料来源：根据环球网、东北网等相关报道整理。）

为客户提供符合道德、安全可靠、质量达标的产品与服务，并在这一过程中保护其基本权益，是对一个企业的基本要求，也是企业赖以生存的基础。与员工相比，客户作为企业的主要利益相关者，其安全、隐私等各种权益保护问题从来都是企业被关注的焦点。

1. 什么是可以出售的？

哈佛大学教授迈克尔·桑德尔（Michael Sandel）在《金钱不能买什么：金钱与公正的正面交锋》[一]中提出了一个突出的道德问题：在我们这个世界，任何事物都可以出售，这个世界难道没有问题？如果是这样，我们又该如何防止市场价值观侵蚀本不该由它们主导的领域？市场的道德界限又何在？他在书中举了一些例子，例如：

独自驾车时可以使用"多人共用车专用车道"：高峰时段 8 美元。明尼阿波利斯和其他城市正在尝试这项举措，独自驾车的司机可花钱在多人共用车专用车道上行驶，来缓解交通阻塞的现象，价格则随着交通状况的不同而改变。

移民到美国的权利：50 万美元。投资 50 万美元并且在高失业领域至少创造 10 个就业机会的外国人，就有资格获得美国绿卡并拥有永久居住权。

狩猎濒危黑犀牛的权利：每头 15 万美元。南非开始允许农场主把射杀有限数量犀牛的权利出售给狩猎者，以此激励农场主去饲养和保护各类濒危物种。

著名大学的录取名额：尽管这方面的价格没有公示，但是美国一些顶尖学府的行政人员曾告诉《华尔街日报》，他们的学校录取了一些并不十分优秀的学生，其原因是这些学生的父母很富有，并有可能给学校捐赠一笔可观的钱。

书中还举出了生命做赌注的保单贴现、恐怖活动期货、死亡债券等金融产品。这里所展示的最致命的变化并不是贪婪的疯涨，而是市场和市场价值观侵入了它们本不属于的那些生活领域。

在我国的商业领域这也是一个受到广泛关注的话题，例如在"魏则西事件"之后[二]，百度在部分关键词搜索页面采用竞价排名机制的商业模式受到社会舆论的谴责，因为这意味着一些虚假宣传、欺诈的医疗机构只要花够多的钱，就可以在搜索

[一]　桑德尔. 金钱不能买什么：金钱与公正的正面交锋 [M]. 邓正来，译. 北京：中信出版社，2012.

[二]　2014 年，还在读大二的魏则西查出患有晚期滑膜肉瘤，一种不治之症。他的家人通过百度找到了武警北京市总队第二医院肿瘤生物中心，该中心宣称掌握"肿瘤生物免疫疗法"，而该疗法事实上已经停止临床试验。投入超过 20 万元的治疗费后，魏则西病情未见好转，抱恨离世。

引擎中被急于寻医问药的患者查找到。

所以，从伦理角度判断：什么可以卖给客户，什么不可以卖给客户，这是任何一家企业在经营中首先要明确的问题。

2. 产品安全

产品安全是指与使用产品相关的风险程度。因为事实上使用任何产品都涉及一定程度的风险，所以安全问题本质上是风险可接受水平和已知水平的问题。[⊖] 按照马斯洛需求层次理论，安全对人类的重要性仅次于生理需求。企业对于产品和服务安全的伦理责任，需要确保作为主要利益相关者的客户不处于约定范围之外的风险之中。

而且，即使对可以接受的产品安全的风险水平，客户也应该具有知情权。事实上，大多数产品说明书上有关于使用中存在安全风险的详细解释，有的还有处理措施和解决方案。医药品、美容整形等的条款更为严格，甚至还有对使用中出现误用导致事故的解决方法。

例如，人们在乘坐飞机时，都有安全提示，包括被机组人员告知逃生方法和相关设备的使用方法，但其基本前提是飞机本身是安全的。由于飞机质量问题导致的空难仍然时有发生，这是一个企业对用户造成安全问题的极端事件。在美国，飞机制造商对制造缺陷和设计缺陷的责任时限长达 18 年，汽车和轮船制造商要担负 5 年的责任。缺陷产品一经发现，经由政府强制召回，或者由企业自行召回。[⊖]

客户无法完全依赖市场来保障其购买产品和服务的权益，必须通过法律保护及行政监管。在美国，监管商业交易的模范法典是美国的《统一商法典》，已经被美国 50 个州全部或部分采用，其 2～314 部分写道："销售者对购买者做出的有关商品并成为交易基础的任何事实确认或承诺，创造了商品遵守该确认或承诺的明确保证。"[⊜]

2016 年 5 月 1 日起实施的《中华人民共和国消费者权益保护法》《中华人民共和国产品质量法》《流通领域商品质量监督管理办法》明确六类商品不得销售。分别是如下商品：

1）不符合保障人体健康和人身、财产安全的国家标准、行业标准的商品。

2）不符合在商品或者其包装上标注采用的产品标准的商品，不符合以商品说

⊖ 贝拉斯克斯. 商业伦理：概念与案例：第 7 版 [M]. 刘刚，程熙镕，译. 北京：中国人民大学出版社，2013：245.

⊖ 帕博迪埃，卡伦. 商务伦理学 [M]. 周岩，译. 上海：复旦大学出版社，2018：175.

⊜ 美国统一商法典 [M]. 潘琪，译. 北京：中国法律图书有限公司，2018：48.

明、实物样品等方式表明的质量状况的商品，不具备应当具备的使用性能的商品。

3）国家明令淘汰并禁止销售的商品。

4）伪造产地，伪造或者冒用他人的厂名、厂址，伪造或者冒用认证标志等质量标志的商品。

5）失效、变质的商品。

6）篡改生产日期的商品。

为了保护消费者的合法权益，对企业提供的产品和服务进行社会监督，我国早在 1984 年 12 月就成立了中国消费者协会，履行下列公益性职责⊖：

1）向消费者提供消费信息和咨询服务，提高消费者维护自身合法权益的能力，引导文明、健康、节约资源和保护环境的消费方式。

2）参与制定有关消费者权益的法律、法规、规章和强制性标准。

3）参与有关行政部门对商品和服务的监督、检查。

4）就有关消费者合法权益的问题，向有关部门反映、查询，提出建议。

5）受理消费者的投诉，并对投诉事项进行调查、调解。

6）投诉事项涉及商品和服务质量问题的，可以委托具备资格的鉴定人鉴定，鉴定人应当告知鉴定意见。

7）就损害消费者合法权益的行为，支持受损害的消费者提起诉讼或者依照本法提起诉讼。

8）对损害消费者合法权益的行为，通过大众传播媒介予以揭露、批评。

仅仅依靠法律规制和社会治理无法保障产品安全，最重要的因素还在于企业自身。安全是一项基本人权，企业在获得利润的同时，必须避免对客户造成伤害，而且基于这种利益相关者的关系，如果客户安全受到严重伤害，企业的利润也无法得到保障，甚至还会引发巨额索赔，例如波音 737 MAX 连续事故停飞的灾难性后果。

企业产品和服务出现安全问题，表面上看主要是成本问题和管理问题，或者兼有成本问题和管理问题⊜。但是，从根本上看，企业保障客户安全的关键在于企业价值观和伦理气氛，以及伦理管理体系的有效性。在追求企业利润和股东利益最大化的过程中，如果企业不将对客户安全的道德责任放在更重要的地位，那么企业内的个人决策者很难在关键时刻做出正确的伦理抉择。尤其是一些产品（如金融产品）的安全性更为复杂和隐蔽，客户几乎无法在购买阶段对购买后的风险做出充分

⊖ 中国消费者协会. 关于我们 [EB/OL]. (2014 – 11 – 13) [2019 – 08 – 14]. http://www.cca.org.cn/public/detail/851.html.

⊜ 例如，为了削减成本降低了安全技术标准或减少了有关安全风险的部件、措施。其中产品设计者本身对安全风险评估不足或在具体执行中没有到位导致的风险，就是管理带来的安全风险。

判断。

　　这就需要企业真正树立客户至上、安全第一的价值观，建立激励机制，并加强伦理审核，自上而下保持企业全员的道德敏感性和正确的伦理决策。同时，在面对客户投诉和政府、消费者协会干预时，能够积极负责地响应，妥善解决产品安全给客户带来的问题和损失，必要时采取召回、停止生产等措施，而不能抱着店大欺客的态度损害客户的权益。曾引起轰动的客户坐在某名牌汽车引擎盖上维权的事件，就是因为在4S店购买的汽车出现质量安全问题后，没有得到及时处理。最后不但相关的销售商要接受处罚，而且也影响了该汽车厂商的品牌。所以，按照利益相关者的理论，企业维护客户的权益，本身也是在维护自己的利益。

案　例

半年连续坠毁两架飞机，波音737 MAX 还安全吗？

　　2019年3月10日，埃塞俄比亚航空一架波音737 MAX8客机坠毁，机上有149名乘客和8名机组成员。飞机于当地时间8点38分在埃塞俄比亚首都亚的斯亚贝巴起飞，起飞后约6分钟从空管雷达上消失，机上没有生还者。

　　这已经是波音737 MAX8半年内出现的第二起严重事故。2018年10月29日，印尼狮航一架机龄仅3个月的客机在由雅加达飞往邦加槟港起飞13分钟后失联，坠毁在印尼卡拉望地区附近，此次坠机事件无人生还，共造成189人死亡。

　　对印尼狮航坠机的调查倾向于认为，飞行数据传感器存在问题，可能会反馈错误数据。彭博社称，在某些情况下，例如飞行员手动飞行时，若传感器发现可能出现空气动力学失速的问题，737 MAX飞机会自动将机头向下推。

　　埃塞俄比亚交通部于4月4日发布埃航坠机事故调查报告，认为坠机的主要原因是机动特性增强系统（MCAS）的关键传感器意外失效。

　　波音公司在发表致歉声明，"我们知道我们所做的工作关乎生命，因此要求我们以最高的职业操守和专业能力完成它。带着强烈的责任感，我们承担着设计、制造和保障天空中最安全的飞机的责任。我们知道，每一个登上我们飞机的人都将他们的信任托付给我们。我们将尽一切可能在未来数周和数月内赢得并重获客户和飞行公众的信任和信心"。

　　波音737 MAX飞机全球停飞后，7个国家的19家航空公司就737 MAX向波音提出索赔。这些航空公司分别是挪威航空、土耳其航空、爱尔兰瑞安航空、美国联合航空、阿联酋迪拜航空、印度香料航空，以及中国所有运营波音737 MAX8的13家航空公司。据CNN统计，波音面临的索赔金额可能已经达到20亿美元，这相当于波音2019年一季度的所有利润，随着复飞时间的延期，其需要面对的索赔金额也将继续扩大。

　　波音公司此前曾向所有运营波音737 MAX飞机的航空公司发布安全公告，称传感器可能存在问题，导致飞机自行大角度俯冲并坠落。

2018 年 11 月，美国联邦航空管理局（FAA）针对事故中暴露出来的 737 MAX 机型在迎角传感器（AOA）数据错误的条件下，飞行控制系统存在反复发出错误水平安定面（机头向下）配平指令的风险，颁发了紧急适航指令 AD2018 - 23 - 51，要求波音 737 - 8/9(MAX)机型的运营人/所有人在收到适航指令的 3 天内，修订飞机飞行手册（AFM）的指定内容，以在运行程序和机型限制方面给予机组人员明确的指导。

（资料来源：界面新闻"半年连续坠毁两架飞机，波音 737 MAX 还安全吗？"，以及新浪财经等报道综合整理。）

案例讨论分析

1. 波音 737 MAX 连续发生事故的伦理问题在什么地方？

2. 波音公司、航空公司、乘客之间分别是什么类别的利益相关者？

3. 波音公司为什么有必要公开致歉和承诺？

3. 隐私保护

在企业为客户提供商品和服务的过程中，不可避免地会接触、收集到大量客户的个人信息——互联网企业尤其是平台类企业更是如此。与安全权一样，客户的个人隐私也是一种人权，对当事人具有极强的敏感性。客户作为企业主要的利益相关者，其个人信息属于消费者隐私，受到法律保护，任何违反客户隐私权的行为都涉及伦理问题，受到道德制约。

无论是主动还是被动、有意还是无意、短期还是持续，对侵犯客户隐私的行为企业都需要负责，客户隐私被侵犯的主要方式包括以下三点。

（1）泄露客户隐私 由于客户隐私具有商业价值，一直是各种机构包括不法组织猎取的对象。由于互联网时代信息全面电子化、集约化，客户隐私泄露的可能性增大，其后果更加严重，所以企业对客户隐私的保护责任也更为重大，而且拥有的客户信息越多，这方面的责任越大。移动互联时代，尤其给一些拥有亿级用户的互联网巨头企业带来挑战，这方面的伦理问题越来越突出。

10 年来，全球领先的社交巨头 Facebook 关于消费者隐私方面的争议不断。2018 年 3 月，Facebook 卷入客户数据泄露丑闻，一家名为"剑桥分析"的英国公司被曝以不正当方式获取 8700 万 Facebook 用户数据。随后美国联邦贸易委员会对 Facebook 展开调查，最终达成一项约 50 亿美元的和解协议。[一]在受到一系列指控后，剑桥分析公司已于 2018 年关闭，但 Facebook 无法逃脱这个美国历史上金额最高的罚款。

（2）滥用客户隐私　由于企业和客户的信息不对称非常严重，企业对许多客户信息的收集和使用非常隐蔽，甚至采取诱迫、欺骗的方式，加之大量消费者缺乏保护意识，国内滥用客户隐私的情况相当普遍。滥用客户隐私包括过度收集客户隐私数据和不当使用客户隐私。当然，过度收集客户隐私，本身也为不当使用客户隐私创造了条件。

有些 App 应用程序要求客户允许打开相册、手机通讯录等权限才能使用，而这些内容通常与其提供的服务并无直接关系，获取这些客户隐私主要是为了服务于自己的商业目的而不是客户的需求。有的企业通过对客户的数据分析，对锁定的目标群体不断推送广告，让客户不堪其扰。个别预订机票、酒店的企业被曝光的"大数据杀熟"，则是直接以滥用客户隐私和所谓算法来对客户实施"价格歧视"，这不但侵犯了客户购买习惯等方面的个人隐私数据，对公平交易的市场伦理也有着非常恶劣的伤害。

即使对客户个人信息有较强需要的机构，哪怕是用于合理的需求，也应警惕对客户隐私尤其是非结构个人信息的滥用。中国人民银行原行长周小川撰文指出，过去征信系统用的都是结构数据，基本上就是使用数据库，因为结构数据目前基本上都是合法合规的、政治正确的。也就是说，它包括个人身份信息、借贷历史，以及是否有违约等有限且判断上无争议的信息。如果使用了社交网络中的对话，或者社交网络的群组成分，就可能产生出很多新问题。例如，一些大数据公司的人查看了某用户的社交网络，发现他的朋友圈内都是有钱人，挂名都是总经理、总裁，花钱大方等，就认定此用户的信用好；反之，如果朋友圈内穷人多，则信用不好，这个判断很可能存在很大的错误，而且政治上不正确，道德上也不对。[二]

（3）以客户隐私牟利　与以上两类客户隐私问题相比，以客户隐私牟利更加直接和难以容忍——虽然后果未必有前两种形式严重。泄露客户隐私往往是企业被动而非主动的行为，滥用客户隐私是从中间接获利而不是直接获利。如果说泄露客户隐私、滥用客户隐私的一些情况在伦理上还有争议或讨论空间，但以客户隐私牟利就完全是违法行为。

2012 年央视"3·15"晚会报道，某银行信用卡中心风险管理部贷款审核员就

[一] 新华网. 美媒说美政府向脸书开出 50 亿美元罚单 [EB/OL]. (2019 – 07 – 13) [2019 – 08 – 14]. http://www.xinhuanet.com/2019 – 07/13/c_1124748875.htm.
[二] 周小川. 信息科技与金融政策的相互作用 [J]. 中国金融, 2019 (15)：9 – 15.

曾向作案人出售个人信息 300 多份；某银行客户经理通过中介向作案人提供了多达 2318 份个人信息。个人征信报告、银行卡信息，本属该被严格保密的个人信息，在这些银行工作人员手中，却被以一份十元到几十元的低廉价格，大肆兜售。

2010 年 7 月，经中国香港个人资料私隐专员公署调查并召开听证会，裁定"八达通"以客户资料违规获利。八达通控股有限公司负责人承认：2006 年 1 月至 2009 年 6 月，八达通将其 197 万名客户资料提供给保险公司等特定商户，获得收益达 4400 万港元。⊖随后，八达通相关负责人辞职，并将其出售客户资料赚取的 4400 万港元全数捐赠慈善机构。香港在 2013 年 4 月 1 日开始实施修订后的《个人资料（私隐）条例》，加大了对商业机构滥用客户隐私的惩处力度，违者将最高处以 100 万港元罚款和 5 年监禁。⊜

《中华人民共和国民法典》第一千零三十二条明确规定，自然人享有隐私权。任何组织或者个人不得以刺探、侵扰、泄露、公开等方式侵害他人的隐私权。隐私是自然人的私人生活安宁和不愿为他人知晓的私密空间、私密活动、私密信息。

第一千零三十三条规定，除法律另有规定或者权利人明确同意外，任何组织或者个人不得实施下列行为：

（一）以电话、短信、即时通信工具、电子邮件、传单等方式侵扰他人的私人生活安宁；

（二）进入、拍摄、窥视他人的住宅、宾馆房间等私密空间；

（三）拍摄、窥视、窃听、公开他人的私密活动；

（四）拍摄、窥视他人身体的私密部位；

（五）处理他人的私密信息；

（六）以其他方式侵害他人的隐私权。

虽然法律做出了规定，但在具体的客户隐私保护上仍有许多模糊的地方，尤其是随着大数据、人工智能等技术的应用，这种侵权行为越来越隐蔽。

这不仅需要完善法律和监管，更重要的是公开化和企业自律。公开化的重要性正如周小川先生指出的，"应该将使用的模型或算法透明化，受公众的监督和评判，背后也还会有监管部门的监督评判，来评判这种运用是否合适"。⊝关于企业自律，腾讯的隐私保护平台和隐私政策提供了一个正面的案例。

⊖ 中国新闻网. 出售客户资料牟利 香港八达通疑涉侵犯私隐 [EB/OL]. (2010 – 07 – 27) [2019 – 08 – 14]. http://www.chinanews.com/ga/2010/07 – 27/2426730.shtml.

⊜ 人民网. 香港对商家滥用客户信息说"不" [EB/OL]. (2013 – 04 – 12) [2019 – 08 – 14]. http://www.people.com.cn/24hour/n/2013/0412/c25408 – 21107421.html.

⊝ 周小川. 信息科技与金融政策的相互作用 [J]. 中国金融, 2019 (15)：9 – 15.

腾讯隐私政策

腾讯严格遵守法律法规，遵循以下隐私保护原则，为您提供更加安全、可靠的服务：

1）安全可靠：我们竭尽全力通过合理有效的信息安全技术及管理流程，防止您的信息泄露、损毁、丢失。

2）自主选择：我们为您提供便利的信息管理选项，以便您做出合适的选择，管理您的个人信息。

3）保护通信秘密：我们严格遵照法律法规，保护您的通信秘密，为您提供安全的通信服务。

4）合理必要：为了向您和其他用户提供更好的服务，我们仅收集必要的信息。

5）清晰透明：我们努力使用简明易懂的表述，向您介绍隐私政策，以便您清晰地了解我们的信息处理方式。

6）将隐私保护融入产品设计：我们在产品或服务开发的各个环节，综合法律、产品、设计等多方面的因素，融入隐私保护的理念。

（资料来源：腾讯隐私保护平台官网。）

四、主要利益相关者：股东与公司治理

股东是企业的法定所有者，股东利益最大化也是长期以来流行的观点。但在利益相关者的分析框架中，企业伦理所需要关注的价值，不仅是股东价值最大化，也就是说股东的利益不能凌驾于员工、客户等利益相关者之上，甚至为了满足利润最大化而牺牲其他的企业伦理目标。

公司治理是典型的委托代理问题，源于市场经济的信托责任体系，即由于公司所有权与管理权的分离，产生了高管层牺牲股东或者其他利益相关者的权益而为自己谋不正当私利的可能性。

公司的一个很重要的特征就是，所有权和控制权的分离。如果所有权和控制权完全一致，那么不存在公司治理问题。事实上，公众公司尤其是上市公司，存在着大量的股东和诸多涉及决策的利益相关者，包括政府、财务和审计标准制定者、银行、证券交易所等影响公司决策的机构，所以公司治理及其伦理才显得如此重要。

因此，公司治理是指确保管理层的利益与公司所有者利益保持一致的诸多机制，具体而言，公司治理是指控制和指导公司管理层的体制。[⊖]其目的是尽可能使个人、

⊖ 帕博迪埃，卡伦. 商务伦理学［M］. 周岩，译. 上海：复旦大学出版社，2018：210.

公司及社会的利益一致。公司治理不仅要实现股东利益最大化，而且要保障所有利益相关者的利益。

阿瑟·G.贝德安（Arthur G. Bedeian）于1987年首次提出了公司治理伦理的概念[一]。以伦理为导向的公司治理会减少公司的非伦理活动，从而进一步保障和协调各利益相关者的利益。关于公司治理伦理的研究越来越受到学界和实业界的重视。

公司治理是基于职业道德的经营和管理的重要前提，也是对日益增长的更多社会责任的回应。在公平竞争的市场环境和追求可持续发展的社会环境中，公司治理的水平会接受来自市场尤其是资本市场的考验。

为应对20世纪90年代以来诸多重大公司丑闻尤其是亚洲金融危机的影响，国际经济合作与发展组织（OECD）于1998年4月成立了公司治理原则专门委员会，并于当年5月首次发表了《OECD公司治理准则》。该治理准则提出股东的权利、公平对待股东、利益相关者的角色、信息披露及透明、董事会的角色五项公司治理原则，以推动发展中国家的公司治理改革，已经成为一套权威的指导原则。

1. 股东至上

按照法规，股东拥有对公司实际的控制权。股东有追求公司利润最大化或者股东利益最大化的内在动机。由此带来的伦理问题是，为什么股东道义上应该拥有控制权并且将其利益作为公司的目标？这就是"股东至上"问题。在公司治理中，"股东至上"是一个颇具争议的问题。

约翰·R.博特赖特（John R. Boatright）认为："关于公司治理的主要伦理问题就是'股东至上'的合理性。"[二]从公共政策和市场两个角度来看，"股东至上"一方面可以在法律、政策框架下约束管理层考虑公共利益，另一方面也是对企业投资者产权和剩余索取权的市场契约保障。与之相比，如果管理层或者员工在固定索取权的机制下获得控制权，将倾向于最低风险水平来确保他们的收入，而不是承担更大的风险来获取企业发展的机会。

现在利益相关者框架下的公司治理已经越来越受重视。有观点认为，"股东至上主义，是利益相关者理论的反面。后者虽然在口头上已经风行一时，但理论可能仅仅是理论。只要股东至上主义统治世界，一些利益相关者就会成为无关者"[三]。

总体而言，"股东至上"固然有其历史渊源和一定的合理性，但并不代表股东利益最大化是唯一的公司治理目标，在公司治理的各种伦理机制中，这是保障所有

[一]　ARTHUR G B. The ethics of corporate governance [J]. Journal of Business Ethics, 1987, 6 (1)：59-70.

[二]　博特赖特. 金融伦理学：第3版 [M]. 王国林，译. 北京：北京大学出版社，2018：247.

[三]　于惊涛，肖贵蓉. 商业伦理：理论与案例 [M]. 北京：清华大学出版社，2016：217.

利益相关者权益的一个必要条件而不是充分条件。或者说，公司治理的股东模型是公司治理的利益相关者模型的初级阶段。

2. 董事会

董事会作为公司治理最重要的参与者，为公司的股东聘用、监督管理层提供了治理上的安全措施，在整个公司治理体系中具有核心地位和关键作用。

董事会伦理是公司治理伦理的核心，是指根植于一定的社会文化之中，伴随董事会的运行过程，具有不同价值取向和不同伦理背景的利益相关者通过将各自的伦理意识交织相融，逐步形成并得到广泛遵守的伦理规范、价值判断标准、治理实践，以及一般性的行为准则等。[○]

在2004年的《OECD公司治理准则》中，明确了董事会在公司伦理建设中的作用："董事会不仅应对公司和股东负责，还有责任为公司和股东的最佳利益采取行动。另外，董事会还应适当考虑和公平处理包括雇员、债权人、顾客、供应商和当地社区在内的其他利益相关者的利益。对环境和社会标准的遵守也与这方面的要求相关。"该准则对建立利益相关者框架的董事会提出了以下原则[○]。

1）董事会成员应在一个充分知晓的基础上、怀有良好的信念、具有适当的勤奋和关注，为公司和股东的最佳利益而采取行动。

这一原则声明了董事会成员受托责任的两个关键要素：关注的责任和忠诚的责任。关注的责任要求董事会成员在一个充分知晓的基础上、怀有良好的信念、具有适当的勤奋和关注采取行动。忠诚的责任具有中心的重要性。

2）当董事会决策可能对不同的股东集团产生不同的影响时，董事会应公平地对待所有股东。

在履行这一责任时，董事会不应被当作一个由各个组成部分的个人代表所组成的集合来看待或采取行动。尽管特定的董事会成员确实是由特定的股东（有时是与其他人竞争后）所任命或选出的，董事会工作的一个重要特点就是当董事会成员承担了他们的职责后，他们应在考虑所有股东情况下以公平的方式履行他们的职责。

3）董事会应采用高道德标准，它应考虑利益相关者的利益。董事会在确定公司的道德状况中扮演着关键角色，不仅通过它自身的行为，还通过任命和监督关键管理人员及相应的一般管理层。作为一种可使公司不仅在日常经营中，还在长期承诺方面变得可靠和值得信赖的手段，高道德标准符合公司的长远利益。公司范围的

○ 薛有志，王世龙，周杰. 董事会伦理研究：一种理论初探，第三节 [R]. 中国管理学年会，2008.

○ 杨岚，梁婷，刘蔚，等. 公司治理与金融危机：得出的结论及《OECD公司治理原则》执行过程中的好做法（六）[J]. 西部金融，2012（1）：47-53.

准则是作为董事会及关键管理人员行为的标准的，为处理不同的或经常是冲突的组成部分而建立一个进行判断的框架。至少，道德准则应为追求个人私利建立一个明确的限制。

4）董事会应履行特定的关键职能，包括：①核准并指导公司战略、主要的行动计划、风险政策、年度预算和商业计划，设立业绩目标，监控执行和公司业绩，以及监督主要的资本支出、并购和财产剥夺；②监控公司治理做法的有效性并在需要时进行变革；③对关键管理人员进行挑选、支付报酬、监控及在必要时予以替换，并且对关键管理人员的继任计划进行审查；④协调关键管理人员及董事会的薪酬计划与公司及股东长期利益的关系；⑤确保一个正式和透明的董事会提名和选举程序；⑥监控和处理管理层、董事会成员和股东的潜在利益冲突，包括公司资产的不当使用和关联方交易的滥用；⑦检查包括财务报告的内控系统和公司资产的使用以防止关联方交易的滥用；⑧在履行其控制疏忽失职的职责中，董事会应鼓励对不道德（不合法）行为进行报告而不须害怕报复；⑨确保公司包括独立审计的会计和财务报告体系的真实完整性，及确保在适当位置存在适当的控制系统，特别是风险管理体系、财务和操作控制和对法律及相应标准的遵循；⑩检查披露和沟通的程序。

5）董事会应能对公司事务进行客观独立的判断。为履行在监控管理层业绩、防止利益冲突和平衡对公司的竞争性要求方面的职责，董事会能进行客观判断是重要的。在不同国家，由于存在多种形式的董事会结构、所有权模式和做法，因而在董事会的客观性问题上有不同的要求和方法。在一些情况下，客观性要求有显著数量的董事会成员不得在公司或其附属机构中任职，并且不得通过重要的经济、家庭或其他联系与公司或其管理层发生关联。这并不禁止股东成为董事会成员。

独立董事可以在董事会的决策中发挥显著作用。他们可以对董事会和管理层的业绩评价提供客观的看法。另外，他们可以在管理层、公司和股东利益可能发生分歧的领域，例如管理人员的薪酬、继任计划、公司控制的变更、反收购、大宗并购和审计职能中扮演重要角色。

6）董事会成员应能获得准确、相关和及时的信息。董事会成员需要及时的相关信息以支持他们的决策。在公司中，非执行董事并不特别需要获得与关键经理人一样的信息。非执行董事对公司的贡献可以通过与公司中特定关键经理人的联系，例如公司秘书和内部审计人员，以及由公司付费寻求独立的外部建议来得到加强。

3. 高管薪酬

高管薪酬是利益相关者和公众广泛关注的话题，也是一个典型的体现效率原则与公正原则的伦理问题。一方面，高管数倍甚至数十倍于社会平均薪酬，是为了吸引、激励合适的高管为股东和利益相关者创造价值，体现了公正，也有助于效率；

但另一方面，高管的持股计划和期权虽然将高管的薪酬与公司的业绩挂钩，但也增加了高管通过违反伦理的不当手段来推高股价的动力。为了获得高薪酬，管理者也常常采取不正当的手段，高管为保持业绩铤而走险的丑闻在创业领域尤其突出。这样既伤害了公正，在本质上也不利于效率。

组织内部的薪酬不公正会给员工带来巨大的心理阴影和怨恨，会影响员工工作积极性，降低劳动生产率。心怀不满的员工还会采取偏激手段曝光企业的负面信息，或采取极端的泄愤行为。

由于收入差距太大，高管薪酬还会成为社会问题的导火索。2011 年，发生在美国的"占领华尔街"运动就是一个典型的例子[⊖]。其中一个主要的抗议是：企业高管拿着天价薪酬，把企业搞垮后让政府救市，损害所有纳税人的利益。

"占领华尔街"运动发生后，针对高管薪酬限制的呼声越来越高，有媒体指出，"在企业利润大幅降低的情况之下，如果高管还维持过去的薪酬水平，显然对于股东利益是一种严重的侵害，这样高管高薪受到质疑也就不足为奇"。[⊜]我国后来也出台了政策对国有企业的高管限薪，但单纯地限制薪酬并不是解决问题的办法，为达到公平和效率的统一，有许多可以借鉴的方法。

一是完善相关的法规和制度。2002 年的《萨班斯－奥克斯利法案》采取的方式是：要求董事会的薪酬委员会全部由独立董事组成，而且如果由整个董事会来决定首席执行官的薪酬水平，则只能由独立董事投票。这个措施使尽可能降低了薪酬的决策者与其本人的利益相关性，使整个决策过程尽可能独立、公正。2010 年 7 月的《多德－佛兰克法案》进一步增加了追索政策：高管因不实财务数据而获得的任何薪酬都应该退还企业。这使企业高管在追求业绩目标时，也要考虑利益相关者的利益和自己的伦理责任。

二是在高管激励机制的设计中尽可能保持与公司的长期健康发展与盈利能力相一致。例如，更多企业对高管的激励不再使用股票期权，而是优先考虑递延股票信托计划。一旦公司股票价值缩水，将面临与投资者相同的损失。相比之下，实施股票期权，高管的损失就没有那么明显了。此外，还有"金色降落伞"计划等方式。[⊜]

⊖ 2011 年 9 月 17 日，上千名示威者聚集在美国纽约曼哈顿，有人甚至带了帐篷，扬言要长期坚持下去。示威组织者称，他们的意图是要反对美国政治的权钱交易、两党政争，以及社会不公正。2011 年 10 月 8 日，"占领华尔街"抗议活动呈现升级趋势，千余名示威者在首都华盛顿游行，成为席卷全美的群众性社会运动。纽约警方 11 月 15 日凌晨发起行动，对占领华尔街抗议者在祖科蒂公园搭建的营地实施强制清场。

⊜ 凤凰网. 华尔街高层的奖金盛宴终将走向何方？[EB/OL]. (2009 - 02 - 27) [2019 - 08 - 14]. http://phtv.ifeng.com/program/cjzqf/200902/0227_1698_1036006.shtml.

⊜ 帕博迪埃，卡伦. 商务伦理学 [M]. 周岩，译. 上海：复旦大学出版社，2018：217－218.

三是发挥新媒体等外部治理机制作用。有研究[一]表明，新兴媒体不仅能够积极监督上市公司高管的不合理薪酬，而且对高管薪酬代理问题具有显著的外部治理效应，能有效促进高管薪酬在降低公司代理成本的作用。

五、次要利益相关者：媒体

西方传播学先驱保罗·F.拉扎斯菲尔德（Paul F. Lazarsfeld）和罗伯特·K.默顿（Robert King Merton）早在1948年就强调："大众媒介是一种既可以为善服务，又可以为恶服务的强大工具；而总的来说，如果不加以适当地控制它，为恶的可能性更大。"[二]

马歇尔·麦克卢汉（Marshall Mcluhan）在《理解媒介：论人的延伸》一书中指出：媒介即信息。对企业而言，媒体是社会公众获取企业信息的主要渠道。因此，在企业伦理的利益相关者框架中，媒体是比较重要的次要利益相关者。尤其是在当今社会，随着有社交媒体属性的新媒体的迅速发展，媒体对企业利益的影响力，以及相关的问题和分析、应对方法，也都有较大的变化和挑战。

1. 企业与媒体关系的悖论

几乎所有企业都在力图通过各种媒体树立良好的形象和品牌，其中有很多在借助媒体报道企业正面新闻上投入了大量的资源和精力。但是，有两个方面的原因，使企业很难单靠媒体关系来处理好这个利益相关者的问题。

首先，人们天性更关注负面新闻报道，并已为理论所证实。[三]为了吸引读者，媒体追逐有社会轰动效应的企业负面报道是常态，而且也确实发挥了媒体的舆论监督作用，推动了问题的解决，例如三鹿奶粉事件、长春长生疫苗事件等都是首先通过媒体曝光产生了重大社会反响，进而推动了监管部门的处理和行业问题的整治。

㊀ 段升森，迟冬梅，张玉明. 网络媒体、高管薪酬与代理成本 [J]. 财经论丛，2019（3）：63-71.

㊁ 默顿. 社会理论和社会结构 [M]. 唐少杰，齐心，译. 南京：译林出版社，2006：78.

㊂ 1983年，美国哥伦比亚大学新闻学与社会学教授沃尔特·戴维森在《舆论学季刊》发表题为《传播中的第三人效果》（The third-person effect in communication）。他认为，人们在判断大众传媒的影响尤其是负面影响之际存在着一种普遍的感知定势，即倾向于认为大众媒介的信息对"我"或"你"未必产生多大影响，然而对"他"产生不可估量的影响。由于这种感知定势的作用，大众传播的影响和效果，通常不是在传媒指向的表面受众中直接发生的，而是通过与他们相关的"第三人"的反应行为实现的。戴维森把这种现象或这种影响机制称为"第三人效果"，1978年到1982年进行了四次实验，验证第三人效果的存在。从此该理论在国际传播学界得到广泛重视。

有研究表明，媒体在伦理层面会影响公众对企业的看法。[一]其实，有许多不道德行为本身就是公众的担心所在，例如红黄蓝幼儿园的负面新闻，媒体的曝光强化了社会公众的态度。

其次，互联网技术使媒体的业态发生了有史以来最具颠覆性的变化。2000年前后，网络媒体开始正式走上历史舞台影响大众，当时人们还在学习如何通过电脑来阅读，内容展示远远没今天这么丰富多彩，读者的阅读也非常麻烦、笨拙。但时至今日，几乎所有的读者已经更加习惯通过各种屏幕、各种终端来阅读海量的网络新闻，以及使用社交工具来阅读相关的媒体和信息。这种变化又有两个特点：①通过社交媒体转发和点评，新闻信息会迅速传播、扩散，企业通过自身力量有效干预的可能性极低；②出现了大量的自媒体和评论，在增强了言论的公开和公众参与度的同时，也给企业带来了极大的挑战。

2. 企业与媒体关系中的伦理问题

许多企业通过媒体尤其是自媒体以夸大事实或者倾向性、情绪化的内容来获取更多的关注，或者以植入广告等方式诱导消费，尤其是在利益驱动下，贩卖焦虑、软色情、虚假信息等内容的自媒体屡禁不止，已经成为社会公害。企业在媒体上发布"软文"已经成为企业公关关系的常规做法，媒体被企业斥资"赎买"充当其推广和舆论工具的情况也不是个案。

作为企业的利益相关者，要认识到需要符合真实的媒体伦理原则，否则就是一种腐败行为，违反了伦理的公正原则。

阅读材料

快速伦理测试

位于达拉斯的德州仪器培训员工通过7个步骤判断一项决策是否符合道德伦理，其结果形成了一个快速测试，并可帮助员工更客观、更符合伦理地判断一项决策。

1）行动是否合法？"如果行动不合法，那测试就结束了。"道德伦理沟通和教育部经理格列科尔曼说道："停止行动，因为我们不能违反法律。"

2）决策是否符合我们的价值观？"我们有一组陈述清晰的企业价值观，有时一项行动往往不符合这些价值观。"

一 BARBER J S, AXINN W G. New ideas and fertility limitation：The role of mass media ［J］. Journal of Marriage And Family, 2004, 66 (5)：1180 - 1200.

3）如果这样做，你会感觉糟糕吗？"有时你做出的决策会让你内心很难受，让你半夜醒来并不断折磨自己，这是让你重新思考决策的一个警钟。"

4）新闻媒体将会如何对此做出报道？"如果你今天下午想要做的事情将会出现在明天的报纸上，你还会这样做吗？"

5）如果知道这是错的就不要做。

6）如果不肯定，就要提问。

7）持续提问，直到得出一个答案。"如果你认为有问题，而且不想做，那么去询问其他人，例如同事、公司法律部门、人力资源部，甚至打电话给人力办公室，要善于提问，不要独自站在那里，一个人承受所有压力。"

（资料来源：Fylnn G. Make Employee Ethics Your Business［J］. Personnel Journal（Now Work force），1995，6.）

练习题

（单选或多选）

1. 下列哪些选项不是产生"企业非道德性神话"的主要原因？（　　　）

    A. 企业的组织观点   B. 伦理等同于法律

    C. 在商言商   D. 社会达尔文主义

2. 歧视最重要的问题在于（　　　），以员工后天很难改变的身份特征来评价、决策，而不是从事实出发，是严重的不公正行为。

    A. 预设立场   B. 改变立场

    C. 放弃立场   D. 冲击道德

3. 公司治理的股东模型是公司治理的利益相关者模型的（　　　）。

    A. 高级阶段   B. 初级阶段

    C. 另一种形式   D. 新的形式

第四章

伦理和创业风险管理

学习目标

1. 了解创业风险管理的目标和过程
2. 了解创业风险管理中常见的伦理问题
3. 了解创业风险管理的公平和透明原则
4. 了解增加利益相关者价值的风险管理方法

导入案例

拼多多的山寨供应商风险和应对

拼多多的崛起，是抓住了电子商务下沉市场崛起的历史机遇。价格敏感的消费群体是下沉市场的主体。由于品牌意识不强，偏好低价产品等消费习惯，下沉市场用户是许多销售山寨产品商家的目标用户。拼多多进军下沉市场，在没有足够优质、低价供应商的情况下，不得不设置较为宽松的标准，引入这些山寨供应商。同时，要面对这些山寨供应商所带来的潜在风险，包括侵权、质量等问题，以及后续可能引发的公关危机和对品牌声誉的损害。

由于采用了拼团的裂变营销模式和价格低廉的产品，拼多多以超乎预期的速度成长，数以亿计的海量用户涌入平台，也吸引了大量低质低价的山寨供应商进入平台，给平台治理带来了巨大的挑战。在媒体的报道下，山寨供应商的风险被点燃引爆。网络舆论对拼多多充满指责，认为拼多多不应该公然售卖低质量、仿冒知名品牌的产品。品牌商也站出来，指责拼多多纵容假货，损害了品牌商的利益。一时间给拼多多造成了巨大的舆论压力。

拼多多面对着价格敏感的用户群体、山寨供应商、资本市场和品牌供应商四个核心利益相关者。价格敏感的用户群体希望能够获得低价的产品，如果质量好当然更好，但质量不好也不是不能接受的。山寨供应商明白价格敏感的用户群体的核心诉求，制造和销售低质低价的产品，通过仿冒知名品牌吸引用户注意。资本市场在乎用户的增长和销售额的增加。品牌供应商的利益受到了损害。然而，品牌供应商和价格敏感的用户群体之间也存在利益冲突，许多品牌供应商不能降低价格，以和山寨厂商直接竞争，他们希望享受高额的品牌溢价，维持利润。

面对供应商风险，拼多多做出了三个反应：①加强平台治理，加强对售卖山寨产品的商家的惩罚，主动下架部分山寨产品。但是，由于本身平台低价定位，不可能完全排除山寨产品。只要有源源不断的需求，山寨产品就会源源不断地涌入。②加大品牌产品的引入，通过补贴、优惠等活动让平台上有更多的品牌产品。这一应对措施的作用也是有限的。只要知名品牌不放弃溢价和利润，在低价竞争的价格敏感市场上就很难竞争过山寨产品。③帮助山寨产品转型，提供质优价廉的品牌产品。这是唯一有效，但会耗费很长时间的解决方案。中国手机市场上曾经充斥着大量的山寨手机。然而，以极低性价比和良好售后服务崛起的小米和山寨手机正面竞争，让用户享受到了质优价廉的商品，打击了山寨市场。

拼多多发现许多被称为山寨品的产品，本身也是质量很好的产品。许多产品甚至是帮大品牌代工的质量很好的产品。这些产品没有成为知名品牌，是因为在渠道、人才等方面存在不足，最终只能靠低价取胜。拼多多想要帮助这些企业，于是做了一个新品牌计划，花了很大力气扶持这些品牌。这个 2018 年年底推出的计划，要帮助覆盖各行业的 1000 家工厂品牌，更有效地触达 4 亿多消费者，以最低的成本培育一批质优价廉的品牌。拼多多的做法是利用获取的大量用户流量和精细化的用户数据，反向推动供应端提升改造。几个月的时间内，拼多多就推出了 1,200 余款定制化产品，实现了超过 5,700 万笔定制化产品订单。

山寨供应商是拼多多在开拓下沉市场时遭遇的风险事项。风险事项是企业制定目标后，可能会导致目标不能按预期实现的不确定事项。企业需要主动识别和有效管理这些事项，才能完成预先设定的创业目标。通常的风险管理是以企业自身目标实现为核心的，风险被视为偏离目标的波动，风险管理就是要消除这些波动。面前这场山寨商品的网络舆论危机，拼多多要注重的显然不仅是自己开拓下沉市场的商业目标，还要顾及品牌方维护自身利益的目标、网络舆论的情绪、监管部门维护市场秩序的决心等。因此，拼多多需要以一种让各利益相关者都获益的方式来应对所遭遇的风险，既让消费者获得低价的产品，又能让提供质优价廉的山寨厂商生存下去，同时又不损害品牌商的利益。

（资料来源：新浪财经，"拼多多推出'新品牌计划'扶持 1000 家拼工厂品牌"。）

案例讨论分析

1. 山寨供应商给拼多多和利益相关者的经营发展带来哪些风险？
2. 拼多多应该如何管理风险，以使利益相关者价值最大化？

第一节　创业风险管理中的伦理问题

一、创业风险管理的目标和过程

从词源上看，风险的概念起源于古希腊和古罗马，意思是"大海上难以避免之事[一]"。风险是可以猜测，但无法完全预期的损失，是一种概率事件。统计学家、经济学家和金融学家发展出了贝叶斯定律、大数定律、前景理论、组合投资理论等许多风险管理理论，并且在保险、金融、投资、工程管理等领域得到应用，让人类逐渐可以控制和管理风险。

风险包括三个基本方面[二]：风险是一种不确定性；风险既包括上行波动（带来

[一] 吉仁泽. 风险认知：如何精准决策 [M]. 王晋，译. 北京：中信出版社，2019.
[二] 西格尔. 基于价值的企业风险管理：企业管理的下一步 [M]. 裘益政，译. 大连：东北财经大学出版社，2013.

正面影响的波动），也包括下行波动（带来负面影响的波动）；风险是与预期的偏差。当企业制定了目标和规划，在执行过程中可能会存在大量影响目标不能按照计划实现的事项，如何识别和应对这些事项，就成为风险管理的核心问题。对企业来说，同一风险事项，对一个部门有负面的影响，但对另一个部门可能会造成正面的影响；对一家企业当下造成负面的影响，但过了一段时间有可能就造成正面的影响。因此，所有导致企业偏离预期目标的风险事项都要纳入风险管理的体系中，随着企业的发展进行整体、动态的评估。

风险管理作为一门学科，起源于 20 世纪 50 年代的美国。几十年来，风险管理的范围不断扩展，战略性不断增强，在企业中的作用越来越重要。传统风险管理的目标主要是控制财务和信用风险。20 世纪 90 年代，以 1992 年英国的卡德伯利报告和美国 COSO 委员会的《内部控制——整合框架》报告为标志，风险管理进入了以整体风险控制为导向的内部控制阶段，强调围绕企业经营，将不同来源的风险综合管理控制。2002 年后，风险管理逐渐进入以风险效益为导向的全面风险管理阶段，企业风险管理（Enterprise Risk Management，ERM）的框架逐渐形成。ERM 强调风险管理贯穿从目标制定到目标执行的全流程，而不仅仅是在给定目标下的内部控制[⊖]。ERM 整合了内部控制和价值创造的双重目标，认为风险管理是实现风险损失最小化和企业利润最大化的管理过程。

近年来，受到生态和利益相关者视角的影响，风险管理的目标进一步从企业自身的价值增加扩展到利益相关者的价值增加，认为风险管理是为"企业识别、测量、管理并披露所有重大风险以增加利益相关者价值的过程"。本书采取这种前沿的风险管理定义，特别强调风险管理要着眼于增加利益相关者价值。这是这一章关于伦理和创业风险管理内容的起始点和立足点。在面对风险威胁时，创业企业很容易出于自我保护的动机，选择增加自身利益而损害利益相关者利益的做法，这会让创业企业失去利益相关者的信任。那些在面临风险威胁时，仍然尽力维护利益相关者利益，"患难见真情"的创业企业，则会获得各方的信任。

创业企业和大企业在战略制定上有明显的差别。大企业往往有既定的、长期的规划。创业企业是在不断学习和摸索的过程中，逐渐探索出整体、连贯的目标。创业是一个组合商业要素，搭建新的商业系统的过程，充满了许多变化。风险事项不断打乱创业者预先设定的计划。基于经典的 ERM 框架，我们把创业企业的风险管理视为一个动态、循环的过程，包括以下四个步骤：风险识别、风险量化、风险决策制定和风险信息传递，如图 4-1 所示。ERM 框架特别适用于快速发展的创业企业。

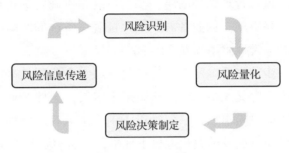 第四章 伦理和创业风险管理

这个框架把创业风险管理视为一个灵活的、持续迭代改进的过程。创业者可以从少数关键风险事项起步，通过创业过程中的不断持续优化，逐渐发展出完善的创业风险管理体系，而不是在一开始就要耗费大量时间成本，建立完善的风险管理框架。西姆·西格尔（Sim Segal）认为，持续的企业风险管理不像是汽车的年检这种定期的验证活动，而更像是汽车例行保养、安全驾驶和汽车保险这种保护车辆免受风险的持续活动。企业需要花费几年的时间，经历很多变化，逐渐发展出一套成熟的风险管理体系。

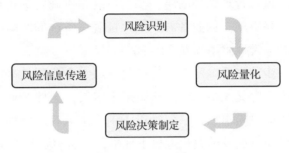

图 4-1 ERM 循环

（资料来源：西姆·西格尔，《基于价值的企业风险管理》，第 36 页。）

企业中的每个人对风险承担不同的责任[⊖]。董事会对风险管理进行监督，首席执行官对风险担负最终的责任，各管理人员在各自的权限里对风险担负责任。企业有三种风险责任分配模式：

模式一：风险事项的识别和评估由业务线进行，但风险决策由组织最高层进行。这种模式的好处是高层管理者能够集中组织资源，一致应对风险。但问题是风险应对中实际执行者可能会逃避责任，缺乏主动性。组织可能要耗费较长的时间对风险进行相应。

模式二：风险识别到决策都放权给业务线，企业最高层对过程进行监控。这种模式的好处是距离问题最近的管理者能够及时对风险做出反应，但可能会造成各个管理者采用各自的方式应对，组织作为一个整体对风险的应对彼此矛盾冲突。

模式三：某些风险在企业最高层处理，某些风险放权在业务线处理。这种模式的好处是组织可以灵活地处理不同严重程度的风险，但可能会造成更高的沟通和协作成本。

增加利益相关者的价值是风险管理的核心目标，也是风险管理的难点所在。不同利益相关者群体有不同的价值诉求。能够审慎地处理利益相关者冲突所引发的伦理问题，是有效管理风险的核心。创业企业在刚刚起步的时候，往往采用被动的、

⊖ COSO. 企业风险管理——整合框架：应用技术 [M]. 张宜霞，译. 大连：东北财经大学出版社，2017.

见招拆招的方式应对伦理问题。当利益相关者的冲突激化时，才会引起企业的注意。随着企业的持续发展，企业逐渐意识到，要更加积极主动地、系统性地应对伦理问题，会主动建立企业级的风险伦理原则，并完善风险管理流程中的伦理程序。

二、风险识别中的伦理问题

风险识别是创业风险管理循环的第一步，目的在于确定关键风险，即对企业存在最大潜在威胁的风险事项。创业者需要把大量潜在备选的风险事项压缩成少量关键风险清单。最佳的关键风险事项在 20~30 个。

风险识别的第一步首先要确定什么是风险事项。企业要从来源进行风险事项的定义，而不能从结果来定义风险事项。从结果来定义，会使企业混淆风险和风险的结果，不能找到根本的风险事项，从而难以正确管理风险。例如，在开篇案例中讲到的拼多多因山寨供应商引发的舆论危机事件中，"舆论危机""声誉受损"等事项不是风险事项，因为这些事项是不同风险来源的结果所导致，包括供应商来源、内部管控机制、企业广告宣传等，这些导致声誉受损的最初根源或根本原因才是风险事项。风险事项可能导致一系列连锁的结果，供应商风险导致舆论危机，舆论危机可能进而会导致财务指标、公司市值波动等。只有把握供应商风险这个真正的风险源头，才能进行有效的风险管理。

在理解了风险事项的概念后，创业者需要列出一张风险清单。对创业者而言，潜在的风险清单来源通常包括财务、战略和经营风险：

（1）财务风险　财务风险包括外部市场、价格、利率、供求流动性等外部市场风险。财务风险主要由宏观经济环境决定，包括整体经济形势的变化，以及汇率变化、货币政策、信贷政策调控等宏观经济调控所带来的风险。这些风险常常不在企业的掌控能力之内，企业只能积极适应外部环境的变化。

（2）战略风险　战略风险包括在战略制定和执行过程中，一些关键要素的不确定性变化。例如，法律、监管政策带来的对行业更加严格的规定和要求；市场规模太小，以至于企业无法达到足够规模的业绩；企业所获得的投资金额，或者获得的投资时间不能满足企业发展需要；创业企业设计的产品，未能满足市场的需求，这时候如果企业的组织能力、内部的管控体系等跟不上扩张速度；当企业主业发展停滞的时候，发展与主业完全不相关的、多元化的业务等。

（3）经营风险　经营风险是在企业经营过程中，人力资源、技术、过程和灾害等事项的不确定性变化。例如，产品由于预算问题未能及时开发完成，企业未能获取足够的用户，企业出现未在预期的人员流失等。

风险识别中常出现的伦理问题是风险责任人片面追求个人绩效而心存侥幸，忽略给利益相关者带来的风险。侥幸心理是一种相信好运气会降临在自己身上的心理信念[⊖]。清晰明确的目标是创业企业得以成功的保证。然而，当企业把营收、利润等财务目标作为压倒一切的考核目标时，就会导致企业自上而下弥漫着绩效主义的气氛，盲目乐观，只求企业、团队和个人短期利益，怀着"风险可能不会发生"的侥幸心理，无视给用户、供应商、合作伙伴带来的潜在风险事项。当这种盲目乐观的情绪形成群体内的从众效应[⊜]时，少数持有不同意见，看到风险的群体也为了维护和群体的一致性，不得不放弃自己对风险事项的看法。结果，企业虽然看起来表面繁荣，但是当风险事项发生时却非常脆弱，不堪一击。例如，当一家企业下达难以完成的限期产品开发任务，又制定了严苛的惩罚措施时，背负营收目标的研发人员就可能压缩研发周期，降低对产品质量的要求，甚至对测试数据造假，造成严重的产品质量风险。

三、风险量化中的伦理问题

当创业企业制定风险清单后，就要进一步对风险清单上的各风险事项进行量化，评估各风险事项对企业带来的影响，从而对风险事项进行评级和优先排序，为制定风险决策提供必要的信息。如果企业关于风险事项有充足的数据，可以通过设计不同假设情况下的数量模型，评估风险事项对企业的可能影响。如果数据不完备，也可以由各相关部门的专家通过研讨，依靠经验得到一个大致的估计。在这个过程中，常常容易出现对风险进行评估的责任人，在涉及本部门利益时，由于害怕影响自己的面子而有意缩小风险的程度。面子需求越强，风险责任人越难以承认失败，低估风险，甚至可能无视风险继续追加投入，以证明自己是对的[⊜]。这种情况常常出现在一些视风险为"丢面子"文化的企业。如果一个部门的工作存在风险，这个部门常常会被认为是本职工作没有完成好，部门管理不好，给企业带来了麻烦。这种态度会影响对风险威胁程度的评估，让一些可能对组织存在较大威胁的风险，在早期并没有得到足够重视，组织没有形成针对风险的充分准备。

⊖ Thompson E R, Prendergast G P. Belief in luck and luckiness: Conceptual clarification and new measure validation [J]. Personality & Individual Differences, 2013, 54 (4): 501–506.

⊜ 魏真瑜，邓湘树，赵治瀛. 亲社会行为中的从众效应 [J]. 心理科学进展，2021, 29 (3): 531–539.

⊜ 陶厚永，章娟，刘艺婷. 外部监督、面子需要与企业高管的承诺升级 [J]. 南开管理评论，2019, 22 (4): 199–211; 224.

四、风险决策制定中的伦理问题

风险决策是一个风险与收益均衡的分析和计算过程。企业首先要经过核心团队的深度讨论，确立所能承受风险带来损失的程度，这在风险管理中被称为"痛点"。不同企业关注的"痛点"不同，有的企业的"痛点"主要集中在财务指标上，如营收、市场份额下降等。有的企业的"痛点"和用户、员工、合作伙伴等利益相关者相关，如产品质量、员工安全等。

风险决策制定中主要的伦理问题是，创业者为了减少自身损失，把本应自身承担的风险转移给利益相关者，造成创业者损失减少甚至获益，而利益相关者受损失。风险管理大师纳西姆·塔勒布（Nassim Taleb）⊖把这种情况称作"非对称风险"，指出在面对风险时，常常出现有人从风险中获益，但把损失转嫁给其他人的现象。

在创业中，创业者和投资人是代理关系，投资人投入资本，委托创业者管理企业运营，对企业业务不参与或者少量参与。这种情况下，创业者就可能利用信息不对称的优势，把风险转嫁给投资人，而自己牟取利益。例如，在资本充裕、烧钱模式流行的时候，有的创业者拿着融来的大笔资金，在最好的地段租用豪华的办公室，给自己和团队开出高工资，差旅都住豪华酒店，全然不顾及企业还在亏损，企业的商业模式能否盈利还存在巨大的风险。当账上的钱花完了，就再启动新一轮融资，用新资本的注入来掩盖盈利风险。

创业企业中高级别员工做出决策，较低级别的员工执行决策，然而由于拥有更高权力的原因，高级别员工可以对决策的结果进行有利于自己、不利于低级别员工的阐释，推卸责任。例如，瑞幸咖啡财务造假本身是一个非常高风险的决策。很难想象在面对这个决策时，公司的董事长和CEO这样高级别的团队成员没有参与主导。然而，当财务造假风险决策被引爆时，瑞幸咖啡首先做的不是董事长或CEO出来承担责任，而是把公司COO刘剑推出来作为"背锅侠"，并迅速和刘剑进行切割。这种行为引发了公众的一片哗然，大家纷纷谴责董事长和CEO的风险转嫁行为。这样大的造假事件，公司最高层的董事长和CEO居然毫不知情，竟然让一个COO出来承担责任。随着调查的深入，瑞幸咖啡CEO和董事长辞职，才逐渐平息公众的怒火。

风险转嫁的发生也不总是恶意的。许多时候，创业者自身对责任的认知和利益相关者可能存在差异，导致利益相关者认为创业者在推卸责任，造成伦理问题。例如，在平台型商业模式中，企业对平台治理的责任到底有多大，往往充满争议。平台型商业模式的成立，就是因为平台本身通过提供信息中介获益，平台希望能够最

⊖ 塔勒布. 非对称风险 [M]. 周洛华，译. 北京：中信出版社，2019.

大限度地吸引尽可能多样的用户，在平台上展现尽可能多的可供交易的产品或服务。因此，平台的核心责任就是确保信息能够快速、即时的交流。然而，从社会公众的角度看，平台对在平台上发生的事情都要进行强监管，确保平台上发布的所有内容符合社会伦理。社会公众对责任定义的范围要比平台宽很多。如果平台没有及时意识到，自己不能单方向定义责任，而要考虑平台用户的立场，就会被用户觉得在推卸本应属于自己的责任。

五、风险信息传递中的伦理问题

风险管理得以有效实施的最后一个环节：畅通的内部和外部信息传递。当做出风险决策之后，决策人要及时把信息告诉内部和外部的利益相关者，形成面对风险的一致行动。然而，创业者出于维护自身正面形象的考虑，获得风险相关信息后不及时告知利益相关者，试图单凭自己的能力解决风险问题。结果发现风险失控，超出了自身能力范围，最终酿成大祸。

风险事件从酝酿到实际产生影响是一个循序渐进的过程。一开始风险可能只是一些微小的迹象。随着风险的发展，越来越多的信息开始出现，风险发生的迹象越来越明显。这时候创业者可能对风险事件的发生已经有所觉察，但创业者觉得自己能应对，并没有及时告知利益相关者做好准备。例如，当创业者已经越来越清晰地知道，某项新政策可能会让企业现有的产品必须做出重大改进，但是没有及早通知供应商，当政策实际发布的时候，供应商就可能会因为仓促备货，增加许多不必要的成本。

隐瞒风险信息也可能发生在风险发生后。出于对自身利益的维护，创业者可能会在一段时间内隐瞒风险事件的发生。例如，创业企业的发展已经停滞，营收增长迟缓，甚至不能盈利，出现重大经营风险时。这时候创业者为了保持员工士气，可能会向员工隐瞒真实情况，营造一片欣欣向荣的景象。员工对企业经营状况的恶化缺乏准备，等到突然裁员时缺乏准备，造成职业发展和经济损失。

如果创业者隐瞒风险信息的行为频繁发生，往往是因为这家企业有一种不敢犯错的文化。创业者刻意营造自身积极正面的形象，努力塑造企业快速发展的良好势头。企业里不能公开讨论对企业不利的风险事件，维护一种表面的和谐繁荣。在这种文化下，自上到下对风险都视而不见，觉得企业发展得很顺利，未来也会很顺利，根本不会存在风险。这种文化下，企业有可能会因为早期的某些优势而获得真实的成功，但是一旦外部或内部风险发生，企业难以维持高速增长，企业上下将缺乏面对风险的勇气，遭受沉重的打击。

在风险爆发期，有的企业首先想到的是否认和隐瞒真相。例如，浑水公司雇用了上千名调查员，在瑞幸咖啡 900 多家门店里安装了摄像头和登记了超过 2 万元的购买记录，最终认为瑞幸咖啡夸大了门店的每日订单量、订单包含的商品数和商品的净售价，从而营造出门店盈利的假象。报告发布后，瑞幸咖啡股价迅速下跌，但是瑞幸咖啡很快否认了报告中的指控，说浑水公司是毫无依据的恶意指控，但是并没有给出正确的计算方式是怎样的。瑞幸咖啡的坚决否认迅速拉升了股价，赢得了资本市场的信任。然而，随着安永会计事务所拒绝在年度审计报告上签字，瑞幸咖啡隐瞒造假的真相被揭露，再也无法继续隐瞒。

否认和隐瞒真相也可能发生在企业内部。例如，一家企业遭遇突然发生的市场变化，客户流失严重，当创业者面对员工时，有可能采取否认和隐瞒真相的做法，告诉员工其实一切都很顺利，市场变化并没有对企业造成实质性的伤害。创业者这样说的初衷是为了鼓舞员工的士气，避免员工沮丧。创业者可能觉得只有几个高层管理者知道真相就可以了，绝大多数员工没有必要知道。这样的信息封锁可能适得其反。员工不知道真实情况，还觉得一切都很好，盲目乐观，没有积极适应变化，最终会导致风险对企业造成更大的伤害。

第二节　创业风险管理的伦理原则

风险管理中容易出现伦理问题的原因，在于风险决策情景激发了个体的应激状态，个体容易启动自我保护，进入自我利益为中心的抗争—逃跑模式。无论风险事项的决策权放在哪个层级，决策人都常常会因为不可预测和不可控制的刺激引发应激反应，表现为心率加快、血压升高、呼吸加快，应激管理大脑网络激活等现象。在应激反应下，个体可能会有两种反应倾向：①抗争—逃跑：个体表现出更多的攻击性、社会焦虑和利己特征，如上一节讲到的种种伦理问题，都是个体由于对危机的焦虑感，启动自我保护而选择表面上看起来对自己最有利的方式——忽视、隐瞒、逃避责任等；②照料与结盟：通过和社会群体结盟获得更多资源来应对环境。个体在面对风险的应激反应状态下，进入哪一种应激模式与情景和个人倾向有关。在风险情境下个人的决策更多依靠习惯和自动化的直觉反应，以及对结盟对象是否和自己存在潜在利益冲突的判断。因此，风险事项决策人的识别和处理利益相关者冲突并进行妥善应对的伦理决策经验和能力尤为重要。缺乏伦理决策能力的风险决策者更倾向于采用抗争—逃跑的模式，独自面对和承担风险，并在个人无法承担的情况下由于资源不足很早撤回，容易导致创业失败。采用照料与结盟模式的创业者通过和利益相关者结盟赢得支持，最终有更大的机会走出风险爆发所引发的至暗时刻。

解决这一问题的关键在于组织依据一些伦理原则，建立起良性的风险文化。

风险文化的认知理论认为，个体对风险感知的差异受到所在群体的文化影响。当个体缺乏风险经验和专业知识时，个体会寻求自己参照群体中信任的人来告诉自己应该相信什么，不应该相信什么[一]。创业企业进行风险管理的一个重要手段，就是在组织内建立共同遵循的伦理原则，从而使新加入组织的个体，即便缺乏风险相关经验和专业知识，也能参照身边群体的原则和相应行为行动。要解决在风险管理各环节出现的伦理问题，需要在创业企业树立两个和风险管理相关的伦理原则：公平原则和信息透明原则。

公平原则是指利益相关者都应该承担各自相应的责任，不逃避。当创业企业的成员违背公平原则时，就会把风险转移给其他利益相关者，以逃避自身责任。信息透明原则是指创业企业的成员要坦诚、明确地告诉其他组织成员和利益相关者，创业企业可能遇到的风险事项，事项的严重程度，并在风险事项发生后第一时间做出反应，坦诚沟通。当组织成员违背信息透明原则时，就会在识别、评估风险和进行风险沟通时，不愿意披露风险信息，引发追求个人绩效而对风险心存侥幸、出于维护面子低估风险、隐瞒风险信息等伦理问题。

如上一节所说，风险管理是企业识别、评估、管理并披露所有重大风险以增加利益相关者价值的过程。公平原则和诚信原则是实现以"增加利益相关者价值"为目标的创业风险管理的基石。风险管理不是创业者单方面的行动，需要利益相关者的协同。遵循伦理原则进行风险管理的创业者，能够赢得利益相关者的信任、支持，共渡难关。创业者必须意识到，创业风险管理的关键在于协同利益相关者，共渡难关。协同是一个以原则为基础建立相互信任，一致行动的过程。在这个过程中，创业者必须秉承公平原则和信息透明原则，以大多数利益相关者利益为先进行风险管理。

一、创业风险管理的公平原则

《公司法》规定了企业设立的自由，也同时规定了公司风险分配的自由。[二]公司设立和经营的风险，是由当事人通过约定的方式来进行分配。交易主体在交易之前，要对风险和收益进行评估，当认为获益的机会大于损失的机会，才会承担风险。然而，由于信息不对称的存在，拥有更大信息优势的创业者有机会利用自己的信息优势，有意把风险转嫁给利益相关者。因此，虽然利益相关者是自由达成交易，但是

[一] 汪新建，张慧娟，武迪，等. 文化对个体风险感知的影响：文化认知理论的解释 [J]. 心理科学进展，2017，25（8）：1251–1260.

[二] 梁鹏，孟志强. 论公司法风险分配机制 [J]. 生产力研究，2002（5）：107–110.

创业者仍然应该在交易过程中遵守风险分配的公平原则，即创业者在面对用户、供应商、合作伙伴等任何利益相关者发生的风险事件时，都选择和利益相关者直面风险，共担风险，不推卸责任，并利用自己的专业知识和信息优势提前帮助利益相关者规避风险。

一家企业之所以能够存在，是因为有委托—代理的信任在。投资人相信创业者会把企业做好，给投资人赚到收益。员工相信老板会按时发放工资，企业根据业绩进行奖励，在企业能够得到很好的职业发展。用户相信企业的产品和服务对自己是有价值的，不会给自己带来伤害。供应商相信和这家企业的合作，能够给自己带来持续不断的收益。

信任是一种主观感受，其本质是甘愿为别人冒风险⊖。投资人把钱投出去的时候，清楚地知道钱可能血本无归。员工进入一家创业企业的时候，也清楚地知道一家不稳定的创业企业，可能会有发不出工资的时候。用户拿到一家创业企业的产品时，也知道不稳定的产品可能会给自己带来一些损失。供应商给一家创业企业供货的时候，也知道货款有可能会拖延。

由于创业者拥有信息优势，相比利益相关者，会在第一时间获得风险相关信息。在委托代理关系中，创业者理论上可以把所有风险都转嫁给利益相关者，但实际中创业者很少会这样做。一方面，这样做会导致和利益相关者的信任关系瞬间崩塌，企业难以持续运营，创业者还可能承担法律风险。另一方面，对风险的担当和公平原则，是维持人类社会正常运转的一条基本原则。创业者如果违背这条原则，个人的信誉会荡然无存，以后想东山再起就很难了。

早在古巴比伦时期，风险分担的公平原则就成为汉谟拉比法典的基础原则。其中一条法律说，建筑设计师设计的房屋倒塌，若压死了房主，建筑师将被处死。在《非对称风险》⊜中，塔勒布认为，这个法令是信息不对称的情况下，如何解决公平问题的基本原则，那就是交易双方要共担风险。如果建筑师不必承担风险，那么建筑师在设计房屋的过程中就可能偷工减料，危害到房主。在伊斯兰教教法中，这个原则进一步被引申为加拉尔原则：交易中不能由一方享受确定性的结果，而由另一方承担不确定的结果。

这个原则对创业企业同样适用。例如，在许多科技企业，产品开发要遵循一条"自己的狗粮自己吃"的原则。这条原则是说作为一家企业要多用自己开发的产品，才能知道这个产品中是否存在问题。只有经常使用这个产品，才会知道这个产品到

⊖　MAYER R C，GAVIN M B. Trust in Management and Performance and performance who mind the shop while the employees watch the boss！[J]. Academy of Management Journal，2005，48（5）：874 – 888.

⊜　塔勒布. 非对称风险 [M]. 周洛华，译. 北京：中信出版社，2019.

底是不是方便使用。这句话出自1988年微软高级主管保罗·马瑞兹（Paul Maritz）[⊖]的一封邮件，让员工提高使用自家产品的比例，提早发现问题，迅速改正。例如，当华为进军公共安全行业建设平安园区时，首先建设的是自己的园区。流程信息系统、行政、基建、采购等部门和华为公司是按照甲方乙方的模式运作，搭建内部试验场，为华为平安园区以及平安城市的建设打好基础。

关于风险分配，存在着事前公平和事后公平两种观点[⊖]。事前公平的观点认为，在一开始做风险决策的时候，双方都提供了公平获取收益的机会，不管最后结果怎样，都应该按照最初的契约来进行风险分配。事后公平的观点认为，结果公平更重要。当风险结果逐渐显示出来的时候，要根据结果重新分配，以示公平。

事先公平原则看重风险发生前的商业契约，强调每个人应该为自己的选择负责。在商业社会中，权利和义务的设定通常是通过定义清晰的契约、合同来设定的。当我们和另一家企业或者另一个人签订某个契约时，就表示双方都愿意遵守这个契约所约定的条款。当双方都同意这个契约时，权利和义务对双方就都具有法律意义上的约束力。如果我们阻碍了对方实施相应的权利，或者我们不履行自己的义务，那么就会按照契约里的条款承担相应的责任。

事后公平原则认为，风险事件发生后，情况已经发生了变化，原先约定的或默认的权利和义务对等的关系就可能发生变化，创业者要根据利益相关者的实际情况进行调整。事后公平比事前公平有更高的道德要求。创业者不仅要根据契约来履行风险分担的义务，在契约规定之外，如果造成损失，创业者也要根据实际情况来承担责任，降低利益相关者的损失。

例如，用户在使用某个产品时和创业企业签订了免责条款，声明出现问题用户自负责任。但是当风险事件发生后，创业企业仍然无法因为签署了免责协议，而免除道义上的责任。对公众来说，契约之外，社会群体所普遍认识的权利和义务，也可能影响对一些事件的道德判断。例如，虽然消费者跟商家有明确的契约，但公众通常会觉得商家是强势的，消费者和员工是弱势的，商家要承担比消费者更多的责任。因此，当风险事件发生，引发媒体哗然，公众愤怒的时候，人们通常会认为商家要为此负主要责任。作为创业企业，虽然操作上可以通过契约清晰地划分不同利益相关者的权利和义务，但当风险实际发生的时候，创业企业不可避免地要和相对

⊖ Keso. 要不要吃自己的狗粮 [EB/OL]. (2017 – 07 – 31) [2022 – 03 – 10]. https://www.sohu.com/a/160963114_413981.

⊖ 罗俊. 风险决策下的个人公平观影响利益分配 [EB/OL]. (2014 – 03 – 12) [2021 – 09 – 07]. http://ex.cssn.cn/sf/bwsf_jj/201403/t20140312_1026131.shtml.

弱势的利益相关者共担风险，要承担更多的义务，而不能随意把义务抛弃给其他相对弱势的利益相关者。

二、创业风险管理的信息透明原则

风险沟通的信息透明原则是指创业企业成员坦诚地沟通关于风险事项、风险威胁程度等信息，创业企业内部形成透明、流畅的信息流，让风险相关信息能够快速、准确、及时到达应对风险相关的内外部团队成员，并启动快速反应机制。风险沟通中存在大量的"期望差异"[一]，即同一情境中，由于沟通双方身份、角色、责任不同，一方对另一方的期望与另一方自我期望之间的差异。风险信息的发布者不仅要积极、主动地发布信息，还要参照他人认知和理解能力的程度发布风险信息，让信息接收者能够更准确地理解风险信息。

在工业时代的传统组织形态中，关于风险的信息只是被高层的少数人知道，而不会在组织内外广泛扩散。风险可能会在未来给企业带来威胁，谈论风险可能会打击士气，让大家对未来失去信心。工业时代的理性组织往往都有清晰的内部和外部边界[二]。就组织内部而言，上级和下级有着严格的命令链，下级必须服从上级的命令；各个业务部门之间有严格的专业化分工，每个部门都有自己的权利和义务；企业内部和外部也有清晰的边界，公司和客户及供应商都是商业交易关系，各自追求自己利益的最大化。

这种理性组织形式，一度被认为是组织管理的典范，但是在越来越模糊和不确定的商业环境中，理性组织所造成的强烈的边界感对组织效率提升的影响越来越大。由于企业内部和外部被切割成很多碎片，大家很难协同一致地实现共同目标。因此从 20 世纪 80 年代起，企业管理领域逐渐发展起无边界管理的思想。这种思想认为，组织要想实现敏捷和灵活，需要穿透这些边界，让创意、信息、决策、人才、报酬和行动自由地流动到最需要的地方。无边界组织并不是要消灭边界，而是要让对组织有价值的资源能够跨越边界。

无边界组织打破了传统组织对权利和义务的界定。在边界感很强的组织里，权利和义务被限制在边界之内，大家各司其职，做好自己的工作。然而在无边界组织中，资源的跨边界流动被放置在最中心的位置。在边界里的人不仅要关注边界之内的事情，也要力所能及地把注意力放在边界之外。

[一] 谢晓非，胡天翊，林靖，等. 期望差异：危机中的风险沟通障碍 [J]. 心理科学进展，2013，21 (5)：761－774.

[二] 阿吉里斯. 个性与组织 [M]. 郭旭力，译. 北京：中国人民大学出版社，2007.

在后工业时代的组织中，公开、坦诚地谈论风险信息不再是一种禁忌，而是组织得以敏捷行动，正常运转的必要手段，使利益相关者及早参与对风险事件的应对[⊖]。

例如，当市场发生重大变化时，一家创业企业发现新产品的某些部件可能存在风险，应在第一时间通知零部件供应商。供应商发现借助自己的专业能力，能够帮助客户及时解决问题。最终，这家企业的新产品计划如期推进。当一家创业企业把利益相关者放在心中，充分信任利益相关者，就能和供应商建立起快速共享信息和解决问题的合作机制。在风险来临的时候，创业企业和供应商就能做出应对，一致面对风险，共同遭受损失和获取收益。

后工业时代的组织，需要建立起一种正面、积极的风险文化。长期以来人类觉得风险是坏的东西，人类和风险的关系是征服控制的关系。因此在组织中人们避免谈论风险，因为风险会带来一种负面的情绪，影响团队的斗志。然而在20世纪后期，随着极客伦理的兴起，人们对于风险的态度不再是避之不及，而是主动承担甚至创造风险，并将此作为一种值得赞赏的精神。风险并不让人畏惧，也不必然带来损失。在组织中坦诚、及时地沟通风险信息，让组织做好风险决策，能够提升组织的竞争能力。

阅读材料

特斯拉汽车的刹车失灵风波

2021年2月春节期间，张女士和家人驾驶特斯拉Model3出行，遭遇连续追尾，车内两个人受伤。张女士声称该车存在刹车失灵问题，拍摄了手持喇叭坐在车顶维权的视频，在网络上逐渐发酵。4月19日上海车展，张女士穿着印有"特斯拉刹车失灵"的白色T恤，站上一辆特斯拉车顶，迅速引发关注。

为了维护自身权益，张女士向特斯拉索要半小时的数据。虽然特斯拉提供了数据，但是张女士认为，特斯拉隐瞒了一些重要的项目参数，包括刹车踏板位移、电门踏板位移、电机扭矩、能量回收、ABS助力系统是否激活等。这些数据的缺失，是"一位好心的网友"告诉张女士的。

特斯拉第一时间公布了数据，试图自证清白。但是，由于国内缺乏针对智能车的第三方机构，针对这些数据并无权威解读和鉴定，反而引发了网友各种争议。特斯拉全球副总裁陶琳所说的"特斯拉需要加强消费者教育，以避免车主在开车时出现失误操作"的言论，引发了网友对特斯拉的吐槽。

⊖ 阿什肯纳斯，尤里奇，吉克，等. 无边界组织［M］. 姜文波，刘丽君，康至军，译. 北京：机械工业出版社，2005.

在信息时代，风险的信息透明有两个挑战：第一，算法和数据是企业的核心资产，过于透明的信息披露可能会损害企业的核心利益。因此，面对刹车系统的调查取证，特斯拉能够提供的数据是有限的。第二，即便企业披露了信息，但是针对这些信息的解读可能是多样化的。如果没有权威第三方机构对信息进行解读，单凭各方专家、网友的解读，以及厂商自身的解读，信息本身只会增加更多的争议。

（资料来源：经济观察网：对话特斯拉女车主：我将就特斯拉"刹车失灵"提起诉讼；腾讯网：特斯拉维权风波背后，原来是一场战争。）

第三节　增加利益相关者价值的风险管理流程

除了在组织内建立共同遵循的伦理原则，组织还可以通过风险管理流程设计，使组织能够更加高效地应对风险管理中的伦理问题。

西姆·西格尔（Sim Ergy）的风险管理循环提供了适用于创业企业的持续、动态的风险管理方法。当创业企业成员在采用风险管理循环时，能够使用一些下面提到的方法和流程，能够更好地实现"增加利益相关者价值"的风险管理目标。

一、基于利益相关者分析的创业风险识别和排序

创业企业可以通过不定期、周期性或持续的环境扫描来识别风险，制定风险清单，并进行风险排序[一]。环境扫描[二]是获取关于事件、趋势及组织与环境关系的信息。环境扫描既包括组织外部的信息扫描，也包括组织内部的信息扫描。这些信息被系统整理后递交给核心决策人。

创业企业可以从经营相关风险（财务、人力资源、信息安全等）、战略相关风险（组织内部的生产、销售、采购、售后等核心价值链环境，以及组织外部的供应商、战略合作伙伴、监管等）和组织外部的财务风险（宏观经济波动等）等方面对风险进行评估。在对潜在的风险事项进行扫描和评估时，创业者不仅要关注这些风

[一] 刘国新，王兴杰. 创业风险管理［M］. 武汉：武汉理工大学出版社，2004.
[二] 沈涛. 环境扫描、开放式创新与新企业成长的关系研究［D］. 长春：吉林大学，2017.

险事项给企业造成的威胁，还要从不同利益相关者的角度对风险进行评估。创业者通过表4－1，能一目了然地分析风险事项对利益相关者的不同影响，超越自我中心的立场。

表4－1　基于利益相关者分析的风险扫描和评价

风险事项	利益相关者			
	企业	股东	用户	供应商
事项1	高	低	高	低
事项2	中	高	高	低
事项3	中	高	中	低
事项4	高	中	中	高
事项5	低	中	中	高
事项6	高	低	低	中
……				

二、面对伦理困境，采用希思的四步决断法做好风险决策

在面对风险情景时，由于各利益相关者的诉求不同，创业者经常面对复杂的，并非"非黑即白"的情况。不管做什么决策，总会有人得到好处，有人受到损失。在风险管理中，常常会出现无论选择任何一种方案，都没法让所有人都获益的情况。创业者往往会因此陷入纠结之中。这时候，斯坦福大学商学院教授奇普·希思（Chip Heath）的"四步决断法"[一]会有助于风险责任人做出让尽可能多的利益相关者获益的决策。

四步决断法的假设是：每个决策选择都会受到一些人性弱点的影响，包括思维狭隘、证实倾向、短期情绪和过度自信。在风险管理的情境下，思维狭隘让我们只看到非黑即白的解决方案，看不到更多解决的可能；证实倾向、短期乐观情绪和过度自信让我们因为情绪的心理暗示，或是为了证明自己行为或决策的正确，而低估风险的严重程度。四步决断法通过一个有序的决策流程，帮助我们避免这些决策盲区。

四步决断法的第一步是拓宽选择空间，寻找更多的选择。在面对利益相关者冲突的伦理问题时，常常有选A还是选B的矛盾心理。然而，除了A和B的选择，我

[一]　希思C，希思D.决断力：如何在生活与工作中做出更好的选择［M］. 宝静雅，译. 北京：中信出版社，2014.

们还可能有其他的选择。决策者可以假设，如果现在 A 和 B 这两个选项都取消了，可以怎么做？强迫自己从二元对立的选择中跳出来。

四步决断法的第二步是多听反对意见或尝试自我否定，避免自我倾向。人们总是喜欢对自己有利的东西，但对自己有利的东西并不见得是最佳的。例如，在应对风险事件中，人们会本能地考虑先保全自己的利益，牺牲他人的利益。然而，这样的想法可能会对企业造成损失。避免自我倾向的一种做法是多听听不同人的声音，特别是反对意见，想想反对意见是否有道理。另一种做法是自己扮演自己的反对派，试着否认自己的想法，看看是否能找到充足的理由。

四步决断法的第三步是留出距离，克服短期情绪。人容易被情绪左右，当人处在应对风险事件的焦虑情绪中时，很容易做出过激反应。这时候，决策者可以给自己留一小段冷静的时间，或者试着让自己切换到旁观者或者未来的视角来看待当下的选择，减少情绪的干扰。

四步决断法的第四步是做好应对出错的准备。风险事件充满了不确定性，无论做怎样的选择，未来都充满了不确定性。做出选择后，我们要考虑选择的最好结果和最坏结果，做好相应的准备。在做事时留有时间和资源余地。

我们以一家餐饮企业受到新冠肺炎疫情的冲击的案例[一]为例，说明如何使用四步决策法破解伦理冲突，做出更符合伦理的风险决策。当一家餐饮企业在春节期间受到突发的新冠肺炎疫情冲击时，许多原先预定了年夜饭的客人无法到店，甚至可能面对很长一段时间客人都不能到店吃饭的挑战。这时候，这家企业面对着各方利益相关者的不同诉求：

1）已经预定了年夜饭的客人想要退费。

2）员工担忧到店工作的健康风险。

3）虽然没有到店顾客，但是还是要给房东付房租。

4）现金流大幅减少，企业面临着现金流紧张的压力。

在这种处境面前，企业的决策人可能会陷入"二选一"的思维纠结当中，是开店还是关店？是裁退员工还是让员工继续工作？是退费还是不退费？每个"二选一"的选择，都是把自己和利益相关者放在"你赢我输"或者"你输我赢"的对立立场上，造成了风险管理中的伦理困境。要突破伦理困境，企业的决策人需要首先拓展自己的选择空间：在开店和关店之外，是否有其他更好的选择？在裁员和不裁员之外，是否有其他更好的选择？在退费和不退费之外，是否有其他更好的选择？例如，企业可以保持继续开店，但除了卖堂食，还可以卖外卖和半成品。企业可以

　　一　改编自眉州东坡新冠肺炎疫情风险应对案例，https://ishare.ifeng.com/c/s/7tjp05kMOy8.

不裁员，让少量员工在充分防护的情况下来企业工作；对于工作量不饱和的员工，可以让他们参加培训，增强内功。企业可以给顾客退年夜饭的定金，但可以建议用户把押金转成储值卡、择日用餐、点外卖年夜饭等。如果做了这些努力客户还是要退定金，企业再把定金退给客户。

接着，应用四步决策法的第二步，思考表面上看起来对自己有利的做法，是否真的对自己有利。从表面上看，对企业最有利的做法是关店、裁员、不退费，这些做法能够立刻减少损失。然而，这些减少的短期损失会让在疫情之下的员工、客户、房东等失去对企业的信心，损失企业的信誉，从长期来看得不偿失。

然后，应用四步决策法的第三步，试着让自己从突发的危机情绪中跳出来。疫情突发，谁都没有预料到，决策人可能陷入突发、应激的情绪中。这时候可以试着想一想，如果站在疫情过去之后的未来再往回看，会如何看当时的选择？疫情过去之后，消费者信心恢复，行业反弹，那些在疫情之下维护客户和员工利益，不关店的企业，在疫情后因为利益相关者的信任，会赢得更大的发展机会。风险事件中的妥善应对，有助于提升企业的品牌形象。

最后，应用四步决策法的第四步，留有宽裕的资源。根据调整的业务和运营模式制定预算，预估现金流缺口，及时周转资金。

三、成立跨部门的风险委员会

一些企业把非财务领域（如经营、合规）主体范围内的风险监督职责分配给了专门的风险委员会。风险委员会可能设置在组织的不同层级，如由董事组成的董事会级别的风险委员会和由企业管理层组成的风险委员会。董事会层面的风险委员会更多地起到监督作用。企业管理层组成的风险委员会具体负责重大风险识别、评估和应对，以及向业务部门提供风险识别、评估和应对的工具和方法。一些企业还会安排高级管理人员担任首席风险官，专项负责风险管理、压力测试等工作。

跨部门的风险委员会有助于管理层实施对风险的持续监控和专门评价。持续监控是指在正常经营过程中对信息的日常审查，如最新的销售或现金流报告、未交付订货的报告等经营和财务统计数据。风险委员会或相关业务部门的管理人员根据设定的指标监控风险的方向、大小和趋势等。专门评价是由管理人员、内部审计职能部门、外部专家等实施的专项、深入风险评估项目。评价范围可能包括整个企业，也可能包括特定业务单元。持续监控和专业评价不仅是一个考核的过程，更是一个跨部门，坦诚沟通、收集和整理风险信息的过程，让风险信息在组织中流动起来。

持续监控和专门评价要特别关注一些容易被忽略的部门。例如，给企业带来大量收入增长或利润的"金童"部门，很容易享受特殊规则，免除日常的风险管理和监督过程；产生收入较小的部门常因为过于微小被忽略。这些都会造成潜在的隐患。

　　流程化、常态化的风险监控和评价制度，有利于减少组织中因为个人因素而发生的隐瞒风险信息问题。随着企业信息系统的完善，风险持续监控和评价的很多工作可以通过自动化的信息收集、分析和整合完成，规避由于个人情绪、动机造成的误差，形成智能化的企业风险预警系统。

练 习 题

（单选或多选）

1. 以下关于风险的描述，错误的是（　　）。

　　A. 完全无法预期的损失　　　　B. 无法完全预期的损失

　　C. 一种概率事件　　　　　　　D. 可以预测和管理的事件

2. 以下哪个问题不属于创业者容易出现的伦理问题（　　）？

　　A. 追求绩效导向　　　　　　　B. 隐瞒风险信息

　　C. 拖延风险决策　　　　　　　D. 转嫁风险损失

3. 委托—代理是一种（　　）关系。

　　A. 信任关系　　　　　　　　　B. 欺骗关系

　　C. 私人关系　　　　　　　　　D. 交易关系

4. 互联网时代，在组织内谈论关于风险的话题（　　）。

　　A. 是一种禁忌　　　　　　　　B. 会打击士气

　　C. 让竞争对手获益　　　　　　D. 让组织提前规避风险

5. 风险管理的最终目的是（　　）。

　　A. 消灭所有风险　　　　　　　B. 增加利益相关者的价值

　　C. 赢得市场空间和利润　　　　D. 确保企业底线

第五章
市场中的伦理

1. 掌握市场经济的伦理原则
2. 了解市场竞争中的主要伦理问题
3. 了解消费主义的合理性及带来的伦理问题
4. 熟悉目标市场中的主要伦理问题
5. 熟悉广告中的主要伦理问题

导入案例

反垄断热议：平台间相互"封禁"是否该被处罚?

遏制大型数字平台的垄断行为已成为各国立法的主流。在国外，大型数字平台如谷歌滥用市场支配地位、Facebook 限制和屏蔽开放平台接口（API）等案，均已被各国反垄断执法机构调查或处罚。

在我国，社交软件平台的微信对钉钉、飞书关闭 API 接口，即"封禁"行为曾引发多方讨论；京东、拼多多等数字平台系统之间的封禁行为也常有发生。那么，互联网平台间相互"封禁"是否违反了反垄断法?

2021 年 1 月 19 日，中国世界贸易组织研究会竞争政策与法律专业委员会、国家市场监督管理总局中国人民大学市场监督法治研究基地、中国人民大学法学院未来法治研究院、中国人民大学区块链研究院等机构联合举办了"数字经济研究联盟第三十次会议暨落实强化反垄断和防止资本无序扩张"研讨会。与会专家从国际反垄断先例出发，为我国反垄断立法提出建议。

专家认为，如果平台关闭第三方分享 API 接口，仅仅是为了增强自身在某一领域的市场力量，而未给出合理的理由或明显的证据，证明其行为在推动创新，或者提升了消费者福利，那么这种通过排除其他市场参与者参与市场可能性行为的合理性，就值得考量。

反垄断立法的国际先例

中国人民大学竞争法研究所研究员周鑫介绍，美国众议院在对谷歌、苹果、Facebook、亚马逊的反垄断调查报告中指出：谷歌的竞争优势维持行为既阻碍了竞争，也削弱了垂直提供商投资新的创新产品的动力，提高了市场准入价格，降低了搜索质量；苹果利用 iOS 系统，使苹果的应用程序被允许在 iOS 设备上使用私有 API，这样苹果就可以通过保留对 API 的访问权限和某些设备功能，从而使消费者倾向于使用自己的服务；Facebook 采取战略收购和抄袭产品的方式扼杀竞争对手，并维持高竞争优势。

美国众议院调查报告建议，"恢复数字经济中的竞争，强化反垄断监管，强化反垄断法的实践。"

在美国联邦贸易委员会（FTC）诉 Facebook 垄断的案例中，Facebook 作为一个开放社交平台，在第三方服务与其自身提供的服务产生冲突时，Facebook 就会拒绝第三方 API 端口的接入。FTC 裁定，Facebook 拒绝第三方 API 端口接入的行为，并非是企业在单纯维护自身服务生态。

"上述美国判例，在数据开放共享及其是否涉及垄断、是否妨碍竞争对手发展等角度，进行了诸多论证，为国内相关裁判提供了充分的思考与学习经验。"北京海淀法院知识产权庭庭长杨德嘉指出。

周鑫认为，美国政府的这两次反垄断动作，某种程度上展现了美国监管力度趋强的态势。

"大型互联网'封禁'第三方 API，不只是一种拒绝交易行为，也成为数字平台提高竞争对手成本的工具，有损消费者体验，阻碍行业创新与发展。"周鑫说。

欧盟则将大型数字平台界定为"守门人"。四川大学法学院副教授袁嘉分享了欧盟竞争法系统性反垄断的探索思路和成果，介绍了欧盟竞争法体系中的《数字服务法》。

"这部法律的立法目标在于保护消费者及其基本权利；提升互联网平台透明度，明确互联网平台责任框架；提升网络环境可预测性与透明度；在单一市场中促进创新，增强竞争力。《数字服务法》明确，作为平台内经营者接触终端消费者的通道，互联网平台、超大型互联网平台等主体，在数据市场占据持久的优势地位，理应被纳入反垄断监管体系。"袁嘉表示。

《数字市场法》这部法律则将大型数字平台界定为"守门人"。

袁嘉解释说，"守门人"意味着这类企业通常经营一项核心平台服务（网上中介服务、在线搜索引擎、社交网络、视频分享平台、号码独立的人际沟通服务、操作系统、云计算、广告服务等），这些服务是平台内经营者接触终端消费者的通道。大型数字平台将网络效应嵌入自己的平台生态系统中，从而在数据市场占据或预期占据根深蒂固的持久地位。

袁嘉认为，《数字市场法》的立法目标在于确保达到"守门人"标准的核心平台服务提供者，履行确保数字市场竞争性、公平性与开放性的积极性义务。这种积极性义务包括：在特定情况下，允许第三方与自己的服务进行交互操作；为在其平台上投放广告的企业，提供"守门人"性能衡量工具，以及独立验证所需的信息等。

在日本，构建多元化的反垄断法解决机制是强化反垄断的措施。

郑州大学法学院教授王玉辉表示，日本多元化的反垄断法解决机制是在以公正交易委员会行政执法为核心的基础上，强化刑事制裁和民事救济制度，将垄断案件的最终解决权由行政机关交由司法机关。

王玉辉建议，要强化实施反垄断执法。首先，破解经济领域中的重要垄断问题。如破解部分行业领域寡头垄断的非竞争性市场结构，构建竞争性市场结构；针对部分领域大企业与中小企业悬殊规模差的二元经济结构，要加强保障中小企业参与市场自由竞争的机制；要加强流通领域垄断行为的执法。其次，加强防控自由裁量权滥用的量化立法。再次，倚重协商机制化解垄断问题。最后，健全正当程序，实现控权和保障。

反垄断与防止资本无序扩张

平台垄断会阻碍创新，与工业时代的市场支配力量不同，数字经济时代资本力量与数据力量的叠加将带来更加复杂的监管问题，导致市场中真正的独立创新面临阻碍。

武汉大学法学院教授孙晋认为，反垄断与防止资本无序扩张有着紧密的关联，资本扩张本身强化了平台垄断的地位。

"我国自腾讯、阿里巴巴等大的平台企业成立至今，监管部门坚持包容审慎监管已有20余年，但是随着中央强化监管，平台经济领域出现了穿透式监管、全覆盖监管的概念，需要反思，曾经的包容审慎监管是否流于弱监管，现行的严监管与零容忍是否又成为另一极端，演变为选择性监管、运动式监管，让监管失去了原本的意义。"孙晋表示。

面对资本无序扩张现象，加强监管执法的及时性和威慑力成为应有之义。

孙晋认为，要注重全面监管，反垄断监管需要在行业监管的基础上，反垄断执法部门和金融监管部门等开展协同监管、合作监管。但也不能轻易完全抛弃传统的包容审慎监管政策，需要在明确监管目的的基础上，促进行业创新，助力行业的长远发展。

如何加强对数字经济的反垄断及防止资本无序扩张？孙晋提出，为了数字经济和平台企业的发展，需要坚持监管创新、监管转型，具体包括四个转向：从差别性监管转向公平竞争监管，从单一性监管转向协同监管，从惩戒性监管转向激励性监管，抓好信用监管和智慧监管。

北京外国语大学法学院副教授王文华表示，反垄断、防止资本无序扩张是一个全球性趋势，是促进互联网行业高质量有序发展的必然选择，未来监管需要兼管两个方面：互联网企业的反垄断合规与监管常态化、法制化相结合；监管部门需要保持常态化，采取宽严相济的政策。

北京交通大学法学院副教授李文华提出四个方面的建议：首先，需要提高企业垄断的成本；其次，加强平台企业的合规监管，在平台经济反垄断领域引入行政和解制度；再次，从反垄断行政和解金中拿出一部分作为举报奖励资金；最后，引入"默示加入，明示退出"的集团诉讼制度以加强消费者保护。

（资料来源：第一财经，作者孙维维。）

案例讨论分析

1. 在美国联邦贸易委员会（FTC）诉 Facebook 垄断的案例中，确认垄断的关键因素是什么？

2. 欧盟的《数字市场法》为什么将大型数字平台界定为"守门人"？

3. 对平台的监管反映了市场经济伦理中的什么原则？

创业伦理除了研究创业相关的商业领域之外，还要面对来自市场经济本身的伦理要求，应该符合市场经济的基本伦理原则。需要特别强调的是，政府对市场的监管、规制等治理手段，包括市场准入、行政处罚和反垄断法等，这既是创业企业存在的基础和经营发展的基本条件，也事关其继续发展的合法性和可持续性。

第一节　市场经济的伦理原则

一、市场经济的进步意义

因为市场经济本质上是一种在社会分工基础上的超大规模的合作机制，所以市场经济需要伦理规则、伦理规范来约束经济行为，以确保这种合作的有效性和持续性。这本身是社会进化的产物，是人类文明高度发达的重要体现。只有理解市场经济在人类伦理机制上的建设性和进步意义，才可能正确认识和解决市场中出现的各种伦理问题。

1. 市场崇尚自由竞争、公平交易

在市场经济发展的现代化进程中，私人产权的发展尤其是财产的可转让性极大地增进了人类的自由。随着传统社会里的人身依附或者配给制度中的人身禁锢逐步消散，在市场这一更公平、有效的利益机制面前，人类得到前所未有的解放。以市场来配置资源，标志着人类在摆脱等级和社会身份上迈出了一大步，完善的市场经济意味着独立人格和自由平等关系的确立。

只有遵循这些基本的伦理精神，市场交易才能确保每个人的福利都得到增进。因此，每一次交易都是经济学意义上的"帕累托改进"（至少一方的福利改善，而没有人会因此更差）。

2. 市场推动了合作与和平

市场的理念深入人心，人们普遍接受了从市场推及诸多领域的"主观上利己，客观上利他"。市场使人类通过分工和交易形成"利益共同体"，不再简单地按照零和博弈的思维，将利己与利他对立起来。尤其是16世纪以来，随着全球贸易体系的建立，世界各地越来越紧密地结合在一起，按照全球市场开展分工与合作。美国心理学家史蒂芬·平克（Steven Pinker）的研究表明，"自由市场最鼓励移情，一个好商人必须要满足客户，才可能越富有，此即所谓'文明商业'"[一]。总体而言，商业的发展大大减少了战争的威胁和暴力的灾难。

3. 市场有利于树立和深化契约精神

市场经济是建立在社会分工和诸多契约基础上的协作性活动，契约对经济生活的全面覆盖构成了现代经济生活的一个重要特征。这种市场契约的普遍性，又进一步使契约观念泛化，推动了人类整体社会生活的契约化。由于契约的公平对等、自由合意等特性，这种以利益有机结合形成社会团结的秩序，也是一种相对公正合理的秩序。

二、效率原则

1. 功利主义与效率

在第一章中已经介绍过伦理学的三种最重要的思想，功利主义不但是其中之一，

○一 平克. 人性中的善良天使［M］. 安雯，译. 北京：中信出版社，2015：97.

也是现代经济学和金融学的思想基础。强调人的感性幸福和功利追求的正当性、合理性及其思想的不断成熟发展，正是现代经济思想史的发展脉络。经济学可以说是功利主义伦理学的发展和应用，也是市场经济进步意义的思想基础。

对功利主义原则的批评主要来自三个方面：①功利主义最明显的缺陷在于它没有尊重个体权利，认为只要"违背公平原则，即使个体甚至整体经济福利效率提高，也是违背交易伦理的，因为它侵犯了某些人的权利"；⊖ ②认为个人的"效用不可比"，且很难量化，由此将个人的福利看作等量的原子化的内容，进而评判多数人的福利不免有失偏颇；③认为功利主义是"成者为王，败者为寇"的结果论的另一种表达。

2. 效率原则及其困境

功利主义讨论的是最大多数人的最大幸福。用同样的资源创造更有价值的产品或服务，这本身就是一种价值主张、一种伦理原则，是效率原则的伦理思想基础。

效率就是投入产出之比，用最小的投入实现最大的产出就是效率原则。人们熟知的"摩尔定律""指数型增长"都是这种效率原则的一种表达。经济学意义上的效率还有特殊的含义，在任何可能的生产资源组合不使其他人的情况变坏的条件下，使所有人的福利都变好，就达到了帕累托最优的效率。效率既是一种经济价值，也是一种道德价值。因为在同样情况下实现更多的产出比低效运营更能创造财富和繁荣，更有利于大多数人的福利改进。

但是个人或者组织仅仅把追求利益最大化或者追求效率作为自己的目标，往往并不能产生最多数人的最大幸福。因为这不仅需要考虑自身的效率和直接的经济利益，如果其效率以牺牲员工、客户、中小股东、社区等利益相关者的权益为代价，就会产生利益冲突和伦理问题。在经济学的研究中，由于私人成本和社会成本不一致而导致的外部性，也被认为是导致"市场失灵"的主要原因之一。

而且，即使涉及的利益相关者暂时淡漠甚至放弃自己的权益，企业也不应唯利是图、乘虚而入，因为这种一味追求效率的行为，会产生社会成本，在将恶果推向社会的同时损害自身的社会资本。2008年，效率原则的滥用冲击了市场经济的信用体系和道德基础，最终导致了全球金融危机。所以说，金融危机也是道德危机。

美国经济学家山姆·鲍尔斯（Sam Bowles）曾在报纸专栏上发表了一篇引起广泛共鸣的文章，题为"市场经济的文明化效应"，强调对市场化的三个担忧：第一个担忧是市场强化了参与者自私自利的行为，这降低了他们与他人建立有效联系的

⊖ ANG J. On financial ethics [J]. Financial Management, 1993, 22（3）: 32 – 60.

能力；第二个担忧是市场鼓励公民远离传统组织，例如他们的家乡和大家庭，削弱了他们的社会关系；第三个担忧是市场让人们看到在其他场合无法想象的交易，它们将人们的私人生活变成日常的商业交易。

更何况功利主义带来的社会福利最大化只存在于理想的状态下。即使每个市场主体都遵循市场的功利主义原则，也未必会实现"帕累托最优"。按照经济学家曼瑟尔·奥尔森（Mancur Olson）提出的集体行动的逻辑，"除非存在强制或其他某些特殊手段以使个人按照他们的共同利益行事，有理性的、寻求自我利益的个人不会采取行动以实现他们共同的或集团的利益"。[一]

三、公正原则

1. 公正的概念

公正（类似的说法还有公平、正义）在人类的道德规范和伦理体系中处于核心地位，在市场经济的伦理机制中具有基础性和优先性。市场是一种"自发扩展秩序"，但其良性运行也需要由包括法规在内的各种制度、秩序来保障其公平有效地运行。如果市场失去公平交易的伦理原则，也就无法确保市场参与者的权益。如果有人能够通过垄断行业、操纵市场、欺诈造假等在市场中长期获利，不仅意味着其利益相关者要遭受不公正的损失，久而久之市场还会在这些非道德行为上展开"道德逐底"的竞争，出现类似"劣币驱逐良币"的情况，则违反公正原则的市场参与者"赢者通吃"，市场的参与者和活跃度都会逐渐萎缩，最终无法持续。早在 20 世纪 30 年代，美国的《1934 年证券交易法》赋予美国证监会（SEC）的任务就是"保持市场的公平和有序"。2014 年 6 月 4 日，国务院以国发〔2014〕20 号印发《国务院关于促进市场公平竞争维护市场正常秩序的若干意见》，也突出了这一根本伦理原则。

公正的核心含义至少有两个理念。首先是指根据某些规则、协议或期望平等对待他人，即公平交易、公平竞争。其次是指结果与判断规则相一致。这两个理念综合起来表述就是："相同的情况应该被相同对待，不同的情况应该根据相关的差异来成比例区别对待。"[二]

市场经济中的伦理问题主要来自对市场经济公正原则的偏离甚至破坏，从而使

[一] 奥尔森. 集体行动的逻辑 [M]. 陈郁，郭宇峰，李崇新，译. 上海：格致出版社，上海人民出版社，2018：3.

[二] 博特赖特. 金融伦理学：第 3 版 [M]. 王国林，译. 北京：北京大学出版社，2018：164.

利益相关者的权益受损，使自身通过不道德的行为获得不当利益。

2. 公正市场的特征

公正市场具有的特征主要是：交易的信息对交易双方都透明、真实，交易双方自愿，双方都可以从交易中获利，所有的交易者被平等对待，如果对方在交易中出现过失可以得到补偿。有学者指出，市场的公平性不是一般地减少或避免伤害，而是通过整合所有人的信念和利益，搭建一个"平整的游戏广场"，人人在此按同样的规则游戏。这些游戏规则主要有七个方面。

1）不强迫，要求不强迫交易，也不阻止交易。

2）不歪曲，任何人不能提供失真信息。

3）对称信息，要求人人有同样的信息和获取信息的途径，不隐瞒不利信息，也不就内幕信息交易。

4）平等的信息处理能力，要求对认知有错误的弱势群体提供保护。

5）不冲动，要求为失控情形下的冲动交易提供"冷处理"的机会。

6）有效定价，要求价格真实反映其潜在价值，任何人为的市场易变性都是不公平的。

7）平等的谈判力量。[○]

3. 影响市场公正的问题

（1）虚假信息 交易信息透明、真实是公平的前提，在交易双方信息不对称和技术、法律手段不平等的情况下，虚假信息很难防范，其中的伦理问题也最为普遍。产生虚假信息的主要方式是商业欺诈。商业欺诈是指在商业活动中采用虚假信息、隐瞒信息或者其他不正当手段误导和欺骗利益相关者，使其合法权益受到损害的行为[○]，包括价格或产品质量欺诈、财务欺诈、契约欺诈、信用欺诈等。以理财产品为名的"庞氏骗局"是最典型的商业欺诈。虚假信息使交易的起点就已经处于不公正的状态，后面的一切行为都是这种不公正的放大。

（2）不正当竞争 公平竞争是市场经济得以获得参与者信任而存在下去的基本伦理。但通过不正当竞争获取利益也是人性使然，各种各样的不正当竞争无孔不入，主要的方式有垄断、操纵、歧视、胁迫与诽谤、内幕交易、商业贿赂等。

（3）公共利益冲突 有些市场交易虽然确实没有给交易双方带来利益上的损失

○ SHEFRIN H, STATMAN M. Ethics, fairness, efficiency, and financial markets［M］. New York：Wiley, 1992.

○ 于惊涛，肖贵蓉. 商业伦理：理论与案例［M］. 2 版. 北京：清华大学出版社，2016.

和不公正，却使当事人之外的公共利益受损或带来不良后果。例如，为了追求利润导致的环境污染、社会矛盾、资源浪费，甚至金融危机。也有一些创业者和机构投资者在决策时，忽视社会责任和公共利益，专门选择烟草、游戏等成瘾品甚至涉及违法领域或者投资标的。这种投资虽然没有违反市场的游戏规则，甚至也给参与的市场主体带来了不菲的利润，但无视价值观和社会责任，在广义上的市场公平上有负面影响。

四、市场的公正与效率

市场经济伦理思想的发展也是人类文明进步的体现，其中有两个最关键的里程碑：一个是功利主义伦理学的突破和亚当·斯密的《国富论》以及"看不见的手"的学说，这堪称是一场伦理思想的"哥白尼革命"；再一个是约翰·罗尔斯的《正义论》，使公平正义的重要性被重新发掘和定义，成为伦理决策的基础和前提。

1. 伦理思想的变迁

亚当·斯密被公认为是现代经济学的开山宗师，但他当时的身份却是逻辑与道德哲学教授。亚当·斯密"看不见的手"的经济思想一方面突出了市场经济内在调节机制和鼓励自由放任的态度，另一方面则反映了其"自利可以转化为利他"的经济伦理思想。按照功利主义者的态度，效率有利于实现最大公平，公正也有助于提高效率，尽管两者可能存在冲突。[⊖]

而且，亚当·斯密还在他的另一本经典著作《道德情操论》里强调了道德伦理及其有品德的人对企业和市场的重要性。"在社会生活中，一个人若希望获取更多的利益，就必须在恰当的时候克制自己的私欲，甚至兼顾到别人的欲望。"[⊖]

徐大建教授在《西方经济伦理思想史》中指出，由于资本主义生产方式的核心是以生产资料私有制为基础的市场经济，它便需要三个伦理前提：①市场经济肯定和强化了谋求自我利益的行为和动机是道德合理的；②市场经济最后达到的民富国强或社会福利最大化的结果是道德合理的；③市场经济从私利走向公益的基本途径是基于公平正义的法治。如果没有这些伦理前提，市场经济就会失去道德的合法性，无法为人类所选择的目的服务。为了论证这些伦理前提，亚当·斯密继承发展了苏格兰学派的经验论情感伦理学，建立了功利主义市场经济伦理学说，其要点大致：①以基于"同感"的情感主义伦理契约论证了自利或个人利益的合理性；②说明了

⊖ 博特赖特. 金融伦理学：第3版 [M]. 王国林，译. 北京：北京大学出版社，2018：163.

⊖ 万俊人. 道德之维 [M]. 广州：广东人民出版社. 2000：5.

社会财富或商品的增长是社会利益的根本表现之一；③论证了以政治平等为基础的私利和公益相结合的个体主义市场经济，说明了私人产权和公平竞争的伦理合理性。

正是基于这些伦理前提，亚当·斯密提出了一种自由放任、反对国家直接干涉社会经济活动的市场经济理论。于是，建立在个人主义契约伦理和政治自由主义之上的功利主义，便成了现代西方经济伦理的主流。

另一种主要学说来自美国哈佛大学教授罗尔斯的《正义论》。罗尔斯认为效率原则本身不可能成为一种正义观，他在《正义论》中强调："正义是社会制度的首要价值，正像真理是思想体系的首要价值一样。一种理论，无论它多么精致和简洁，只要它不真实，就必须加以拒绝或修正；同样，某些法律和制度，不管它们如何有效率和有条理，只要它们不正义，就必须加以改造或废除。"⊖

此外，还有阿瑟·奥肯（Arthur Okun）公平与效率的观点，米尔顿·弗里德曼（Milton Friedman）效率第一的观点。总之，伦理道德既是合理经济行为的内驱力，又是实现公平正义的重要保障。

2. 中国市场经济伦理原则的演变

我国全面建立市场经济以来，与市场经济的发展同步产生的相应的伦理机制首先要解决的就是效率和公正的关系问题。从党的十四大提出"兼顾效率与公平"、十五大强调"效率优先，兼顾公平"到十八大提出来的"初次分配和再分配都要兼顾效率和公平，再分配更加注重公平，强调的是公平"，可以看到我国对社会主义市场经济的伦理原则在始终遵循效率原则和公正原则的同时，也在不断与时俱进、调整和完善。

3. 经济全球化的伦理冲突

20世纪90年代以来，随着我国加入WTO，全球在加快经济一体化，各国之间经济联系日益紧密。无论是外资企业走进来，还是中资企业走出去，都面临着经济全球化的伦理挑战。跨国公司由于跨文化差异导致的价值观、行为规范方面的不一致甚至伦理冲突是客观存在的。血汗工厂、逃避法律责任、输出污染、贿赂、逃税等问题也比较常见。

目前世界上有200多个专门针对经济全球化和跨国公司的道德准则和行为规范。其中，高斯圆桌会议是比较有影响力和公信力的一种，该组织期望各成员在对自身行为负责的基础上，加深理解，加强合作，通过商业交往，促进国家之间关系的改善，以及所有人的繁荣与福利。

⊖ 罗尔斯. 正义论 [M]. 何怀宏，何包钢，廖申白，译. 北京：中国社会科学出版社，2009：3-4.

高斯圆桌会议

高斯圆桌会议是国际著名企业自发成立的一个连接商业领袖的国际网络，并形成了一个强调全球公司责任的企业社会责任规范。通过实施这些原则，社会责任的积极承担会成为公平、自由和全球社会透明的基础。

原则一，商业责任：重视利益相关者甚于股东。

原则二，企业的经济和社会影响：追求创新、公平和全球社区。

原则三，企业行为：尊重法律之外更加注重诚信。

原则四，遵守规则和惯例。

原则五，支持多边贸易。

原则六，重视环境保护。

原则七，避免非法活动。

（资料来源：根据高斯圆桌会议整理。）

第二节　市场竞争中的伦理

市场经济的公正与效率并不会自然而然地产生，而是在市场竞争中有限度地实现。之所以说有限度，是因为市场中几乎没有完全、绝对的自由竞争，每一种市场竞争模式都有其伦理问题和道德价值。因而，一个良性的健康的市场是在边际上向着公正与效率方向不断改进的市场。

在创业中，要让企业向着有利于维护自由竞争的市场秩序的方向上发展，违反市场竞争中的伦理原则会受到政府的管制和反垄断等方面的处罚。2007年，我国颁布了《中华人民共和国反垄断法》，旨在"预防和制止垄断行为，保护市场公平竞争，提高经济运行效率，维护消费者和社会公共利益，促进社会主义市场经济健康发展"。市场竞争的主要伦理目标是促进公平竞争并提高整体社会的效率，倡导的是交易自由、交换公正。此外，还有市场失灵的领域，这方面的主要伦理目标是寻求分配公正和补偿公正。

一、市场竞争的经济模型

按照新古典经济学集大成者、经典的教科书《经济学》一书的作者保罗·萨缪尔森（Paul Samuelson）的分类，市场竞争的经济模型可以分为完全竞争、垄断、寡头和垄断竞争。但总体而言，可以分为完全竞争和不完全竞争两大类。

1. 完全竞争

完全竞争理论的起点是理性人假设，该假设认为市场上的所有交易者都在追求自身的利益。完全竞争理论还有其他五个假设：

1）任何买方和卖方在市场中同样都只占很小的份额，所以他们不能影响产品的最终价格。

2）在完全竞争条件下产品是同质的。

3）资源具有完全的流动性，厂商可以自由进出某一个行业。

4）买方和卖方都有完全信息，因此可以做出完美的预期。

5）市场上的各种交易活动是相互独立的。[⊖]

按照亚当·斯密的"看不见的手"至上的思想，自由竞争是市场最伟大的特征。因为只有自由竞争市场才能最大化地实现经济效率，通过分工与交易促进社会整体的经济增长和福利改进。但是完美的、完全自由竞争的市场在现实中极为罕见。除了在农产品、金融等极少数的市场领域的极限条件下，完全竞争的市场在现实生活中基本上是不存在的。它最重要的意义是提供了一种分析基准，一个完全增加经济学的帕累托效应的理想境界，满足了市场经济伦理中的效率原则。而且，完全竞争的自由市场，在道德上也能满足市场中其他的三个重要的伦理原则，即正义、效用和权利：

1）市场引导买主和卖主（以含有正义的方式）交换商品。

2）市场通过引导买主和卖主以完美的效率使用和分配商品而最大化他们的效用。

3）市场以尊重买主和卖主自由同意权的方式取得了这些成就。[⊜]

此外，完全竞争的市场，对于创业者也有特殊的理论意义。在企业自由进入和退出的前提下，创业者创办企业，本质上是响应市场的需求增加提供相应产品和服务，这有助于市场趋向于均衡。短期的均衡是提高或者降低产量，长期的均衡由企

⊖ 马吉尔. 经济学百科全书：上卷 [M]. 吴易风，译. 北京：中国人民大学出版社，2009：244.

⊜ 贝拉斯克斯. 商业伦理：概念与案例：第8版 [M]. 刘刚，张泠然，程熙镕，译. 北京：中国人民大学出版社，2013：176.

业的进入与退出实现。这是人类在持续创业中，各种产业在成长与衰退不断往复中前进的根本动力。

完全竞争市场也存在伦理上的理论缺陷，例如它没有顾及人和人之间的关系而有使人成为"经济动物"的倾向，以及没有考虑到整个社会还存在市场参与较低者或者无法参与市场的人们的权利。在利益和道德之间的平衡上，完全竞争市场也必然倾向于唯利是图而忽略传统的美德和公义。

2. 不完全竞争

自由竞争市场对市场竞争的伦理问题的探讨建立了一个前提，但是现实中的市场要受很多行业龙头和大型企业的影响，市场竞争中的伦理问题其实主要来自不完全竞争。

与完全竞争市场最大的区别就在于，市场上存在不完全竞争者，他们拥有了对价格的主导或影响地位，是价格的制定者而非接受者。用巴菲特的话来说，就是拥有了定价权，也即他常说的"护城河"。例如，茅台酒的价格上涨并不会影响市场需求，其价格连年上涨仍然经常卖断货。

按照萨缪尔森的定义，"让个别卖者能影响某一行业的产品价格时，该行业就处于不完全竞争之中"。[一]不完全竞争包括完全竞争以外的其他市场结构类型，例如垄断竞争、寡头、垄断等。

其中，垄断是相对于完全竞争的另一种极端情况，垄断的特点是市场上只有一家厂商，市场不能自由进入，产品是同质的。[二]

垄断市场是一种极端情况，纯粹的单一企业控制价格的垄断也是极少的。

如果市场不能自由进入，产品是同质的，有两家厂商就叫作双头垄断。例如，在我国支付宝和腾讯金融（微信支付）两家第三方支付的市场份额已经达到了90%以上，达到近乎双头垄断的地位。有多个厂商可以影响市场价格就可以统称为寡头。在实际生活中，越来越多的消费拥向头部企业，高度集中的寡头市场较为常见。

但是市场份额仍然不是垄断的本质特征。垄断市场并不是一个事实上的开放市场，而是由于各种市场准入限制和进入壁垒使其他潜在竞争者无法进入或者望尘莫及。这些障碍包括政府颁发的牌照和许可证等，高额的关税、补贴、配额，利用规模效应采取价格战和低价格威胁新进入者，以及对用户绑定推销等。

按照垄断形成的原因，大致可将垄断分成三种类型：

[一] 萨缪尔森，诺德豪斯. 微观经济学：第 19 版 [M]. 萧琛，译. 北京：人民邮电出版社，2012：156.

[二] 马吉尔. 经济学百科全书：上卷 [M]. 吴易风，译. 北京：中国人民大学出版社，2009：245.

1）自然垄断，较多存在于具有公共属性和规模效应的产业，最典型的是高铁、电网、油气管网和网络产业。自然垄断并不是恒定不变的，例如微软曾经在计算机操作系统上取得了自然垄断的地位，但是由于开源软件的出现和移动互联网的发展，使之逐步失去了这种垄断地位。又如，近年来，由于新兴产业提供的一种平等，众多的创业企业通过在互联网这一新领域的创新和突破成长起来，削弱了国有电信企业自然垄断的地位。平台经济因为具有类似的特点，也成为创业的一个主战场，除了腾讯、阿里巴巴、美团等巨头，也发展出拼多多、抖音等众多的独角兽。

2）行政垄断，垄断的方式包括政府颁发的牌照和许可证等，以及高额的关税、补贴、配额等。这主要存在于金融、军工等涉及经济安全和国家安全的领域，以及其他有可能带来重大安全隐患的高危风险行业。新能源等国家战略新兴产业，在享受补贴和各类行政保护的时候也属于行政垄断，在国内创业领域，这也是一个重要方向。

3）创新垄断。政府通过法律手段对创新、研究、创作中产生的版权、专利等采取产权方面的保护措施，有可能形成对新进入者的限制，使在创新和技术进步上取得独占地位的企业获得垄断地位。这对研发周期较长、投入资源巨大的制药、芯片等研发，更是一种有效的创新机制。由于这种垄断方式是基于创新和技术进步的，成为创业企业尤其是技术创业谋求超额利润的主要方向。

此外，还有通过控制上游资源形成的垄断地位，例如具有垄断地位的能源企业对石油、天然气的控制及对定价的影响。

需要说明的是，具有垄断地位的企业并不一定严格的分属于以上各种类型，很有可能兼而有之，而且根据企业的发展和周围环境的转变，相应的类型也有所变化。以美国 AT&T 公司为例，早年是创新带来的垄断（发明电话），后来是自然垄断（铺建了全国电话网络），而 1926 年后就享有强制的垄断（法律确立的电话市场独占权）。[⊖]

在不完全竞争市场中，垄断竞争是一种更普遍的情况。垄断竞争与垄断最重要的差别在于，垄断竞争市场中的产品具有差异化，这一特征与完争竞争市场相同。对于这种差异性，不同厂商之间的产品可以在一定程度上替代，因此在垄断竞争市场中，单一厂商只能对其特有的产品具有独占性和定价权，而不能左右整体市场的价格和限制新进入的企业。白酒行业就是一个垄断竞争市场。茅台酒具有对其产品的垄断地位，但是并不能把控整个白酒市场的平均价格。垄断竞争市场广泛存在于各类零售业。

⊖ 北京大学国家发展研究院. No. C2002013 竞争、垄断和管制——"反垄断"政策的背景报告 [EB/OL]. (2002－09－09) [2022－06－30]. http://nsd. pku. edu. cn/cbw/tlgl/19962015a/250609. htm.

与完全竞争市场相比，不完全竞争市场在正义、效用和权利上都有差距，垄断和寡头还常常导致高价格、低效率和低产出，从而影响整体的社会福利，以及妨碍基本的经济自由，甚至也会降低垄断者自身的经济效率。由于享有垄断利润，企业内部利益集团的行为不受竞争约束，就会倾向于偏离组织目标而追求个体或小群体利益，从而导致组织缺乏竞争力。⊖

二、反竞争与反垄断

现实市场中不仅有无处不在的竞争，也广泛存在反竞争与反垄断的博弈。由于不完全竞争市场所带来的各种既定超额利益，有许多企业并不是通过改进产品和降低成本来获得竞争力，而是利用反市场竞争的手段谋求垄断或者寡头地位，并通过各种定价策略操纵市场，以及滥用市场支配地位从消费者身上获得不当利益。

1. 企业反竞争的主要方式

（1）价格操纵　当市场只有若干寡头，它们就有可能联手串谋操控价格，从而达到近乎垄断的结果。据环球网报道，2020 年 3 月，法国竞争、消费和反欺诈总局认定苹果公司与两家批发商——Tech Data 和 Ingram Micro 合谋在其分销网络中存在反竞争行为，对苹果公司的反垄断行为处以 11 亿欧元的罚款。同时，苹果的两家批发商 Tech Data 和 Ingram Micro 也因非法商定价格，而分别被罚款 7610 万欧元和6290 万欧元。⊖随着互联网和电子商务的普及，市场的透明度大为增强，消费者的搜寻成本降低，增加了卖方操纵价格的难度。而且，长时间的价格操纵并不容易。例如，石油输出国组织（OPEC）就是一个致力于限产提价的卡特尔组织，但是这个长期操纵石油价格的垄断组织的举措往往失效，不但主要成员国之一沙特阿拉伯经常带头增产，还多次引爆全球石油价格战。

（2）捆绑协议　在用户购买某种商品时，以购买其他的商品为条件，这种强制性的搭售就是捆绑协议。这种捆绑协议，通过其垄断或市场支配地位，剥夺了消费者自由购买的权利。20 世纪末，微软的 Windows 操作系统绑定 IE 浏览器遭受处罚，就是一个经典的捆绑协议方面的反垄断案例。

（3）价格歧视　价格歧视是指厂商利用其对用户消费数据的了解，对不同的用户给出不同的价格，以榨取更多的消费者剩余。社会热议的"大数据杀熟"，就是

⊖ 于惊涛，肖贵蓉. 商业伦理：理论与案例 [M]. 2 版. 北京：清华大学出版社，2016：119.

⊖ 苹果公司在法国被处以 12 亿美元创纪录罚款 回应称将上诉 [EB/OL]. (2020 – 03 – 17) [2020 – 10 –06]. https://tech. huanqiu. com/article/3xSMoV5WwUL.

一种典型的利用互联网平台及其技术条件实施的一种新型价格歧视。

（4）掠夺性定价　掠夺性定价主要是以过低的价格侵占市场份额并吓退较弱的竞争对手，甚至将其挤出市场。占有市场的目标达到之后，就获得了垄断市场的地位和产品定价权，就有可能恢复较高的价格来获得高额的收益。它的特点是短期价格下降，长期价格上升，短期看对消费者甚至有好处，但长期看不但损害了消费者的权益，而且对整个市场自由竞争的环境有重大损害。

（5）掠夺性价格歧视　掠夺性价格歧视是指厂商在销售产品时，有时会出于让竞争对手无法生存的目的，对不同的购买者给出不同的价格，尤其是对特定的目标群体以低于成本价或竞争者的价格出售。这种反竞争行为，既有价格歧视的特点，也有掠夺性定价的特点，被称为掠夺式价格歧视。

（6）贿赂　在具有管制特征或行政干预的领域，通过贿赂官员或者监管人员，使竞争对手处于不利地位，达到自身的垄断地位。这是一种非常简单粗暴的，但是常见的反市场竞争手段。

2. 政府反垄断的主要手段

对于垄断等反竞争行为带来的对市场竞争的破坏性影响，各个国家都有相应的监管和干预措施。这些反垄断措施主要有四个方面：

1）实施以反托拉斯政策为主的反垄断干预。标志性事件是美国国会1890年通过的《谢尔曼法》，以及1914年通过的《克莱顿法》。《谢尔曼法》主要打击以托拉斯或其他形式组成联合，以及共谋垄断地位的行为。《克莱顿法》禁止价格歧视、排他性交易合约、捆绑协议和明显弱化竞争的公司合并。[⊖]这两个法案对全球反垄断政策产生了深远的影响。拆分曾经是传统反垄断理论与实践中应对巨头的常见方案，吴军的《浪潮之巅》从一开始就讲到1984年的ATT公司被拆分，促进美国IT产业繁荣的案例。但总体而言，反托拉斯政策已经越来越注重垄断行为和市场机制本身，而不是企业的规模和结构。

2）对非市场竞争行为多发的领域实施经济管制。例如，电信、金融等行业，以及供水、供电等自然垄断行业。这也包括当前在若干城市实施的房地产限价、限购等措施。

3）实施促进市场竞争的措施，使企业的反竞争行为失去外在的环境。我国加入WTO之后，将之前受保护的汽车、能源等诸多产业逐步向国际资本和私人资本开放，近年来更是全面开放金融业，并承诺进一步开放电信、教育、医疗、文化等

⊖　贝拉斯克斯. 商业伦理：概念与案例：第8版［M］. 刘刚，张泠然，程熙镕，译. 北京：中国人民大学出版社，2013：195.

领域。为解决我国经济中存在的结构性问题，2018 年开始，更是明确提出了按照平等对待各类市场主体的"竞争中性原则"。

4）针对数字经济的发展完善相关政策，提升监管能力。以欧盟为例，2020 年12 月，欧盟委员会公布了《数字服务法案》与《数字市场法案》提案。《数字服务法案》旨在建立确保用户安全、平台责任清晰的在线环境。《数字市场法案》以促进平台公平竞争、良性发展与维护本土创新为目的，制定一系列市场监管措施，例如要求互联网企业在自有平台的基础上，保障自身与第三方产品的公平竞争、保障竞争对手数据独立与安全等，确保本土企业与互联网巨头公平竞争。

近年来，我国政府通过法律和行政手段实施监管措施，加大了打击企业反竞争行为的力度。2019 年 8 月，国务院发布了《关于促进平台经济规范健康发展的指导意见》。2021 年 2 月，《国务院反垄断委员会关于平台经济领域的反垄断指南》发布，平台"二选一""大数据杀熟"等相关行为都有了明确规定，使创业有了更加明确、规范的反垄断方面的政策指引。2021 年 4 月 13 日，国家市场监管总局会同中央网信办、税务总局召开互联网平台企业行政指导会。会议指出，我国平台经济总体态势向好。但在快速发展中风险与隐患也逐渐累积，危害不容忽视，依法规范刻不容缓。强迫实施"二选一"、滥用市场支配地位、实施"掐尖并购"、烧钱抢占"社区团购"市场、实施"大数据杀熟"、漠视"假冒伪劣""信息泄露"，以及实施涉税违法行为等问题必须严肃整治。其中，强迫实施"二选一"问题尤为突出，是平台经济领域资本任性、无序扩张的突出反映，是对市场竞争秩序的公然践踏和破坏。强迫实施"二选一"行为限制市场竞争，遏制创新发展，损害平台内经营者和消费者利益，危害极大，必须坚决根治。

第三节　市场营销中的伦理问题

一、消费主义

管理学者包政教授认为，"所谓营销就是构建企业客户的关系"。[一]市场营销的对象是客户及其消费行为。理解消费主义的概念和中国消费伦理在当代中国的变迁和代际差异，以及其中的伦理问题，会更清晰地把握商业机构在其中扮演的角色，以

一　包政. 营销的本质 [M]. 北京：机械工业出版社，2019：7.

及相关产品、服务营销的伦理问题。

1. 消费主义的概念

消费者是指商品经济中使用产品和服务的人。消费主义有两个含义。它既可以指提高消费者权力和影响力的运动，也可以指追求物质享受的理念，这种理念塑造社会行为。[一]中文语境里的消费主义多指第二个含义。

西方的消费主义有一个漫长的发展过程。宗教文化中几乎都有关于节俭的消费理念。马克斯·韦伯的《新教伦理与资本主义精神》是关于现代消费思想的开创之作。他认为，"当消费的限制与这种获利活动的自由结合在一起的时候，这样一种不可避免的实际效果也就显而易见了：禁欲主义的节俭必然要导致资本的积累。强加在财富消费上的种种限制使资本用于生产性投资成为可能，从而也就自然而言地增加了财富"。[二]

但总体而言，在两次工业革命之后，新教伦理和清教徒精神这两种支持着美国等发达国家资产阶级社会的传统价值体系受到了消费主义的强烈冲击，禁欲式的消费观念被抛弃，享乐主义和追求物质堂而皇之地成为社会主流。这种以"经济冲动"代替"宗教冲动"的倾向，使西方主流社会的生活价值观发生了重大变化。

随着改革开放后中国经济几十年来的高速发展，消费主义乃至享乐主义、物质主义思潮也越来越流行。消费不仅改变了人们的日常生活，也改变了人们的社会关系和生活方式。人们不仅以购买、拥有高质量的商品或奢侈品来获得自身认同，也借助新媒体迅速扩散，这成为一种社会现象。许多人已习惯在微博、微信朋友圈等新媒体渠道展示自己的"炫耀性消费"，由于追逐消费产生的过于"物质化"乃至"炫富"事件也屡见不鲜。

2. 消费主义的合理性

消费主义有着现实性和合理性的一面，消费不仅为每个人提供生活必需品，也是人类经济发展的内在要求。

与消费主义相对应的是克制欲望的传统文化和人类农业社会倡导的简朴、节制。除了整体经济落后，缺乏消费主义的经济基础之外，也长期存在诸多抵制消费主义的传统文化理念。所以，即使在 20 世纪八九十年代，国人已经从生活和物质的艰难岁月走来，生活水平大为改善，但仍然有着世界上最高的储蓄率。那时候，消费主义并没有多少市场，中国人这种节俭和低消费的程度在全球也不多见。消费主义

[一] 斯坦纳. 企业、政府与社会 [M]. 诸大建，许艳芳，吴怡，译. 北京：人民邮电出版社，2015：430.

[二] 韦伯. 新教伦理与资本主义精神 [M]. 于晓，陈维刚，等译. 西安：陕西师范大学出版社，2006：99.

有把人类从禁欲主义的苦闷和压抑中解放出来的进步意义。

经济学有"节俭悖论"的概念，即"个人越节俭，社会越贫穷"。该理论最早由英国经济学家凯恩斯提出，他的结论是："消费的变动，会引起国民收入的同方向变动，而储蓄的变动会引起国民收入反方向变动。"扩大消费是经济增长的必然选择，消费与投资、出口共同作为经济增长的三驾马车，而且消费的扩张是投资、贸易的基础，如果收入消费占比过低，对一个国家的长期可持续增长是有害的。就我国经济的转型和可持续发展而言，"扩大内需"也是调结构、稳增长的关键。

对消费主义的进步意义和合理性有清晰的认识和判断，才不至于简单地否定消费主义，这有助于在营销、广告等商业活动中更好地把握相关的伦理原则。

3. 消费主义在我国的代际差异

随着经济增长和市场经济的发展，人们的消费观念和消费伦理发生巨大变化。同时，我国的独生子女政策，一度使我国的家庭消费结构更侧重对下一代予以更高标准、更多资源的消费投入。父母的节俭助长了子女的不合理、过度消费。这两个因素使我国居民代与优之间的消费水平产生了巨大的差异。

可以说，在几十年间，我国的消费者高储蓄、低消费的特征，在下一代身上被迅速改变，出现大批超前消费、以消费透支未来的"新新人类"。信用卡的普及、初次使用贷款消费的年龄降低、分期付款的便捷，都折射了消费主义的盛行。由于迷恋某些品牌，许多没有收入来源的学生用分期付款甚至不合法的方式去购买，有的成为违法犯罪的受害者。"17 岁高中生卖肾买苹果手机"[一]就是一个非常极端的例子。

这种消费主义被马克思称为"商品拜物教"，但在社会学家的视野中，人们很大程度上是用消费来实现区分社会阶层，实现自我认同的。在互联网时代，这种具有社交意义的消费又加速了传播和流行，按照哲学家让·鲍德里亚的说法，这是一种"消费社会"。鲍德里亚认为这种消费与传统意义上的消费有着本质上的不同——"传统意义上的消费指的是功能性消费，消费的目的是获取商品的使用价值，但是身处消费社会中的人们消费的目的是获得在商品之上的符号价值，符号价值成为新时代消费文化的核心"[二]。

4. 消费主义的伦理问题

消费主义及其消费行为的伦理冲击主要来自四个方面：

———————

[一] 人民网. 17 岁高中生卖肾买苹果手机续 9 被告获利 20 万受审 [EB/OL]. (2012–08–10) [2019–08–29]. http://society.people.com.cn/n/2012/0810/c1008–18711762.html.

[二] 鲍德里亚. 消费社会 [M]. 刘成富，全志钢，译. 南京：南京大学出版社，2001：74.

（1）炫耀性消费及其引发的道德争议和精神危机　"炫耀性消费"不是一种理性的消费，不是一种功能性消费，而是典型的符号价值消费，这种消费行为不仅是满足自己的消费欲望，更强烈的动机是通过占有来显示自己的社会身份，其中通过社交媒体炫耀、相互攀比和争斗将不平等的社会影响、精神危机放大，甚至误导未成年人。

国内最典型的例子是"郭美美事件"。据媒体报道，2011年6月21日，新浪微博上一个名叫"郭美美baby"的自称住大别墅，开玛莎拉蒂的20岁女孩，其认证身份为"中国红十字会商业总经理"。后来，SCC俱乐部的富二代和郭美美整夜对骂。郭美美晒出500万赌场筹码后，富二代回以卡里余额，该富二代挑衅郭美美："@郭美美Baby你的卡里有多少钱啊？爆出来看看"，并晒出自己银行卡内余额达37亿元之多，令网友咋舌。此事件虽然以郭美美涉及非法交易等入狱告终，但对中国红十字会造成了有史以来最严重的信任危机，也成为我国消费主义泛滥的一个典型负面案例。

（2）促销和借贷推动消费过度扩张和透支未来　两种商业力量对人们消费行为习惯的改变起着重大的推动作用，一是各种形式和无所不用其极的促销和广告，二是各种助推消费的金融服务，如信用卡、消费贷等。从经济学来看，这两个方面的商业行为，一个是各种手段调动、刺激人们对消费品的需求，另一个是以信用增加人们的预算约束，最终让消费者以借债的方式完成购买过程，释放甚至透支了其消费能力。

任何金融危机归根结底都是债务危机，过度消费主义最终使无数个人和家庭背上了沉重的负担，甚至扭曲了他们的生活、工作方式。促销和借贷推动的消费很容易被不良厂商利用，这也是过度放贷和掠夺式营销能够在国内如此猖獗的原因。

（3）奢侈浪费对可持续发展的负面影响　消费的正当性来自满足人类的合理需求，是人类生活水平提升、发展进步的标志。但对消费主义批评的一个重要方面也来自发展，那就是人类的可持续发展。人类过度膨胀的欲望和消费扩张不仅过多地消耗了自然资源，也带来了环境的破坏和污染。正如联合国在《21世纪议程》中明确指出的——"全球环境恶化的主要原因在于不可持续的消费和生产模式"，而且"消费问题是环境危机问题的核心"。[⊖]

（4）对社会关系和生活方式带来的改变和冲击　每个人能掌握的资源和财富是有限的，如果将享受、欲望作为人生的终极目标，全面投入消费中，必然会削弱、

⊖ 联合国网站. 二十一世纪议程［EB/OL］.［2020 - 09 - 21］. https://www.un.org/chinese/events/wssd/agenda21.htm.

冲击人生本应有的其他方面的满足感。例如，健康、闲暇、家庭和社会关系等。尽管消费者能够在消费主义中得到充裕的物质满足，但这并不能替代原本多元化的生活需要给自己带来的快乐。

在消费主义社会中，生活节奏随着人们的物质要求的增长而加快，人们能够享用的闲暇时光越来越少，社会关系特别是家庭和团体中的社会关系被忽略了。

二、目标市场的伦理问题

目标市场和产品适用人群的定位是创业企业重要的战略性内容，也决定了企业产品、服务、售后等一系列的运营特征。但是，在消费主义兴起的大背景下，基于扩大销量获取利益的动机，一些企业在目标市场选取了认知和风险把控能力处于弱势的消费脆弱群体。

这种脆弱性主要包括身体方面的（处于人身安全考虑）、认知方面的（他们缺乏处理信息的能力）、动机方面的（他们无法抗拒普通的诱惑或者怂恿）、社会方面的（外界压力强迫他们顺从）。$^{\ominus}$也就产生了相应的妨碍市场公正和消费者自由交易等诸多伦理问题。由于互联网技术和电商的发展，以及网络支付的普及，加之各种形式的网络小贷助推，这方面的问题已经越来越突出。在激烈的市场竞争面前，一些创业企业在这方面严重误判，由于国家出台限制措施导致创业失败的不在少数，例如开展校园贷业务被勒令关停。

1. 少年儿童

一种由来已久的说法：老人、女人、孩子的钱好赚。所谓好赚，可能有三个方面的原因：①这三类人在消费支出上高于社会平均水平，市场机会多；②虽然自身购买力未必突出，但影响其他人消费决策的能力强；③他们在消费认知等方面的脆弱性，更容易被商家诱导。尚处在成长过程中的少年儿童，由于既没有固定的收入来源，又缺乏基本的消费认知，这是目标市场伦理问题比较典型的群体。

利用少年儿童消费上的脆弱性营销的重灾区是游戏、图书、视频等内容型产品。由于内容分级制度不完善，父母或监护人在内容识别上也缺乏专业能力，商家为了牟利突破道德底线，针对少年儿童开发促其上瘾的内容。

儿童邪典片和邪典游戏是近年影响较大的相关案例。视频制作公司和游戏公司对国内外知名的动画片、动漫、儿童剧等内容进行二次加工，以儿童熟知的艾莎公主、安娜公主、米老鼠、小猪佩奇等为主人公，制作明确以儿童为目标客户的带有

———
　㊀　BRENKERT G. Marketing and the vulnerable［J］. Business Ethics Quarterly, 1998, 8（1）: 7-20.

血腥、暴力、色情的短片，经媒体曝光后，引发社会舆论强烈谴责。2018年1月开始，全国"扫黄打非"办、公安部、文化部等多部门发文查禁，相关拍摄公司被查封，主要互联网文化单位累计下线动漫视频27.9万余条，封禁违规账号1079个，下线内容违规游戏771款。[一]

社会上未成年人背着父母偷花家中积蓄，私下打赏抖音网红并被诱导消费的案例层出不穷。视频直播平台因为未成年人个人信息保护问题被处罚也屡屡发生。[二]

还有打着为青少年戒除网瘾的招牌敛财的非法机构，它们用禁闭、殴打、电击等方式对少年儿童肉体和精神上的虐待经媒体曝光后引发社会公愤，并遭到了被判处有期徒刑等法律严惩。

2. 老年消费者

我国已经日渐进入老龄化社会，老人的市场在不断成长，成为重要的市场目标。但相对于针对少年儿童营销问题的隐蔽性，针对老年群体营销中的伦理问题更加公开、直接，已成为社会公害。加之，老年人爱面子，对营销伦理问题不愿意向子女、社会求助和通过法律渠道解决，许多家庭对此防不胜防、苦不堪言。而且，由于对互联网技术知识、应用能力不足产生的"数字鸿沟"，加之安全防范意识淡漠，这方面的问题十分突出，已经带来诸多社会问题。由社科院牵头的一项调查显示，中老年人网上受骗比例高达67.3%——这里统计的是50岁以上的人群。[三]

老年人是保健品市场的重要目标客户。根据艾媒数据中心的统计，2020年我国保健品行业市场规模为2503亿元，按照中国保健协会的口径，其中一半以上的消费者都是老年人。但是，这其中存在的传销、产品安全、销售套路等问题也很突出，有些企业专门以诱骗老年人为主要业务。2018年12月25日，丁香医生发表了一篇名为《百亿保健帝国权健，和它阴影下的中国家庭》的文章，揭开国内保健品市场及其传销乱象的黑幕，不法厂商最终遭到法律严惩。类似的情况也存在于投资理财、电信诈骗等方面。

由于具有一定的专业性和复杂性，打着金融养老的幌子营销很容易迷惑老年人，并且涉及金额较大，其中养老院众筹、"以房养老"等方面的问题尤其多。最高人民法院在2021年2月24日专门召开发布会强调，人民法院在审理相关案件中要注

○一 新华网. 文化部严查"儿童邪典片"等网络动漫游戏产品 下线27.9万条视频 [EB/OL]. (2018-02-08) [2020-10-10]. http://www.xinhuanet.com/politics/2018-02/08/c_129808788.htm.

○二 享法JOYLEGAL. 从抖音被罚案审视未成年人个人信息保护：基于合规视角 [EB/OL]. (2019-03-07) [2020-10-10]. https://www.sohu.com/a/299763657_99955893.

○三 光明网. 权健倒了，能吓得住老年人么？[EB/OL]. (2019-01-08) [2020-10-10]. https://guancha.gmw.cn/2019-01/08/content_32318956.htm.

重甄别，对不法行为加大打击力度，切实保障老年人"老有所养"。

3. 行为能力不足者

行为能力不足的市场消费者所表现的脆弱性主要源于对市场本身缺乏了解，面对营销活动应对经验不足，其消费行为有较显著的感性和随机性、盲目性，所以很容易在商家诱导下产生冲动型消费，包括部分大学生、心理上有缺陷的人士、低收入群体、新移民等。他们的这种脆弱性更危险，因为这些行为能力不足的消费者既不像少年儿童还有监护人可以帮助他们，也不像老年人那样有一定的生活、消费经验。更重要的是，他们的消费行为往往只被个别因素影响，例如价格、流行程度、兴奋感等，因此关注的产品信息非常不完整，导致被营销手段诱导。

随着消费主义的盛行，以苹果手机等具有时代特征的电子产品为代表的消费品，引发大学生"卖肾"购买手机的事件曾令社会震惊。这些新闻的当事人正是行为能力不足者，他们未必受到诱导性营销，或许只是因为预算不足而采取极端行为。商家通过助贷促使行为能力不足者购买的情况更为普遍。校园贷、消费贷等网络助贷与互联网场景相结合，加之直播、短视频等推波助澜，使这一目标群体被时尚消费品"俘获"的可能性大大增加。早在 2018 年 11 月，央行前行长周小川就曾发出警示，借助新金融科技，消费信贷发展非常快，甚至有一些是过分诱导年轻一代提前消费、借贷消费，这可能会带来重大影响。

违反"适用性原则"过度营销的金融理财产品是近年来这方面问题的高发区，由于向金融知识匮乏、风险意识淡漠、偿还能力不足的人群销售 P2P、复杂的金融衍生品等金融产品，暴力催收致命、学生自杀、平台暴雷等问题频发，作为普通理财产品出售的"原油宝"让客户亏完本金还要倒贴，也成为社会舆论关注的焦点。

三、广告

1. 广告的市场力量

广告是最常见的市场销售手段，是企业以合法合规方式影响市场的主要途径之一。有经济学家将广告放到与价格同等重要的位置，并且认为，"价格和广告宣传有两项重要的功能：吸引消费者离开其他企业，吸引新的消费者进入整个行业市场"。[○]

作为一个快速增长的行业，网络广告在广告业中占据的份额越来越大，也对经济发挥着越来越重要的作用。谷歌母公司 Alphabet 的收入 81% 来自广告，Facebook 营收

○ 谢克. 资本主义：竞争、冲突与危机［M］. 赵准，李连波，孙小雨，译. 北京：中信出版社，2021：402.

的 95% 以上来自广告。阿里巴巴、抖音、百度是我国广告市场所占份额最多的三家企业，其中抖音作为一家创办不足十年的企业，年广告营收已超过 2000 亿元。

学界一直有关于广告干扰市场的观点。尼古拉斯·卡尔多等人认为，现代制造业的大量广告活动使它们获得并保持了市场的垄断或寡头权力。大型制造商有钱开展大量昂贵的广告活动来介绍自己的产品，这些活动创造了消费者对该制造商的品牌忠诚，让制造商控制了市场的主要份额。小型企业无法打入市场，因为它们支付不起转移客户的品牌忠诚需要的广告费用，因此一些大型企业获得了对消费者市场的控制，小型企业实际上被阻挡在市场外，从而使广告减少了竞争，增加了市场的进入障碍。[⊖]

但是，如果没有广告，中小企业尤其是初创企业将更没有机会展示其品牌。所以，广告其实也提供了一种公平和可能性，当然这种公平仍然是以市场机制和支付能力为基础的。

2. 广告的伦理问题

由于广告具有宣传、鼓动、煽情等特点，并且涉及企业广告公司、媒体等多重利益相关者，虽然相关的监管政策非常严格，例如对"最"等措辞禁用或限制，但在该领域产生的伦理问题在市场中依然比较突出。

（1）虚假广告　符合市场伦理的广告首先必须确保真实，这既是道德的底线，也是市场伦理中公正原则的体现。根据《中华人民共和国广告法》（简称《广告法》）第二十八条，广告以虚假或者引人误解的内容欺骗、误导消费者的，构成虚假广告，包括：

（一）商品或者服务不存在的；

（二）商品的性能、功能、产地、用途、质量、规格、成分、价格、生产者、有效期限、销售状况、曾获荣誉等信息，或者服务的内容、提供者、形式、质量、价格、销售状况、曾获荣誉等信息，以及与商品或者服务有关的允诺等信息与实际情况不符，对购买行为有实质性影响的；

（三）使用虚构、伪造或者无法验证的科研成果、统计资料、调查结果、文摘、引用语等信息作证明材料的；

（四）虚构使用商品或者接受服务的效果的；

（五）以虚假或者引人误解的内容欺骗、误导消费者的其他情形。

例如，2020 年新冠肺炎疫情发生后，某商店通过互联网发布含有"激活自身免疫细胞""对抗新型冠状病毒新发现""能阻止冠状病毒对宿主呼吸道上皮细胞的侵

⊖　贝拉斯克斯. 商业伦理：概念与案例：第 8 版 [M]. 刘刚，张冷然，程熙镕，译. 北京：中国人民大学出版社，2013：284.

入"等内容的食品、保健食品、口腔喷剂广告。当事人无法提供相关材料证明广告中推销的商品有防治新型冠状病毒或冠状病毒的功效，有关广告以虚假或者引人误解的内容欺骗、误导消费者，构成虚假广告。依据《广告法》第五十五条第一款的规定，某市场监管局做出行政处罚，责令其停止发布广告，并处罚款 20 万元。

除了这种赤裸裸地欺骗消费者的广告，采取模糊的措辞或者夸大其词的广告也很常见，并且随着科技进步和金融创新，很多产品直接嵌入互联网，碎片化、场景化、隐形于其他消费中，令人难以察觉，使不实广告带来的危害更加隐蔽、严重。

（2）操纵性广告　广告几乎都有不同的劝诱作用，而且往往用图像、音乐、明星、诗句、流行语等元素强化这种劝诱效果，但这种劝诱是有边界的。只要是诱导或怂恿消费者使用不安全、不健康的产品都是不合伦理的。例如，某款纳米随手贴在微信广告中这样宣传自己的产品："太牛了！这样很方便，手机怎么放都行，刹车急转弯甩不掉"如图 5 - 1 所示。

图 5 - 1　某款纳米随手贴广告

在广告图[一]中，手机被固定的位置恰好是汽车安全气囊弹出的位置。这意味着，当司机驾驶汽车出现事故导致安全气囊弹出时，手机将会被大力"甩"到人脸上，将人砸伤，甚至危及生命。这类广告公然出现在微信朋友圈，误导消费者错误使用产品，侵犯了消费者的权益，违反了广告法的相关规定。

此外，操纵性广告还包括情感操控和歧视操纵。情感操纵是指使用误导式的情感暗示来操纵客户心理，有人指出米其林轮胎广告曾连续多年使用该策略。广告的画面显示，一个婴儿坐在轮胎上，并配上简单的广告标语，"因为米其林可以承受如此之重"。显然这则广告蕴含着这样的意思，如果不购买米其林的轮胎，就无异于将自己的孩子置于危险之中。[二]

〔一〕中国市场监管报. 警惕！网络广告竟然"提倡"开车危险操作 广告发布者良心呢！[EB/OL].（2018 - 05 - 30）[2020 - 10 - 10]. https://baijiahao. baidu. com/s? id = 1601885664584274271&wfr = spider&for = pc.

〔二〕帕博迪埃，卡伦. 商务伦理学 [M]. 周岩，译. 上海：复旦大学出版社，2018：171.

歧视性操纵是指在广告信息中表现出对某一群体的偏见或贬低。"年纪越大,越没人原谅你的穷",这个由某理财公司联合16家基金公司共同推出的广告文案一面世就几乎获得了舆论的全面抵制,并被称为"扎心文案"。该广告涉及典型的年龄歧视和对贫困群体的歧视,违反了市场的自由平等伦理原则。尽管该公司迅速发出致歉声明并删除这一广告,但品牌和业务均受到一定的影响。

(3)侵扰广告 随着手机等移动互联网终端的普及,网络广告已经成为现代营销媒体战略的一部分。网络广告受众广、成本低、交互性强、受众数量统计精确,但近年来有被滥用之势。例如,手机中频繁跳出的弹窗和条幅广告,让人不胜其扰。

垃圾邮件是侵扰广告的一个重要部分。垃圾邮件的泛滥不仅实质性地影响个人和企业,也是对互联网营销的滥用,更是对互联网开放和自由精神的亵渎。从营销伦理的角度看,Email营销本应是许可营销,即在用户许可的前提下,通过电子邮件向目标用户推广其产品或服务。

还有屡禁不绝的电话营销侵扰,大多是推销房产、理财产品的。这些骚扰电话具有操纵性、诱导性,违背了基本的自由交易的伦理原则,同时如果用虚假信息引诱消费者上钩,更是违背了诚实守信的伦理原则。

因此,《广告法》第四十三条第一款规定,任何单位或者个人未经当事人同意或者请求,不得向其住宅、交通工具等发送广告,也不得以电子信息方式向其发送广告。第四十四条规定,利用互联网从事广告活动,适用本法的各项规定。利用互联网发布、发送广告,不得影响用户正常使用网络。在互联网页面以弹出等形式发布的广告,应当显著标明关闭标志,确保一键关闭。

相比之下,植入广告的侵扰性更隐蔽。广告主可以在一篇文章、一段音乐、一部影片中插入某个信息,让消费者没有意识到这是个广告,或者潜移默化地接受该广告。在大多数情况下,这种行为被认为是可以接受的。但植入广告过于密集,也会引发反感和争议。

(4)诽谤及不正当比较广告 诽谤是指用任何错误的、恶意或者贬损的批评和表达伤害他人的声誉、名望或者品质。不道德的营销人员或利益相关者往往通过散布竞争对手或代理人的谣言来达到诽谤的目的,违反了公平竞争的基本伦理原则。

基于对消费者权益的保护,以及对广告市场规范性的维护,《广告法》《中华人民共和国消费者权益保护法》等法规都对广告的规范提出了要求,在法律的执行上也取得了一定的效果。例如,自2016年4月国家17个部委联合发布《开展互联网金融广告及以投资理财名从事金融活动风险专项整治工作实施方案》以来,非法金融广告整治行动取得初步成效。事后对有违伦理原则广告的打击处罚固然重要,更重要的是广告发布前的事前审查制度和自律管理制度,以及有效发挥广告行业自律组织的作用。在制度保障的同时,对经营者和消费者的伦理和风险教育,也是治理体系中的重中之重。

广告伦理问题的对照

判断某个广告或广告宣传战略是否符合伦理规范，必须考虑多种因素，下列问题涵盖了许多因素，可以作为初步的对照：

总体问题

- 广告商想达到什么目的？
- 广告会不会对个人和社会造成不利影响？
- 这些影响是突发性的，还是采用该项技术必然导致的结果？

关于技术

- 广告是提供了信息，还是仅仅激发了情感和地域的吸引力？
- 如果是后者,该广告是否试图忽略个人的判断？

关于内容

- 广告中的信息是否符合事实？
- 相关事实(实质性的事实)是否被忽略了？

关于心理影响

- 广告是否对人们的心理造成了严重困扰？
- 广告是否仅仅表现了物质化、性感或自私主义的价值观？

关于进行广告宣传的产品

- 广告是否会导致与个人基本需求有关的资源的错误分配？
- 它是否会导致某一特定产品的滥用？

关于社会消耗

- 广告和产品是否会导致对自然资源的浪费？

最后评价

如果意图和技术并不存在问题，是否存在其他因素导致不必要的伤害的发生？

3. 网络营销

随着电商的发展和普及，网络营销已经成为非常主流的营销手段。虽然相关领域的监管已经不断规范，但是其伦理问题仍然较为突出。网络营销的伦理问题主要涉及违反市场的公正原则。它的主要方式是在技术不对等、信息不对称的条件下，商家在实现营销目标的同时，通过网络技术以较低成本、大规模误导或者欺骗消费

 墨菲，兰兹尼柯，鲍维，等. 市场伦理学 ［M］. 江才，叶小兰，译. 北京：北京大学出版社，2009：210.

者，以及侵犯消费者知情权、求偿权等权益，阻碍、干扰了市场的公平竞争。类似的情况并非网络营销独有，在线下的商业环境中也时有发生，只是在网络营销中的范围更广、问题更集中、行为更复杂，创业者和创业企业尤其需要引起注意。

（1）秘密营销　秘密营销是指商家通过互联网使消费者在毫不知情的情况下受到营销的影响。例如，消费者在网络上看到的调查问卷、抽奖甚至公益方面的内容链接，打开很可能就陷入商家精心设计的套路，一步一步"被营销"了。

（2）蜂鸣营销　蜂鸣营销是指通过雇用人们使用新产品或对新产品进行讨论，从而给新产品带来蜂鸣般宣传效果的营销方式，这虽然会引起媒体或其他人的关注，但也会带来潜在的利益冲突。[一]一些包装、设计得很到位的产品测评、消费体验的文章，常常夹带着诱导性很强的内容，在消费者毫不知情的情况下，也对他们的消费产生了重大的影响。

（3）价格诱售　用较低的价格或者较高的折扣吸引消费者可谓是最有效的促销手段，例如网络营销中常见的"一元购""零元返""砍一刀"等营销手段。但是，这往往只是一个噱头，初始价格或者折扣的背后是精心设计的，是基于对消费者认知和购买行为诱导和掌控的设计。英国竞争委员会归纳了 5 类常见的报价方式：①水滴定价，商家往往先诱使消费者交付一个能承受的、不太大的金额，开始不说明很多隐藏的消费，等到消费者下了订单后才一点一点地告诉消费者；②打折促销，在一个被高估的原价上制造折扣价格的假象；③复杂定价，如"买 2 送 1"这种需要额外计算产品单价的定价方式；④诱饵，卖家取消了优惠承诺，但仅限于先买先得；⑤限时折扣，为折扣价格框定一个限期。[二]许多互联网商家利用掌握的用户购买信息及其用户画像，对用户的行为习惯了如指掌，紧紧抓住禀赋效应等消费者购买行为中的弱点实施套路报价。

（4）虚假信息　在网络场景中，消费者的购买行为常常受到产品购买者的数量、点赞量以及具体点评等的影响，因此商家常常会采取雇用水军刷单和以消费者名义发布诱导消费的评论等行为。虚假信息泛滥已经是网络营销的公害。当然，有的虚假信息还有其他的动机在里面，例如外卖平台大打价格战，满减多少就给商家补贴多少。为了获得更多补贴，商家组织学生等人员用手机下虚假订单，补贴款到账后双方再分成。

此外，自动扣费续期和免密支付难以取消、利用跟踪用户行为数据促销等方面

㊀ 哈特曼，德斯贾丁斯，麦克唐纳德. 企业伦理学：第 3 版 [M]. 苏勇，郑琴琴，顾倩妮，译. 北京：机械工业出版社，2015：213.

㊁ 扎拉齐. 算法的陷阱：超级平台、算法垄断与场景欺骗 [M]. 余潇，译. 北京：中信出版集团，2018：145.

的问题在网络营销中也较为突出。

电商正在从监管上带有一定宽容度的新兴商业领域成为传统行业，网络营销也随之成为相对稳定的营销手段，许多相关法规、政策已经在逐步规范和加强，网络营销的伦理治理体系也得到持续完善。

市场的效率原则和公正原则的冲突永远存在，创业企业切不可因为短期带来的显著销售效果，就将营销行为置于违反市场基本伦理原则和来自监管部门、社会公众、媒体舆论、用户投诉的打击之下。越来越多的行业和企业都会对营销活动实施严格的伦理审核，创业者应该增强道德敏感性，不应将自己的行为置于很可能给创业活动带来重大损失的道德困境中。

练 习 题

（单选或多选）

1. 市场经济伦理的基本问题是（　　）。

  A. 垄断与竞争　　　　　　B. 管制与自由

  C. 平等与歧视　　　　　　D. 公平与效率

2. 平台"二选一""大数据杀熟"等相关垄断行为的根本问题在于（　　）。

  A. 店大欺客　　　　　　　B. 树大招风

  C. 反市场竞争　　　　　　D. 数字霸权

3. 目标市场的伦理问题主要存在于（　　）。

  A. 老年人　　　　　　　　B. 少年儿童

  C. 高净值人群　　　　　　D. 行为能力不足者

第六章
伦理和创业机会
识别与开发

1. 掌握如何把握有伦理风险的创业机会
2. 了解如何在创业机会开发中建构新的创业伦理
3. 了解如何在创业机会开发中提升伦理水平

导入案例

社交电商创业机会中的伦理重构

2015 年起，以云集、达令家、环球捕手为代表的工业化微商兴起。这些微商整合货源，用户只需要缴纳一年几百元的平台服务费就可以开店，开店后通过自购优惠分享给朋友来获得收益。一名店主只要邀请到 100 名新人就可以成为导师，而团队成员达到 1000 人的时候就可以升级为合伙人。导师和合伙人都可以通过团队的销售额获得佣金。平台会提供统一的文案配图并实时更新，销售成本很低。许多早期担惊受怕，自己组织货源，做微商的人转投云集。云集号称我国最大的微商正规军。然而，这种模式仍然是传销的营利模式。2017 年，云集因涉嫌传销，被开出 958 万元的罚款，公众号被微信永久封停，经过 4 个月的整改，云集以和店主签订劳务合同的方式规避法律风险，线下返佣变为企业给员工的报酬。经过整改后的云集限制了分销的层次，也让很多店主流失。但规范化经营，让云集逐渐转型，成为一家领先的会员制电商企业。2019 年 5 月云集正式登陆纳斯达克，在电商格局中占据一席之地。

云集上市后，有投资人感慨：识别云集这样的项目，最大的挑战是要克服"投资人偏见"。投资人往往会以自身的消费习惯来判断项目的价值，但这是很危险的，因为这并非是所有人的消费习惯。一线城市的中高端消费人群时间紧张，买东西更加信赖有品牌的渠道，宁可付出较高的价格换来安心的品牌保证。这位投资云集的投资人在调研的过程中曾经遇到过一个三线城市的家庭妇女，这名家庭妇女的朋友圈全部都是卖货的，对她而言，刷朋友圈就是逛街。交朋友和购物原本有着不同的伦理原则。朋友之间是情感化的、长期持续的熟人关系。购物是基于商业契约的陌生人关系。在社交电商中，这两种伦理交织在一起，重构出新的商业伦理。理想的社交电商伦理既有人情的温度和信任，又有商业的品质和效率，产品的质量也能得到保证。然而，在现实中，仿制、山寨等伦理问题在微商群体里泛滥，许多微商产品本身也没有什么核心竞争力，靠看起来高大上的营销手段获得顾客。云集这样的社交电商头部创业企业，要重建行业伦理，还有很长的路要走。

（资料来源：《南方日报》"'争议'微商的烦恼"；网易新闻，"当微商'喜提'社交电商，又面临着怎样的机遇和风险？"）

案例讨论分析

1. 微商创业机会中面临着怎样的伦理问题？

2. 微商应当建立怎样的伦理原则？

3. 如何提升伦理水平，以使微商能够持续经营？

第一节　利益相关者视角的创业机会

一、两种类型的创业机会

创业者是机会驱动的。一个成功的创业者常常能够先于别人发现机会、把握机会、赢得先机。创业机会不是灵光一现的想法，而是要具备以下条件[一]：①为用户创造显著的价值；②解决了真正的问题，消除了某种痛苦；③市场上存在对产品或服务的普遍需求，并且顾客愿意为此付费；④具有强劲的市场和利润率，并被证明可以盈利；⑤创始人和团体具有与机会对应的经验。

具有潜力的创业机会往往源于不连续性的变化。这些变化包括行业规范、技术发展、价值链等。带来重大创业机会的不连续性变化往往会改变行业里利益相关者的结构和关系，打破原有的伦理原则。例如，从燃油汽车到新能源汽车的更替，意味着汽车厂商不仅要满足用户使用汽车出行和身份的需求，还要满足社会对降低能耗的需求。即便一个人不开汽车，因为受汽车燃油燃烧所带来的污染影响，也成为汽车的利益相关者。汽车厂商需要考虑到更大范围社会公众的利益。为了减少碳排放，政府通过补贴限制燃油汽车的发展，或要求燃油车企向新能源汽车企业购买碳排放积分等。虽然新能源汽车取代燃油汽车的趋势是清晰的，但行业的伦理和规范确立还需要一个逐渐成熟和完善的过程。

在打破和重构伦理的过程中，会有一段旧的伦理共识被打破，新的伦理共识尚未建立的新旧转换时期。在这个时期，创业者面对两种对待未满足的利益相关者的选择：①趁着行业整体缺乏伦理共识，行业伦理约束宽松，回避利益相关者的诉求，对自己放低伦理要求，为赚取高额利润"合法地"损害利益相关者的利益而使自己获益，我们把这种类型的创业机会称作个人利益导向的创业机会；②面对行业整体缺乏伦理共识的情况，用较高的伦理水平要求自身，积极寻找协调、满足利益相关者冲突诉求的方法，成为新伦理的重构者，我们把这种类型的创业机会称作利益相关者导向的创业机会。这两种选择主要取决于创业者的伦理发展水平。当创业者处

[一]　斯皮内里，亚当斯. 创业第一课 [M]. 浦汉淞，译. 北京：中国人民大学出版社，2017：107 – 170.

在道德发展较低级的前习俗阶段[⊖]时，就会认为伦理规范是和奖惩挂钩的。认为只要暂时没有受到惩罚，自己所做的就是合理的。在伦理不确定情境下，新伦理还没有建立起来，行业缺乏伦理共识，创业者即便因为追求个人私利而损害他人利益，受到的惩罚也相对较小，不足以阻止想要获利的强烈动机。另一些已经达到后习俗发展阶段的创业者，在面对伦理不确定的情境时，他们不是利用这个机会为个人套利，而是意识到要根据行业发展趋势和普遍的伦理法则建立新的伦理规范。这些创业者是能够打破现有规范，建立新的伦理规范的道德创业者[⊖]。

二、个人利益导向的创业机会

当一个行业处在重大、非连续性转折节点时，行业缺乏规范和共识，这就会让处于较低伦理发展水平的创业者觉得有较大的获利机会，即便损害他人的利益也不会受到太大惩罚，从而进入一个自由、缺乏管束的伦理环境。自利导向的创业者容易发现和开发个人利益导向的创业机会，通过损害他人的利益而获得个人利益。这类机会常常出现在新市场发展的初期，只能给创业企业带来短期利益，而对长期发展不利。

1. 为赚取超额利润而损害消费者的利益

在个人利益导向的创业机会中，最常见的是为了赚取超额利益而损害消费者利益。当创业者相对于消费者拥有信息或资源优势，而市场信息还很不透明和缺乏监管时，就可能会利用这种优势为自己谋取超额利润。当重大创业机会出现时，常常会出现许多人利用伦理模糊的情景，做出损害用户利益的行为。例如，随着物联网的发展，越来越多的摄像头被安装在酒店、家庭，发挥安防作用。安防数据中的数据安全应该谁来负责，还处在伦理的模糊地带。一些小型安防企业为了获取更高的利润，降低了数据加密的标准，导致产品留有安全漏洞，很容易被黑客攻击导致用户数据泄露。又如，2014年，微商刚刚兴起的时候，充满了大量依靠微商流量红利的短期套利者，趁着行业缺乏监管大肆贩卖各种质量难以保证的三无产品。在这个时期，大量单一品类的微商品牌在朋友圈快速崛起。然而不久后，央视曝光了微商面膜含有大量荧光剂和激素，成为毒面膜的事件，微商一时间成为骗子的代名词。

⊖ 科尔伯格. 道德发展心理学：道德阶段的本质与确证 [M]. 郭本禹，等译. 上海：华东师范大学出版社，2004：11-194.

⊖ KAPTEIN M. The moral entrepreneur：A new component of ethical leadership [J]. Journal of Business Ethics，2019，156（4）：1135-1150.

2. 为赚取资本而损害合作伙伴或投资人的利益

有人编造虚假的产品或服务，声称是能赚大钱的创业机会，骗取想要套利的其他创业者或投资人。欺诈者往往具有一定的信息优势，利用信息不对称吸引人上当。这种做法不仅有违伦理道德，许多还触犯法律。常见的骗局包括以下几种。

（1）传销骗局　传销是通过多级代理分销的一种模式。传销模式的本意是优秀的产品产生了口碑效应，顾客愿意帮助经销商来分销产品，获得利润。然而传销模式很容易变成骗局，产品的质量很差，价格很高，并不是卖给终端客户，而是通过不断发展下线获得收益，成为"庞氏骗局"。

（2）投资暴富　打着稳赚不赔，高额回报的幌子筹集资金，投资的项目包括外汇、比特币、股票等，但实际上都是假的项目，筹集到钱后骗子立刻跑路。

（3）技术骗局　利用人们对科技行业崇拜的心态，把一些技术上根本不可行，但是听起来很高大上的项目包装起来，吸引投资。例如，2018 年，庞青年和南阳政府⊖签约，南阳政府投入 40 亿元生产所谓的"水氢发动机"汽车，号称车载水可以实时制取氢气，车辆只需加水。最终以公司破产，项目被证明是一场骗局收场。

3. 过模仿新技术而损害竞争对手的利益

损害竞争对手而使自己获益的主要方式是抄袭和复制。一个行业的领先企业会在品牌、设计、研发等方面投入巨大的资源，而后发者可能通过低成本的模仿，以较低的价格销售和领先企业类似的产品。作为人力成本相对低廉，制造能力强大的国家，我国长期以来存在大量的创业者，以抄袭、复制（尤其是数字产品）的方式进入一个热门的市场。模仿类创业损害了原创企业的利益。原创企业耗费重金获得的品牌、产品创新等竞争优势被模仿者轻而易举地获取。

模仿、抄袭类创业机会的典型案例，是曾经席卷全球的我国山寨手机行业。在早期功能机时代，很多深圳商家就借助供应链优势，模仿索尼、诺基亚等热门机型的外观。在智能机时代，苹果、三星等手机成为模仿的对象，几乎以假乱真。大量的山寨手机售给三四线城市对价格敏感的用户。然而，随着山寨机之间的恶性价格竞争、以小米为代表的低价手机和不以硬件为盈利中心的商业模式的出现、手机技术含量的提高和仿制难度的增加，山寨手机逐渐没落。

⊖　陈宇曦，吕新文. 庞青年的政府生意，也太特别了吧［EB/OL］.（2019 – 05 – 24）［2021 – 09 – 07］https://www.sohu.com/a/316301369_617374.

三、利益相关者导向的创业机会

和个人利益导向的创业机会不同，利益相关者导向的创业机会着眼于发现被忽略的利益相关者的需求，通过技术和商业模式创新满足这些需求。利益相关者需求受到忽视，常常有文化和伦理的深层原因，需要创业者在伦理的模糊地带重建伦理和重新协调利益相关者的关系。利益相关者理论认为，各利益相关者存在相互冲突的竞争性诉求。一些利益相关者认为，他们为企业创造的价值比从企业得到的价值要多，想要获得更多价值，并减少付出。创业者要发现这些冲突，联合不同的利益相关者共同创造新产品和服务，在利益相关者之间重新配置资源。这是因为创业者拥有其他人没有的知识和经验，能够找到或创造机会，让利益相关者的利益随着时间的推移逐渐彼此兼容，化解冲突。当创业者成功化解了利益相关者之间的冲突，各方需求都得到满足时，所创立的企业就能够繁荣发展[一]。

以企业间市场的创业机会为例，在自由竞争的市场环境下，产能过剩导致亏损的厂商常常被认为是由于追逐自身利益而导致的自然结果。从产业互联网的视角看，这些厂商缺乏充足的市场信息，可以通过更高效的产业互联网平台让这些厂商更好地配置产能，满足终端消费者的需求。产业互联网让厂商之间从恶性竞争关系转化为合作共赢关系，重新塑造了行业利益相关者的格局和行业伦理。

再以消费者市场的创业机会为例，许多饮料消费者其实很喜欢甜味饮料，但是喝甜味饮料常常会被认为是一种不健康的生活方式。于是，以元气森林为代表的代糖饮料快速崛起。美国商业作家马克·佩恩（Mark Penn）提出了"小趋势"的概念，每个小趋势里都隐藏着某类快速增长的未被满足的利益相关者的需求，一些小众的亚文化正在带来全新的创业机会。这中间的很多趋势充满了伦理上的争议。例如，随着女性收入的增加，传统的男主外女主内的家庭模式受到冲击，女性在家庭重大消费决策上的影响力日益增加，同时选择不结婚的人也与日俱增。随着人们对健康的重视，饮食文化正在剧烈变化，富有争议的有机食物、保健品、人造肉等创业项目层出不穷。

在《洁净与危险》中[二]，人类学家玛丽·道格拉斯（Mary Douglas）研究了人类社会一直存在的文化禁忌现象。她指出，每个文化里都有一些被长期认定为"肮脏"的禁忌，这些禁忌意味着危险，因为它们违背了通常的社会规范和秩序。文化会通过仪式的举行、对犯罪的惩罚等方式，重新确立原有的秩序，维护社会规范，

[一] 弗里曼. 利益相关者理论的现状与展望 [M]. 盛亚，等译. 北京：知识产权出版社，2013：3-103.

[二] 道格拉斯. 洁净与危险 [M]. 黄剑波，卢忱，柳博赟，译. 北京：民族出版社，2008：5-36.

触犯这些禁忌的人会被排斥。然而文化禁忌并非一成不变的，今天的文化禁忌在明天可能就成为人们习以为常的事物。在 20 世纪 80 年代改革开放初期，我国台湾地区的邓丽君的流行音乐刚刚进入大陆，和当时的文化主流并不相符，被批判为靡靡之音。然而很快，由于受到了年轻人的追捧，新的流行音乐范式迅速取代了旧的范式。

创业者在挑战旧的文化禁忌，创立新的文化范式的过程中起到了关键的作用。然而这也使创业者在挖掘这类创业机会的过程中，遇到了伦理的挑战。如何应对主流文化的冲击，如何在夹缝中找到生存的机会，如何分辨哪些伦理可能发生变化，哪些伦理原则是不能违背的，这些都是摆在创业者面前切实的难题。

第二节　创业机会开发中的伦理创新

当创业者想要把握一个处在伦理模糊地带的创业机会时，如果遵守既成的、保守的伦理准则，创业项目就无法开展。这时候，创业者需要考虑在创业机会开发的过程中实现伦理创新。创业机会的开发是一个从种子用户到大众市场的过程，也是一个新商业伦理碰撞和完善的过程。

一、创业企业—种子用户互动社群和新伦理的萌芽

越来越多的研究发现，创业企业尤其是创新型创业企业的崛起，往往都是从一个小型的根据地式的小众市场慢慢发展起来的。在这个阶段，用户量不大，但用户的质量很高，我们把这个阶段称为种子用户期。种子用户是一些有需求、有痛点、态度开放、愿意尝试新生事物、愿意和企业一起完善产品的用户。通过和种子用户的互动，创业企业不断打磨、完善产品，为进军更大市场做好准备。在这个过程中，创业企业可能会触碰主流文化的禁忌。要解决这个问题，单凭创业企业本身的智慧是不足的。创业企业需要和种子用户一起探索新伦理的可能性。种子用户对新产品的热爱，会让创业企业有信心坚持下去。

著名的社交网站 Facebook 的发展，就是以哈佛大学学生作为最早的种子用户，证明了社交网站的价值。2004 年，正在读书的扎克伯格，通过技术手段盗取了哈佛大学所有学生的照片，搭建了一个叫 facemash 的网站。这个网站只有一个功能，就是让学生对随机选出的两张照片打分，选出学校里的校花。这个网站当晚就吸引了450 个用户和 2.2 万次的浏览量。但是因为侵犯了个人隐私，扎克伯格差点被退学。这让扎克伯格意识到，通过图片展示和交流信息，有着非常强烈的需求。随后，他

建立了 Facebook，起初只能展示头像和基本信息，但必须用学校的真实邮箱注册，从而保证信息真实有效。这一举措使得 Facebook 的用户注重内容质量，Facebook 很快成为一个高质量的平台。Facebook 仍然保持用户的纯粹性，一段时间只开放给常春藤学校的学生，积攒了一批优质、活跃、有影响力的种子用户。

NewsFeed⊖的推出使 Facebook 展示的内容不再是静态的，而是一个你和你身边朋友正在做的事情"千人千面"的信息集合。NewsFeed 推出后，隐私问题使 Facebook 受到争议，很多用户反感 Facebook 侵犯了个人隐私。反对者发起了针对 Facebook 的游行，还在 Facebook 上建立了组织抗议 Facebook 的组群⊜。面对伦理争议，扎克伯格通过数据看到 NewsFeed 之后的流量和使用频次都增加了，坚信这是一个用户喜爱的功能。

Facebook 这个案例说明了在种子用户期，创业企业是怎样在触犯主流文化的禁忌时，保护企业的创新发展的。在数字时代，隐私问题一直是一个充满争议的伦理问题。一些保守人士认为，要严格保护用户隐私，不经许可不能上传。另一些激进人士认为，数字时代，信息应该尽可能地开放透明。破解哈佛网站获取学生照片的扎克伯格，在隐私伦理上相当激进，不惜冒着被开除的风险。这种行为在激进的黑客文化中是得到赞赏的。但当真正开始创业时，扎克伯格再也没有采用这样激进的手段，只是让用户上传自己的信息，通过算法把这些信息实现个性化的分发。即便如此，这种做法仍然被保守群体视为伦理挑战。这时候，扎克伯格依托愿意分享、交流自己信息的种子用户，由他们来创作和引领更多用户改变习惯，形成新的隐私伦理。随着时间的推移，用户对隐私的态度也越来越开放，更多的人发现在 Facebook 上分享信息能够获得朋友的点赞和关注，能够更好地和全世界人交流互动。当利益大于风险时，伦理问题就逐渐得到解决。

在《创新的扩散》里，创新传播专家埃弗雷特·罗杰斯提出，新产品、新理念的传播，遵循创新者—早期采用者—早期大众—后期大众—落后者的过程⊜。伦理创新同样遵循这个规律。主流文化采取的伦理一般都是稳定、保守的，将偏离主流文化的伦理视为禁忌而排斥。创业者最早切入的种子用户群体，往往都是开放、创新、不畏惧被主流文化视为异端的群体。这些人相信新的伦理会给自身和社会带来更大的好处，愿意冒着风险挑战社会既有的伦理规范。创业企业在种子用户阶段，

⊖ 赵赛坡. Facebook News Feed 这十年，以及被它改变的世界 [EB/OL]. (2016－09－09) [2021－09－07] https://www.sohu.com/a/114039751_120672.

⊜ Louis. Facebook 是如何做用户增长的 [EB/OL]. (2018－10－16) [2021－09－07]. http://www.opp2.com/102329.html.

⊜ 罗杰斯. 创新的扩散 [M]. 辛欣，译. 北京：中央编译出版社，2002：1－86.

会不断面临种子用户群体对伦理的认同，甚至因为认同而产生激进行为，以及主流文化对新伦理的排斥。在冲突和撕裂中，创业企业逐渐变得成熟，学会协调不同的观点，做好了跨越死亡谷，走向更大市场的准备。

这期间要注意的一个风险是，有的创业企业也会被用户绑架，一直停留在种子用户群体的伦理观念里，形成一个内部凝聚但对外难以融入的群体。例如，一些小众服装圈（汉服、洛丽塔、JK 制服）的打假维权就引发过一些伦理争议。这些圈子里，有一些用户崇尚原创，鄙视抄袭或过度借鉴原创的商家和穿着这些衣服的其他用户，这些用户被称作"穿山甲"（穿山寨、假货）。当有用户穿着看起来像是抄袭的衣服时，这些崇尚原创的用户就会指指点点、不断议论。这背后有着复杂的心态。一方面，这些用户确实希望原创的商家好；另一方面，由于原创的商品价格相对较高，品质较好，对穿非原创、正品衣服用户的指责，能够让他们有道德和经济上的双重优越感。

处于这种情况下的创业企业，要注意不要过早陷入大企业通常会陷入的"创新者的窘境"。创新管理专家克里斯坦森指出，很多大企业也会做认真的用户调研，但是往往难以阻止创新性的小企业的崛起。这期间的关键是大企业过于听取那些认同它们的用户的意见，而创新性的小企业往往是从不起眼但快速成长的低端市场崛起，最终冲击到大企业所占的市场份额。作为创业企业，有认同自己、维护原创、购买正版的用户固然是好事，但是也要考虑到是否因为自己的价格过高，而把那些想买正版的用户拒之门外？

伦理创新的考虑，一方面要考虑创新的正义，另一方面也要考虑对不同收入水平用户的平等伦理，有时候两者难以兼顾。由于大众市场消费能力有限，对价格往往较为敏感，渴望高性价比的产品。快时尚巨头 Zara 就以此为卖点，每年推出上万种设计精良的款式，以快速推出的新品满足用户追求时尚但又不想多花钱的需求。由于设计量大，Zara 难以靠自己独立完成。因此，Zara 不避讳抄袭时尚大牌款式和独立设计师，甚至不惜打官司。从用户立场上看，Zara 是受到欢迎的，但是从大牌服装来看，Zara 的行为是不道德的。

总而言之，创业企业和早期种子用户的互动、发展，影响后续的规范。在这个阶段，创业企业、用户、供应商、合作伙伴致力于在一个封闭的圈子里解决一些模糊的，可能在主流文化中是禁忌的伦理问题。在种子用户阶段，道德的形成不是靠监管和惩罚，而是在社群/小圈子里逐渐形成的。种子用户往往是一群开放度较高，能够接受新思想新事物的用户。种子用户是创业新伦理形成的萌芽。

二、从小众市场到大众市场的伦理重构

当创业企业从小众市场进入大众市场时，面临着创业中最严峻的"死亡谷"：大众市场和小众市场需求的断裂。我们仍然以智能手机行业为例。2008年，苹果发布iPhone，引领手机行业进入智能手机时代。两年后，小米手机成立，当时打出的口号还是"为发烧而生"，从发烧友市场做起来。智能手机刚起步的几年，价格昂贵，功能不完善，用户大多是早期愿意尝试新鲜的用户。然而，随着4G网络的普及，手机产业链配套成熟，以微信为代表的"杀手级应用"出现，智能手机逐渐从小众市场进入大众市场阶段，手机行业所有的厂商都面临着穿越"死亡谷"的挑战，要适应大众市场对安全、稳定、实用的要求。小米、OPPO、vivo等厂商选择避开苹果、三星的竞争，从相对低端的市场切入。小米悄然从"为发烧而生"转型成为高性价比的品牌形象。华为选择从高端市场切入，通过大量的研发投入不断提升性能，成为苹果强有力的竞争对手。同时，通过荣耀副品牌和小米等厂商在中低端市场展开竞争。苹果也一改乔布斯的极客范，不追求突破性的技术创新，而是稳扎稳打，利用软硬件一体化的优势，打造流畅、安全的用户体验，成功让苹果手机的影响力扩大到中产阶层。2016年，iPhone的销量达到10亿台。

在穿越"死亡谷"的过程中，创业企业也可能遭遇伦理的冲突。早期用户怀着尝鲜的心态，对品质要求相对较低，能够容忍一些产品不完善的地方，甚至还会协助厂商提升产品。厂商还可以营造一种创新、变革的文化，吸引用户。但是，随着进入大众市场，用户对产品质量的要求急剧提升，要求安全、稳定。这时候如果厂商没有及时跟进，快速提升产品品质，就会导致大批用户流失。智能手机行业初期曾经占据领先地位的手机厂商HTC，在智能手机快速发展、进入大众市场的时期，反而快速衰退。其中的一个重要原因就是产品在发热、续航、屏幕控制等方面出现了严重的质量问题，导致大批用户流失。

进入大众市场后，面对着突然增加的海量用户，对风险事件处理不当，出现伦理问题，也会导致用户大量流失。2016年，三星新发布的手机Note 7[一]发布一个月，就在全球发生三十多起爆炸和自燃现象，甚至在美国西南航空公司的航班上引发了火灾。三星不得不紧急在全球召回手机。然而，在一开始的召回计划中，三星声称由于电池供应商不同，中国区的产品不在召回计划中，引发了我国消费者的愤怒，认为三星存在对我国消费者的歧视。此后，三星在我国用户心中的品牌形象受到严

[一] 方圆圆. 三星或砍掉Note系列，"爆炸门"后中国市场份额仅剩1.2% ［EB/OL］. （2020 – 11 – 24）［2021 – 09 – 07］. https://baijiahao. baidu. com/s? id = 1684231711484925353&wfr = spider&for = pc.

重影响。随着国产手机质量的提升，三星手机性价比的劣势逐渐显现，加上难以维持的高端品牌形象，在我国市场节节败退。

三星和 HTC 的案例说明，当市场由小众市场进入大众市场时，企业必须审慎地面对大众群体对伦理问题的一般反应。在种子用户阶段，创业企业可以探索各种前沿、创新的伦理原则，而在快速增长的大众市场，创业企业要根据大众市场的一般预期来决定。当大众市场涵盖不同的国家文化时，企业还需要特别注意对不同国家的用户公平对待，避免引发用户歧视的伦理争议，影响品牌形象。

对某些从创业初期就面临挑战文化禁忌的企业来说，从小众市场到大众市场的转型还面临着去污名化的过程。小众市场转向大众市场后，创业者的心态也要做相应的调整。在封闭的小众市场，创业者和周围群体有一个彼此认同的小圈子，可以自己定义伦理。然而，这种伦理在面对大众市场时，却可能是被排斥甚至污名化的。创业者需要采取主动、积极的态度，去除污名化，在更大范围建立伦理的合法性，赢得大众市场和利益相关者的尊重和认可。这需要创业企业花费更多的努力来说明新伦理的合法性。

医美行业是一个典型的快速发展，但面临着去污名化的行业。医美行业一直笼罩在奢侈消费的氛围中，其早期用户是明星、富豪等高收入群体。医美行业存在大量质量参差不齐的无牌机构和黑医，有不少安全事故，价格信息不透明，是我国口碑最差的行业之一。

在明星效应的带动下，医美行业从小众市场进入大众市场，许多学生、白领等普通群体也产生了医美需求。快速增长的需求，使大量非法行医的黑诊所滋生，严重影响了行业口碑。据更美 App 发布的 2017 中国医美行业黑皮书，一家非法行医的黑诊所一年获利 100 万元，但是一旦因为非法行医被查出，只会罚没医疗器械和 1 万~2 万元的罚金。极低的违规成本使我国有超 6 万家黑诊所，每年进行 2500 万例手术，发生约 4 万起医疗事故。

除了行业混乱外，医美行业通过手术改变人的外貌与我国传统的主流文化和审美相冲突，甚至会被认为是弄虚作假。主流文化认为，天然的、不加修饰的美才是值得认可的，而通过整形来增强自信是一件很可悲的事情。"整容脸""网红脸"成为强烈的负面标签。

医美行业的创业企业在尽力改变公众对行业的负面认知。例如，新兴的医美互联网平台新氧联合 13 名顶尖中国医美行业的技术专家，以及 7 位时尚界人士作为美学专家，通过数据分析、技术分析、美学鉴赏的方式，评选出包括 96 名医生的

⊖ 吴佳佳. 新氧推出绿宝石医生榜单 [EB/OL]. (2020 - 11 - 01) [2021 - 09 - 07]. http://www.ce.cn/cysc/yy/hydt/202011/01/t20201101_35960399. shtml.

"新氧绿宝石医生榜单"，试图建立一套有公信力的行业标准，重塑用户对行业的信心。新氧倡导的是，医美行业之所以存在，是因为人们对美有与生俱来的追求，而天生的资质让人和人存在外貌的不同，影响了人生的命运。医美行业的立足，是要建立一套新的伦理规范，让主流文化意识到，在确保技术安全的前提下，通过整容获得外貌提升，对那些外貌平凡的人是一种公平和正义。

三、创业机会开发和新伦理的成熟

随着行业的发展和进步，创业企业逐渐占据主流市场，成长为大企业，新的伦理也随着创业企业和利益相关者的成长而逐渐成熟。新伦理发展的最后一个阶段是新伦理完全建立了自己的合法性。利益相关者就新伦理达成共识，形成了一个认可并遵守这种新伦理的共同体。在这个共同体里，大家所认可的新伦理是所有利益相关者行为做事的准则。

新伦理共识分为两个层次：法律层和行业公约层。法律层划定了新伦理共识的底线，是所有从业人员都必须遵守的最低行为标准和规范。法律具有惩戒性，当不遵守法律时会根据程度不同进行惩罚。行业公约层是一个行业大家所公认的伦理规范。有时候会以成文的形式写出来，有时候不会。不遵守行业公约的企业，会被行业里其他遵守公约的企业排斥，具有较低的商业信用，难以获得发展成长所需的产业链资源。

法律是全社会所必须遵守的共同规则。从提出法律到制定法律，由人大代表委员会审议，要经历一个比较长的过程。例如，2018年《中华人民共和国电子商务法》（简称《电子商务法》）通过成为正式法律。《电子商务法》是2013年由全国人大财经委员会牵头起草，涉及12个部门，历时5年的时间，通过4次审议，听取多方意见，才最终立法成功[二]。

法律的颁布把大家已经形成共识的伦理责任，最终以法律责任的方式固定下来。《电子商务法》主要用来界定电子商务经营者和电子商务平台两个主体的法律责任。

针对大量的中小电子商务商家，《电子商务法》规定，虽然电子商务经营者应当依法办理市场主体登记，但是如果个人销售自产农副产品、家庭手工业产品，或者利用自己的技能从事依法、无须取得许可的便民劳务服务活动和小额交易活动，不必办理市场主体登记。这些规定让大量从事C2C模式的电子商务经营者取得了合法的身份。但是法律同时也规定，即便是这些不必办理市场主体登记的电子商务经营者，也需要遵守一些经营原则，包括不得将搭售商品或服务作为默认同意的选项，

〇 王付娇. 历时五年《电子商务法》终落地，各方聚焦五大关键词 [EB/OL]. (2018-09-01) [2021-09-09]. https://www.jiemian.com/article/2434829. html.

承担按约定的时限向消费者交付商品或服务的物流风险，不得扣押押金，保护用户的隐私等。如果不遵守这些规定，有相应金额的处罚。

针对电子商务平台，法律规定了对电子商务经营者身份的核验、向市场监督部门报送经营者的身份信息、保证电子商务交易安全、区分自营业务和平台经营业务、承担平台经营者违法业务的连带责任、将竞价排名的商品或服务标明广告等责任。如果违反这些规定，最高可被处以 200 万元罚金。

《电子商务法》正式生效后[⊖]，对电子商务领域的执法和司法活动产生了实质影响。一年多的时间里，有 70 多项行政执法案件和 800 多件司法裁判直接引用了《电子商务法》。在行政执法上，处罚理由主要集中在广告宣传、市场主体登记、信息公示等领域，执法案件主要集中在浙江、江苏、上海等电子商务活动密切的区域。在司法案件中主要涉及网络合同纠纷、侵权、责任纠纷、知识产权纠纷等。例如，北京互联网法院通过审理中国音乐著作权协会诉斗鱼公司网络传播案，宣判斗鱼公司应当就主播未经授权播放他人音乐的行为承担赔偿责任。广州知识产权法院在对某游戏著作权侵权案的审判中，认为未经许可的游戏直播行为是对权利人合法权益的侵犯，是不正当竞争。

立法、执法过程，是一个通过树立判例标杆，引导行业伦理发展方向的过程，也让违反伦理的行为受到惩戒与震慑。然而法律的问题在于立法和执法成本都较高，有大量日常生活工作中的伦理行为，并没有在法律的管辖范围内。这就需要行业公约和契约制度来进行约束。

行业自律公约是商业协会、行会等组织对会员的一种约束性条款，它反映了一个行业里的核心成员对行业道德行为的共识。行业公约[⊖]有着悠久的历史。在中世纪的欧洲和古代的中国，就通过行会、商会对成员的伦理道德进行约束。现在许多新兴行业快速发展，行业协会的自律对新兴行业伦理的形成起着至关重要的作用。

中世纪的欧洲分裂成许多小城邦，国家控制力度较弱。从公元 9 世纪起，欧洲逐渐建立起各种商业协会，为保护本行业利益而互相帮助，限制对内对外竞争，规定业务范围。行业协会在行业里逐渐建立了垄断地位，如果不参加行业协会就不能经营。行业协会对成员的道德伦理行为有着很强的约束作用，对产品质量、诚信经营，会员间的平等相待、互助支持，商业秘密保守等都有明确的规定。当成员之间出现道德伦理方面的争议时，会找行业协会进行仲裁。我国古代行业协会也有着类

⊖　蔡鹏，王梦迪.《电子商务法》实施后的执法、司法回顾及其趋势 [EB/OL].（2020 - 08 - 28）[2021 - 09 - 09]. https://m.sohu.com/a/415418415_120051855.

⊖　赖佳，张晓晗. 试析欧洲中世纪行会学徒制 [EB/OL].（2017 - 01 - 22）[2021 - 09 - 09]. http://www.cssn.cn/zt/zt_xkzt/zt_lsxzt/sjszt/zsjozhhyj/zsjhhyjxz/201701/t20170122_3394153.shtml.

似的经济和社会功能，包括维护行业信誉、避免恶性竞争、建立规范稳定的市场和对产品质量进行规范。如果违背了行业协会的规定，那么不会受到行业协会的保护，甚至可能会受到经济和暴力的惩罚。

在当代，行业自律公约仍然对规范行业伦理起着重要的作用。例如，在快速发展的互联网金融行业存在许多金融逾期、债务催收的问题。为此中国互联网金融协会于 2018 年发布《互联网金融债务逾期催收自律公约》[一]。该公约是在国务院互联网金融风险专项整治办公室等监管部门的指导下，综合大量的调研工作、国内外成果征集、产学研专家意见而制定的。

该公约适用于互联网金融协会的会员，规定了遵纪守法、规范审慎、保护隐私、严格自律、不得违背法律法规和公序良俗的基本原则。对于互联网金融从业机构，要求建立完善的内控管理制度，保护债权人、债务人的隐私，建立完善的外包管理制度。如果外包管理机构损害了债权人的合法权益，从业机构要承担相应的责任。在催收过程中，不得恐吓、威胁、辱骂债务人，不得频繁致电骚扰债务人，不得向债务人之外的其他人员透露个人信息，不得损害债务人的个人财物，不得威逼债务人通过新增借贷或非法途径筹集资金偿还债务。

在公约执行落地部分，互联网金融平台建立了中国互联网金融举报信息平台，可就从业机构违反公约的行为进行举报。协会将通过移交违法违规信息、责令整改、警示公开通报、公开谴责等自律管理措施规范成员的行为。报道显示，2016 年—2018 年，中国互联网金融举报信息平台收到 17 万条举报，主要集中在暴力催收和保护客户隐私方面，其中 15 万条转交给了监管部门处理。[二]

第三节　提升创业机会开发中的伦理水平

一、为什么创业者容易被有违道德的机会诱惑

作为旁观者有时候我们会很好奇，为什么一些创业机会明显有违道德还有很多创业者要铤而走险地追求这样的机会？我们认为以下两点原因造成了创业者容易被

[一] 刘四红. 中国互联网金融协会发布催收自律公约 [EB/OL]. (2018 – 03 – 28) [2021 – 09 – 09]. https://www.sohu.com/a/226616339_117965.

[二] 王诗堃. 互联网金融举报信息平台两年收 17 万条举报 [EB/OL]. (2018 – 10 – 17) [2021 – 09 – 09]. https://m.sohu.com/a/260103831_100116740.

有违道德的机会诱惑：信息不对称带来的超额利润；榜样示范带来的高收益/低惩罚预期。

1. 信息不对称带来的超额利润

商家比起消费者，拥有更多的信息优势，可以通过这些信息优势获利。例如，电子商务交易平台可以通过买家和卖家不了解彼此的信息，搭建信息中介平台获得收益。诚信的商家希望不断让消费者知道更多的信息，做出更好的决策。但是一些不诚信的商家会利用信息不对称带来的优势，向消费者隐瞒关于商品的重要信息，从中获得超额利润。当不诚信的商家利用信息不对称带来的优势，获得比诚信商家更多的利润时，就会有越来越多的创业者学习这种行为。

当市场上有大量的不诚信商家时，消费者就会对市场失去信任，最终导致市场失灵，这种机制也被称作逆向选择。经济学家乔治·阿克尔洛夫（George Akerlof）指出了这一原理。当消费者对卖家天花乱坠的说法都不相信的时候，唯一的办法就是压低价格，以避免信息不对称带来的风险损失。这时候越是诚信、生产高质量产品的商家，由于成本原因，在竞争中越处于劣势，最终高质量产品被逐出市场。消费者在市场上只能买到低质的产品，整个市场处于失灵状态。

逆向选择理论能够解释，为什么像拼多多这样的渠道下沉市场，充满着大量的假货。渠道下沉市场的用户对价格敏感，对品牌缺乏感知度。一个优质品牌的产品和一个劣质品牌的产品，在他们面前并没有明显的区别。这就使品牌无法做一种价格信号的机制，传递给消费者必要的信息。各种劣质的、仿冒的产品，由于极低的原材料、生产和营销成本，能够以低价向消费者销售。消费者觉得买得便宜，即便亏了，损失也不大。

仿制服装市场也是一个逆向选择造成的结果。有很多消费者的消费能力难以买得起大牌服装，而一些生产仿冒服装的商家又向消费者灌输大牌服装都是仗着店大欺客，故意卖给消费者很贵的衣服，让消费者失去对大牌服装商家的信任。这类消费者本身对品牌服装质量了解有限，就大牌服装和仿冒服装的品质难以区分。利用消费者的这种心态，仿冒服装不断强调自己的品质跟大牌服装是一样的，只是省去了营销成本，所以卖得便宜。这就形成了巨大的仿冒服装市场。消费者宁可低价买很多质量低劣的仿冒衣服，也不愿意花比较多的钱买一件质量比较好的大牌正品。

2. 榜样示范带来的高收益/低惩罚预期

人是一种社会动物。当人产生某种行为的时候，往往不是孤立的，而是受到榜样激励的结果。创业者被有违道德的机会所诱惑，往往也是和周围的人有关系。当创业者身边有一个大家所公认的榜样，能够借助某个创业机会赚到很多的钱，但没有受到什么惩罚。其他创业者就会跟进，模仿这个榜样的行为去赚钱。这就使有违道德的创业迅速扩散开来，从个体行为成为群体行为。

模仿是人类的天性。对大部分创业者来说，从事高度创新的创业项目，无论是技术创新还是商业模式创新，都是比较困难的。追随已有成功的创业模式，把握已经被别人验证过的创业机会，是大部分创业者的选择。这样做本身无可厚非。当看到一个机会时，后发者对先发者的模仿是很正常的现象。例如，苹果开拓了智能手机行业，很多手机厂商都对苹果进行了模仿。

心理学家阿尔伯特·班杜拉（Albert Bandura）指出，人类可以通过榜样的行为模仿学习，改变自己的行为。[一]社会学习包括四个过程：注意、保持、记忆和动机强化。创业者模仿先发者也经历了社会学习的过程。一开始，创业者注意到身边或者网络上有先发者抓住某个创业机会赚到了钱。先发者和别人分享赚钱的体会，吸引别人一起来参与赚钱。通过和先发者的交流，创业者对创业机会和赚钱的机会有所了解，进而自己开始尝试，模仿先发者的方式赚钱。当创业者发现这样做真的能赚到钱，而且看起来没有什么风险时，就受到激励，进而投入更多的时间、资源参与这个创业项目。

这种模仿学习的机制使很多庞氏骗局式的创业项目得以发生。庞氏骗局源于一个名叫庞兹的意大利人。1919年，他在美国发起了一个投资计划，在波士顿向大众兜售。庞兹设计了一个非常复杂，大家根本弄不懂的投资计划。但有一点很明确，就是这个项目在90天内可以获得40%的高额回报，设置了巨大的诱饵。最初的投资人确实在规定时间内拿到了回报，于是后面投资人蜂拥而至。这实际上是一个拆东墙补西墙的骗局。前面的投资人拿到的回报源于后面的投资人投入的钱。一旦后面的投资人没有投入，这个骗局就终止了。这类骗局之所以成立，是因为不断有人看到前面的人从中赚到了钱，于是源源不断地往里投钱而不考虑其中的风险。

传销也是一种通过社会学习机制快速扩散的创业骗局。传销组织有着层级森严的上线下线，声称要销售某种昂贵的产品。当上线发展下线时，常常会欺骗下线，自己通过卖这个产品赚了多少钱，很快发财致富。但实际上，上线并没有真的卖出产品，都是在欺骗下线的过程中卖出的。下线看到上线赚了钱，认为自己这样做也能赚到钱，就模仿上线的行为发展自己的下线。当最后一波下线已经难以发展新的下线时，他们就成了"接盘侠"，承接了骗局中所有的成本。

3. 政府、平台监管和有违道德创业机会的惩罚

惩戒力度过低，是创业者对很多有违道德的创业机会趋之若鹜的主要原因。能

㊀ 班杜拉. 社会学习理论 [M]. 陈欣银，李伯黍，译. 北京：中国人民大学出版社，2015：1-17.

够获得高收益，但是如果被抓住，受到的惩罚很低，创业者就不惜冒险获取财富。因此，要想减少创业者涌向有违道德的创业机会，就要通过行政监管和行业监管提升惩罚力度，对一些创业者形成震慑。重赏之下必有勇夫，重罚之下必有畏者。

政治学家、哲学家托马斯·霍布斯在《利维坦》[○]中，提出了人需要把部分权力让渡给国家，以解决自然激情的矛盾。霍布斯认为，在没有法律约束的自然状况下，每个人都追求自己的自由，人类以个人利益为中心，为了争夺稀缺资源而相互争斗，引发战争。因此，人不能是完全自由的，人必须要把部分权力让渡给一个更大的国家机器，以避免人和人之间在自然状态下永无休止的冲突。

从这个角度出发，政府的严厉惩戒对创业者涌向有违道德的创业机会至关重要。创业者本身是逐利的，可能会追逐让自身利益最大化，但是严重损害他人利益的创业机会。如果在一个缺乏监管和约束的行业中，会有大量的创业者出于自然激情的本性，选择有违道德、伤害他人的创业机会。政府必须从创业者手上收回一定的权力，以强制、惩罚的方式约束创业者的行为。

2020年9月，国家市场监督管理总局宣布，瑞幸咖啡为了获取竞争优势，通过虚假交易等方式制作虚假业绩并对外宣传，相关第三方公司也存在帮助虚假宣传的不正当竞争行为。国家市场监督管理总局认定，瑞幸咖啡及帮助瑞幸咖啡宣传的43家第三方公司，违背了《中华人民共和国反不正当竞争法》，顶格处罚6100万元。这是国内监管部门对瑞幸咖啡开出的第一张罚单。国家市场监督管理总局的处罚，不只是针对瑞幸咖啡，也让帮助瑞幸咖啡进行虚假宣传的第三方公司受到震慑。

2020年7月，实施了30年的《化妆品卫生监督条例》[○]退出历史舞台，取而代之的是国务院新颁布的《化妆品监督管理条例》，该条例于2021年1月1日起实施。我国已经成为全球第二大化妆品市场，有约5200家化妆品生产企业。但是化妆品中长期存在非法添加、假冒伪劣、虚假宣传等现象。随着微商的兴起，大量创业者因为化妆品的高利润而涌入化妆品行业，造成了行业的乱象。这份新颁布的条例包括18条关于违法处罚行为的法条，惩罚措施包括没收、罚款、责令停产停业、吊销许可证件、禁止市场和行业进入等逐步升级的处罚措施。处罚措施也比原来更加严厉。例如，原来罚款基数是违法所得，现在调整为货值所得。原先对未经许可从事化妆品生产活动等违法进行处罚，金额是违法所得3~5倍的罚款，现在提高到货值金额15倍以上到30倍以下的罚款。

除了政府监管变得越来越细致，处罚力度越来越大，互联网平台型组织利用大

○　霍布斯. 利维坦［M］. 黎思复，黎弼，译. 北京：中国政法大学出版社，2003：127-289.

○　周子荑. 国务院发布《化妆品监督管理条例》［EB/OL］. (2020-07-02)［2021-09-09］. http://www.nreone.com/html/liangpincang/2020-07-02/2277.html.

数据进行治理也是未来的一种趋势。政府的监管和处罚有一些缺陷，例如执法成本较高，依赖事后惩罚而难以事前预警等。拥有大量数据的互联网平台，能够在监管和治理上发挥更加重要的作用。

例如，阿里巴巴已经从一个交易平台发展成为几万亿规模的经济体。为了更好地治理平台的秩序，阿里巴巴成立了全世界独创的平台治理部⊖。2018 年，在面对平台治理部员工的讲话中，阿里巴巴 CEO 张勇描述的平台治理部的核心逻辑是通过数据把所有经济行为数字化，通过透明公开的数据追踪到发生经济行为背后的经济组织或个人，进而从个人行为推断到背后的产业行为，挖掘背后有系统的灰色、黑色的产业链。张勇指出，阿里巴巴不只是一个平面的互联网，而是要深入产业链，挖掘规模制的有组织的制、售假货刷单的行为。平台治理要研究整个市场机制，惩恶扬善，而不是在事后惩罚。

2017 年，阿里巴巴平台治理部对外公开了大数据打假地图⊖，包括售假账户操控人和假货生产企业两部分，对制假售假者进行信用惩戒。阿里巴巴挖掘了 18 个因售假而被关闭的淘宝店铺，找出背后隐藏的疑似售假账户操控人，进而找出背后的售假团伙和产业链。阿里巴巴溯源 61330 个售假账户，主要集中在广东、福建、浙江、山东等沿海地区。通过对这些售假账户背后操控的上游工厂的挖掘，找到上游疑似生产企业 1640 个，涵盖 3C 数码产品、女装、鞋类、箱包、皮具等。阿里巴巴公布了这些企业的黑名单，并且使用"同人模型"对这些企业进行拦截，以分辨出那些换一个"马甲"重新制假售假的企业。

大数据还使消费者维权变得简单。消费者在维权中，可以"零举证，秒退款"。这是因为阿里巴巴平台治理部在消费者维权中，设定了消费者信用模型、商家信用模型和投诉智能模型。

二、市场竞争机制和有违伦理创业机会的规避

创业者愿意投身模仿、欺诈的创业机会，是因为创业者意识到这类创业机会能够带来低风险的超额利润。要使创业者远离这类机会，除了行政监管外，市场竞争机制也要发挥重要的作用。当创业者意识到更高的伦理水平能够带来更大的经济回报，而有违伦理的创业机会会让他们遭受经济损失时，就会逐渐远离有违伦理的创业机会。

⊖ 周小白. 张勇解读阿里平台治理逻辑：数据驱动透明是基础 [EB/OL]. (2017 – 04 – 13) [2021 – 09 – 09]. http://people. techweb. com. cn/2017 – 04 – 13/2512368_3. shtml.

⊖ 张璇，方问禹. 阿里巴巴发布大数据"打假地图"，哪里为"重灾"省份？[EB/OL]. (2017 – 06 – 29) [2021 – 09 – 09]. https://www. sohu. com/a/152854142_267106.

　　模仿、抄袭、欺诈等有违伦理的创业机会会导致创业者陷入恶性同质化竞争，让创业者难以积累核心竞争能力，最终被市场淘汰。当坚持品牌建设、产品创新的企业获得更大的市场份额，这些伦理水准较低的企业就会逐渐被市场淘汰。

　　战略管理学家迈克尔·波特指出，企业有两种基本竞争战略：差异化战略和成本领先战略。差异化战略是指企业通过提供跟竞争对手不同的差异化产品，或者差异化的营销策略、商业模式等，给消费者提供独特的价值，打败竞争对手。成本领先战略是指企业采用各种措施降低生产、运营、制造、研发各环节的成本，使企业能够以较低的价格向消费者提供产品和服务，获得竞争优势。成本领先战略和差异化战略如果能够同时使用，会给企业带来较大的竞争优势，甚至形成垄断。但在现实中，成本领先战略和差异化战略往往存在矛盾。差异化的独特的产品往往价格较高，而同质化的产品价格相对较低。

　　例如，在手机行业，苹果手机具有独一无二的软硬件一体的模式，带来流畅的用户体验，也拥有所有手机中最高的售价，并且获取了手机行业大部分的利润。价格较低的手机就比较同质化，采用相似的零部件和设计，依靠较低的价格形成竞争优势。后来崛起的华为手机具有一定的差异化竞争优势，例如自行设计的强大的芯片，自行开发的基带和较好的通话质量。同时华为手机又具有相对于苹果较低的价格，因此华为手机快速占领了市场，对苹果手机造成了冲击。

　　选择模仿、抄袭等有违伦理的创业机会的企业，常常是比较弱小的，缺乏核心竞争能力。它们不具备与行业领先企业正面竞争的能力。创业者发现这个行业中领先企业的产品售价较高，有很多消费者想要拥有领先企业的产品，但是经济条件不允许。因此，创业者通过提供价格低廉的仿冒产品，以满足这部分消费者的需求。仿冒产品的品质可能和正品差别不大，这进一步增强了创业者自认为的合法性，他们认为自己是在满足消费者合理的需求。

　　生产仿冒产品的创业者往往会搭上品牌正品的便车。例如，当某一个品牌有一款产品热卖时，仿冒产品就会迅速跟进，渗透品牌正品本身难以渗透的市场，尤其是在三四线城市，以比正品更低廉的价格和更敏捷的铺货速度，迅速占领市场。然而，由于生产假冒产品的创业者之间存在强烈的同质化竞争，当一个产品能够赚钱时，会有很多个创业者跟进。激烈的市场竞争，最终会让创业者都赚不到钱。这时候创业者只能等下一个市场热点的出现。

　　如果市场上只有高价的品牌产品和仿冒高价品牌产品的创业者，这些创业者可以不断地重复追求市场热点的游戏。然而可能会有创业者意识到，消费者真正要的是物美价廉的产品。创业者就可能会采用成本领先战略，再加上一定的差异化战略，塑造一个平价优质但是仍然具有品牌特色的产品来占领低价仿冒产品的市场。创业者还可能采取创新的商业模式，进一步压缩价格空间，通过产品组合在其他地方获得利润。这些创业者相对那些单纯采取仿冒策略的创业者有更强的竞争优势。

小米手机和山寨手机的竞争是一个经典案例。小米推出了极致性价比的红米手机，以平易近人的品牌形象，普通人可以接受的低价，够用就好的配置，把智能手机拉到了千元以下的价位，对处在类似价位但是品质并不可靠的山寨手机造成了直接冲击。小米的成本领先策略直接带动了国内其他手机厂商对低价市场的竞争。为了抢占市场，低端手机市场的利润变得极薄。这时山寨手机无力和品牌手机在价格上竞争，自身品质也难以保证，加上政府的严打，最终山寨手机退出了市场竞争。2017年8月31日，在上海国际商业年会上，小米创始人雷军声称，小米在做手机的这些年击败了市场上几乎所有的山寨手机。

许多行业存在着山寨产品，是因为品牌产品价格较高，但这也给凭借成本领先优势占领市场的创业者提供了绝佳的机会。凭借在手机行业的经验，小米和产业链伙伴一起进军多个行业，推出了许多物美价廉的产品，对这些行业里原有的山寨产品造成了冲击，对一些价格虚高，缺乏核心竞争力的品牌也造成了冲击。因此，山寨产品等违背商业伦理的创业机会出现，根本上还是消费者对物美价廉的产品的期望。解决这个问题，最终还是要靠市场竞争机制。

练 习 题

（单选或多选）

1. 下面（　　）不属于创业机会的特征。
   A. 灵光一现的想法
   B. 为用户或最终用户创造显著的价值
   C. 在市场上解决了真正的问题，消除了某种痛苦
   D. 市场上存在对产品或服务的普遍需求，并且顾客愿意为此付费

2. 创业者认为伦理规范是和奖惩挂钩的，是创业者处在（　　）的表现。
   A. 前习俗阶段　　B. 习俗阶段　　C. 后习俗阶段　　D. 超习俗阶段

3. 相信新的伦理会给自身和社会带来更大的好处，愿意冒风险挑战社会既有的伦理规范是（　　）的表现。
   A. 种子用户　　B. 主流用户　　C. 领先用户　　D. 付费用户

4. 一个行业大家所公认的伦理规范是（　　）。
   A. 行业法规　　B. 行业公约　　C. 行业政策　　D. 行业规范

5. （　　）能够使创业者远离损害他人利益而获得高额利润的创业机会。
   A. 强监管　　　　　　　　B. 公平的市场竞争
   C. 行业公约　　　　　　　D. 榜样示范

第七章
创业团队伦理文化
及制度化

1. 了解创业团队及其核心价值观的基本概念
2. 了解创业团队伦理文化的重要性及其核心原则
3. 了解创业团队伦理文化的不同层次
4. 熟悉伦理领导力的三个维度
5. 熟悉伦理文化制度化的主要步骤

导入案例

为什么创业者都远离陈天桥?

2008 年 3 月 6 日, 起点中文网的几位高管离职, 在互联网界掀起一阵波澜。几天之后, 盛大文学 CEO 侯小强在内部邮件中表示: 起点中文网部分员工提出辞职, 董事会已批准了他们的请求, 自己将直接负责起点中文网的工作, 并希望离职员工"遵守职业道德和商业伦理"。起点中文网总经理吴文辉则一直保持缄默。

吴文辉团队的出走虽然外部动静很大, 但在盛大内部并非什么大事件, 只能算是一朵"小浪花"。起点文学事件也只是盛大投资内部与诸多创业者矛盾的一个缩影。

2013 年下半年, 盛大集团联合创始人谭军钊离职, 而陈大年 (陈天桥的弟弟) 独立成立掌门科技 (盛大参股, 他还是盛大的 COO), 这才是盛大内部的大事件。

业内对盛大高管离职已经见怪不怪了, 他们中有创业初期加入的"拓荒者", 如陈大年、谭群钊、凌海、朱威廉、岳弢、林海啸, 也有因为收购、扩张、整合加入的"空降兵", 如唐骏、李瑜、李善友、许朝军、龙丹妮等。

伴随着盛大"高管离职潮"的是盛大业绩的止步不前。盛大靠网络游戏起家, 曾经是中国网络游戏的领导者, 但目前已经跌出了前三甲。盛大曾经和腾讯、阿里巴巴及百度 (BAT 三巨头) 平分秋色, 但如今, 整个盛大集团的市值只有这三巨头的 1/10, 相比之下, 黯然失色。

盛大以代理大型网游《传奇》起家, 陈天桥本身也堪称一个"传奇"。1999 年, 陈天桥开始创业, 但一开始发展并不顺利。2000 年, 盛大以 30 万美元代理韩国 ACTOZ 公司的网络游戏《传奇》, 由此挖到了一个金矿, 并开创了我国网络游戏这个行业。2004 年, 盛大公司上市, 而陈天桥则在那一年成为中国首富, 当时他才 31 岁, 这个纪录绝对"空前", 也很可能要"绝后"了。陈天桥还曾是全国政协代表, 也是上海市工商联和青联的副主席, 拥有丰厚的政商人脉。

陈天桥曾经在媒体上说, 他奉行的价值观是"大赌、大输、大赢"。事实也确实如此, 他的创业经历就是一场"大赌", 而且很幸运地赢得了这场赌局, 从此之后他一直都是"大赢"。他最初的梦想是打造一个"中国迪士尼", 也做了很多尝试, 但盛大给人的印象还是一家网络游戏公司。

他说网络游戏有很大的机会, 同时也是一个凶险的行业, 兼具了恶性竞争风险、专业风险、政策风险和社会风险。在一个机会和风险都很大的行业里面待久了，陈天桥的心思无疑比同龄的企业家老辣得多。

和很多同龄的互联网企业家强调开放和分享不同的是，陈天桥更像一个身居深宫的"帝王"。他信佛，喜欢闭门修炼，极少和媒体打交道，极少参加一些公开论坛，更不玩什么微博，对外界的各种非议也基本上不回应，这些都使得他和互联网一代的企业家格格不入。

虽然陈天桥拥有好几家上市公司，但是盛大的"家族味"依然浓重。他甚至公开宣称："我从来就没有认为家族化的企业需要去淡化，如果家族化企业的管理能够帮助盛大实现我们的理想和梦想。"家族企业的公司治理结构没什么不好，只不过最近两年陈天桥似乎走得更远了，在两个联合创始人（其中一个是他胞弟）离开之后，盛大更像是"一个人的帝国"。

陈天桥公开说过自己需要三种人：好人、明白人和能人。一个盛大内部的人解读：所谓"好人"就是忠诚于陈天桥，所谓"明白人"就是执行到位，所谓"能人"就是能把事情搞定。不过这么多年下来，很多明白人和能人离开了，留下最多的还是陈天桥眼中的好人。

创业初始，陈天桥就有一个打造"中国迪士尼"的梦想，也非常善于资本运作。与宏大梦想不相称的，则是盛大高层管理人员的极度匮乏。由于扩张迅速，盛大自己培养的"好人"又远不能满足其要求，于是采用快速收购、高价挖人的用人策略。陈天桥在收购和挖人时非常"大手笔"，但如果这些人到了盛大之后不能快速证明自己的价值，陈天桥对他们的耐心也非常有限。

陈天桥在用人方面有些矛盾。一方面，他深谋远虑、求才若渴，为了一个优秀的高管愿意"三顾茅庐"，高薪聘用；但另一方面，他又犹疑反复，往往会朝令夕改。这些人往往是满怀希望而来，满怀惆怅而去。

盛大内部采用网游的积分升级制，事业部的各类 KPI 在陈天桥看来一目了然，KPI 稍有下降即有"卡级"之忧。那些盛大收购过来的团队往往会和盛大之间有很剧烈的文化冲突。酷 6 的团队离职也是这种文化冲突的反应。

在强调开放、分享、共赢的互联网时代，盛大这种陈天桥"一个人的传奇"模式还能走多远。

（资料来源：钛媒体，http://tech.hexun.com/2013-03-29/152649484.html。）

案例讨论分析

1. 创业为什么需要团队，创业团队为什么需要价值观？
2. 在互联网时代，以家庭为基础的创业为什么没有成为主流？
3. 创业团队能人辈出与创业伦理有何关系？

创业过程的核心精神是创新精神，因此，创业很可能是孤独的。但"没有人是一座孤岛"，即使是个人创业也涉及不同层次、程度的合作。创办一家企业往往首先是从创立一个创业团队开始的。创业崇尚企业家精神和个人主义，非常依赖创业者的个人能力，但几乎没有人能够单打独斗地创业成功。优秀的创业者往往也是一位优秀的管理者。正如奈飞前首席人才官帕蒂·麦考德（Patty McCord）所言："管理者的本职工作是建立伟大的团队，按时完成那些让人不可思议的工作。"[一]作为创业的一种合作基础和必要资源保障，这是决定创业成功与否的最重要因素。如果创业能够持续成功，这种合作往往还会形成一种正向的循环，即合作不断产生更深层次的信任和忠诚度，创造更大更有意义的价值。

一个优秀的创业团队不但能够取得通常意义上的合作共赢，而且还会有许多价值观层面的共识，并逐步形成自身的伦理文化。尤其是会在初创团队基础上形成创业企业的高层管理团队。所以，初创企业也是一个"小社会"，创业团队的价值观及伦理文化的形成是企业文化和创业伦理发展的一个根本性问题。本书第二章阐述了在知识社会带来的创业生态变革中，价值观网络的重要意义。如果把创业看作在一个生态系统里逐步被吸纳进一个价值观网络，并努力在其中占据越来越重要的作用，那么在创业团队的基因里，道德伦理方面的内容一定是最关键的。

领导力专家沃伦·本尼斯（Warren G. Bennis）认为：未来的领导者不再单独存在，而是与伟大团队共存。在这种富有创造力的组合下，领导者与其团队能够共同达成"绝非一人所能完成的事"，领导者通过团队展现"伟大"并协助团队成员展现"伟大"。[二]基于在创业团队伦理文化中所起的决定性作用，本章将伦理领导力一并纳入讨论。

第一节　构建创业团队伦理文化

一、创业团队及其伦理文化

1. 创业团队的概念

团队是群体的特殊形态，是一种为了实现某一目标而相互协作依赖并共同承担责任的个体所组成的正式群体。[三]狭义的创业团队，是共担创业风险、共享创业收益，有着共同目的创建新企业的人，即初始合伙人团队。广义的创业团队则不仅包括狭义创业团队，还包括与创业过程有关的各种利益相关者，如董事会、风险投资

[一]　麦考德. 奈飞文化手册 [M]. 范珂，译. 杭州：浙江教育出版社，2018：10.

[二]　本尼斯. 七个天才团队的故事 [M]. 张慧倩，译. 杭州：浙江人民出版社，2016：5.

[三]　切尔. 企业家精神：全球化创新与发展 [M]. 李欲晓，赵琛微，译. 北京：中信出版社，2004：56.

家、专家顾问等。[一]优秀的创业团队聚集了来自不同商业领域的创业者及相关人士，他们在生产、销售、技术、品牌、运营等各方面的特长和经验为创业成功提供了多方面的支持。

创业团队的是对未来有着较高预期，承担着较高风险的一个群体。他们又在相当长的时间内利益绑定、并肩奋斗。虽然都是在相同的商业和市场环境中，但与一般的企业相比，创业团队更强调平等和利益共享，以及包容性、人性化。团队这一表述本身就具有一定意义上的分权意味，与集权、垂直、官僚化的组织体系相区别。

创业团队的另一个特点是强调创新和创造价值，因此普遍采取更彰显公正原则的激励机制，以及股权等所有权形式的利益分配机制。例如，谷歌的 OKR（Objectives and Key Results）内部考核机制，即目标和关键成果法，突出了员工的自主性和创造性，并且能够使团队更一致地面对整体目标，已经被越来越多的互联网企业采用。

总体而言，创业团队作为更加灵活和人性化的组织形态，其进步性和效能已经得到市场的验证。谷歌、Facebook、特斯拉、腾讯等位居全球市值前列的公司，创办大多 20 年左右，几乎都是从很小的创业团队起步的。

2. 伦理文化的影响

伦理文化是组织成员面临伦理难题时所遵循的规范和价值观。[二]团队是一种有利于合作的组织形态，而伦理文化也是一种人类进化而来的合作机制。以道德为目的伦理文化是在创业团队产生、发展中逐步形成的，本身也在塑造着创业团队的工作风格、行为模式、道德标准。有着较成熟、稳定的伦理文化的创业团队，通常能够承受一定的外在市场压力，做出更有利于长期发展的决策。

企业的伦理文化涉及核心价值观、使命、愿景、氛围等，甚至也包括企业工作习惯、员工之间关系处理的风格等内容，是企业从社会、心理层面建立伦理体系的重要环节。伦理文化是企业文化的重要组成部分，如谷歌的"不作恶"、腾讯的"科技向善"。

人们常常有这样的印象，新生的创业团队往往不守规矩。创业企业由于伦理问题受到法律和行政处罚的事件也经常被媒体报道。国内还发生了以虚构失德行为炒作创业企业的事件。例如，2016 年 8 月 31 日，校园洗衣服务平台"宅代洗"CEO 郭超宇承认，自己在接受采访时进行了商业炒作。为了宣传效果，他谎称公司为了

[一] 张玉利，陈寒松，薛红志，等. 创业管理 [M]. 4 版. 北京：机械工业出版社，2019：93.

[二] 帕博迪埃，卡伦. 商务伦理学 [M]. 周岩，译. 上海：复旦大学出版社，2018：391.

获取第一批用户，剪断了大学宿舍楼的自助洗衣机电源线。这家在该炒作事件中被一致指责的创业企业，又背负上毫无道德节操、欺骗公众的骂名。

创业团队面对的是一个充满了各种复杂关系和问题的、具有流动性和多变特征的世界。这样的环境下，违反道德并试图掩盖的可能性更高。具体而言，主要有三个方面的原因：

1）在初创的过程中，对于创业活动的道德和行为的边界，创业团队需要通过摸索甚至是试错的方式，逐步积累经验，形成正式的和非正式的规则，并进一步建立伦理文化。这个过程越短，对创业越有利。因为，如果在较长的时间里没有形成团队共同遵循的道德规范和伦理文化，创业很有可能因为严重的伦理后果受到重创。

2）在竞争压力和经营困境的冲击之下，一些创业企业没有坚定地守住伦理底线、执行道德方面的原则。创业者承受的风险和压力较一般的企业家更大，经常会面对濒临破产的绩效压力和一夜暴富的利益诱惑，这其中的道德冲突、道德困境在商业伦理各个领域中几乎是最突出的。

3）在某些创新领域的创业中，规章制度、监管体系和道德准则常常落后于创业实践。在这些特殊情境下，大量的创业者没有守住道德边界，出现了大面积伦理失范的情况。曾经热闹一时的 P2P、大数据爬虫等创业"风口"最终迎来全行业的整顿清理。追赶这些本来就存在伦理问题的创业热潮，除了使个人和企业受损，社会也为此付出沉重的代价。

伦理行为是在社会环境中发生的，必然会被组织因素影响。在特定情境下的伦理或非人的行为，不仅是个人特质作用的结果，也是个人特质和情境、组织因素交互作用的结果。1986 年，琳达·屈维诺（Linda Trevino）以道德发展理论为依据，提出了一个包含个人情境与企业相互作用的组织伦理决策过程模型，认为决策者对伦理困境的分析并不能完全由其道德发展认知阶段的状态来决定。该模型中的个人因素及个人调节变量，包括自我力量、环境依附性和控制焦点，组织因素即情境调节变量，包括直接工作环境、组织文化和工作自身的特点。[一]伦理文化对创业团队成员在一个特定的决策情境中做出伦理决策的能力有决定性的影响。

也正因为如此，伦理文化是由组织内部复杂的正式或非正式体系交织作用产生的，可以给组织内每个人在非正常情况下的判断和行为带来帮助。正式体系指的是高管的指示、选拔体系、政策和规范培训、计划与培训项目、绩效管理体系、组织结构及决策过程等。非正式体系指的是榜样和英雄人物、行为规范、庆祝活动、传说与故事及语言等。这些因素可以证明正式体系中所传达的伦理信息是真实的或虚

一 田虹. 企业伦理学 [M]. 北京：清华大学出版社，2018：94.

假的。所有这些因素都会导致道德和不道德行为的产生，保证正式和非正式体系的一致性是非常重要的。[1] 例如，在一个以宣扬诚信文化，要求员工诚实正直的企业，如果对外宣传的内容甚至财务数据涉嫌造假，是不会真正形成关于诚信的伦理文化的。在实践中，人们其实更注重企业管理者的实际做法和真实的激励导向，而不是各种规范、文本和宣传资料中的说辞。

在建构创业团队伦理文化中，最基本的信条是诚信。信誉与社会网络对经济活动极为重要，这是创业的生命线。巴菲特曾经对所投资的所罗门兄弟公司全体员工公开说："如果你做错决策，令公司蒙受经济损失，我完全能够谅解。但如果你失去了诚信这一名誉，就不要怪我不讲情面。"

2020年5月28日，十三届全国人大三次会议表决通过了《中华人民共和国民法典》（简称《民法典》），《民法典》第七条规定，民事主体从事民事活动，应当遵循诚信原则，秉持诚实，恪守承诺。以法典的形式再次明确了我国民商事法律规范的基本原则——诚实信用原则。原本只是一种道德标准的诚实信用原则，随着民法学的不断发展，逐渐被立法吸收。其背后体现了《民法典》平衡市场主体之间及私人利益与社会利益的各种冲突和矛盾，对市场主体在进行民事活动时应遵循基本交易道德的规制目标。企业作为重要的市场主体，应当深刻理解诚实信用原则的规范意义，在民事活动中讲求信用、恪守承诺、诚实不欺，在不损害他人利益和社会利益的前提下追求自己的利益。诚实信用原则已发展成为企业经营的重要法律基础。[2]

在团队伦理文化中，公平几乎和诚信处于同等地位。"公平是信任的替代货币，它连续不断地经受着压力测试，如果有人觉得他受到不公正的待遇，关系就可能破裂，企业可能就瓦解，创新也可能失败。""双方都认为公平的答案只能在长期的合作中慢慢得到。他们只需要记住，以后每天他们都要一同工作，任何一方被怠慢都是他们承受不起的。""倘若不公平的感觉蔓延到整个团队，信任就会迅速被破坏，而各方的痛恨也会随之而来，创新企业团队必须实施调整来确保公平。"[3]华为推崇的"不让雷锋吃亏""以奋斗者为本"，本质上也是一种彰显公平的伦理文化。

二、创业团队伦理文化的不同层次

伦理文化反映了对所做决策中道德因素的判断和行动根源。伦理文化是很多因

⊖ 屈维诺，尼尔森. 商业伦理管理 [M]. 7版. 吴晓蕊，陈晶，译. 北京：电子工业出版社，2020.
⊜ 李婵. 诚信原则对企业市场行为的规范意义 [N]. 企业家日报，2020-07-02 (3).
⊜ 黄，霍洛维茨. 硅谷生态圈：创新的雨林法则 [M]. 诸葛越，许斌，林翔，等译. 北京：机械工业出版社，2015：177-178.

素的集合，包括企业政策、高级管理层在伦理事件上的领导行为、同事的影响，以及从事不当行为的可乘之机，主要可分为三种类型。

1. 基于服从的伦理文化

以服从为基础的文化强调员工服从权威和领导，以及遵从企业各种规则。这种伦理文化曾经广泛存在于垂直化的组织架构中，例如具有福特主义生产方式的工业制造企业和行政化的国有企业，以及没有建立起现代公司治理结构的"夫妻店"。

1）最极端的情况是一种完全"唯上"的服从，对人盲目地服从而不是遵章守规，导致因人而异。这样的伦理文化有很大的随机性和不确定性。换一任领导，面对利益和道德的冲突，伦理决策的风格往往就要调整，甚至完全不同。而且没有一种内部纠错机制的调整机制，使出现重大道德伦理问题的可能性大大增加。一旦形成了这种伦理文化，在商业活动中，企业不但有可能守不住伦理底线，还有可能全面沦陷。

2）企业虽然有相关的伦理原则，但往往是一些枯燥乏味的口号和束之高阁的规范，加之缺乏相关的投入和指导，以及沟通讨论，很难使所有的成员形成伦理共识，导致员工对许多道德问题视而不见，或者简单交由上级决定，最终无法采取企业认可的伦理决策，并贯彻到行动中。

基于服从的伦理文化是僵化的、专制的伦理文化，其更多地注重效率和短期利益以及控制力，缺乏对不同利益相关者的关心和对企业长期道德责任的重视。由于缺乏稳定性和在伦理问题上的狭隘，基于服从的伦理文化难以适合当前的创业环境。即使创始人有超凡的能力打开局面，也无法持续。

2. 基于合规的伦理文化

20 世纪后半叶，随着商业伦理的发展，企业伦理文化的一个显著特征是出现了许多新的、可度量的管理工具，从合规的角度测量伦理的非财务业绩表现。比较典型的有伦理与社会问责的 AA1000 框架、六西格玛、平衡计分卡、开放合规与伦理组织的"治理、风险及合规框架"等。

伦理与社会问责的 AA1000 框架由英国社会与伦理责任研究所（Institute for Social and Ethical Accountability）制定、发布，包括嵌入了组织价值观的系列标准原则、框架和两套标准。

六西格玛意为"六倍标准差"，在质量上表示每百万坏品率（parts per million, PPM）小于 3.4。六西格玛的主要思路是通过提高组织核心过程的运行质量，用系统性方法来全面消除管理缺陷，进而提升企业赢利能力。

平衡计分卡方法的引入改变了企业以往只关注财务指标的考核体系的缺陷，仅关注财务指标会使企业过分关注一些短期行为而牺牲一些长期利益，例如员工的培养和开发，客户关系的开拓和维护等。平衡计分卡从企业的财务、客户、内部运营和学习与成长四个方面来建立衡量体系。同时平衡计分卡方法下设立的考核指标既包括了对过去业绩的考核，也包括了对未来业绩的考核。

开放合规与伦理组织（Open Compliance Group Framework Overview）[一]致力于建立合规指引而非标准，以及通过更多的内控定性因素帮助企业建立组织伦理，并为组织伦理的发展提供方案而创设了支持合规能力稳定性的统一框架。

以上这些传统的伦理导向型文化着重于合规，尤其是符合法律规范。基于合规的伦理文化主要强调运用伦理审计、法律途径来解决处理各类伦理问题，通过法律或监管规则来制定规则与要求，并通过高层实施规则及政策与保障。企业的伦理决策围绕风险管理和危机响应进行运转，而非围绕文化和价值观展开。

这种伦理文化可帮助管理层、利益相关者及执法部门保障企业合规，故从短期看效果显著。然而，合规导向的伦理文化再全面、强大也是有限的，不可能穷尽所有伦理决策中的适用原则。由于缺乏长期的价值观的指导，在伦理困境和伦理决策中，在具体情境无法对应规则的时候，合规导向的伦理文化往往只能依赖个人的价值观来决策，并且常常受到权力因素的干扰。所以，这些管理方法能够有效地改善一个企业的伦理文化，但不能产生根本上的变革。

3. 基于价值观的伦理文化

基于价值观的伦理文化会明确定义企业的核心价值观，及其如何对待员工和顾客。企业产品、运营、战略中都有明确表达价值观的陈述，并能够运用价值观导向来制定和解释规则。在第一章中引述的阿里巴巴、美团、华为等企业都有类似的内容。这种伦理文化的关键在于由上而下完整地共享价值观，为行为规范提供标准的伦理准则。

Welsh 和 Birch 调研了 26 家创业型企业，并与大企业展开对比，结果发现创业型企业伦理氛围更加具有整体性而不是局部性，而且相比较其他组织而言，更倾向于强调关怀和自立的维度。还有研究表明，新创企业要比老企业更加强调规则导向的伦理氛围，但较少关注功利型的伦理氛围。一些实证分析发现，高速成长的创业型企业、创业者都主张本企业在伦理层面上实施遵从型战略，但是其做法远远超出服从法律条文的范畴，已经实施了大量具有诚信战略维度的举措，具有了诚信战略的特征。[二]因此，在创业领域，基于合规的伦理文化正在逐渐向基于价值观的伦理文化转变。

[一] 官方网站，https://www.oceg.org/.

[二] NEUBAUM D, MITCHELL M, SCHMINKE M. Firm newness, entrepreneurial orientation, and ethical climate [J]. Journal of Business Ethics, 2004, 52: 335 - 347.

　　国内领先的创业企业，对基于价值观的伦理文化有深刻的领悟。2020 年 12 月，腾讯董事局主席兼 CEO 马化腾，在腾讯出品的年度特刊《三观》中，对腾讯公司的伦理文化做了特别说明——在我们的价值观里，正直是最基本的。正直是一种信仰，正直也是规则和底线。我们坚持正直，是因为相信这样做是好的、对的，不是为了"成功"。当然，不能剥夺我们坚持正直也能成功的机会，尽管可能会更难一些。对正直的坚持，吸引了一批秉持同样价值观的同路人，也帮助我们自省、反思与向善，这是腾讯一路走来的基石。

　　当然，价值观导向的伦理文化同样需要合规要素，否则在企业中违反伦理规范的风险降低时，即使有良好的伦理文化氛围，也会有一些员工铤而走险。

　　伦理文化对道德底线有着直接和实际的影响，强有力的伦理文化对利益相关者不突破道德底线起着很大的作用，否则这种底线的长期持续性就会遭到破坏。维护和创造这种伦理文化是创业企业领导者的重要责任。领导者通过共同的价值观态度和道德操守为伦理文化定下基调。

阅读材料

谷歌"不作恶"的价值观主张

　　"不作恶"是谷歌的口号和行为准则，是其核心价值观。2012 年，除了微软以外的主要门户网站都采用了谷歌的搜索引擎，只有微软还在采用长期亏本的 Inktomi 公司的服务。Inktomi 当时的市值只剩下 1 亿美元，比巅峰时下降了 99%。很多业界人士认为如果这时谷歌买下 Inktomi 并关闭其业务，便可以轻而易举地垄断整个搜索行业，但是谷歌没有这么做。整个硅谷都对蓬勃发展的谷歌寄予厚望，希望通过和谷歌的合作来反抗垄断，如果谷歌采用这种虽然合法但恶意的收购手段来清除对手，将令整个硅谷失望。所以，谷歌宁可让雅虎把 Inktomi 买走，并成为自己在搜索领域的对手，也没有做损人利己的事。谷歌的这种君子之风日后得到了巨大的回报，几乎硅谷所有的公司都将谷歌视为一个可以信赖的朋友。当谷歌推出自己的软件下载包，希望将自己的软件通过一些软件公司提供给它们的用户，赛门铁克等公司都很配合。即使是谷歌主要的竞争对手雅虎在遇到困难时也会向谷歌求救。在整个 IT 领域几乎没有大公司与谷歌为敌。

　　不作恶还表现在做事的客观和公正上。这首先反映在谷歌对待搜索结果的排名上。搜索结果的排名关键取决于两个因素：网页和查询的相关性及网页本身的质量。谷歌有很多科学家和工程师研究"相关性"问题，而谷歌的创始人拉里·佩奇和谢尔盖·布林发明的网页排名算法是解决后一个问题的。当然，由于算法总是不可避免地存在这样或那样的缺陷，谷歌的网页排名也不是十全十美的。针对这种情况，最简单的办法就是通过手工把明显的错误改过来。很多搜索引擎就是这么做的，但是谷歌没有。佩奇和布林知道，一旦开了手工调整搜索结果的先例，以后就难免不依照个人的好恶对网页进行主观排名。从长期来看，这样将使搜索引擎失去公正性，并失去用户的信赖。因此，谷歌宁可有些查询给出不是很相关的搜索结果，也拒绝人为调整。为了做到尽可能保证大多数查询结果能让用户满意，谷歌长期在研发上投入大量的人力和财力，不断改进搜索排名算法。

当谷歌的搜索引擎变得非常流行后，很多公司找到谷歌，愿意出钱将自己的搜索排名在谷歌的结果中往前靠，但是谷歌坚持搜索排名不出售的政策。如果想通过谷歌的流量来做广告，谷歌是非常欢迎的，但是谷歌在它的页面中注明哪些是广告商的链接，哪些是搜索结果。很多人和公司认为谷歌的这种做法实在有些傻气，在他们看来，谷歌把一些愿意出钱的商家的排名往前提，能多一份收入，商家们也高兴，岂不是两全其美的好事？然而，谷歌的创始人不这么认为，他们说，"我们的用户在他们做决定时相信我们提供的信息，因为我们的搜索结果是我们用已知最好的算法产生的，它们公正而且客观，并且没有受到任何钱的影响。我们在搜索结果旁边也显示广告，但是我们总是尽量让广告和查询相关，并且表明这些是广告。就如同在严肃的报纸上，文章的内容是不受任何广告商影响的。我们的信条是让每一个人能够访问最好的信息，而不只是付费广告商提供的信息"。谷歌这种做法在短期失去了一些来得很容易的钱，但是使它在网络搜索中的市场份额不断地增长。

为什么谷歌能够做到如此？因为它的创始人、执行官和大部分员工都懂得，要想长期发展，就必须在整个业界、在大众中树立良好的形象并赢得大家的信赖。谷歌的创始人非常佩服巴菲特追求长期发展的眼光，并且在谷歌日常工作中运用了巴菲特的很多做法。巴菲特在经营它的伯克希尔－哈撒韦公司时，选定了一家银行的总裁查尔斯·芒格(Charles Munger)作为自己的合作伙伴。巴菲特有一次公开讲述了他选择芒格的主要原因。那时芒格为很多有钱人打理财务，在一次金融风暴中，全世界所有投资人都蒙受了很大的损失。一些心慌意乱的投资人通知芒格，希望把自己的投资撤出来。虽然芒格和大家讲，根据他的经验和判断，损失是暂时的并且能够很快弥补回来，但是很多人因为害怕今后损失更多，还是宁可损失一些投资也撤资了。果然，过不了多久股市的大牛市就来了。没有撤资的人不仅弥补了损失还赚了不少钱，撤资的人的损失当然就永远不可能回来了。但是，芒格依然补偿了那些撤资人的损失。这种风格在尔虞我诈的华尔街简直是异类。巴菲特就是通过这件事觉得芒格是个完全可以信赖的人并选中了他。这两位投资大师在以后的几十年合作得亲密无间，共同创造了伯克希尔－哈撒韦每股12万美元天价的神话。

谷歌在其成长的过程中也遇到了类似的情况。在谷歌早期，它为了谋求雅虎的支持，同意让雅虎在一定时间内以很低的价钱购买自己的股票，这个价钱现在看来近乎是白给。但是，互联网泡沫破碎后，雅虎并不看好谷歌，因此放弃了低价收购谷歌股票。等到谷歌快上市时，雅虎发现如果当初收购了谷歌的那些股票，自己将多出上亿美元的投资收入，于是找到谷歌，希望还能以当初的价钱收购谷歌的股份。从法律上讲，谷歌没有这个义务把雅虎放弃的股份还给雅虎。但是，谷歌在和雅虎谈判后，还是给了雅虎很多补偿。

谷歌不作恶的做法，其实是它长期发展重要的保障。

（资料来源：吴军，《浪潮之巅》。）

第二节 创业中的伦理领导力

创业团队尤其突出个人魅力和领导力的精神层面的引导，其伦理文化的建立、发展一定是自上而下，而不是自下而上的。在这一过程中，与权力紧密相关的领导力如何发挥建立伦理文化的关键作用，是创业团队价值观和伦理文化形成的核心。

创业中的伦理领导力导致价值观改变是一个领导变革的过程。这需要一整套发展伦理领导力的步骤，将创业伦理融入组织文化并进行传播和传承。

一、伦理领导力的 "有所不为"

尤因·考夫曼（Ewing Kauffman）曾经说过，人们希望被领导，不想被管理。领导力对创业企业更是起着至关重要的作用。成功的创业者不需要凭借正式的权力就能向别人施加影响力，这就是领导力。而且领导力的影响也不局限于企业的创始人和CEO，它广泛存在于创业团队的高层、中层，包括具有个人号召力的专家型成员和技术人员。管理与领导的区别见表7-1。

表7-1 管理与领导的区别

	管理	领导
工作事项的提出	计划和预算：为所要达到的结果，建立详细的步骤和时间表，然后为达到这些结果分配所需的资源	建立方向：建立愿景，通常是对未来的计划并制定战略，以实现这些愿景所需要的变化
为实现事项建立人际关系网络	组织并配备员工：为完成计划，建立某种组织结构、配备人员，为计划的执行授权和分配职责，制定政策和程序，引导员工形成方法和系统来监控计划的实施	协调人员：通过语言和行动进行沟通，为所有相关者提供方向，帮助他们形成团队合作，理解愿景和战略，接受各自的角色
执行	控制和解决问题：监控结果，将细节与计划比较，发现偏差，组织人员解决这些问题	激励和鼓舞：激励员工克服政治上、官僚机构和资源方面的障碍，满足基本的但往往没有满足的人性的需要
结果	产生一定程度的可预见性和秩序，有可能持续地产生重要的结果，满足各利益相关者的期望	产生变化，通常具有很大的跨度，有可能是非常有用的变化

（资料来源：Reprinted with the permission of the Free press, a Division of the Simon &Schuster Adult Publishing group. From *A force for change*：*How leadership different from management* by John P. Kotter copyright© 1990, by John P. Kotter inc. All rights received.）

与领导力相联系的首先是权力。关于权力如何影响道德水平，有一个著名的研究。1961 年，耶鲁大学心理学家斯坦利·米尔格拉姆（Stanley Milgram）进行的以"学习"为内容的试验表明：人们在被要求伤害他人时，会在多大程度上服从权威人物，以及个人道德与服从权威人物之间的激烈内部冲突。[一]他测试了两名参与者，每当试验中的"学习者"答错问题时，"老师"就被要求对学生实施电击。米尔格拉姆播放的录音听起来像是学习者在遭受痛苦，如果"老师"向实验者提出停止，实验者就会刺激他继续。在第一个实验中，65% 的参与者进行了痛苦的，最后一次450 伏电击（非常强烈的电击），尽管他们这样做心理会很纠结，很矛盾。

虽然这项研究通常被认为是对权威盲目服从的警告，但《科学美国人》杂志最近重新审视了这一研究，认为其结果更像是深刻的道德冲突。迈克尔·舍默（Michael Shermer）写道："人类的道德天性包括对我们的同胞和群体成员有同情心、善良的倾向，以及对部落其他人有排外、残忍和邪恶的倾向。""震撼实验揭示的不是盲目的服从，而是内心深处相互冲突的道德倾向。"[二]道德的冲突形成了道德的困境，这种状况是组织中诸多伦理问题的来源。

企业初创时期，创始人或核心管理者往往具有超出常规企业的权威和决策空间，而创业企业本身又具有"打破常规"和"创造性破坏"的特征，所以这种与道德相悖的反向伦理领导力常常更具有迷惑性，在创业企业中屡见不鲜。瑞幸咖啡长时间的刷单造假，大数据爬虫公司大规模的侵犯个人隐私……都是滥用权力，从而使员工及整个企业违背道德甚至触犯法律。

每一个领导者的决策不仅代表他个人的意愿，同时也代表了在一定的社会、法律、政治、环境中组织的决策。所谓"上行下效"，上级对下属的行为影响是决定性的。如果领导者逃避责任，或者参与违反道德的活动，下属或利益相关者就会在实际行动中接受这种感知到的方式，并且将领导者的行为作为激励的方向，甚至推崇这种行为。

也正因为如此，德鲁克说管理的意义首先在于防止极权。"君子有所为有所不为"，建立和提升伦理领导力需要避免一些不必要的或者有碍伦理文化的行为，首先需要明晰伦理领导力的"有所不为"。

1. 敢于授权员工

史蒂芬·平克（Steven Pinker）在《当下的启蒙》中强调："当伤害比获益更容

[一] 米尔格拉姆. 对权威的服从：一次逼近人性真相的心理学实验 [M]. 赵萍萍，王利群，译. 北京：新华出版社，2015.

[二] 心理酱. 10 个著名心理学实验：改变你对自己的认识（1）[EB/OL].（2019 – 01 – 11）[2020 – 10 – 10]. https://www.jianshu.com/p/cade909eedfa.

易发生时，人们就会明确地选择缔结一份社会契约，让彼此处于正和博弈的关系之中，防止相互伤害，鼓励相互帮助。"在创业团队中，领导者需要最大限度地建立这种合作的默契和共识，一个重要的态度就是敢于授权员工，让员工积极参与伦理问题的解决和伦理文化的建设，而不仅是以控制为导向。否则，不但不利于团队的创新，而且也建立不起来一种道德上的全员责任体系。

创业团队的领导者有责任做出最终的伦理决策，并监督团队的伦理文化，但伦理领导力并不是说将所有的伦理问题、伦理困境、伦理决策集中到管理者的手中。对于不确定性远高于一般企业的创业团队，各种利益与道德的冲突无处不在，具体的情境千变万化，日常中大量的具体伦理问题可由领导者授权了解具体情况的团队成员主动处理，并对应相应的责任和义务，至少要保证团队成员都具有与团队伦理文化匹配的伦理分析和决策的能力。

对员工应对伦理冲突采取的提出疑问、提供建议、投诉检举等措施，创业团队的领导者应采取积极的态度，而不是简单地阻止甚至打压。因为这可能会导致员工成为职场欺凌等不当行为的受害者。

2. 善用群体智慧

通常伦理型领导者会尝试建立一种鼓励员工积极参与的伦理组织文化。自恋型领导者往往自我膨胀，容不得对自己意见的质疑，这可能会形成自身行为在伦理层面不受约束的特权。明智的创业领导者为了维护彼此的共同利益，鼓励员工表达其伦理方面的担忧，并为此创造开放的沟通文化环境，形成员工在伦理方面的协作沟通系统。

虽然每个人都希望自己是正确的一方，但只要大家公开表达自己的意见，让信息充分流动起来，就会了解真相。这样不但有利于找出正确的观点，也能在一种事实上的"相互监督"中提升团队的道德情操。领导者带头有效地倾听和鼓励，必然会使讨论朝着有利的方向发展。

二、伦理领导力的"有所为"

一个创业团队的领导者的行为具有一定的公共性，甚至本身就是一个公众人物。在这种情况下，更需要保持对伦理文化的严格遵从，谨慎行事，树立道德榜样，让每个人都能感受到领导者的真诚与正直。但是，对创业而言，这样的有道德的领导者还不够。

2008年8月2日，在一个卫星观测中心里，原本欢呼雀跃的人群突然陷入集体沉默。这是因为卫星发射后不久突然出现故障，而这已经是近期内的第三次发射失败了。在士气低落，人心涣散的关键时刻，马斯克立即赶来安慰沮丧的团队成员，拍拍员工肩膀鼓励大家振作，回到岗位继续工作。马斯克似乎有种神奇的力量，众人很快平复心情，分析发射失败的原因，并努力找出解决问题的路径。猎鹰火箭的下一次发射成了马斯克唯一的希望，如果不成功，他将一无所有，而且还会负债累累。马斯克也就此次发射在公众面前做出回应：Space X 计划用另一艘火箭尝试第四次发射。但又有谁知道，彼时的他正经历着离婚风波的危机。与此同时，特斯拉第一款车的研发也问题频出，好不容易搞出了样车，可成本居然比预售价还高出一倍，等于卖得越多亏得越惨。而在那一年，随着雷曼兄弟的倒闭，金融海啸随即席卷全球，创业企业融资变得异常困难，这是马斯克人生中的至暗时刻。

9 月 28 日，"猎鹰 1 号"发射成功并顺利完成回收。但庆功会结束后，马斯克就开始了新一轮融资之旅，公司已经几近弹尽粮绝，但就在这生死存亡的关键时刻，前投资人却意欲逼宫。马斯克果断将股权融资变为债权融资，虽然是无奈之举，但也只有这份决绝才有可能拯救公司。Space X 也在性命攸关之时获得了 NASA16 亿美元的合同款，得以继续完成未竟的太空冒险。

马斯克有什么魔力，让团队成员、投资人、用户都能将自己的身家性命放到一个危机四伏、似乎山穷水尽的事情和人身上去呢？

富有激情正是马斯克的人格魅力所在，正是因为这种激情产生了巨大的吸引力和感召力。"我在大学的时候，一直想做能够改变世界的事情。而现在我就在做这样的事情"，这种鼓舞人心的创业使命，本身就被赋予了道德力量和正义感。许多优秀创业企业的领导者具备这种乐观的阐述愿景，用情感和道德的力量来凝聚人心，不断实现团队目标和变革的个人魅力。在不断地取得成功的过程中，又进一步强化了这种激情的所带来的信任感和信念。

著名管理学家肖知兴教授认为，在我国创业，真正的挑战往往不是来自创业精神，不是技术瓶颈，不是商业模式，而是组织能力的建设。组织能力建设的核心正是看不见、摸不着的领导者的价值观和道德激情。"具有道德感的人类本质上是分裂的自我，通过良心的连接作用，分裂的自我结合成为一体，成为一个真正完整的人。"[一]伦理领导力的背后是在道德激情上成为一个完整的人，并且能够带领团队所有成员获得这种道德激情。以道德激情保持对事业的爱，就可以"以热爱战胜恐惧"。尤其是在企业初创过程中，领导的功能更多地是建立在专业知识和信念上，而不是权力，因而这种具有道德激情的领导力就更为重要。正如考夫曼创业领导中心创始人考夫曼（Kaufman）所总结的："作为一个企业家，你确实需要建立一套你的道德准则，一套与人相处的准则。因为加入组织的是人，他们有各自的梦想，你也有你对企业的梦想，这两者必须有相当程度的重合。"[二]

对道德激情的学术传统追溯到了苏格兰启蒙运动。作为《国富论》的作者、经济学之父，亚当·斯密的"看不见的手"和利己主义的经济伦理观解开了经济繁荣

[一] 肖知兴. 以热爱战胜恐惧：中国式领导力发展大纲 [M]. 北京：东方出版社，2018.

[二] 斯皮内里，亚当斯. 创业第一课 [M]. 浦汉淞，译. 北京：中国人民大学出版社，2017：37.

的秘密，其另一本巨著《道德情操论》里也藏着关于领导力和组织的秘密。大卫·休谟（David Hume）说"理性是激情的奴隶"，亚当·斯密在《道德情操论》中也大谈社会秩序形成的情感基础。在这本书中，亚当·斯密从同情入手来说明正义、仁慈、克己等一切道德情操产生的根源，揭示出人类的利他主义是社会赖以维系、和谐发展的基础，以及人的行为应遵循的道德准则。

但是，创业者讲道德往往被认为是感情用事、意气用事或者"欺名盗世"，激情在中文语境下又很可能被错误地与冲动、不成熟相联系，多数人对道德激情避之不及，甚至可能认为是需要努力克服的东西。而且，由于我国"以礼入法"的伦理政治传统，加上受一些文化糟粕的蛊惑，使道德容易被人误以为是道德说教或者虚伪的话术。

富有道德激情的领导力之所以非常难得，一方面是因为这是一种极为稀缺、匮乏的能力，另一方面是因为这种能力又很容易因长时间持续追求效率、追求规模、追求速度而丧失。正因如此，为创业项目寻找具有伦理领导力的创业者，以及发展伦理领导力至关重要。这对创业团队建立伦理文化也起着决定性的作用。伦理型领导应该具有这种能力，它能够创造一种氛围，让好人做好事，坏人尽量不做坏事。[一]

三、伦理领导力框架

本书认为，这个领导力框架包含三个维度：个体层面的伦理领导力、情境层面的伦理领导力、创业生态层面的伦理领导力。

这三个维度共同塑造了对伦理领导力的整体认知。

1. 个体层面的伦理领导力

一般认为"高层基调"是营造企业高度诚信的决定性因素。高层值得信赖，员工对其信任也随之倍增；领导者是伦理模范，并且承担着更高程度的责任。个体层面的伦理领导力是指创业者首先要做出道德伦理的榜样，奉行伦理规范。

小史蒂芬·斯皮内利（Stephen Spinelli）等的《创业第一课》将勇气作为创业精神的重要内容，而其中第一方面就是道德力量和道德原则，既能够判别是非的正直的品格，以及选择正确、摈弃错误的意愿与承诺。一个有着道德激情的创业领导者，需要的不仅是像乔布斯、俞敏洪那样能够带来激情澎湃演讲的能力，更重要的是他本身就是创业团队的道德榜样。

伦理领导理论认为以下四项责任是企业高层管理者或领导者成为道德榜样必须具备的基本责任：

1）企业管理人员应为其他员工树立伦理道德榜样。

2）判断组织及个体行为是否道德。

［一］ 哈特曼，德斯贾丁斯，麦克唐纳德. 企业伦理学：第 3 版 ［M］. 苏勇，郑琴琴，顾倩妮，译. 北京：机械工业出版社，2015：7.

3）树立正确的价值观与构建企业伦理文化。

4）授予他人按道德规范行事的权力。[⊖]

现代市场经济是一个信托责任经济体系，所以代理人的诚信非常重要。诚信第一，追随第二。在一项对企业首席财务官的调查中，首席财务官被问及，在培养企业的未来领导者上，何种特征往往受到关注，回答得最多的就是诚信。有趣的是，在排名上诚信居然比商业领悟力或激励他人的能力更重要。[⊜]

这一层面的领导力的可靠性与本章中团队伦理文化的第一信条一样，仍然是以信任为基础。"信任即可预测性。当你信任一个人的时候，你知道他会应对新的或未知的情况。它是对一个人诚实度和正直性的衡量方式。"领导力的衰败往往产生于对领导信任的丧失，"信任是一种先行的品质，它是正直、忠诚和可靠在人际关系上的映射。如果没有团队与他人的信任，即便身在其职，所谓领导依然寸步难行"。[⊛]

有重大不端行为的企业领导的声誉和领导力会坍塌。例如，2009 年某著名企业高管的"学历门"事件引发社会关注。许多企业的创始人是公众人物，其明星般的光环在遭到质疑后很快在公众视野中消失。2018 年 9 月，国内某电商巨头领导人在美国陷入性侵事件，虽然 12 月无罪释放，但由于道德上的非议导致公司股价一度大跌，此后本人也很少在公众活动和媒体中曝光。

信誉远远超出对员工态度的影响，它影响了客户和投资者的忠诚度，也影响了员工的忠诚度。伦理领导力产生了信任，产生了信念，信念转化为忠诚。

企业创始人和创业团队的领导者通过正式的制度规范、管理工具和非正式的文化体系，以及自己的榜样作用影响整个创业团队的伦理文化。加拿大伦理实践者协会制定了一个伦理实践能力自我评估的文件[⊠]，可以作为个体层面的伦理领导力的主要伦理决策模型和技能指南。

2. 情境层面的伦理领导力

领导力不能从刻舟求剑的模仿中得到，也很难单纯从理性的建构中推出。20 世纪70 年代开始，领导权变理论蓬勃发展。领导权变理论的基本假定是：领导者的个性、行为方式，以及行为的有效性高度依赖所处的情境。通过分离与领导有效性直接相关的情境变量，领导权变理论主张领导者能准确评估关键的下属特征和情境因素进而调整其行为。但在实践中，由于认知结构和方式上的差异，不同的领导者会就相同情境

⊖　陈奕奕. 中国企业伦理建设研究：理论与实践［M］. 北京：中国社会科学出版社，2019：179.

⊜　费雷尔，弗雷德里克，费雷尔. 企业伦理学：诚信道德、职业操守与案例：第 10 版［M］. 李文浩，卢超群，译. 北京：中国人民大学出版社，2016：160.

⊛　马库斯，麦克纳尔蒂，亨德森. 哈佛大学危机管理课［M］. 武越，刘洁，译. 北京：中信出版集团，2020：138，139.

⊠　EPAC. Competency Self-Assessment Guide［EB/OL］.［2020 – 10 – 10］. http://epac-apec.ca/resources/competency-self-assessment-guide/.

得出不一致的决策和行为。保罗·赫塞（Paul Hersey）和肯尼斯·布兰查德（Kenneth Blanchard）研究了领导方式与下属可接受程度的关系及其对领导有效性的影响，所构建的情境领导模型，被财富 500 强企业广泛用作领导技能培训的基本理论。

价值观导向的伦理文化之所以比合规导向和服从导向的伦理文化具有先进性，很大程度上就在于具有一种决策中的前瞻性。面对多变复杂的创业环境中的各类伦理问题，一些领导者，能够按照企业的价值观，以领导权变思维正确地化解伦理困境，做出伦理决策，并且他们往往能够帮助团队成员在现实的伦理冲突中，通过不断学习和反思，做出符合企业伦理文化的行为，从而促进员工承担伦理责任，带动整体团队的创业伦理氛围。

在一些创业活动的灰度地带，极有可能带有较大的道德风险，又有可能存在巨大的商业机会。因此，情境层面的伦理领导力不仅是一种道德方面的决策能力，也会给企业带来巨大的商业利益。

3. 创业生态层面的伦理领导力

在创业生态层面上，创业团队的领导者应该与每一个利益相关者都能够保持在伦理文化上的默契和共识，逐步形成一个价值观网络，并且能够不断深化。例如，水滴公司 CEO 沈鹏表示，互助保障行业也存在数据造假的现象。有竞争对手曝出的会员数量是水滴互助的 1/3，但微信公众号阅读量只有水滴的 1/10，百度指数也很低。该互助保障机构一旦被确认为造假，必将受到整个行业的抵制。

在遇到利益与道德冲突的时候，企业团队的领导者要能够从创业生态出发，善于激发群体智慧和利用协调机制，避免由于在伦理决策上的误判和重大分歧，导致与整个创业生态的格格不入甚至遭到排斥。

伦理领导力很大程度上表现在通过沟通共享价值观和增强认同、化解利益分歧，消除对未知的恐惧，使创业团队的价值创造过程可以得到各利益相关者的信赖与支持。因为领导者以充分的开放性可接触到创业生态的各个层面，并通过创建一种经常探讨伦理议题的文化，进而形成公开透明的氛围。这对处理和解决人的问题，以及推动创新和变革尤为重要。

拒绝倾听是一种导致伦理领导力失败的常见问题，这常常会限制领导者的伦理决策能力，忽视利益相关者的道德直觉，将使领导者错失一些关键信息。而且花时间倾听，也会激励利益相关者，使之在潜移默化中接纳企业的伦理文化。

透明与报告是伦理沟通的两个主要方面。透明是一种在更大范围内探讨伦理议题的公开、公正氛围。报告是一个双向的过程，可以和创业企业的利益相关者，以及更宽泛的社会公众沟通。如果没有有效的沟通，合乎伦理的领导几无可能。[一]

[一] 费雷尔，弗雷德里克，费雷尔. 企业伦理学：诚信道德、职业操守与案例·第 10 版 [M]. 李文浩，卢超群，译. 北京：中国人民大学出版社，2016：279.

在遇到伦理危机时，也能够充分展现领导者在创业生态中的伦理领导力。2019年11月，水滴筹被曝出其工作人员在医院"扫楼式"筹款，审核漏洞多，被质疑"公益变生意"。12月5日晚，水滴公司创始人、CEO沈鹏在微博发表公开信致歉，表示已成立工作组展开相应调查，并且全面暂停了线下服务，欢迎大众监督，并称："再管不好，我愿把水滴筹交给相关公益组织！"这是一次较为成功的危机处理和沟通，经过此次致歉和整改，水滴筹获得了进一步的发展。2020年8月获超2.3亿美元D轮融资，瑞士再保险集团和腾讯联合领投，IDG资本、点亮全球基金、高榕资本等老股东跟投。水滴公司（股票代码为："WDH"）最终于2021年5月7日在纽交所上市，发行价为12美元。以发行价计算，水滴公司市值接近50亿美元。

本书并不鼓励以过高的道德标准去要求创始人和团队领导。创业中的伦理领导力并非来自给员工灌输一些口号或者洗脑，更重要的是把管理伦理问题、解决伦理困境作为一种重要的日常工作内容，能够主动地采取相关措施，避免潜在的危机，帮助员工坦诚地讨论决策中的伦理困境，通过组织的力量，让所有的团队成员都能够及时发现、解决好遇到的伦理问题。

第三节 创业伦理文化的制度化

在糟糕的制度下，道德良好的人也会做坏事；在良好的制度下，道德水平不高的人也能做好事。伦理文化需要道德标准来体现和实现，创业伦理的制度化是团队伦理文化形成的关键。创业伦理文化只有通过制度化才能得到保障，并且也能帮助员工在没有相关准则指引和不同的情境下做出正确的伦理决策。虽然任何伦理准则都无法穷尽各种情境，但是它基本反映企业伦理文化和价值观，指导员工的行为，尤其是在伦理风险频发的领域。创业伦理文化的制度化，可以从以下七个方面入手。

1. 建立伦理气氛

20世纪二三十年代进行的著名的霍桑实验⊖早已证明，影响人们劳动工作效率的，不仅有物质的、生理的因素，更有社会、心理的因素。伦理气氛就是用道德标

⊖ 霍桑实验是在1924年—1932年间，美国国家研究委员会和西方电气公司合作，在西方电器公司所属的工厂，为测定各种有关因素对生产效率的影响程度而进行的一系列实验。1927年，乔治·梅奥应邀参加了中途遇到困难的霍桑实验。实验历经9年共分为4个阶段。转自孙永正，等. 管理学 [M]. 北京：清华大学出版社，2003：47–48.

准来反映企业工作程序、组织政策和实践业务的一种工作氛围。[一]它并不是指企业员工个体的道德标准，而是指在企业工作的过程中实际起作用的道德标准。

伦理气氛最终是通过每位员工对伦理责任的态度、行为定义的。良好的伦理气氛有助于每位员工在团队中讨论伦理问题，反省伦理困境，并按照企业的伦理原则在具体情境中思考、行动。

伦理气氛与伦理文化是关系紧密但有区别的两个概念。伦理气氛基于心理学理论，伦理文化基于人类学理论，前者强调企业的"人格化"特征和集体观念，后者强调管理体系传达价值观的方式。

领导力是建立伦理气氛、提高企业伦理决策能力的决定性力量。伦理氛围需要企业管理者有意识、持续地去塑造和鼓励，传达出企业的道德期望。这离不开企业最高管理层的倡导、推动和身体力行。如果没有这方面的努力，没有形成导向道德行为的伦理气氛，企业的伦理气氛必然是只考虑自身利益的认知模式。

2. 培养伦理品质

制度通过群体规范等形式塑造个体的偏好，在这种互动过程中，个体偏好和制度是共生演化的。在内生性偏好状况下，激励措施会影响长期学习过程，效果可以长达几十年，乃至终身。偏好的形成取决于同他人的交流，这会让人们在社会中形成新品位、养成新习惯、进行伦理坚守和获得其他优良的品格。在偏好与激励措施的良性互动中，创业团队的伦理引导是重要的学习养成机制，会对个人价值观、取向和认知功能产生深远的影响。

企业伦理培训和建设的重点是培养企业所有个人的伦理意识和职业美德，尤其是培养伦理型领导（或者管理者的伦理领导力），而不是开列条文。企业应该成为培养美德的道德共同体，但伦理品质的培养不应仅是道德自律，个人道德并不足以预防组织环境下的伦理行为失范。伦理是平衡道德和利益的，但许多有违伦理的行为是为了实现绩效目标或者组织目标，而不是直接的个人利益。所以，企业帮助员工具备伦理分析方法和伦理冲突中的决策能力更为重要，只有这样才可以从一套绩效激励的机制中和来自相关目标的压力、诱导中摆脱出来。

3. 建立伦理机构

创业团队有必要设立伦理方面的机构和专职人员，或者在已有的职位和工作中增加伦理方面的职能，也有必要在高层管理人员中安排专人负责伦理方面的管理。

一 帕博迪埃，卡伦. 商务伦理学 [M]. 周岩，译. 上海：复旦大学出版社，2018：382.

如有可能还应设立伦理办公室，只有这样才能真正将创业企业的伦理建设纳入企业的战略和管理中来。由于人手等各方面客观因素的限制，初创企业设立集中的伦理机构可能不太现实，但也应该考虑将相关的内容纳入日常工作，并在发展中逐步完善岗位、机构设置。

如果企业伦理决策涉及技术、医学、教育、生命等伦理冲突更为复杂的领域，可根据需要建立伦理委员会。伦理委员会应由不同学科和工作背景的代表组成，对发展中呈现的伦理冲突进行审议，通过理性论证寻求道德共识。该机构可以使不同的价值立场和各种专业知识在伦理层面展开基于证据的交流和理性对话，通过互动和理解，形成一种"道德的民主机制"。

4. 建立伦理准则

企业需要设立、采用一套伦理规范，帮助员工对工作范围内的各种行为和冲突进行道德评价，并且对违反伦理准则的行为坚决予以制止和惩处。这些伦理准则不应仅保持在合规或者风险管控的层面，而是需要系统的企业价值观的指引。

由 Booz Allen Hamilton 咨询公司和 Aspen 研究院针对 30 个国家和 5 个地区的 365 家企业所做的一项研究表明，道德行为是企业活动的核心，其中 89% 的企业拥有企业价值观陈述，90% 的企业制定了道德行为准则。大约 81% 的企业认为它们的管理行为鼓励员工间的道德行为。研究发现，在正式的道德陈述中与伦理相关的语言，不仅对员工的行为设定了期望，同时也在日益复杂的法律法规环境中保护了企业。^㊀

伦理方面的准则不仅可以在道德与利益冲突问题上给员工以指引，也是向公众的一种承诺。"必须将企业实行的伦理道德规范告知企业外部的人，例如供应商、批发商、经销商、客户等。经常有来自外界的压力使伦理遭受忽视，因此，让每个人都了解企业实行的伦理道德规范，将有助于企业员工抵御外部的压力。"^㊁

一个来自哈佛大学的研究团队，对跨国公司的规章制度进行了研究，其中包括全球报告倡议组织、考克斯圆桌商业原则、经济合作与发展组织守则、联合国全球契约等，试图探索其中的国际标准到底是什么？研究员发现这些制度都强调了以下 8 项原则。

（1）诚信原则　这一原则强调管理者有责任，超越个人利益，顾全大局，规定禁止利益冲突或私自处理组织费用等行为。

㊀ 奥罗克. 管理沟通，以案例分析为视角 [M]. 康青，译. 北京：中国人民大学出版社，2018：57.
㊁ 尼克尔斯，麦克修 J，麦克修 S. 认识商业 [M]. 陈智凯，黄启瑞，译. 北京：世界图书出版公司，2009：113.

（2）财产原则　这一原则强调对财产的尊重，规定禁止偷窃，包括剽窃知识产权和浪费等行为。

（3）可靠性原则　这一原则强调合作中的信任和承诺，规定员工遵守合同，禁止违反合同、违背信任。

（4）透明性原则　这一原则强调诚实面对公开事实的重要性，规定表达信息需准确，禁止误导利益相关者（如客户、供应商）。

（5）尊严原则　这一原则强调对人的尊重，要求保护人类的身体健康、人身安全和个人隐私，禁止侵犯人权。

（6）平等原则　这一原则强调奖励和工作的平等分配，规定员工待遇平等，包括同工同酬等概念，禁止歧视。

（7）公民原则　这一原则强调尊重法律和公共资源（如自然环境），并强调对社会的贡献。要求组织通过保护环境和开展慈善活动的行为，遵守法律并为社会做贡献，禁止贿赂、掠夺自然环境和从事不正当的政治活动。

（8）响应原则　这一原则要求企业在自身行为对利益相关者产生影响后，做出快速反应，包括回应利益相关者的担忧，并与供应商等利益相关者展开交流。○

5. 开展培训与沟通

根据"科尔伯格道德认知发展模型"○，时间、教育和阅历会改变人们的价值观和伦理行为。在企业背景下，个人的道德发展会受到企业文化，尤其是伦理培训的影响。伦理培训和教育被证明能提高经理的道德认知发展分数。○

在企业推动伦理方面的管理工作中，员工尤其是管理人员伦理文化、伦理准则等方面的受训和沟通至关重要。这种培训既可以与 QHSE（质量、健康、安全、环保）体系、风险管理、内控体系、监察审计等方面的管理培训相结合，也可以单独展开。尤其是需要注重在实践中引导和加强，例如在社会责任审计后的有针对性的培训，不但有助于员工学习掌握，也有利于企业的伦理体系在伦理问题的反思、解决中不断提升。

企业应建立伦理沟通机制，在良性互动中提升推动伦理管理水平的共识。一方面，要注重内部沟通。例如，基于员工伦理援助的需要，应设立伦理热线，解答其

○ 屈维诺，尼尔森. 商业伦理管理：第 4 版 [M]. 何训，译. 北京：电子工业出版社，2020：323，324.

○ 劳伦斯·科尔伯格开发了六阶段道德认知发展模型，认为在不同的认知道德阶段，不同的人做出的决策不同。六阶段分别为：惩罚与服从阶段、个人工具性目的与交换阶段、互惠人际关系与一致阶段、社会体制良心维持阶段、有限权利社会契约或效用阶段、普世伦理原则阶段。

○ PENNINO C M. Is decision style related to moral development among managers in the US? [J]. Journal of Business Ethics，2002，41（4）：337 – 347.

关于伦理问题的疑问，帮助其做出正确的个人伦理决策。另一方面，也注重以相应的信息披露，以及必要的媒体报道，向利益相关者和社会公众反馈相关情况。

6. 建立评价改进体系

伦理评价需要形成企业道德和社会责任清单，识别和测量企业在伦理、社会责任方面的各种承诺，并开展伦理审计和社会审计。伦理审计是用来确定组织的伦理程序和伦理表现是否有效的一套系统性评估。[○]社会审计重在评估并报告企业在相关社会责任方面的履行情况。伦理审计可作为社会审计的组成部分。

伦理调节的是道德和利益的关系，建立改进体系首先需要将企业道德因素纳入企业的激励约束机制中。利润最大化的企业绩效目标更追求短期的、直接的利益，而纳入了企业伦理目标的企业绩效目标则更注重长期的、全面的、可持续的利益。

企业伦理也需要重视社会舆论和媒体的反应，及时识别和应对关于企业的伦理问题的负面报道，并对相关的内容进行评估、改进。

7. 管理变革与学习

为了经济绩效情况及相对应的战略目标，企业常常会根据市场、客户、竞争者的信息反馈来推动管理变革和组织学习。强调创新的创业企业的伦理绩效的改进、提升，更需要在管理上有相应的持续变革。

按照哈佛商学院约翰·科特（John Kotter）的相关经典理论，领导变革可以分为八个步骤："①建立危机意识；②建立指导联盟；③制定一个愿景和战略；④交流变革的愿景；⑤授权无限的行动；⑥产生短期的收益；⑦巩固收益和引起更多的变革；⑧在文化中固定新的方式"。[○]伦理给企业管理带来的挑战最终必须以企业全面的、持续的管理变革和组织学习来解决。

奈飞就是主动对旧的文化系统进行颠覆和创新的典范。对此，奈飞前首席人才官帕蒂·麦考德（Patty McCord）是这么描述的："当我进入初创企业世界之后，我开始有了一种新的深刻认识：人都是拥有权力的。企业的任务不是要对员工赋能，而是要从员工踏进企业大门的第一天起，就提醒他们拥有权力，而且为他们创造各种条件来行使权力。一旦这样做了之后，你会惊讶地看到，他们会带来多么了不起的工作结果。""在奈飞，我们基本上取消了所有保守的政策和流程，当然，这不是一次性完成的，而是一步一步地，通过不断试验，在数年的周期里完成的。我们发

———————

○ 费雷尔 Q，弗雷德里克，费雷尔 L. 企业伦理学：诚信道德、职业操守与案例：第 10 版 ［M］. 李文浩，卢超群，译. 北京：中国人民大学出版社，2016：211.

○ 科特，诺里亚，金，等. 哈佛商业评论管理必读：引爆变革 ［M］. 陈志敏，时青靖，等译，北京：中信出版集团，2016：3.

展企业文化的方式和发展业务创新的方式是一样的。"但是，这种变革又是稳健、系统展开的，"取消政策和流程并给员工一定的自由度，并不代表我们的文化对所有人来说就是可以随心所欲地去做任何事。废除了繁文缛节之后，我们也会辅导所有层级、所有团队的所有人，要求大家在一系列基本行为上做到自律"。[⊖]

练 习 题

(单选或多选)

1. 根据创业团队伦理文化的不同层次，可分为（　　　）。

   A. 基于服从的伦理文化　　　　　　B. 基于合规的伦理文化

   C. 基于道德的伦理文化　　　　　　D. 基于价值观的伦理文化

2. （　　　）是一种导致伦理领导力失败的常见问题，这常常会限制领导者的伦理决策能力，忽视利益相关者的道德直觉，将使领导者错失一些关键信息。

   A. 用人不当　　　B. 制度失效　　　C. 偏听偏信　　　D. 拒绝倾听

3. 伦理气氛就是用道德标准来反映企业工作程序、组织政策和实践业务的一种（　　　）。

   A. 工作氛围　　　B. 组织氛围　　　C. 业务氛围　　　D. 商业氛围

⊖ 麦考德. 奈飞文化手册［M］. 范珂，译. 杭州：浙江教育出版社，2018：10－11.

第八章
技术创新中的伦理

1. 了解技术创新对创业的重要意义
2. 掌握创业中的技术创新对财产权冲击的三大形式
3. 了解开源和开放创新环境对创业的重要意义
4. 掌握技术创新与责任冲突的主要问题
5. 熟悉创业领域技术创新伦理治理的主要手段

导入案例

智能陷阱

2016 年，特里斯坦·哈里斯（Tristan Harris）——这位谷歌的内部道德设计师决定离职，此时的他已经意识到，Facebook、谷歌（YouTube、谷歌搜索）、推特这样的互联网科技企业为了商业利益，利用算法吸引人上瘾的产品设计是不道德的。这已经成为"人类生存的一大威胁"。

他想到了对抗。实际上，特里斯坦·哈里斯任职谷歌期间，谷歌有知名的"不作恶"准则。但这一准则并没有阻挡住算法基于商业利益走向偏路。离职两年后，特里斯坦·哈里斯拉着 Facebook 和谷歌等大企业离职或在职的技术专家，建立了一个叫作"人道科技中心"的组织，这个组织在 2018 年成立，用来对抗硅谷互联网企业让人上瘾的设计理论。

除了特里斯坦·哈里斯，参与这个中心工作的人，还有前 Facebook 运营经理、苹果公司和谷歌前通信主管林恩·福克斯（Llyn Foulkes），前 Facebook 高管戴夫·莫林（Dave Morin），Facebook 早期投资人罗杰·麦克纳米（Roger McNamee）。

2017 年前后，很多硅谷公司的高管，感觉到了算法操持的互联网平台，出现了道德伦理危机，纷纷离开了所在公司，2020 年，奈飞（Netflix）公司拍摄了一部纪录片叫《监视资本主义：智能陷阱》。片中，Pinterest 的前总经理、Facebook 的前盈利总监 Tim Kkendall 说，他担心算法操纵的世界最终导致美国内战；一个从谷歌出来的工程师，担心整个互联网产业的道德沦丧……

曾与马克·扎克伯格（Mark Zuckerberg）一起创办了 Facebook 的克里斯·休斯（Chris Hughes）离职多年后，批评 Facebook 说，"扎克伯格是个好人。但令我感到愤怒的是，他对增长的关注导致他为了点击而牺牲了安全和道德底线"。

"碎片"公司 CEO 阐述了一种逻辑：一个产品成型后，它的走势就不再是他能决定的，每一次更新和功能改进，都是因为用户喜欢、希望得到的结果，这并不一定是一个 CEO 想要的。

上瘾，几乎成了所有社交 App 追求的东西。

《监视资本主义：智能陷阱》采访了很多前硅谷科技企业的前高管和投资人。

作为谷歌前道德伦理设计师的特里斯坦说，当年他在谷歌做邮箱设计时，意识到一个问题，历史上从来没有过 50 个左右的 20 ~ 35 岁的加州工程师做出一个决定，就能影响 20 亿人，影响他们做出从来没有预想到的想法或决定——当用户早上醒来，谷歌邮箱就告诉他，应该这样工作。工作、文化、生活的意义都来自一个鬼鬼祟祟的第三方操纵。谷歌内部，没有一个人想把邮箱做得不那么致瘾。

作为 Facebook 的早期投资者罗杰·麦克纳米说，硅谷的前 50 年，IBM、谷歌、英特尔都制造软件或硬件产品卖给顾客，商业模式简单而良好。但过去十年，硅谷最大的企业一直在"贩卖顾客"。

凯西·奥尼尔（Cathy O'neil）是一个大数据科学家。她说，算法是内嵌在代码中的观点，它并不是客观的。算法会被成功的商业模式引导、优化。

（资料来源：《新金融洛书》，作者雷慢。）

案例讨论分析

1. 为什么让人上瘾的技术创新会让文中的创业企业从业者愧疚？
2. 互联网产业的道德问题有没有好的解决办法？
3. 我们应该如何平衡创业中技术创新和伦理的关系？

第一节 技术创新及在创业中的作用

一、技术创新对经济增长起到了决定性作用

科学和技术是推动现代人类社会进步最强大的力量之一。根据著名经济史学家安格斯·麦迪森（Angus Maddison）的统计，"在 1820 年—1913 年间，英国人人均收入的增长快于以往任何时代，是其 1700 年—1820 年间人均收入的三倍，改善收入的根本原因在于技术进步的积累，以及它所伴随的物质资本的迅速增长，教育和劳动力技能的改进"。[⊖]

2020 年，我国研发投资占 GDP 已经超过 2.5%，科技进步对经济增长的贡献率超过 60%。技术不但决定了科学发展的方向，也决定了经济的进化和未来的发展方向。新经济增长理论的领军人物、诺贝尔经济学奖获得者保罗·罗默（Paul M. Romer）最重要的理论贡献就是发现了技术对经济增长的决定性作用，而之前主流学者们认为技术变革是经济增长的外生变量。另一位诺贝尔经济学奖获得者埃德蒙德·菲尔普斯（Edmund Phelps）在《大繁荣》一书中，认为创新是经济进步最

⊖ 麦迪森. 世界经济千年史 [M]. 伍晓鹰，译. 北京：北京大学出版社，2006：6.

重要的力量。

技术创新也带来了一些对既有经济结构的冲击，但从长期看是有利于经济发展的。许多人担心技术会淘汰人工、取代人工——最极端的情况是历史上曾经发生过的工人捣毁机器的"卢德主义"。但是，技术创新在使许多工作职位消亡的同时，也创造了很多新的工作机会，增加了大量就业岗位。

而且，技术创新可以让某些高技能工作变得更容易。在美国律师行业中，通过E-discover 软件，可以在公开的数百万份电子文档中识别潜在的非法或不当行为的证据。又如，做出租车司机有一定的门槛，尤其是认路和把握大城市里复杂的路况，需要经历数年的学习。现在，借助手机定位系统和智能导航 App，无论交通如何拥挤、道路如何复杂，大多数会开车的人都可以成为出租车司机。打车软件企业的运营管理系统每天"管理"成千上万的司机，分配订单、管理订单，帮助他们运用信息技术降低工作难度。

人工智能技术可以追踪员工正在完成的任务、曾选择的教育课程及获得的排名。有了"机器人经理"的帮忙，人力资源经理可以更好地发掘员工的闪光点，员工也可以借反馈的建议，有针对性地培养技能。IBM 的"预测人员流失计划"利用机器学习技术分析员工情绪，预测员工会在什么时候辞职，准确率高达 95%。当系统监测到员工的离职倾向，人类高管便可及时采取行动，以留住高素质人才。

总体而言，工业革命之后，技术驱动是创业活动的重要特征，技术上的创新是创业企业在创业活动中取得优势的核心因素。由于技术创新往往会带动整体的创业生态的进化和变革，因此在创业领域技术创新尤其引人关注。

二、技术创新是科学、商业的基本推动力

在世界经济合作与发展组织（OECD）发布的《奥斯陆指南》中，创新被定义为应用了一个新的或者显著改善的产品、服务或工艺，或者一个新的市场模式，或者在商业行为、生产组织、外部联系方面实现了组织方式的创新。人们一般理解的技术创新就是新技术的发明或改进。

但是，人们往往将科学和技术混谈，以"科技"相称。也有不少人认为，技术只是科学的一种应用。但是，事实上技术比科学出现的早得多。例如，史前人类用的石器就是早期的技术，但是当时尚未出现相应的科学知识。到了 19 世纪，技术才大量地从科学中获得理论支持。又如，在人类历史上，天花和黑死病一样，都是杀伤性最强的传染病之一，但治疗天花的技术"种牛痘"却远远早于相应的病毒学研究，而且还开创了免疫学这门学科。直到 1980 年 5 月，世界卫生组织才宣布彻底消灭了天花。同时，各种实验技术及其设施设备的突飞猛进，给科学研究的不断进步

提供了基础条件和攻关利器。

当今世界，技术和商业、创业的联系越来越紧密。在全世界市值最大的企业排行榜中，绝大部分企业是微软、苹果、谷歌、特斯拉这样的科技企业。因为技术的创新和发展总是能开拓和扩展一个新的市场，在这些市场中具有技术垄断地位，就可以拥有超高的利润。在互联网技术催生的网络时代，技术作为底层逻辑的重要性也得到了更多的印证。当前，全球市值最大的科技企业都是成立十多年、几十年的创业企业。例如，苹果公司之所以能够取得如此大的成就，很大程度上得益于在多个关键技术上的进步，包括多点触控、陶瓷和塑料包装、数字信号处理、背照式摄像头、无线电通信硬盘的微型化、内置激光雷达技术、非易失性"快闪"硅存储器、数字压缩编码、仿生芯片等技术。正是得益于这些技术的进步，苹果公司才能够在漫长的时间内完成环环相扣的技术链条。[一]

大量创业企业的参与会使一个新出现的、狭小的"利基市场"慢慢地变成一个新的、具有广阔空间的新市场——也就是人们所说的"蓝海"。这就刺激着、驱动着更多的技术人员和更多的企业投入新技术的研发中。技术创新在改变商业格局的同时，也成就了社会的发展和变革。

三、技术创新带来的"创造型破坏"

1912年，著名经济学家约瑟夫·熊彼特在其《经济发展理论》一书中首次将技术创新的概念引入经济领域，也就是将技术发明应用到经济活动中，建立一种新的生产函数，对生产要素和生产条件重新组合，并引入生产体系，实现商业目标。

按照熊彼特的理论，新技术往往带来破坏性的或者颠覆式的创新，企业家及其创业活动又在其中发挥了至关重要的作用。例如，智能手机是近20年来最重要的技术创新之一，它在一定程度上取代了闹钟、照相机、摄像机、象棋、扑克牌、电脑、笔记本、计算器、日历、音乐播放器，还可以控制摄像头、家用电器，以及用于社交、工作和记录运动数据。这种集成度、便捷性，在过去是令人难以想象的。苹果公司及其创始人乔布斯既是传统手机的颠覆者，也在整个智能手机行业长期处于领先地位，这是其处于全球最大市值公司之列的重要原因。

技术创新带来的创业机会和创业活动往往是涌现的、大规模的，常常会引发潮流并开拓全新的具有巨大发展空间的领域，甚至对旧有的生活、工作方式带来颠覆——这被熊彼特称为"创造型破坏"。

〇 吉尔德. 知识与权利：信息如何影响决策及财富创造 [M]. 蒋宗强，译. 北京：中信出版集团，2015.

技术创新使人类的诸多关系、行为从旧的领域迁移到新的领域，并不断发展进化。例如，电的发明带来的这种关系的改变，以及一系列新的创业机会。又如，数字技术的不断创新使人们的娱乐、消费、理财等诸多行为逐步迁移到互联网上。因此，技术创业一直是创业的主流，在各类创业活动中起着引领作用，从而也在促进整体的经济进化。但是，既然是"创造型破坏"，那其中必然也带来了一种对既有商业形态的破坏力。这种破坏虽然属于人类整体伟大变革的一部分，但是创业者改变先前存在的经济结构，这种结果对已成立的母体组织可能造成伤害，包括财物损失、事业失败、收入保障的丧失、原有组织的崩塌和环境的破坏等，而这种危害难以从道德的角度来衡量。[○]对创业者或组织而言，如果完全无视其中的破坏性因素，也可能反过来对创业产生负面的影响乃至导致失败。

当前的技术创新还有一个重要的特点，就是它很难摆脱与数字技术之间的关系。数字技术的发展遵循着摩尔定律和指数化增长的规律，使人类的学习曲线在这一过程中得到加速进化，在创业中尤其受到关注。新冠肺炎疫情发生之后，互联网、大数据、云计算、人工智能等的发展，都对全球化的科研共同体，以及相关病毒、免疫等的具体研究起到了关键的促进作用。基于大数据和智能算法的"确诊患者交通工具同程查询系统""疫情数据实时更新系统""发热门诊分布地图""新冠肺炎检测分析平台"等，也为疫情溯源、追踪传播路径、预测发展模型、助力资源配置等提供了有力的帮助。已经被广泛使用的网络社交平台、电商和数字支付体系、地理定位系统、远程协同办公软件、网络教育、网络视频、无人机等为我们在紧急和特殊情况下的应急乃至疫情期间的生活、工作，提供了重要的保障。而且，对2020年全球爆发的疫情产生的新需求、暴露的重点问题，互联网技术也会为之继续进化、迭代。

第二节　创业中技术与人类关系的危机

一、技术创新的伦理争议

技术对社会进步和经济发展起到了如此重大的作用，过去人类无法改变的大自然和人类活动的范围，都发生了天翻地覆的变化。令人难以置信的是，随着马斯克

○ HANNAFEY F T. Entrepreneurship and ethics: A literature review [J]. Journal of Business Ethics, 2003, 46: 99-110.

的 SpaceX（美国太空探索技术公司）不断取得突破，太空探索和开发这种挑战技术、资源、安全等能力极限的人类前沿探索领域也成为私人企业创业的重要方向。但是，随着技术的日新月异和大规模、密集地应用于人类生活、生产中的各类场景，人们对技术进步带来的问题的担忧也与日俱增。

对技术创新的伦理争议最早来自研制原子弹的曼哈顿工程。科学家们强烈反对美国政府研制原子弹。例如，诺贝尔奖获得者尼尔斯·波尔（丹麦文原名为 Niels Henrik David Bohr）当年就预测：原子弹一旦出现，必然会"进一步引起世界范围的军备竞赛，这种竞赛发展到极致，又可能成为新一轮世界大战的重要催动力量，而这次大战一旦爆发，军队与常规武器都将是多余之物，整个人类也将是多余之物——因为地球极可能在这场核战争中毁灭！"1945 年，两颗原子弹在日本本土引爆，两座城市直接被摧毁。这种反对的声音就更为强烈。

从 20 世纪 60 年代开始，人们已经开始越来越关注技术带来的社会风险和伦理风险。当时的代表作是 1962 年出版的《寂静的春天》。在书中，蕾切尔·卡逊（Rachel Carson）以女性作家特有的生动笔触，详尽细致地讲述了以滴滴涕为代表的杀虫剂的广泛使用，给人类带来的巨大的难以逆转的环境污染和自然破坏。这是一本公认的开启了世界环境运动的奠基之作，也成为 20 世纪 70 年代技术伦理学的产生和快速成长的前奏。

总体而言，哲学界普遍一致的观点认为，人类不断增长的行为能力乃至技术对自然和社会，以及对人的身体和精神不断加深的干预和切入程度，导致了伦理反思的责任和必要性的同步提高。[一]化学污染、核泄漏、气候变化、电磁波污染、网络病毒、数据安全、金融危机、克隆人等人类面临的危机都与技术发展带来的风险相关，尤其是社交网络、交通工具的发达等技术原因在提升效率的同时也加速了金融危机扩散、瘟疫扩散。所以，发展任何技术都应该警惕和防范对人类的威胁。

但这都不是最可怕的。技术的悲观主义者更担心的是未来的机器思维将比人类更加聪明、快捷，将不再依赖以碳基为基础的人类。也就是说这些高级机器将控制人类，就像人类控制这个地球及其他物种一样。

牛津大学人类未来研究所的一个研究小组曾经评选出了有可能消灭人类的 12 种最大贡献，这次非同寻常的灾难推测中，最引人注目的就是绝大多数灾难并不是我们几乎无法掌控的自然灾害，例如小行星撞击地球；相反，最大的风险都来自现存的由人类主导的经济与技术发展，例如有可能出现可怕问题的领域就包括合成生物

〇 哥伦瓦尔德. 技术伦理学手册［M］. 吴宁，译. 北京：社会科学文献出版社，2017：6.

学、纳米技术和人工智能。[一]

"无人机"已经在纳卡冲突、俄乌冲突等局部战争中被广泛使用，合成生物学、纳米技术尤其是人工智能和机器人被用于战争给人类带来的威胁也在加大。斯蒂芬·霍金、比尔·盖茨都表达过对人工智能的担心，埃隆·马斯克（Elon Musk）也曾经说过，人工智能是我们生存的最大威胁。2017 年，由 116 位机器人和人工智能企业创始人签署的一份敦促联合国禁止杀手机器人的公开信中写道，"致命的自动化武器有可能成为战争的第 3 次革命"。

由于技术不仅具有"价值导向"，还带来了对原道德标准的颠覆性的外生性冲击，这种冲击可能会改变创业者或组织的伦理判断，技术的进步使企业提前进入了科技未知领域，造成道德伦理标准模糊化。在这种情况下，企业在创业活动中可能会无意识地触及伦理道德的底线，有一些新创企业只顾眼前利益，故意对科技带来的风险性和危险性视而不见。[二]

二、技术创新的主要伦理问题

在创业过程中，技术使企业获得了技术上的优势，也就是技术赋能，但在商业活动中影响了人和技术的关系，带来了新的问题。新创企业通常是在变革性技术创新出现之后产生的，其创新活动往往走在科技发展的前沿，其面对的伦理问题更为严峻，可能带来的道德困境和伦理风险更为突出。

1. 技术挑战人类基本原则

一方面，数字化、自动化、智能化技术的指数增长把人类带入了激动人心的繁荣时代；另一方面，机器人、人工智能、生物工程和遗传学不受约束地对人类生活甚至人类本身渗透和融合，将最终导致系统性忽视人类存在的基本原则。

哈佛大学肯尼迪政府学院希拉·贾萨诺夫（Sheila Jasanoff）教授将技术带来的重大问题分为三类[三]：

1）诸如"疯牛病"、福岛核灾难、全球变暖等风险问题。

2）进一步加大的不平等问题。

———

[一] 凡雁. 最有可能终结人类文明的十种方式 [J]. 老友，2015（9）：66.

[二] HARRS J D, SAPIENZA H J, BOWIE N E. Ethics and entrepreneurship [J]. Journal of Business Venturing, 2009, 24（5）：407–418.

[三] 贾萨诺夫. 发明的伦理：技术与人类的未来 [M]. 尚智丛，田喜腾，田甲乐，译. 北京：中国人民大学出版社，2018.

3）涉及自然的价值和意义的问题——这不但诱惑人们将自然和人类本性转化为一架可操纵的机器，而且直接导致了社会的碎片化乃至消失。

总之，信息技术遵从的"摩尔定律"这种指数发展的速度已经扩展到很多领域，但人类道德、文化、社会体系却并没有相应的指数化增长。人工智能的发展速度更是高于摩尔定律，这种反差和冲突将越来越大。

（1）人类基本的尊严 19 世纪早期，在技术进步推动下的工业革命中，产生了"卢德主义"。随着蒸汽机的发明以及广泛应用，传统的手工纺织业逐渐消失了。新技术和机器被认为影响了人类的生活和尊严，是导致许多人失业的罪魁祸首。"卢德主义"就成了反对新技术的最主要的代名词。

新技术、新产品势必会造成原有技术和设备被淘汰，也会造成靠旧技术生存的员工失业，如何处理和安置好相关员工，需要创业者做出合适的伦理判断。

与"机器换人"同样引发伦理争论的还有"机器监督人""机器裁人"的问题。亚马逊在美国有 75 个订单履行中心，雇用了 12.5 万名员工。他们每天都要高强度地工作 9 个多小时，中间的休息时间总共不足 1 小时。AI 监工考核绩效的指标简单粗暴，要求工人每小时打包 120 件包裹，而在 10 几年前，这个标准只有 80 件/小时。员工还不能频繁地去洗手间，上厕所来回超过 10 分钟就会被判定为"怠工"——然而如果洗手间的距离远，光走个来回恐怕就需要 10 分钟，有的员工甚至在岗位旁边备了个瓶子，来解决生理问题。2020 年 9 月，发表在《人物》杂志的《外卖骑手活在系统中》一文，也引起了国内公众对算法控制人类的诸多关注和讨论。

人类已经通过技术按照自己的意愿在设计生命体和控制自身进化，包括各种增强、拓展人类能力，以及替代人类器官的技术。这方面最典型的是脑机连接，埃隆·马斯克创立的"神经连接公司"利用人脑与机器的接口治疗神经退行性疾病，可以使人类的大脑中各种电子设备和程序交互，而不需要任何中介。人与机器之间的正负反馈可能导致无法辨认谁是系统真正的主体，将会产生更多法律伦理及社会治理问题。另外一个例子是，2013 年斯坦福大学的生物工程师发明了第一个由遗传材料制成的生物晶体管，这种被称为"记录器"的有机晶体管，被认为是构建在活细胞内运行的生物计算机所需的最终组件。[一] 我国首例基因编辑婴儿的问世引发强烈的社会反响，招来科学界和全社会的一致批判，也在于此。人类胚胎干细胞被称为生物医学的曙光。帕金森病、阿尔茨海默病、白血病及婴儿糖尿病等都有可能通过人类胚胎干细胞获得治疗。但是，干细胞的研究通常会破坏掉从胚胎里提取的

[一] 亚科巴奇. 科技与伦理 [M]. 彭爱民，译. 广州：暨南大学出版社，2019：28.

具有治疗活性的细胞，这意味着要杀掉一种人类生命的形式而被法律所明确禁止。辅助生殖等方面的伦理事件，也由于对人类尊严的挑战而备受关注。

人类有许多对自己尊严保护的法律和道德原则，例如《未成年人保护法》，但是由于技术创新导致了许多新的空间，在监管和人们对其评判属于空白期的时候，往往被用来达成商业目的。例如，曾经在海外因为涉嫌未成年人拍摄，美国联邦贸易委员会（Federal Trade Commission，FTC）指控抖音海外版 TikTok 违反了美国《儿童网络隐私保护法》（*Children's Online Privacy Protection Act*）[⊖]。

2015 年以来，美国政府致力于为士兵植入记忆芯片以提高他们在战场上的表现，同时也致力于治疗创伤后的应激障碍，其治疗方法包括消除关于令人不安的事件的回忆，这种删除大脑数据并保留个体的做法是否符合道德伦理也引起了争议。2017 年美国国防部高级研究计划局（DARPA）宣布了一项计划，计划用合成血液仿生球鞋来构建基因工程的超级战士，以增强他们的脚踝和跟腱增强疼痛免疫能力，消除损伤后引起的疼痛的炎症，应对可调节弹道的虚拟现实红外病毒。[⊖]这些技术有什么绝对的保障可以使其不被滥用？事实上，声称"不作恶"的谷歌的民用技术研究被应用于军事，就已经引起了谷歌内部及社会公众的强烈抗议。

层出不穷的技术创新会使人类处在一个越来越"人工"、越来越"智能"的环境下。这方面的隐患越来越突出，正如霍金所强调的，人工智能应该在符合伦理道德和安全措施要求的情况下开发，因为脱离人类控制的机器将很难被阻止。

新涌现的技术已经不仅是一系列无生命的工具，也不仅是相互联结、辅助完成任务的系统，而是重新划分了自我与他人、自然与人工之间的界限。技术发明已经渗入我们的身体、思想和社会交往，改变了我们与其他人和非人的关系。技术的发展事实上正破坏了生命的自然方式这一本质概念，尤其对人类本性和自然认同带来重大破坏。当地球上既有的伦理文明、价值观无法跟上技术的脚步时，人类的基本尊严就会受到空前的挑战。

（2）技术对人类的控制　在人工智能、纳米技术、异种移植、3D 打印、量子计算、神经技术、数字化制造、辅助生殖、合成生物学等前沿技术的迅猛发展下，技术已经发展到从强化自然到替代自然的程度，人类的大脑算法也正在被各种智能化的理性计算替代，甚至人类已经成为这些技术产品控制的对象。

⊖ 简称 COPPA，该法律规定面向孩童的网站和线上服务在收集未满 13 岁孩童的个人信息前需取得父母同意。

⊖ 亚科巴奇. 科技与伦理 [M]. 彭爱民，译. 广州：暨南大学出版社，2019：91.

受巨大的商业利益驱动，创业企业与其利益相关者的关系受到严峻挑战。有些网络游戏和娱乐的创业项目带有"黄、赌"和暴力成分，这种数字毒品的危害由于技术的隐蔽性造成的危害更大。利用 P2P 技术藏匿色情视频的"快播"就是一个典型的例子。2020 年 11 月《财新周刊》也以一篇题为《洞穿赌博网络》的重磅报道引发讨论，文中揭露了赌博黑产是如何渗透互联网全产业链的。

案　例

一个"超牛"网站何以走向覆灭？

"我们有错，可能错得还比较严重，给传播不良信息提供便利性的同时，也缺乏对不良信息的有效监管。作为互联网从业者，法律道德的缺失是任何技术创新都无法掩盖的。"2014 年 9 月，北京市海淀区看守所内，王欣悔悟道。

2014 年 8 月 8 日，潜逃境外 110 天的快播公司法定代表人兼总经理王欣被抓捕回国，轰动一时的深圳快播科技有限公司传播淫秽物品牟利案至此宣告侦结，并于近日被依法移送检察机关审查起诉。

依靠技术起家，借助大肆传播网络不良内容快速发展。这个曾号称用户过 4 亿、全国市场占有量第一的"超牛"网站是如何一步步走向覆灭的？

掩盖在技术面纱下的犯罪事实

"搜索电影、点开网站、快速播放，神器成就传奇。"这是快播播放器的宣传语，也是快播公司安身立命的秘诀。

实现"快速播放"的法宝是 P2P 技术。这种技术能让用户一边在线观看视频一边进行下载，与此同时，该视频还可以作为种子供更多用户分享。基于这种技术的快播播放器能够有效降低占用的带宽，节省用户的缓冲时间，因此一经推出便受到市场欢迎。然而，这种提供网络存储空间、播放传输渠道，供他人上传下载视频的模式很快成为盗版电影与淫秽视频滋生蔓延的温床，快播"神器"的"江湖绰号"不胫而走。

王欣声称，快播播放器并非为淫秽视频设计的，目的只是让用户获得更好的使用体验。但快播不断改良技术去迎合的，却是关于播放淫秽视频的"用户体验"。

负责侦办快播传播淫秽物品牟利案的北京市公安局治安总队副总队长樊宏宇告诉记者，快播公司在全国各地搭建了 2000 余台服务器，在服务器网络内进行视频的复制下载并发布到其 QVOD 网络，通过 QVOD 索引服务器就能轻松找到想看的视频文件；快播公司还开发了热门视频自动存储技术，凡点击 10 次以上的视频，就自动上传到该公司的存储服务器上供更多人观看，而这种"热门视频"往往就是淫秽视频。从被查扣的十余台快播服务器中，警方已发现了数万个淫秽视频文件。

面对涉黄及侵权盗版的指责，王欣总是以"只做技术，不问内容"来搪塞，并以此愚惑公司内部员工。樊宏宇对此表示，专案组调查了 120 名快播公司员工，有 30 余名员工证实公司明知服务器存储有大量淫秽视频，还有 40 余名员工表示自己就用快播播放过淫秽视频。"甚至有人向我们反映，在服务器内发现淫秽视频后曾向上级报告，但领导表示不用管。"他说。

快播的"黄色"利益链条

2012 年 7 月 31 日，感到口碑压力的王欣在微博中发表声明，称快播专注于科技，采用快播技术的不良内容与其无关。但讽刺的是，就在一周之后，王欣在微博上还公然使用"宅男福音""看片神器"等充满暗示性的词语来推介新产品。

办案民警介绍，深圳快播公司表面上设有负责鉴别、屏蔽不良内容的监管平台和用户举报机制，但基本上形同虚设。王欣自己将其原因归咎于"惰性使然"；但据警方调查，快播公司利用快播软件传播淫秽视频，以收取广告费和会员费牟利。快播公司还建立了"小二广场"网站，直接在其中存储了近 300 部淫秽视频，用户付费获得更高权限后，就能在该网站的"VIP 通道"中观看到这些淫秽视频。据公安机关调查，在 2013 年快播公司 3 亿元的销售额中，与淫秽视频和侵权盗版相关的销售额就占到了 1.8 亿元。

事实证明，快播公司能够获得如此巨大利益的重要原因，就是大量淫秽视频及侵权盗版作品在快播平台的存在和蔓延。剥开"技术外衣"，这才是"神器"真正的"生财之道"。

2013 年 11 月 13 日，腾讯视频、搜狐视频、乐视网等数十家正版视频网站和版权方发起中国网络视频反盗版联合行动，向快播等公司提起法律诉讼。2013 年 12 月 30 日，国家版权局等四部委就打击网络侵权盗版专项治理"剑网行动"发布通报，对快播做出罚款 25 万元的行政处罚，并责令其停止侵权行为。背负着盗版与色情两项"原罪"的快播已成为众矢之的。

法网恢恢，玩火自焚

遗憾的是，接连几起事件没有让王欣醒悟，反而试图用技术革新来逃避相关部门的打击。经查，从今年 1 月起，快播公司不再采用片段式存储视频文件的方式，而改用磁盘阵列碎片化存储。运用这种技术后，从单个服务器上仅能提取到文件碎片，而不能读取完整视频。只有按照该公司设定的程序通过验证后，散布在各服务器内的碎片化视频在数十秒内快速汇集上传形成完整的视频文件供用户观看。此外，快播公司将存储至"小二广场"服务器内的淫秽色情等视频予以删除。

但是，随着国家对互联网环境的持续整顿走向深入，靠打网络色情"擦边球"而风光一时的"快播模式"注定已经走到了尽头。

2014 年 4 月 16 日，快播宣布"涅槃在即"，为此将清理低俗与涉盗版内容，关闭 QVOD 服务器，并停止基于 P2P 技术的视频点播和下载服务。

快播为何迟迟不愿意放弃 P2P 技术？ 王欣坦言，自己一方面是对放弃"快播模式"后的转型之路没有信心；另一方面是对政府打击网络淫秽色情信息的决心预估不足，存在侥幸心理。但究其根源，显然是难以舍弃巨额利润。

4 月 22 日，在公安部派员直接组织协调下，北京会同深圳警方共出动 130 余名警力对深圳快播公司深圳总部进行围合式查处；5 月 15 日，快播被吊销增值电信业务经营许可证；8 月 8 日，潜逃境外 110 天的深圳快播科技有限公司法定代表人、网上传播淫秽色情信息案首要犯罪嫌疑人王欣在韩国落网，押解回国内，深圳快播公司传播淫秽物品牟利案至此侦结。

"产品用户群越大影响力就越大，如果监管不力，影响的有可能是一代人。我自己也有两个小孩，让这些青少年受到了伤害，我的良心也过不去。"说到这里，王欣几度哽咽，"技术公司不仅要关注产品本身，更要关注社会责任。如果只有强大的技术而没有好口碑，就算做再大也不会长久，这也是我对其他互联网从业者的忠告"。

（资料来源：新华网，作者：白阳。）

创业企业更善于运用信息技术连接大众，尤其是注重发挥其指数型增长的特征。人类会变得越来越像机器，以便更好地适应机械化的世界。例如，手游、短视频和社交媒体等很容易让人们沉迷到无法自拔。人们承受了太多毫无意义的在线交易、人际关系，线下生活反而成为一种新的奢侈。在这种技术变革与商业利益共同带来的伦理困境中，人类成为技术创新伦理问题的受害者。人类总是拒绝不了效率的诱惑，被一个巨大的机器操作系统支配，这个操作系统不断地自我学习，并把输出反馈给我们，直到它不再需要我们的输入。届时，人类的价值会更多地体现在通过技术努力获取的流量和商业利益上。

企业可能会利用更高效率的算法，让用户产生过度依赖，而无法适应没有相应服务的状态。包括人工智能、生物工程、认知运算在内的所有指数型技术，一旦进入数字肥胖这种状态，再想减肥，回归到之前的生活模式就很难了。例如，人们已经习惯了使用网络支付，如果到一个没有网络的环境，很可能很难完成支付，因为一般不会带现金。

另外，神经技术、基因技术等新兴技术可以被用来直接控制人们的行为。尤其是一些以大脑为对象的侵入性神经技术，存在滥用及过度开发和使用的可能。

（3）安全问题的威胁　按照马斯洛的需求层次理论，人类对安全的需求仅次于生理需求。但是新技术都会带来安全问题，过度依赖技术还会导致系统性风险。尤其是在不成熟的情况下，一些技术创新推向了市场和社会，将巨大的风险转移给消费者和社会公众。

化工产业是技术创新导致安全问题的重灾区。滴滴涕等农药曾经是被广泛使用的神药，能够杀除蚊子、苍蝇和虱子，使疟疾、伤寒和霍乱急剧下降，拯救了数以万计的生命。但是20世纪60年代科学家发现，它对人类神经系统、肝脏、肾脏等都产生了巨大的威胁，并且在环境中非常难分解，还具有遗传毒性，最终在2004年被联合国正式宣布禁用。

食品安全是技术创新滥用的重灾区。我国部分乳业企业为应对营养含量的检查，给乳制品添加三聚氰胺的事件，曾经引发整个行业的整顿和全民对食品安全的不信任。"猪肉精"等添加剂，被业界统称为"一滴香"。它们有的注明主要成分是酶解肉膏、水解植物蛋白、氨基酸等，有的标明主要成分为乙基麦芽酚、丙二醇、食用香料等。标识上均有 QS 认证，并注明"不可直接食用"。[一]但此类具有技术含量的增香调味添加剂被广泛运用于餐饮业，甚至成为业内潜规则，让不知情的消费者面临重大食品安全隐患。此外，皮鞋制酸奶、猪肉变牛肉的技术不可谓没有创新，但是最终不仅因为诚信问题，而且也由于安全问题而被严加禁止。

有些安全问题因为涉及认知上的"弱势群体"更为复杂。例如，1997 年，美国国会通过了《更适宜儿童药品法》。2003 年，美国国会又通过了《儿科研究公平法案》。根据这两部法律，将过去对儿童用药酌情减量的方式，改为鼓励将儿童作为药物临床试验对象，带来了相应的安全问题。而且，由于儿童不具备承认的知情同意能力，无法审慎判断参与临床试验的安全风险，父母或监护人代替儿童做主也有伦理方面的问题。[二]

大数据、基因工程、生物医药、金融科技、无人驾驶等领域的技术创新中涌现的安全方面的伦理问题也层出不穷。2008 年，全球金融危机的导火索正是被打包出售的金融衍生品暴雷。

除了能直接导致的安全问题，许多技术创新相关的产品也有被滥用导致安全问题的可能性。例如，语音合成技术被用来诈骗，闲鱼上还有卖家提供"定制换脸"服务。

案 例

特斯拉中国消费者维权

作为全球布局的重要一环，特斯拉在中国快速发展的同时，也先后因自燃、减配、失速等问题，引发消费者维权。

2020 年 3 月初，就有多名消费者投诉称，特斯拉新交付的 Model 3 搭载的整车控制器硬件版本与环保随车清单上报备的版本不一致，清单上显示的 HW3.0 版本被"减配"为 HW2.5版本。

彼时特斯拉方面发表声明称，其上海超级工厂于 2020 年 2 月 10 日开始复工生产，其间基于供应链状况，一部分标准续航升级版 Model3 安装的硬件为 HW2.5。 随着产能以及供应链恢

[一] 张晶，缪扬. 江湖传言的"一滴香"原来是伤肝脏的添加剂 [N]. 消费质量报，2010 – 11 – 12 (5).
[二] 顾智明. 技术创新的管理伦理 [D]. 南京：东南大学，2013.

复，公司将按计划陆续为控制器硬件为 HW2.5 的 Model3 车主提供免费更换 HW3.0 服务。

马斯克在其推特账号上表示："奇怪的是，那些投诉的车主其实并没有订购全自动驾驶。或许他们不知道，如果在车辆交付后又订购了 FSD，车载计算机也是可以免费升级的。"

马斯克及特斯拉官方声明的回复，并未取得消费者的理解，反而进一步激化了双方的矛盾，"减配"事件持续发酵。

发酵数日后，工业和信息化部装备工业一司针对特斯拉 Model3 车型部分车辆违规装配 HW2.5 组件问题约谈了特斯拉（上海）有限公司，责令其按照《道路机动车辆生产企业及产品准入管理办法》有关规定立即整改，切实履行企业主体责任，确保生产一致性和产品质量安全。

之后在 2020 年 6 月 16 日，江西南昌一辆 Model3 失控起火。当事车主在接受采访时表示，当时他驾驶这辆 Model3 小轿车，车辆突然自动提速至 127km/h，尝试刹车无效后，车辆最终撞上土堆翻车起火。2020 年 8 月 9 日晚 9 时许，一辆特斯拉轿车突然失控撞入上海杨思路某加油站内，造成 2 人受伤 3 车受损。

值得一提的是，2020 年 1 月，美国国家公路交通安全管理局曾表示，其将审查一份要求该机构正式调查 50 万辆特斯拉意外突然加速问题的请愿书。这份请愿书涵盖了 2012 年—2019 年的特斯拉 ModelS、2016 年—2019 年的特斯拉 ModelX，以及 2018 年—2019 年的特斯拉 Model3 车型。

与此同时，上述请愿书还涵盖 127 起消费者投诉，涉及 123 辆特斯拉电动汽车。上述车型共发生 110 起撞车事故，导致 52 人受伤。

（资料来源：夏治斌，童海华匀，多面特斯拉，《中国经营报》，10 月 10 日。）

（4）对隐私的侵犯　隐私权在 1890 年由萨缪尔·沃伦与路易斯·布兰代斯首先提出，他们在《哈佛法律评论》杂志上发表的题为《隐私权》的论文强调，隐私权是一种不受干扰的权利，这种权利不仅包括不可侵犯权，更主要的在于强调个人拥有是否公开的决定权。1928 年，布兰代斯以美国最高法院大法官的身份提出"公民有不受打扰的权利"。1948 年，联合国颁发的《世界人权宣言》明确了隐私权的定义。⊖

1960 年 8 月加州大学（伯克利）威廉·普罗泽在《加州法律评论》上发表了题为隐私权的论文，将侵犯隐私权概括为不法侵入、公开私事、导致公众误解和盗用 4 种类型。

1967 年，哥伦比亚大学名誉教授艾伦威·威斯汀发表的《隐私与自由》，将隐私定义为"团体或者组织，对于在何时、通过怎样的手段、在多大程度上将与自己

⊖　肖文杰. 隐私权，技术与法律的拉锯 [J]. 第一财经，2020（9）.

相关的信息传达给他人，拥有自主决定的权利"。他还将通过保护这些状态而得到的隐私效果分为人的自主性、感情的自由、自我评价、信息的控制与保护 4 个类别。[⊖]

纽约大学法学院的阿瑟·米勒于 1971 年发表《对隐私的攻击》，隐私权被解释为控制信息流通的能力，成为非常经典的一个定义，并且由于信息技术的发展而具有很强的现实意义。

照相机、摄像机（包括摄像头）由于具有技术侵入的特点，很早就成为技术滥用对人类隐私威胁的焦点。例如，1998 年，索尼推出的手持摄像机通过安装红外补光灯，具有了在全黑状态拍摄清晰画面的夜视功能。然而，不久后就有人滥用这一功能，通过把滤除可见光、只允许红外光通过的特殊滤镜加装于镜头前，实现了"透视"效果。随后，索尼公司迫于舆论压力，对新型号摄像机的红外夜视功能做出了限制：打开红外夜视模式后，强制光圈最大 + 快门慢于 1/60s，这样若是在白天使用便一定会过曝，从而杜绝了滥用的发生。[⊜]

由于同样的原因，以"小而美"著称的一加手机在 2020 年 4 月推出的旗舰机 OnePlus 8Pro，也遭到网友非议。5 月 18 日，汽车博主@ 董买买在一条测评微博中写到，"这种方式对于棉质材料透过性很差，所以'菇凉'们夏天通过穿着棉质含量较高的衣物，就可以避免此类偷窥现象。如果是紧身衣/泳衣等，一般是涤纶化纤材料，敏感部位请选择有内衬的"。虽然据一加手机官方微博宣称，一加手机的滤光镜头和"秋意"滤镜既能拍摄出风格焕然一新的照片，也能以此查看肉眼不可见的红外光线，让手机化身偷拍镜头的识别"神器"。但最终不得不宣布"决定通过软件升级暂时禁用该滤镜功能"。

信息技术带来的许多伦理问题与隐私相关。随着互联网技术的发展，人类许多工作和生活逐步迁移到了网络上。在这个过程中，大量的私人信息也转移到网络上并被各类商业机构收集。这些信息不但包括了银行账户、电话号码、购买历史、居住场所、工作单位、会员身份、医疗等内容，还有大量的个人图片、聊天信息等非结构数据，甚至还有指纹、面部、虹膜等——这些不可更改的个人物理信息一旦泄露，结果将是灾难性的。

金融类的 App 一直是不规范使用用户隐私信息的重灾区。例如，某知名股份制银行 App 收集用户在使用服务过程中产生的相关信息，包括日志信息、设备信息、

⊖ 福田雅树，林秀弥，成原慧. AI 联结的社会：人工智能网络化时代的伦理与法律 [M]. 宋爱，译. 北京：社会科学文献出版社，2020：198 - 199.
⊜ 网易. 当技术创新碰上道德底线，一加宣布将禁用"透视"滤镜 [EB/OL]. (2020 - 05 - 19) [2021 - 08 - 10]. https://3g.163.com/dy/article/FD0RLMS80512AHTN.html.

搜索记录、位置信息，还会从第三方处收集用户的个人信息，包括微信、微博、QQ等第三方跳转登录，以及登录该银行微信小程序、公众号等。有的银行的 App 还要求读取通讯录、电话状态等。2019 年 9 月中国人民银行发布《中国人民银行关于发布金融行业标准加强移动金融客户端应用软件安全管理的通知》（银发〔2019〕237 号），明确要求了金融行业需要加强个人金融信息保护。2019 年 12 月下旬，中国人民银行科技司司长李伟公开表示，"前段时间多部委在对 App 的整治过程中，下架了 100 多个 App，其中金融类 App 是重灾区，后续中国互联网金融协会要推动备案注册制度，加强对这些金融 App 的测评认证工作"。

行为能力不足的未成年人是隐私保护重点关注的群体。以"人工智能 + 教育"技术创新监测学生上课状态，也引发了关于侵犯少年儿童隐私权及影响孩子身心健康的大量争议。例如，2018 年 5 月，杭州某中学引进"智慧课堂行为管理系统"，实时统计分析学生的面部表情和行为，可以识别高兴、反感、难过、害怕、惊讶、愤怒和中性 7 种表情，以及阅读、书写、听讲、起立、举手和趴桌子 6 种行为。有评论认为，冷冰冰的"天眼"，似乎打破了教室里原有的生态，成为独立于师生之间的第三种存在。尽管该校负责人一再强调，只记录学生表情，不涉及个人隐私，但把几双"机器眼"放在头顶盯着自己的一举一动，并且还会将捕捉到的不认真听课的信息向老师"报告"，难免让人有一种被窥视、被监控的不适感。更大的问题在于，师生之间因此而变成了管理者和被管理者、监控者和被监控者的关系。表面上看，学生是更听话了、更认真听讲了，可一旦学生对此产生抵触情绪，教学效果将大打折扣，这显然与教育的初衷渐行渐远。○无独有偶，2020 年 3 月初，广东省某中学斥资 485 万元采购 3500 个电子手环，用来精准定位、检测上课举手次数及每日活动量等。类似的影响人类未来的智能化产品将产生难以预料的伦理后果。

正如技术领域研究的权威、复杂经济学的开创者布莱恩·阿瑟曾经在《技术的本质》中提出的："技术是人类更深的法则的一部分，没有技术就没有人类。但是，技术由人类创造，如果加强了人类和自然的联系就肯定了人性，拓展了我们的本性。但反过来，技术如果违反人性、奴役人性、破坏自然，就会带来某种类型的死亡，是不可持续的。"

2. 技术创新对所有权的冲击

狭义的所有权是指人的经济权利。对创业者而言，所有权是一种天然的正义，这是个人创新创业的动力，也是创新创业的归宿。保护私有产权，不仅是法律概念

○　胡春艳. 别让教育被冷冰冰的"天眼"绑架［N］. 中国青年报，2018 – 07 – 16（9）.

或经济学概念，这可以被看作创业活动正义的基础。产权与责任伦理密切相关，没有产权，责任就失去了具体的内涵。

启蒙时代的著名思想家、哲学家约翰·洛克是产权理论的奠基人。他认为，财产权是一种人固有的和天赋的不可剥夺的自然权利，这种权利起源于劳动。这成为英国率先进行工业革命和实现商业繁荣的重要思想根基，也是马克思主义政治经济学和古典经济学劳动价值论的思想源泉。

人们为追求个人财富而努力创业是天经地义的。恰当的产权制度安排，是资源有效使用和合理配置的重要条件。产权理论研究包括所有权、使用权在内的产权问题。现代产权理论是制度经济学的重要分支，在我国经济转型中也起到了重要的作用。诺贝尔经济学奖得主道格拉斯·诺思通过对近代西方国家产权制度的建立与实施的具体分析，解读了法律等制度性因素和伦理习俗等非正规约束在经济发展中所起的决定性作用。

当代社会的产权范畴由于知识产权的兴起已经大为扩宽，包括软件、视频、演讲、杂志、图片、基因信息、书籍、歌曲、处方、声音、遗传密码等。知识产权与不动产等实物产权最大的区别在于具有非排他性。也就是说，知识产权的所有者并不能通过占有该知识就阻止别人使用。

1994 年，美国和欧盟成功签订了 TRIPS 协议，使《知识产权法》成为世界贸易体系的一环，由 WTO 进行管理。我国在 2020 年"全球创新指数"中的排名位居第 14 名，是前 30 名里唯一的中等收入经济体。我国创新发展的格局，也离不开知识产权的有力支持。世界知识产权组织发布的报告显示，我国 2020 年国际专利申请量同比增长 16.1%，达到 6.8 万件，连续两年居世界榜首。我国企业连续四年成为《专利合作条约》框架下国际专利最大申请者。根据我国国家知识产权局发布的数据，2020 年我国授权发明专利达 53 万件，同比增长 17.1%。

保护知识产权就是保护创新。对创业企业来说，知识产权保护显得尤为重要。截至 2021 年 9 月 30 日，我国科创板上市公司总市值突破 5 万亿元。登录科创板的企业均符合国家战略、突破关键核心技术、市场认可度高，拥有大量的自主知识产权是它们的共同点。2020 年科创板终止上市的企业共 41 家，这些终止上市的企业中有 20 家涉及知识产权问题，占比高达 50%。⊖

⊖ 崔笑天. 知识产权问题成"达摩克利斯之剑"，科创板拟上市企业如何避免遭竞争对手专利"狙击"？［EB/OL］.（2021－04－06）［2021－04－08］. http://mp. weixin. qq. com/s？＿biz＝MzA4MDgwNzkzMw＝＝&mid＝2664791198&idx＝2&sn＝474dec5132ccf36d8a8fdac075f42871&chksm＝84bf4e0cb3c8c71aa5e190efa00e3dd50e2e2a4440973dff3e60a6ada1d87d96ea28c6be6714&mpshare＝1&scene＝1&srcid＝0406AEpUwRwqiMCAJ0HZlHUX&sharer＿sharetime＝1617772789436&sharer＿shareid＝cca2a085384e6d89473b069465714001#rd.

由技术创新导致的对所有权的冲击，不仅是整个创业生态的重要组成部分，也是创业伦理的重要内容。

（1）复制的伦理　大规模的复制是著名哲学家瓦尔特·本雅明在《机械复制的时代》中所预言的时代特征。而且互联网技术的出现和广泛应用加深了这个特征。但是，《所有权的终结：数字经济中的个人财产》一书也指出，数字经济的发展侵蚀了人们的所有权。例如，你在网上购买电子书、电影、音乐、图片等，或者在网络游戏或社交媒体中购买虚拟物品，并没有获得这些内容的所有权，而只是获得了使用这些内容的许可。这种所有权的巨大变化，既是数字经济带来的创业红利，也有非常复杂的新的伦理问题。同时，一些创业者通过迅速进入一个法律管制空窗期的领域或采取打"擦边球"的方式，在很短的时间内迅速积累财富，发展壮大。这种冒险行为，也给创业者带来心理冲击，并引发全社会的伦理思考。在创业领域，技术创新对所有权的冲击，首先来自模仿和复制，主要可以分为以下几个方面。

1）大量的技术创新本身就是从模仿和复制中起步的，存在大量所谓"山寨"的痕迹。支付宝有 PayPal 的影子，腾讯的 QQ 是从模仿 ICQ 开始的，华为也曾被认为是"山寨"起家。随着数字技术的广泛应用，"山寨"变得更加容易，但对其鉴别、判定却比较复杂。

例如，斯坦福大学商学院管理学讲师费德里科·安东尼（Federico Antoni）在《为什么在新兴市场创业山寨有理山寨无罪?》[一]一文中指出，"至于创业者，当别人说你模仿时，所有的团队都是从某个地方开始的。你从哪里开始不重要，你可以从应用新技术或协议开始，你可以从你感兴趣的难题开始，你可以从模仿商业模式开始，你要对未来充满希望并且相信。你自己可以实现，当你让世界变得更好时，别人给你贴的任何标签都毫无意义"。但是，由于做"山寨"的诱惑实在太大，许多创业企业乐此不疲、不能自拔，长此以往就缺乏核心技术的积累，从而失去了竞争力。

2）侵犯版权将会最终导致创业企业无法存活下去。人人影视前身是 YYeTs 字幕组，于 2004 年由加拿大的一群留学生创建，2006 年 6 月 1 日正式建立独立论坛，是国内最早创立、影响最大的字幕组之一。这家影视资源站汇集了大量网民上传的无版权影视作品。2009 年，由于涉及版权问题，"伊甸园""BT 中国联盟"和"悠悠鸟"等国内前几大 BT 网站在内的 111 家视听节目服务网站都被关停整改。人人

[一]　小猪配齐. 为什么在新兴市场创业，"山寨"有理、"山寨"无罪？[EB/OL].（2018 – 12 – 20）[2021 – 04 – 20］. https://www.chinaventure.com.cn/cmsmodel/news/detail/337854.html.

影视当时宣布网站转型，放弃视频下载，只提供字幕服务。

但是2014年，美国电影协会公布的一份全球范围内的音像盗版调查报告，其中点名指出了一批提供盗版下载链接的网站"黑名单"，以及全球10个最大盗版音像制品市场，人人影视和迅雷赫然在列。而后，国内字幕类网站的压力也陡然增加。

当时，人人影视宣布暂时关站，并发公告称"网站正在清理内容"，其言下之意就是等清理完涉嫌侵权内容后，还有可能重新上线。这是当时涉及版权问题的网站一种比较常见的应对策略："避风港原则"。"避风港原则"是指在发生著作权侵权案件时，当ISP（网络服务提供商），只提供空间服务，并不制作网页内容，如果ISP被告知侵权，只要它及时履行了删除义务，就可以免予承担侵权责任。长期以来，"避风港原则"是众多资源分享网站用来免予承担侵权赔偿责任的最重要的挡箭牌。[一]但是，根据《中华人民共和国电子商务法》，"避风港原则"之外还有"红旗原则"。所谓红旗是指那些高高飘扬的红旗（明显违法行为），服务商不能视而不见，否则担责。[二]

这次游走在版权灰色地带的人人影视最终宣布关站。其他一些比较主流的字幕网站，例如成立15年的射手网，也都纷纷关闭。虽然人人影视还以比较隐蔽的形式继续运营，但最终还是彻底终结。2020年1月上海警方侦破特大跨省侵犯影视作品著作权案的新闻见诸媒体，"人人影视字幕组"14人被抓。

与之相反，重视版权问题的一些企业不但走出了"侵权"的阴影，而且由于在版权保护方面的投入而逐步成为其核心竞争力。例如，今日头条成立初期，与门户网站、传统媒体之间关于版权的争议甚至法律纠纷时有发生。但历经多次整改和日益规范管理之后，今日头条上所有的内容，已经全部来自与头条有正式合作的媒体和开通头条号的媒体、自媒体、机构等。为了保护视频版权，还开发了国内领先的CID系统，以及联合第三方维权机构保护自媒体版权。同时，也严格处罚有搬运、篡改和歪曲等侵权行为的头条号账号，主要包括：①未经许可转载、摘编整合或歪曲篡改新闻作品；②通过"洗稿"方式抄袭剽窃、篡改删减原创作品；③未经授权复制、表演、通过网络传播他人影视、音乐、摄影、文字等作品，或以合理使用为名对他人作品删减改编。[三]

3）合理使用公共产品或者公有版权的内容。一些创业企业会考虑将一些失去

———

一　虎嗅网. 信海光微天下，人人影视和射手网纷纷关闭的背后 [EB/OL]. (2014 – 11 – 24) [2021 – 04 – 20]. https://www.huxiu.com/article/102133.html.

二　麻策. 网络法实务全书 [M]. 北京：法律出版社，2020：82.

三　中国知识产权律师网. 关于版权保护，今日头条做了这5件事 [EB/OL]. (2019 – 10 – 25) [2021 – 04 – 20]. http://www.itoplawyer.com/html/bqss/401.html.

版权保护的内容进一步包装策划、运营出售。例如，网络名人"李寻欢"创办的果麦文化就是一家以经营"公版书"著称的创业企业，他们整理了 4000 种公版经典图书的数据库，并开发了或正在开发近千种，其中，推出的《从一到无穷大》等经典名著取得了非常好的经济效益和社会效益。但是有些企业把政府提供的公共品，也作为自己的独家数据内容出售，就是对所有权的亵渎。例如，图片网站视觉中国把具有公共属性的国旗、国徽等图片作为自己的版权图片出售，就引发了社会舆论的批评。

（2）发明的伦理　在创业中，技术是一种提高竞争力的手段。但更重要的是，技术也可以被看作一种权力——技术规定了社会秩序、分配利益和负担，并重构权力。在创业实践中，技术"赋权"因为能够释放出巨大的力量而备受推崇，也使许多企业脱颖而出。在整个创业活动的技术体系中，新技术、新物种乃至新产品、新应用所带来的权力最大，产生的影响和后果最大，带来的伦理问题也最多最深刻，"发明的伦理"在技术创新中占据重要位置。

1）专利保护可能会阻碍创新。有许多技术创新是多个企业多个个体在同时研究，但是如果别人首先申请了相关专利，无论其获得专利的研究成果是否真的足够先进，根据专利法，其他开发者的发明就很难获得法律的支持。在纳米技术、生物科技、信息技术等领域，一些企业采取了囤积策略，会用大量的专利防止竞争对手进入市场，哪怕这些专利大量束之高阁。

大企业在申请专利方面有更多的经验、投入和便利，这也阻碍了许多小的创业团队的独立技术开发、销售。在专利诉讼上，大企业也往往比小创业团队更强势，更能争取自身利益。专利彰显了公平，但是这种由于在专利制度和法务资源上不平等带来的不公平也客观存在。

同时，通过申请专利碰瓷来获利的"商业模式"和欺诈行为也时有发生。例如，Unwired Plane 公司仅有 16 名员工，但是凭借着手中的 2500 件专利，向苹果、三星、华为等科技巨头发起了诉讼。年度营收高达数万美元。又如，2019 年 9 月 30 日，上海市浦东新区人民法院对全国"专利敲诈勒索第一案"进行一审判决，两位被告人因犯敲诈勒索罪，被分别判处有期徒刑 4 年 6 个月、2 年，罚金 5 万元、2 万元。

2）互联网技术已经成为人们日常生活和社会运转的基础设施。一方面，作为提供基本软件服务和数据支持的许多底层平台企业，它们已经掌握了数亿甚至十多亿人的海量实时信息，能够通过技术产生超出寻常企业之外的影响，这种影响包括了对所有权的冲击。例如，数据被认为是新时代的石油，蕴含着巨大的价值。2020年 4 月，《中共中央　国务院关于构建更加完善的要素市场化配置体制机制的意见》

中建议"加快培育数据要素市场，推进政府数据开放共享，提升社会数据资源价值，加强数据资源整合和安全保护"，数据作为第五大生产要素写入文件。但是用户个人行为所产生的数据的产权归属不明，收益者主要是技术和平台的拥有者。另一方面，人们已经越来越依赖这些技术，甚至为了使用这些技术或者获得它带来的便利性忽视了个人的权利。这也对传统意义上的产权，尤其是知识产权，带来诸多需要面对和解决的问题。

不受制约的权力是危险的。许多创业企业通过技术创新在商业上获得巨大成功的同时，也带来了诸多安全隐患和风险。在技术世界，要想挽救技术创新带来的权力滥用及其威胁和破坏，就必须"把权力装进笼子里"，防止通过技术和平台形成技术滥用和垄断，并让法律和监管的成熟随着技术一起演化。

3）技术创新的公共性被商业挤占、削弱。在市场机制和商业利益的驱动下，在高投入、高风险、高回报的技术研发上，企业尤其是创业企业有着持续的热情和投入，这大大推动了技术创新和应用。但是，技术也是有公共性的，这就出现了技术的商业属性被加强，而公共属性被削弱的矛盾，而且这种矛盾越来越突出。一方面，一些公共的研究机构在力图将自己的公共性技术研究变成个体或者私人的产权。另一方面，在一些私营企业提供公共产品的时候，往往不顾这些产品具有的公共属性和市场失灵的特征，阻碍了新的技术和知识的传播、应用及进一步更广泛的研究。例如，在基因技术领域，一些致力于生产公共产品的科研部门与私人企业争夺知识控制权。个别基因领域的民营企业利用其科研人员的大学教授等社会身份为其违反公共利益的研究大开方便之门。

（3）开放的伦理　在知识产权的保护上，长期有一个两难问题。一方面，只有在明确的知识产权的保护下，创业者、开发者才有更多的积极性去研发、创新、制作；另一方面，对知识产权过多的保护也会影响技术和知识产品的扩散，降低效率。随着 IT 技术的发展和互联网的应用，对于知识产权的开放、共享和共同开发已经越来越被行业和社会接受，并逐步形成了开放的伦理。

20 世纪 90 年代初开始，理查德·斯托曼（Ricard Stallman）创立了自由软件基金会和一种特殊的版权许可及通用公共许可协议，明确规定只要发布者免费发布的源代码及任何相关补丁，该软件就能够被免费分享和使用。⊖而后，随着开源软件运动的兴起，以非营利的开源软件为代表的开放、共享知识产权形态逐步出现、发展。用开放来表示非盈利去中心化的劳动，最初是因为 1997 年，有一群程序员建构出来

⊖ 斯特里特. 网络效应：浪漫主义、资本主义与互联网 [M]. 王星，裴茞迪，管泽旭，等译. 上海：华东师范大学出版社，2020：232.

这样一个词，以推动非专利性软件开发在商业管理中的合法性。2001 年，麻省理工学院在大张旗鼓地通过开放课程呼吁，教育业要扭转教学资料和课程的商业化趋势，也采用了开放一词。互联网开放性协议，尤其是 CC0 协议，即版权共享协议，使作品版权可以无须授权在全世界共享。这种大规模的开放式共享和集体协作精神、文化和伦理，也深刻影响了创业。CC0 协议就对内容创业的繁荣起到了极大的助推作用。

1）数字技术创业、数字经济创业越来越多地涉及开源创新。在开源软件标志性产品 Linux 大获成功之后，在开源平台上成功创业的企业和产品很多，最典型的是火狐浏览器、安卓手机，以及大部分网站使用的利努斯网络服务器。特斯拉在 2014 年 6 月宣布，开放所有特斯拉电动汽车的专利，供业界免费试用。独立车厂 Local Motors 出品的性能最全面的越野车 Really Fighter 就是开源汽车，甚至还有开源飞机、开源火箭。

在开源创新环境下发展而来的产品，不会享有和专利发明一样的法律保护，但更有机会在商业中获得成功。在开源环境中的创造里，秘密进行的发明速度更快、效果更好、成本更低，这至少已经由市场验证。例如，微软的电子百科全书 Encarta 业务就在与维基百科的竞争中失败了。微软于 2009 年停止了该业务。甚至，微软也由一个对开源抱着抵触、怀疑态度的企业，成为开源运动的参与者。

2017 年，国务院发布了人工智能研发国家战略，在安全、医疗等领域塑造人工智能的全球化，未来将其融入广泛的公共服务中，目前组建了开源的信息化品牌。例如，依托百度公司建设自动驾驶开放创新平台，依托阿里云公司建设城市大脑开放创新平台，依托腾讯公司建设医疗影像开放创新平台。我国已经将开放创新平台上升到国家科技创新体系的战略层面。

2）区块链和数字货币等加密技术带来的伦理问题。近年来，由于比特币的惊人涨幅，区块链和数字货币成为备受人们关注的新兴技术，被许多人认为是下一代互联网的发展方向。比特币之所以能够长盛不衰和掀起狂热，从表面上看是由于人们对财富的渴望，但更深层次的原因可能是其拥趸认可其去中心化、便捷高效、发行不受人为干扰等道德优势。在他们看来，比特币甚至已经成为在数字自由主义和互联网无政府主义大旗下的"乌托邦"。温蒂·莫艾洛依（Wendy McElory）在《"中本聪革命"概论》一文中将其总结为，"通过改善个人生活，比特币具有深刻的革命性。仅仅是生产商品和服务的行为，就增加了自由，因为它还制造了丰富的

一 斯特里特. 网络效应：浪漫主义、资本主义与互联网 [M]. 王星，裴莤迪，管泽旭，等译. 上海：华东师范大学出版社，2020：249.
二 安德森. 创客，新工业革命 [M]. 萧潇，译. 北京：中信出版社，2012：125.

选择，并使人们渴望扩大选择，""中本聪革命是一场期望值渐升的革命，也是一场希望和机会的革命"。

区块链技术不但可以广泛应用于个人隐私、声誉、产权，还可以对互联网基础设施全面实施保护、修复。例如，Provenance 使用区块链追踪水产品等流通过程，从而实现可持续性索赔和污染审查的公共卫生监督。而且，区块链将在促进社会进步方面大显身手——斯坦福大学发布的一项研究报告给出了对 193 个社会影响力计划的研究⊖，在未来创业领域中的伦理治理体系的建设中，必将发挥至关重要的作用。

但是其目前的伦理问题也非常突出。首先是相关技术和产品广泛用于非法用途，尚有 11 个国家认为比特币非法。有学者研究了比特币在非法经济活动中的应用，发现 25% 的比特币用户和 44% 的比特币交易与非法经济活动有关，并且以 ZCash、Dash 和 Monero 为代表的加密货币使用了零知识证明、环签名等匿名技术，会增加反洗钱难度。此外，加密货币在全球范围内流通，不同国家或地区对加密货币的监管标准不一、信息难共享，也会增加反洗钱的难度。⊖诺贝尔经济学家约瑟夫·斯蒂格利茨（Joseph Eugene Stiglitz）也认为，保密性是比特币的唯一有用之处，但保密性会用于洗钱或雇凶杀人等邪恶用途。因此一旦比特币更加流行，监管的目标将是如何防止滥用。⊜

其次是区块链技术可能无法有效保护版权。区块链受到许多人的追捧和推崇，其中一个重要的理由就是因为它们具有传统互联网和马尔可夫链所不具备的不可篡改和记忆性。但是，在去中心化、多主体规则下，运用区块链技术很可能没有对应的平台来对版权负责，以及删除侵权内容，在规避了行为主体责任的同时，版权纠纷很难得到妥善解决。

此外，对基于区块链的加密数字货币，人们也往往抱有一种无政府主义的理想主义情结，但是未来各国央行实际支持的加密数字货币很有可能是以非去中心化、非点对点、非无国界的为主。

而且，矿机惊人的耗电量，以及由此带来的碳排放也越来越严重。据统计，全球"挖矿"活动年耗电量约为 121.36 太瓦时（1 太瓦时为 10 亿度电）。据研究人员建模分析，在没有政策干预的情况下，我国境内的比特币区块链年能源消耗预计将

⊖ 中国信息通信研究院区块链白皮书（2018 年）［EB/OL］.（2018－09－01）［2021－11－08］. http://www.caict. ac. cn/kxyj/qwfb/bps/201809/P020180905517892312190. pdf.

⊖ 中国人民银行研究局. 2018 年第 4 号 区块链能做什么、不能做什么？［EB/OL］.（2018－11－06）［2020－05－20］. http://www.pbc. gov. cn/yanjiuju/124427/133100/3487653/3658001/index. html.

⊜ MONTAG A. Nobel-winning economist：Authorities will bring down "hammer" on bitcoin［EB/OL］.（2018－07－04）［2020－05－20］. https://www.cnbc. com/2018/07/09/nobel-prize-winning-economist-joseph-stiglitz-criticizes-bitcoin. html.

在 2024 年达到峰值，约为 296.59 太瓦时，并由此产生 1.3050 亿吨的碳排放，这在全国 182 个城市和 42 个工业部门中名列前 10。

3）"身联网"的伦理问题。随着互联网对人类生活的影响日益广泛、深入，"身联网"及所产生的伦理问题越来越引起人们的关注。2020 年 8 月，世界经济论坛发布报告《身联网已来：应对技术治理的新挑战》。兰德公司也在同年 10 月发布了题为《身联网：机遇、挑战与治理》的报告，并认为，IoB 设备可以被定义为：①包含软件或计算功能；②可以与联网设备或网络进行通信，并且满足以下一项或两项要求：收集人生成的健康或生物特征数据，可以改变人体的功能。"身联网"的主要应用场景和具体应用，见表 8-1。

表 8-1　IoB 的主要应用场景和具体应用

应用场景		具体应用
医用	IoB 技术在植入式医疗中的应用	人工胰腺 脑机接口（BCI） 帕金森氏症的脑电信号器 耳蜗设备 植入式心脏起搏器 植入式葡萄糖监测仪 植入式智能支架 可摄取的数字药丸
	IoB 技术在可穿戴医疗中的应用	电子病历 独立式输液泵 配备传感器的病床 穿戴式胰岛素泵 穿戴式义肢 穿戴式癫痫监护仪
消费	IoB 技术在消费中的应用	注意力监视器 人体植入传感器 带有传感器的服装 女性科技产品 独立的消费者 IoB 植入式微芯片 精神和情绪感应器 视觉和听觉辅助器 穿戴式健康追踪器 可穿戴神经设备

（资料来源：兰德公司，《身联网：机遇、挑战与治理》。）

除了信息技术创新中常见的安全风险、隐私风险之外，"身联网"主要的伦理风险还在于：

①不公平的结果。身联网技术带来的好处之一是，通过降低预防性和诊断性护理的成本，提高可获得性，减少医疗保健结果中的差距，但目前尚不清楚这些技术是否会降低医疗保健成本，或是否能为普通民众提供方便。此外，医疗数据还容易受到输入偏差的影响。

②自由风险。随着"身联网"变得越来越普遍，那些希望减少依赖性或与这些设备进行最少交互的人可能会面临身体或心理压力。一些组织试图使用 IoB 来管理员工，亚马逊已经为一种腕带申请了专利技术，它可以跟踪员工的行为，并发出提醒，推动他们实现更高的生产力。

③身体自主权和完整性。另一个伦理问题涉及用户对纳入其身体的技术的权利。然而，随着技术开发人员试图保留对软件和设备的权利，用户的相关权利可能受到阻碍。部分"身联网"设备在很大程度上不受监管。例如，RFID 生物芯片或健康跟踪技术。但是在将来，可能需要规范使用"身联网"技术的条款和条件，并考虑对某些弱势群体进行保护，尤其是确保用户对自己体内的技术拥有权利。

④开放平台带来的所有权问题。在一个开放、开源的生态圈里创业，带来的不仅是享受开放的优势和便利，同时也存在所有权较为复杂的伦理问题。例如杭州互联网法院审理的某"吃鸡游戏"中，因被告方违约封禁了原告账号，导致存放在平台上的虚拟饰品无法取出，法院判令被告凭条赔偿原告经济损失。法院认为，游戏饰品作为虚拟财产，因其合法性、有用性、可交易性的特点，具有财产权属性，应当成为法律保护的对象。[一]在开放平台上创业的自媒体，这方面的问题比较突出。如在微信、抖音、快手生态圈里创业，有些估值已经过亿的公众号、视频号，因触发一些敏感机制而被销号或被禁用。由于这是在一个免费提供的开放平台上产生的，所以平台对此并不负对等的所有权方面的责任。同时，这种由于开源导致的脆弱性还不仅仅是对于个人或小的创业企业，华为这样的超级大企业，也会由于被禁用安卓软件对其手机业务产生巨大的冲击。

3. 技术创新与责任的冲突

技术是人类的设计和创造，它们为了满足人类的需求和实现人类的某种意图而存在。但技术创新内在的不确定性也带来了巨大的风险，这种无法控制的后果对人类既有的责任体系产生了非常严重的冲击。例如，核战争带来的威胁、基因编辑婴

〇 麻策. 网络法实务全书 ［M］. 北京：法律出版社，2020：166.

儿对人类道德的挑战、汽车发动机失败设计导致一系列致命的事故等。正如德国著名哲学家、社会学家尤尔根·哈贝马斯所说："故意进入一个不可把握的领域，这在道德和法律上都走到了一个极限。"

（1）技术"背锅" 技术创新在现实的交互中，很容易造成歧视和其他形式的不公。例如，2019 年 11 月，Ruby on Rails 创始人大卫·海涅迈尔·汉森（David Heinemeier Hansson）在社交媒体上谴责苹果和高盛联合发起的信用卡的信用审核算法有性别歧视，引发热议和转发。主要因为他的妻子杰米·海涅迈尔·汉森（Jamie Heinemeier Hansson）在申请 AppleCard 的信用额度时被拒了，但是大卫的信用额度却比她高 20 倍。苹果客服回答没办法，系统算法所得的结果就是这样。

国内某著名互联网企业在研究中曾信誓旦旦强调：歧视在很多情况下是算法的副产品，是算法一个难以预料的、无意识的属性，而非编程人员有意识的选择，这更增加了识别问题根源或者解释问题的难度。

（2）逃避监管 在新兴技术发展的前沿领域，一方面对技术的使用往往缺乏深入的伦理评估；另一方面存在着监管空白、监管滞后的问题和监管套利的行为。同时有大量的科技公司过于强调其科技属性，拒绝纳入传统业态同样的监管。例如，2018 年 4 月，Facebook CEO 马克·扎克伯格（Mark Zuckerberg）在出席美国众议院听证会时就表示，Facebook 是一家科技公司，而非媒体公司。又如，我国的许多互联网金融公司，以科技公司自居，而逃避传统金融业务同样的监管和道德责任。

（3）对用户的歧视 在近年的价格歧视问题中，大数据杀熟较为突出。例如，订机票中的价格"陷阱"。根据美国布兰戴斯大学经济学系助理教授本杰明·希勒（Benjamin Shiller）基于 Netflix 的研究发现，使用传统人口统计资料的个性化定价方法，可以使 Netflix 增加 0.3% 的利润，但根据用户网络浏览历史，使用机器学习技术来估算用户愿意支付的最高价格，可以使 Netflix 的利润增加 14.55% 。

"大数据杀熟"就是"老客户看到的价格会高于新用户"。企业这样做的目的，主要是为了增加新用户的黏性。大数据杀熟主要有三个场景：①使用在线旅游类的订票平台，例如携程、去哪儿、飞猪等；②电商类的互联网企业，例如淘宝、京东、美团等；③内容、娱乐平台。

据央视报道，北京的韩女士使用手机在某电商平台购物时，中途错用了另一部手机结账，却意外发现，同一商家的同样一件商品，注册至今12 年、经常使用、总计消费近 26 万元的高级会员账号，反而比注册至今 5 年多、很少使用、总计消费 2400 多元的普通账号，价格高了 25 元。仔细对比才发现，原来普通账号页面多出来一张"满 69 减 25"的优惠券。韩女士认为自己遇到了大数据"杀熟"。

央视财经 2021 年 1 月 30 日还报道了一个开通会员大数据杀熟的案例：肖先生

经常点同一家的外卖，有一天开了会员之后，发现配送费价格一下较之前涨出三倍，开通会员之后反而比非会员价格还要高。

2021年2月，国务院反垄断委员会制定发布了《平台经济领域反垄断指南》，对于"二选一""大数据杀熟"等问题的回应是社会关注的焦点。其中强调，具有市场支配地位的平台经济领域的经营者，可能滥用市场支配地位，互联网平台基于大数据和算法技术优势实行的某些交易行为，也需警惕是否构成"无正当理由对交易条件相同的交易相对人实施差别待遇，排除、限制市场竞争"。具体行为包括：基于大数据和算法，根据交易相对人的支付能力、消费偏好、使用习惯等，实行差异性交易价格或者其他交易条件；实行差异性标准、规则、算法；实行差异性付款条件和交易方式。

在分析是否构成差别待遇时，可以考虑的因素包括：交易相对人之间在交易安全、交易成本、信用状况、所处交易环节、交易持续时间等方面不存在实质性影响交易的差别。平台在交易中获取的交易相对人的隐私信息、交易历史、个体偏好、消费习惯等方面存在的差异不影响认定交易相对人条件相同。也就是说"二选一"和"大数据杀熟"被认定为垄断。

（4）利用技术共谋　在实时掌握用户数据这种环境下，企业可以运用计算机算法在更短的时间内获得范围更大、信息更完整、更难以察觉和监管的营销策略的共谋，这也包括了对参与共谋的企业"不守信"行为的监测和还击。例如，2014年，引起轰动的一则新闻——优步的前雇员透露，优步员工可以通过一个被称为"上帝视角"的程序，轻易追踪到曾经用过网约车服务的用户所在的位置。

第三节　技术创新伦理问题的治理

腾讯研究院的一项研究指出，缺乏伦理价值、常识、正义观念的算法系统，在现实的交互中，很容易造成歧视和其他形式的不公。《科学》杂志中最新的研究也表明，机器越容易习得类人的语言能力，也就越容易习得语言应用范式中根深蒂固的偏见，这种偏见如若被强化放大，后果将不堪设想。这类存在性格缺陷的AI相比穷凶极恶的无耻之徒更加危险。

2018年6月，美国前国务卿亨利·基辛格在《大西洋月刊》发表《启蒙运动的终结》一文，文中指出："我们完全无法预测以NBIC（纳米科技、生命科技、信息科技、认知智能）为代表的新技术变革带来的影响，当它发展到顶点时，可能会带来一个由数据和算法驱动的机器主宰、不受伦理或道德约束的世界。这也标志着启蒙运动正在走向终结,人类的哲学和人文精神可能被技术原教旨主义主导下的数据、智能和技术精英所统治。""启蒙运动本质上始于由新技术传播的哲学见解。我们时代的情况恰恰相反。当下已存在可以统领一切的技术,但需要哲学的指引。"⊖技术创新带来的伦理问题已经非常迫切,成为当前创业者面对的一个重要议题。创业面对的新的技术、新的商业环境、新的行为特征,也需要与之相适应的新的技术伦理治理体系。

1. 开展技术伦理评估

既要享受技术带来的便利,又要保有人类的基本尊严和自由,就需要让法律和政治的成熟随着技术一起演化。坚持伦理先行,建立基于防范原则的"适应性治理",不断完善科技伦理风险的评估和监管。

这就需要对技术的理性监管和治理,但这在现代国家的实践中很大程度上是缺失的,这种状况一直持续到 20 世纪晚期。

1972 年是人类技术发展的里程碑,这一年出现了第一例实验室重组 DNA,飞往月球的载人飞船"阿波罗 17 号"成功发射,在瑞典的斯德哥尔摩召开了关于人类环境的联合国会议。但人们几乎没有注意到,美国国会在同年 11 月颁布了一项法律《技术评估法》,并且成立了一个新的行政机构——技术评估办公室(OTA),从法律和技术决策民主化两个方面为国家的技术未来提供了坚实基础,尤其是直接成功推动了美国在军备控制、生物技术和技术评估方法上的全球领先。

面对人类空前的人文危机,首当其冲的是需要组建适应生物基因、人工智能时代的伦理委员会等技术伦理治理和评估组织。我国已于 2019 年 7 月正式组建了国家科技伦理委员会。

2. 建立技术伦理规则

科学持续书写生命的篇章,把许多新事实和发明机会引入人们的视野之中。伦理的功能就是保证社会能够正确解读和使用这些新篇章的内容,能够符合人类的基本价值观。例如,尊重生命,保护生命的多样性和蓬勃发展。关键在于需要让道德融入人类智能化的发展过程,与指数化增长的技术同步进化。

欧洲议会在 2017 年 2 月采纳了《针对机器人(开发领域)的民事法律规则向欧盟委员会提出的意见》。意见中提到涉及机器人与 AI 的开发、设计、使用,欧盟应认识到,需要为其制定应该得到尊重的基本伦理原则,并且要在这方面起到不可

⊖ 尹西明. 科技成果转化屡屡出现伦理问题,是时候反思技术至上论了 [EB/OL]. (2018 – 12 – 15) [2021 – 05 – 30]. http://www.eeo.com.cn/2018/1215/343429.shtml.

或缺的作用。除此之外，伦理方针的框架应遵循普惠、无害、自主和正义的原则，以及遵循《欧洲联盟条约》第 2 条及《欧盟基本权利宪章》中所规定的人的尊严等原则和价值。

事实上，人工智能如果在道德决策问题上无法承担责任，那么最大的受害者可能还是人工智能本身。因为人恐怕是最会推卸责任的一种物种。所以，要让人工道德成为可能，不仅需要在设计上走对方向，促进机器心灵与人类伦理统一，也需要加快相关的立法，规范人的行为，使人能够应对人工智能对人性的挑战，发展出人工智能时代作为人本身的道德进化。

3. 优化人工道德发展

如果按照模拟人类道德演进路径的解决思路，发展以人工智能为代表的机器道德，最好的办法无疑是"自下而上"的发展思路，其关键在于创造一个环境生态能让智能体探索自己的行为方式，在做出道德上值得赞扬的行为时适时得到奖赏，并将这种是非观念和行为模式稳定下来。这种解决方案符合卡尔·波普尔、弗里德里希·哈耶克等社会科学大师"开放社会""理性的自负"的经典理论，而且也被罗伯特·阿克塞尔罗德等行为分析及博弈论专家持续多年的研究支持，无疑有坚实的学术基础。更重要的是，这种思路很符合人类的历史和经验。

然而，人类道德经验的一个核心特征就是，人们经常会在自私的行为和利他的行为之间徘徊。伟大的行为科学家马丁·诺瓦克在他的《超级合作者》一书中曾得出结论：通过计算机对许多类型的博弈行为进行模拟实验，发现无条件合作者能够逐渐摧毁"以牙还牙"策略和"宽宏以牙还牙"策略，却无法击败"赢定输移"策略。"赢定输移"只关注自身得失，以确保自己在博弈中占得先机，并不需要理解并记住其他人的行为，所以可以对无条件合作者加以盘剥。因此，正像人们在现实社会中看到的那样，如果人工智能的道德来自"自下而上"，那么也有可能让"背叛者"或"投机者"取胜。所以，"自下而上"的过程也就是"试错"的过程，其间的不安全感带来的威胁始终存在。

相对而言，"自上而下"的道路似乎更能获得安全保障。在这一伦理原则上最典型的是艾萨克·阿西莫夫提出的机器人三定律：①机器人不得伤害人类，或因不作为使人类受到伤害；②除非违背第一定律，机器人必须服从人类的命令；③除非违背第一及第二定律，机器人必须保护自己。

这里就出现了一个非常矛盾的局面。一方面，机器在自动运行执行定律的过程中，必须要以认知、情感和反思能力来分析具体的情境，担负道德责任，从而具有类似康德的绝对律令中的自由意志；另一方面，阿西莫夫定律又将机器人变成了人类的奴隶，使其丧失了独立承担道德责任的自主行为能力。

这种源自宗教、哲学、文学等各个方面，以摩西十诫、法律和职业守则、黄金法则、道德箴言、乡规民约等表现出来的"自上而下"的路径恐怕也很难成就人工道德。

最好的办法是将"自下而上"和"自上而下"结合起来，让人工智能具有基本的道德敏感性，在基于开放性、交互性的前提下，会逐步使人工智能和机器具备道德决策能力，并随着智能技术和人机交互的进步而进化、发展。

总之，技术（包括生物工程、人工智能、认知运算、人类基因编辑等）不是中性的，应具备一定的伦理准则。这既是指发明者或创建者精心或无意嵌入机器中的准则，也包括机器可能随时间推移自主学习和进化形成的准则。

4. 善用区块链等创新性技术

技术创新带来的最大的伦理冲击，是数字经济的冲击。因为，人类生产生活中大量的行为已迁移到互联网上，越来越多的资金、资产和交易数字化，并形成了许多挑战传统伦理原则，产生各种新道德问题的领域和场景。在这种情况下，需要在数字技术发展的大背景下，通过大力发挥区块链、虚拟现实等新兴数字技术在产权保护、合约记录、公平交易、资产储存、法律救济等方面的技术优势，将其充分地应用于确权、监管、司法以及分布式自治组织（DAO）等。

阅读材料

伦理设计原则

马特·比尔德和西蒙·朗斯塔夫在《设计伦理》一书中提出了一套原则，以帮助符合伦理的设计：

1）非工具主义：永远不要设计让人成为机器的一部分的技术。

2）自决：最大化那些受你设计影响的人的自由。

3）职责：预见和设计所有可能的用途。

4）净收益：将好的最大化，坏的最小化。

5）公平：以平等的方式对待案件；不同的情况下是不同的。

6）易访问性：设计包括最易受攻击的用户。

7）目的：以诚实、清晰和合适的目的进行设计。

---

5. 发挥市场机制

在警惕政府采取先入为主的干预或者一关了之的同时，应该将培育鼓励市场竞争的框架作为保护消费者权益与隐私的先决条件。所以，除了从设计入手保护隐私、赋权消费者、针对算法稽核外，也有许多促进市场竞争机制的方式，例如降低新行业进入者的门槛、鼓励共谋的"价格叛徒"等。这种"以野心制约野心"的思路符合激励相容的机制设计和自我演进能力的需要。

归根结底，算法本身是一种权力，防止消费者被侵权和操控，就应该赋予用户更大的算法知情权和数据控制权限。例如，在滴滴乘客被杀害的案件中，如果乘客能了解顺风车司机的信用记录和被骚扰投诉的情况，严重偏离路线等异常状态下可以根据算法自动报警，车辆和司机信息可以被当事人亲属和警方及时掌握，那么惨剧或许可以避免。

6. 重视伦理等人文学科

语言、艺术、历史、经济学、伦理学、哲学、心理学和人类发展学课程，能够教授学生批判性的思维和基于哲学、伦理学层面上的思考，这些技能将有助于人工智能等技术创新解决方案的开发和管理。这不仅是一个学科的专业问题，而且是作为理解技术与人类关系能力的基本文明、素养问题。这是包括创业企业在内的创新型企业尤其需要重视并加以促进的，正如微软的两位高管曾说过的，"随着计算机的行为更加接近人类，社会科学和人文学科将变得越来越重要"。

阅读材料

深圳市金融科技伦理宣言

科技是把双刃剑，在造福人类的同时，也会带来灾难。

近年来，现代信息技术蓬勃发展，广泛渗透各个领域。金融与科技的深度融合，推动金融服务模式创新，重塑金融行业竞争格局，有力提高了金融服务效率，增强了金融业的活力。但同时，金融科技的迅猛发展，也使市场参与者行为变化加快，金融交易日趋复杂，金融边界日益模糊，带来侵犯个人隐私、制造信息茧房等各种伦理道德问题。

没有底线的金融走不远，没有约束的科技很危险。

党的十九届四中全会提出，"健全科技伦理治理体制"。

科学求真，伦理求善。数字化时代，必须警惕和防范技术滥用可能引发的伦理风险。每一家金融科技企业，每一位金融科技从业者，都有责任维护伦理建设对金融科技发展的基础作用，有义务促进金融科技领域中个人、组织、社会之间关系的改进，让金融科技更具人文关怀，从"高"的"冷"的，变成"美"的"暖"的，防止沦为"丑"的"恶"的，进一步推动深圳金融业技术、商业和道德的共同繁荣。为此，我们秉承负责任的金融创新理念，向全社会做出郑重承诺：

一、以人为本。人类的意义将永远高于人类创造和训练的技术及其商业价值，金融科技的技术、产品、平台、企业、社群、市场及整个生态，根本上都是为了人而存在的，应用发展金融科技首先要尊重和服务于人。

二、公平公正。金融科技的未来是以用户为核心的赋能型、普惠型金融平台及技术应用，用户不仅应处于中心位置，而且需要在其中获得公平的服务和得到公正的对待。

三、社会责任。在保持自身宗旨的基础上，企业还有责任运用自己的能力和资源，与客户、员工、投资者、供应商等利益相关者建立和发展良好关系，落实长期承诺。

四、安全隐私。伦理是人类保护自身的核心文明，金融科技的进步和商业利益的获得不能以破坏人类在安全、隐私、劳动、产权等方面的保护为代价。

五、严守底线。在金融科技领域的技术创新和应用中，严守人类伦理的底线和文明的禁区，不让企业行为处于伦理失控状态，不对技术赋予无法确保道德后果的权力。

六、产品伦理。无论是否有意，金融科技中的算法、模型在事实上具有价值观，相关产品的开发设计、更新迭代、具体应用需要担负相应的伦理责任。

七、防范风险。金融科技的应用发展必须遵循金融业整体适用的法律、道德规范，坚决避免由于金融科技行业在市场风险、社会风险防范上的失控带来的系统性金融风险。

八、伦理文化。警惕金融科技带来的个人、组织道德失范行为，为金融科技业务建立伦理文化，开展伦理评估和实施伦理活动给予优先权和资源上的保障。

九、可持续发展。健康、亲情、环境都是人类福祉的重要组成部分，在创造商业价值的同时，金融科技也应致力于带来公平的、可持续的人类福祉的进步。

（资料来源：深圳市金融科技协会公众号，执笔人：本力。）

练 习 题

（单选或多选）

1. 技术创新在创业中的作用主要是（   ）。

   A. 技术创新对经济增长起到了决定性作用

   B. 技术创新带来了"创造型破坏"

   C. 技术创新对创业起到了决定性作用

   D. 技术创新是科学、商业的基本推动力

2. 以下（   ）不是区块链和数字货币等加密技术带来的伦理问题。

   A. 首先是相关技术和产品广泛用于非法用途

   B. 区块链技术可能无法有效保护版权

C. 矿机惊人的耗电量以及由此带来的碳排放越来越严重

D. 这是一种无政府主义的理想主义

3. 算法本身是一种权力，防止消费者被侵权和操控，就应该赋予用户更大的（　　）。

A. 算法稽核权
B. 算法知情权

C. 数据控制权
D. 数据开放权

第九章
商业模式设计
中的伦理

1. 了解商业模式中的伦理问题
2. 了解商业模式设计的伦理原则
3. 了解如何设计多方共赢的商业模式

导 入 案 例

苹果支付打赏的争议

2017 年，苹果出台了一项文件指出，所有苹果用户打赏支付需使用苹果官方的支付渠道，并要向苹果分成 30%。相关软件不得采用外部链接的方式，让用户使用苹果之外的支付渠道。微信公众号的赞赏功能被认为属于虚拟支付，被苹果封杀。苹果的这些行为引发了我国网友的愤怒。大家指责苹果吃相难看，赚了不该赚的钱。从苹果的角度看，使用自身的支付系统并从中获得收益是固有的商业模式的一部分。但在我国独有的打赏模式下，这种特立独行的赚钱方式会很容易被网友觉得不公正，因为安卓系统的手机并没有这样"雁过拔毛"地赚钱。

打赏是一项很有特色的商业模式创新。在微信、映客、头条等互联网产品中，如果用户喜欢作者和主播发布的内容，可以根据心情给一些数额不等的小费。然而在国外的直播应用中，主播是通过展示广告的行为获得广告收入分成。在苹果看来，打赏仍然是一种应用内购买的行为，应当分成。

苹果打赏分成的争议是日益复杂的商业模式设计引发众多伦理问题的一个缩影。当今企业面临着激烈的竞争和盈利压力，在复杂的交易结构中，企业都在想方设法地在更多的利益点，为自己赚取足够多的利益。即便强大如苹果，原本赚取了手机行业绝大多数硬件的利润，在面对业绩放缓的压力时，也在想方设法通过新的商业模式赚取更多的利润。

（资料来源：澎湃新闻："苹果正式规定：用户打赏属应用内消费，苹果要抽成 30%"。）

案例讨论分析

1. 打赏的商业模式存在什么伦理问题？
2. 苹果此举为什么会引发伦理争议？
3. 苹果有什么更好的应对打赏商业模式的做法？

第一节　商业模式设计中的伦理问题

一、日趋复杂的商业模式

商业模式是企业与其内外部利益相关者的交易结构[一]。商业模式是为了拓展传统经营战略框架而产生的概念。从商业模式的视角出发，凡是参与商业活动的各利益相关者都属于顾客。一家企业可能获得的最大收益是为直接客户在内的所有利益相关者创造出来的价值总和。一家企业创造的收益要流入自己的企业，需要把收益流和成本组合在一起，设计收益方程式。收益方程式要考虑各种问题：例如如何把收费客户和免费客户组合在一起，广告是针对大客户还是小客户的？收益方程式的解法，不仅取决于一家企业自己的资金链和经营资源，而且包括自己企业和其他企业及竞争对手在不断协调过程中所产生的整体价值。

最简单的商业模式就是直接生产产品进行销售，获得收益。这种商业模式只涉及生产者和买家两方。生产者获得的收益，就是买家为商品付出的价格。进入互联网时代，分工变得越来越细，可供组合的商业要素呈几何级数增长。在商业中向谁提供什么价值，如何获取报酬都比原来灵活了很多。越来越多复杂的商业模式被设计出来，推动商业创新和进化。例如，百度对使用搜索引擎的用户免费，以吸引大量用户使用百度搜索引擎，但对广告商收费；微软对操作系统和办公软件收费，但是对浏览器和音乐播放器免费；小米在手机硬件上赚取微薄利润，但通过米兔等周边产品获取额外的收益。

做好商业模式设计，企业需要回答客户是谁，企业能为客户创造什么价值，以及如何在一定的成本下完成这些任务的问题。赚钱对一家企业来说是天经地义的事。但是随着商业模式的复杂，创造价值的企业向谁收钱，如何收钱，就成为复杂的选择题。创业企业如果处理不当，就会被认为赚了不该赚的钱，引发伦理的争议。一个叫作"吃相难看"的网络流行词非常形象地描绘了企业赚了不该赚的钱引发的伦理争议。这个词原来是指人吃饭或吃东西的时候没有礼仪，看起来很粗鲁。在互联网上这个词引申为一个人或一家企业做事情，为了自己的利益不守规矩。

对创业者来说，商业模式设计需要考虑以下六个要素[二]：

〇　魏炜，朱武祥. 发现商业模式 [M]. 北京：机械工业出版社，2009.

〇　魏炜. 创业者要有商业模式思维 [J]. 销售与管理，2019 (14)：12-14.

（1）定位　企业满足客户需求的方式。

（2）业务系统　企业选择哪些行为主体作为其内部或外部的利益相关者。

（3）盈利模式　以利益相关者划分的收支来源以及相应的收支方式。

（4）关键资源能力　支撑交易结构背后的重要的资源和能力。

（5）现金流结构　以利益相关者划分的企业现金流流入的结构和流出的结构，以及相应的现金流的形态。

（6）企业价值　未来净现金流的贴现，对上市公司而言，直接表现为股票市值。

我们认为，除了以上六个要素，商业模式的成功还取决于创业者和利益相关者之间是否达成了伦理共识。商业交易不仅是物质交换，还是基于伦理共识的利益让渡和妥协。面对有限的利润空间，企业可能会通过商业模式设计和利益相关者展开激烈的争夺，产生伦理争议。伦理争议的背后是商业模式中各利益相关者的利益争议。伦理共识是确保商业模式涉及中各利益相关者，能够在尊重彼此的利益的基础上进行妥协和让步的基本原则。

二、商业模式设计中的伦理争议

在这一部分，我们关注当一项新的商业模式推出后，因为和利益相关者的冲突所引发的伦理争议，以及最终经过博弈解决问题的过程。这些伦理争议常常会给企业的品牌，以及和利益相关者的关系带来伤害，并且会让企业自身的利益受损。

1. 使利益相关者经济利益受损的商业模式

大多数消费者对价格比较敏感。创业企业在定价时通常表现得较为审慎，尤其当提高价格时，为了让消费者对价格不那么敏感，一些企业通过商业模式"创新"来变相提高价格，设立名目繁多的额外收费项目，结果反而招致消费者的反感。

例如，会员制是一种常见的商业模式。用户付出少量费用成为会员享受一定的权益，包括打折、免运费、积分兑换礼物、观察看视频、免广告等权益。然而，如果把原本属于会员的权益拆分出来，收取更高费用，那么就会引发消费者的争议。

2019年12月，爱奇艺《庆余年》的VIP会员超前付费点播引发了巨大的争议。VIP用户可以抢先看6集，如果会员再交50元，就可以更新之后再多看6集。这番操作引发了用户的争议，之前购买的VIP协议中并没有相关约定。这种额外收费的商业模式，一方面是在制造焦虑诱发用户消费；另一方面对消费者权益造成了侵害。从用户的角度来看，再交50元才能提前观看，让VIP用户的价值感陡然下降。视频网站看起来像是无所不用其极地榨取用户的价值。

有用户将爱奇艺告上法院，认为这样操作损害了 VIP 黄金会员的主要权益，单方面增加相关条款，更改合同的效力不成立。爱奇艺违反了热剧抢先看的承诺，应当承担违法责任。法院最终判定涉案协议部分条款无效，爱奇艺需要在判决生效之日起的 10 日内，向这名用户连续 15 日提供黄金 VIP 会员权益，并承担 1500 元公证费用。

丰巢也发生过快递付费的伦理争议。为了提高丰巢的使用率，也让丰巢获得更高的收益，丰巢推出了付费存快递的新规定。如果快递在快递柜里存放的时间较长，会被收取一定的费用。为了避免一些快递员在未经用户许可的情况下，就把快递放进丰巢。丰巢要求快递员在讨论区与用户取得联系，获得用户许可之后才可以投递。这样做增加了快递员和用户的麻烦，也增加了物流公司的成本。最终为了自己多收一些存储快递的费用，丰巢给各利益相关者都造成了损失，引发了各方的反对。

2. 使利益相关者时间利益受损的商业模式

在互联网时代，注意力越来越成为稀缺资源。有些企业通过商业模式"创新"来争取用户的时间资源，其中最常用的一点就是通过提供免费服务或内容来获取流量，再增加收费广告。这种做法的前提是，所提供的某项服务确实是免费的，企业需要借助第三方广告来补贴免费服务。但如果企业已经通过其他方式收取了费用，那么再去占用用户的时间，就会引发伦理争议。

免费内容加收费广告的商业模式起源于佩利哥伦比亚广播公司的发明。1927年，曾经在父亲的烟草公司通过广告宣传大获成功的佩利⊖，协助父亲管理一家收购来的小广播公司。佩利很快就发现广告节目的质量和广告主是广播发展的关键。哥伦比亚广告公司为其他地方性广告电台免费提供节目，但是这些有赞助的节目，要按时插播广告。1931 年，凭借克劳斯贝秀的音乐秀节目，哥伦比亚广播公司一炮打响，吸引到饮料、肥皂、药品、啤酒等广告商。第二次世界大战期间，佩利还成功地让新闻报道也打造成可以赞助的商品。这种免费内容加广告的商业模式，随着传媒形式的发展，以不同的形式呈现。在电视媒体时代，电视台把不同时段的广告以不同定价出现。在互联网时代，互联网企业提供丰富多彩的免费内容和工具，通过用户浏览内容和使用工具时产生的数据分析用户的特征，更加精准地投放广告。谷歌、Facebook、字节跳动等企业的主营收入都是数字广告。

丰巢是一家为了解决用户收发快递"最后一公里"问题的企业，帮助不在家的用户代收快递。丰巢向快递公司收取费用，因为帮助快递公司节约了投递快递的时

⊖ 刘毛雅. 美国广播业大王：威廉·佩利 [J]. 新闻爱好者，1995（3）：46 - 47.

间成本。为了进一步拓展收入，丰巢利用收取快递的显示屏播放广告，结果侵占了用户的时间成本。其中肯德基推出的"疯狂星期四"的广告，引发了许多用户的反感。在取快递的时候，许多用户希望尽快把快递拿到，本身就处在焦虑情绪中，而烦躁的音乐，强行植入的广告，让用户感到更烦躁。此外，这个场景和用户看电视节目的娱乐场景不同。用户需要非常专注地输入取件码，用广告干扰用户的注意力，让用户感到反感。

随着在线教育的发展，越来越多的学生使用学习类 App 学习。但是一些商家看到学习类 App 承载着巨大的流量入口，就在软件中掺杂了网络游戏、商业广告、色情暴力等不良信息，以及隐藏收费的按钮。2019 年 1 月 6 日，教育部办公厅印发《教育部办公厅关于严禁有害 App 进入中小学校园的通知》[○]，对 App 实行审核备案，加强监管。学习类 App 本身是学习的工具，在这个场景中，针对容易受到诱惑的中小学生植入游戏，引发了伦理争议。

3. 使利益相关者情感利益受损的商业模式

有的商业模式创新并没有直接损害用户的经济或时间利益，而是损害了用户的情感利益。用户在消费商品或服务时，不仅是在做经济交换，也投入了自己的情感。

例如，许多人投入网络游戏，是因为在现实生活中有种种不满足，在网络游戏中能够换一种虚拟身份生活。网络游戏通过升级机制来吸引用户，制造不断战胜更大挑战的刺激感。升级打怪往往都是通过用户的策略和努力获得。然而，一些企业诱导用户通过花钱体验比别人优越的感觉。在游戏行业里，有种称作"氪金"的行为，是指用户通过大量储值充值而非苦练技能，提升自己在游戏中的能力。有许多游戏一开始是免费的，但是会逐渐诱导玩家通过花钱买装备轻松过关。在长时间游戏的情境下，玩家的自我控制能力被消耗殆尽[○]，会更容易冲动消费，购买昂贵的道具。道具的装饰又进一步让玩家在游戏中获得其他玩家的仰慕，玩家的虚荣心得到了满足，同时诱惑其他玩家相互攀比。游戏还通过代币的方式消除人们对价格的感知，让人们觉得花的不是真实的钱，来刺激更多消费。"氪金"伤害了许多普通用户的感情，让用户觉得游戏失去了原本的快乐。

此外，一些创业者一开始提供免费的产品或者服务，当吸引来用户之后，再去想商业化的办法。创作本身无可厚非，但是有一些产品或服务的商业化可能会伤害

○ 教育部办公厅. 教育部印发通知禁止有害 App 进入中小学校园 [EB/OL]. (2019-01-02) [2021-09-09]. http://www.gov.cn/xinwen/2019-01/02/content_5354258.htm.

○ EZ. 是什么造就了氪金党？从科学角度谈花大钱玩免费游戏的原因 [EB/OL]. (2014-07-21) [2021-09-09]. http://www.chuapp.com/2014/07/21/58081.html.

用户的情感价值。

百度贴吧就是这样一个充满争议的案例。百度贴吧是一个用户可以自发组织的兴趣社群。百度贴吧的吧主围绕某个垂直领域的专题建立起高度垂直的社群。这样的社群本身是有商业价值的，但是如果直接变现，就会引起用户的反感。百度贴吧曾经试图直接把贴吧的运营权出售，并且招募了代理商对运营权进行分销。然而在魏则西事件之后，百度贴吧一直处在风口浪尖。网友质疑过度商业化的百度贴吧会失去社群的公信力。百度不得不取消了直接对贴吧所有权进行商业化的商业模式。

第二节 商业模式设计的伦理原则

商业模式设计需要遵循哪些伦理原则，以使创业者能够设计出可持续发展，多方共赢的商业模式？商业模式设计伦理原则的出发点如下。

第一，一个好的商业模式，能够为用户持续不断地创造更多的价值，帮助用户获得他们真正想要的进步，这样创业企业和各利益相关者才有不断增加的、可以持续分配的利润。因此，用户进步原则是商业模式所需要遵循的第一个原则。任何不能持续不断地增加用户价值的商业模式，最终都会遭遇失败。

第二，一个好的商业模式，各利益相关者在为用户创造价值的同时，也都能获得足够的利润生存下去。各利益相关者之间是竞争和合作的关系。强势的利益相关者能够从价值链上获得更大比例的利润，弱势的利益相关者获得的利润较少，但是也是不可或缺的。因此在这里我们提出商业模式设计所需要遵循的第二个伦理原则：利益均衡。这条原则是指在好的商业模式里，各利益相关者既相互竞争，又能够根据自己的特点以及在价值链条上的价值获得公平的利润分配。

第三，由于现在可以使用的创新要素较多，所以创业企业越来越喜欢使用复杂的商业模式，设计层层嵌套的交易结构。在用户看来，企业是设置了层层嵌套的消费陷阱，不断把用户口袋里的钱掏出来。复杂的商业模式不一定能带来好的结果，相反因为利益相关者较多，协调和管理的难度变大。为了让赚钱和不赚钱的环节相互补充，也增加了很多用户的抱怨。在这里我们提出商业模式设计的第三个伦理原则：简单有效。

一、持续价值原则

持续创造价值是商业模式最重要的原则[一]。价值不是停留在逻辑上，而是真实的。在分工越来越专业的时代，用户在每一项产品和服务上都会选择能够为用户创造可持续的、高价值的产品或服务。例如，用户即便购买了小米手机，但觉得米聊不如微信好用，仍然会在小米手机上使用米聊。即便米聊预先安装在小米手机上，并不意味着用户一定要使用米聊。

商业模式的核心是为用户创造价值，那么什么是用户价值？企业如何把握抽象复杂的用户需求？创新管理大师克里斯坦森提出了用户目标理论，用以解释企业如何找到用户真正的需求，创造出用户愿意购买的产品和服务。

这个理论的核心是，用户并非在购买产品或服务，而是把产品或服务带入生活，以实现某种进步。这一进步被克里斯坦森称为"用户想要完成的任务"。用户购买某项产品或服务，是因为他们雇用这项产品或服务来完成这些任务。任务都是发生在一定的特殊背景下，包括特定的时间、和特定的人在一起、特定的人生阶段等。

这个理论的提出是基于克里斯坦森对奶昔行业的观察[二]。有一家快餐连锁品牌想要提升奶昔的销量，于是找到克里斯坦森。通过 18 个小时对顾客的观察和向顾客提问：你来餐厅购买这杯奶昔，是想让这杯奶昔帮你完成什么任务呢？最终发现早上消费者都有一项需要完成的任务：他们开车上班要很长时间，这个过程很无聊，他们这时候还不太饿，但是到早晨 10 点就会饿了。顾客要完成打发无聊的时间和让一早晨肚子饱饱的这两项任务。他们尝试了香蕉、面包、士力架等不同的食物，最终发现奶昔是效果最好的，喝完要用 20 分钟，可以打发路上无聊的时间。

用户目标理论帮助我们深入具体的场景，看到用户想要的东西。这可能会颠覆我们原本对用户需求的假想，例如奶昔就是用来喝的。所有商业模式的起点，都是对用户进步的分析。

例如，在富有争议的超前点播案例中，用户追剧是为了放松、休闲娱乐，让自己在繁忙的工作之余变得开心。提前看到剧情，对用户自身并没有产生更大的效用，因为用户看剧总时长还是一定的。提前看到剧情，可能让用户有一种优越感，可以和没有提前看到剧情的小伙伴炫耀。然而追剧的人并不一定喜欢听到别人提前泄露剧情，所以对其他用户也不一定有好处。当视频公司推出付费超前点播的服务，那些出于好奇心或者急切想要看到结局的用户付了钱，但这种心理的满足是短暂的，

[一] 魏炜，张振广，朱武祥. 超越战略：商业模式视角下的竞争 [M]. 北京：机械工业出版社，2017.

[二] 克里斯坦森，等. 与运气竞争：关于创新与用户选择 [M]. 靳婷婷，译. 北京：中信出版社，2018.

他们并没有获得实际的克里斯坦森所说的"用户的进步"。

应用这条原则，我们可以分析一个商业模式是看重所有的用户，还是看重部分能够产生高经济利益的用户。这事关商业模式的选择，也事关对用户的公平性。在伦理学中，有一项关于效用主义和自由主义的争议。效用主义认为，当面对不同选择时，只要一个选择能够产生对所有人最大的效用，那么这个选择就是最好的。自由主义认为，个人的自由是最重要的，任何选择都不能干涉个人的自由。即便一个选择能够对所有人产生最大的效用，但是伤害了个人的自由选择，那么这个选择也是不对的。

效用主义和自由主义的争议能够帮助我们，理解氪金这个充满伦理争议的商业模式。从效用主义的角度看，氪金是有违公平的，它让一小部分有钱人能够通过花钱快速获得技能的提升，让许多工薪阶层效仿这一小部分有钱人耗尽自己的财产，而让大部分没有钱的游戏玩家在游戏中处于劣势，任人宰割。因此，氪金让所有玩家的整体幸福感下降。但是从自由主义的角度看，氪金是不应该受到限制的。有钱的玩家就应该用钱去购买他们想要的体验，而不能因为游戏中有很多没钱的玩家，就限制有钱的玩家享受这种快乐。

效用主义和自由主义是两种观点会影响创业企业在商业模式设计中采用怎样的盈利机制。有的创业企业把所有用户视为平等的个体，通过提供无差别的、同等品质的服务，帮助用户实现他们想要的进步。在这种理念的指导下，诞生了许多大众企业，让大多数人能够使用到平价、优质的产品。例如，无论你多么有钱，你在优衣库也买不到更贵的衣服。另一些企业则看到了不同用户消费能力的差异，想要通过"吃大户"来赚取最有钱的那部分消费者的收益，甚至通过制造有钱的这部分消费者和普通人的对立，让这部分有钱的消费者获得心理的满足感。在游戏主播等行业，这种商业模式盛行。

站在利益相关者整体的角度，企业还需要考虑用户、企业、供应商等整体效用的最大化，而不仅是帮助用户取得想要的进步，结果导致为了整体利益而牺牲用户的部分自由，企业需要在二者之间谨慎权衡。一个常见的难题，是采取免费内容＋广告模式的企业，如何让广告对用户的自由侵犯降低到最低程度，又能确保付费广告主的利益。

微信一直在小心翼翼地平衡朋友圈生态和广告投放的变现。虽然广告投放能够迅速增加微信变现的收入，但是会损害浏览朋友圈的用户体验。朋友圈广告采取的措施是：

（1）限制广告投放的数量　每位微信用户每天（24个小时自然日），只会收到一条朋友圈广告。相比于广告泛滥的其他内容平台，微信这样做已经很节制。在大量朋友圈内容里，一条朋友圈广告并不显眼。这确保了微信朋友圈是一个以用户人际网络自主生成内容为主的优质信息平台，而不是广告泛滥的劣质信息平台。

（2）运用大数据，尽量投放对用户有用的个性化广告　运用用户使用微信产生的地理位置、兴趣等数据，尽可能准确地推送符合用户需求的广告。

微信朋友圈的广告投放尊守了用户进步原则。微信是一个借助人际网络传播信息的内容平台。用户打开微信朋友圈，是希望看到朋友们分享的信息。微信是免费、优质的服务。为了维护微信的运营，通过第三方广告获得收益是必要的，但是广告的投放强度不能干涉用户正常使用的程度。

今日头条是以广告为主要收入来源的信息平台，不同于微信推出几年后再通过广告变现，它很早就开始使用广告变现。除了结合大数据根据用户兴趣进行精准的广告推送，广告内容在信息流中占据比例有限之外，今日头条还允许用户自主进行广告兴趣管理。例如，用户可以选择感兴趣的广告关键词，可以对推送的广告进行评论（不感兴趣、举报、屏蔽），从而训练今日头条的算法，越来越精确地了解用户的广告兴趣，推送适合用户的广告。

与之形成对比的是百度的模式。百度是一家搜索引擎，用户使用百度要完成的任务是获取有效信息。然而，百度搜索排在前面的，往往是为关键词竞价排名的广告，干扰了用户完成信息搜索的任务。这也是百度广告竞价排名引发争议的原因。

二、利益相关者价值增加原则

商业模式和通常的战略管理的主要差异在于，通常的战略管理处理的是竞争问题，思考的是如何通过差异化、成本领先等战略手段打败竞争对手。战略归根结底还是站在企业本位上思考问题。商业模式超越了企业自身的边界，是站在生态系统的高度上思考问题。商业模式思考的是整个生态系统里竞争和合作的关系。竞争和合作并不是必然的，竞争对手在一定情况下能够转化成合作关系，而合作关系在一定情况下也会变成竞争关系。商业模式设计的关键在于，不断增加共同合作的利益相关者，从而不断减少竞争对手。成功的商业模式能够团结一切可以团结的力量，赢得最广泛的支持，这样才能让企业赢得竞争优势。优秀的商业模式，能够化竞争关系为合作关系。与其和竞争对手争夺有限的资源和市场空间，不如和竞争对手联合起来创造更大的价值。腾讯和360大战之后，转变为生态战略，通过投资、流量共享的方式帮助创业企业做大做强，从而将竞争对手转化为合作伙伴，让原本的竞争对手成为腾讯的"护城河"。

商业模式设计是一个打造价值链为用户提供价值的过程，也是一个把为用户创造价值转化成货币，并在价值链内部进行分配的过程。分配就涉及利益的争夺。一般来说价值链都有主导环节，决定了价值链上的利益如何分配。主导环节可以采取两种策略，均衡策略和不均衡策略。均衡策略是让价值链上每个环节获得充裕的、可以持续发展的利润。不均衡策略是尽力压榨价值链上的每一个环节，以使自身利益最大化。好的商业模式是一个好的利益相关者协同模式。这里的协同不是为了协同而协同，或者建立在某一方被迫牺牲情况下的协同，而是在开放、自愿的前提下，各利益相关者有权力选择资源进入或退出的情况下，产生的自由的协同关系，是基于平等、尊重、共赢的原则下建立的协同关系。

作为创业企业，进入一个价值链时，可能面临着被动成为某个价值链上被分配利益的一方，其命运取决于价值链的主导企业的意愿。创业企业也可能经过竞争，打败了其他竞争对手，成为价值链上主导价值分配的那一方，能够自主决定采用怎样的策略改造价值链。长远来说，利益不均衡的价值链迟早会出现断裂和重组，给新的创业企业带来机会。因此在设计商业模式时，创业企业应该尽最大可能争取采用使价值链实现利益均衡的商业模式，或者选择进入利益较为均衡的价值链进行创业。

价值链分为原材料、制造、分销、零售、用户等基本环节。通过价值链，原材料转化成产品或服务，通过分销渠道到达零售终端，进而到达终端用户。这个链条上各厂商之间是对立统一的关系。在不同行业，不同阶段，具体哪个环节是价值链的主导者是动态变化的，例如：

（1）原材料商/关键部件商获得主要利益　彩电、计算机等行业一度出现这种格局。在彩电行业，投资巨大，准入门槛高的面板占据了行业的主导地位，而生产制造彩电的厂商利润微薄，受制于人。不甘于被面板厂商压榨，彩电品牌 TCL 向上游进军，投资建设了面板企业华星光电，才逐渐摆脱了被上游压制的命运。在计算机行业，在英特尔处理器和微软主导的 Wintel 联盟下，组装厂利润微薄。

（2）渠道商（分销/零售）获取主要利益　我国家电行业曾经出现过以国美、苏宁为代表的卖场主导的阶段，缺乏核心竞争力的彩电厂商被卖场压制，利润下降。小型彩电企业不得不退出市场。大企业通过谈判争取合适的价格。

利益不均衡的商业模式，为创业企业和原有价值链组织者竞争创造了机会。例如，随着淘宝店铺流量成本提高，店铺租金和广告费用提高，许多卖低价商品的小商家在淘宝体系里难以生存，出现了"低端供应链如何安放"的问题。拼多多的崛起，给了这些小商家更大的生存空间，短时间内聚集起了强大的低端供应链能力，刚好和渠道下沉市场的低端消费者相匹配，借助拼团的营销方式快速崛起。在价值链上，每一个环节都是不可缺少的，哪怕看起来微不足道。当低端供应链的厂家和店主在淘宝上生存艰难，赚不到钱的时候，就产生了从淘宝主导的价值链上脱离的动力，原有的价值链就会瓦解。

利益不均衡的商业模式，也让企业有机会重组价值链。美国流媒体公司 Netflix 作为分销平台，受制于出品内容的影视公司索要高昂的版权费用。Netflix 决定深入内容端重新打造，从内容制作到数字化分发的价值链。它找到了那些不受大型影视公司重视的小导演、制片人，利用积累的用户数据，帮助这些导演和制片人制作精良的影视作品，在 Netflix 上分发。每年，Netflix 都会投入巨资，帮助导演和制片人制作电影。Netflix 的内容战略重新打造了一条影视作品制作到分发的价值链，让优质、独家、原创的内容成为 Netflix 区别于其他平台的核心竞争能力。

从长沙崛起的餐饮企业文和友，打造了一个轰动全国的超级文和友模式。超级文和友拿下了长沙市中心最好地段的商铺，把上下几层打通，主打怀旧风格，复制了长沙人怀念的一条已经被拆掉的老街。文和友找来老街上一些经营小吃的档口，请他们在超级文和友里重新开设。文和友不考核这些档口的销售额，只是希望这些档口营造温馨、怀旧的氛围，吸引人们前来超级文和友吃饭打卡，而小龙虾等高毛利的产品才是文和友的主要获利点。

对创业者来说，商业模式的成功和失败不仅取决于商业模式本身有多么完美，而是看在这个新的商业模式下，是否比旧的商业模式对利益相关者有更大的吸引力，是否能够快速聚集起一群愿意尝试新商业模式的伙伴。

特别值得注意的是，原有价值链上的弱者往往容易成为被吸引的对象。他们在原有价值链上获得的利益微薄，如果有人能够让他们获得更高的利益，他们很容易脱离原有的价值链。拼多多上的小商家，Netflix 的小制片人，文和友的小吃摊主都是这样的。淘宝上的网红店铺，好莱坞的大导演，长沙的大餐厅，这是在已有的价值链上获取较高利益的群体，放弃原有价值链的成本比较高，不容易受到新价值链的诱惑。创业企业在做商业模式设计时，要特别注意使用价值均衡原则，关注那些在原有价值链上获得利益相对较少的群体，和他们一起在新的价值链上为用户创造更大的价值，也让他们有更大的获益，和创业企业共同成长。

三、最小闭环原则

商业模式并非引入越多利益相关者越复杂越好，而是要能够形成最小生态系统，即能够独立运转，各利益相关者都能持续获利的最小单元。一些创业企业看起来搭建的商业模式复杂，但是商业模式本身不能产生足够的价值和利润，要依靠投资人的补贴来维持，这种商业模式本身是难以持续的。

随着商业模式这个概念越来越流行，有一种观点认为简单的商业模式没有竞争力，企业要设计复杂的商业模式，连接复杂的利益相关者，以形成壁垒。持有这种观点，最激进的企业是乐视网。乐视网最早是一家视频网站，凭借早期积累的正版视频内容起家，于2010年成为第一家上市的视频公司。以视频为中心，发展了复杂多样的生态体系。在上游内容端，发展了影业、音乐、体育的内容生产部门。在下游发展了手机电视、App院线、汽车等内容出口。乐视把这些业务和资源建构了一张网络，每一个节点都能为其他节点提供资源进行互补。最终这个复杂的商业模式拖垮了乐视：视频内容版权到期，相对于其他视频网站竞争力减弱；手机电视的硬件产品赚不到钱；汽车业务烧钱遥遥无期。乐视一直没有找到可以充足变现的盈利模式，最终在庞大的资金压力下被拖垮。

和乐视形成鲜明对比的是，很多规模体量很大的企业，商业模式极其简单，主营业务和盈利模式非常清晰。例如，全球最大的流媒体网站Netflix，主要收入就是会员费用，企业所做的一切，都是为了让会员有更好的体验，觉得会员的价值在不断增加。Facebook、谷歌的主营收入就是广告，企业的运作围绕如何让用户获得优质内容的同时，广告商还能够让应该看到广告的人精准地看到广告。反观乐视的复杂商业模式，看起来什么都能赚钱，广告、会员、硬件，但最终什么都没有赚到钱。

商业模式是利益相关者的交易结构。创业者要掌控这个交易结构，并不需要亲自做每个环节。现在经济分工越来越细致，没有企业能把每个环节的事情都做完。或者说不是把每个环节都做完，企业就能够最赚钱。企业要考虑的是专注在哪些关键环节，如何在这些关键环节上赚到钱，而不是在价值链的不同环节跳来跳去，最终哪个环节都没有赚到钱。在价值链上，每一个环节只要做好，在合适的时机下都具备赚钱的空间。关键看企业有没有在这些关键环节形成核心竞争力。根据"奥卡姆剃刀原理"，如无必要，勿增实体。在商业模式设计时，创业者要避免落入追求复杂的陷阱，以简洁有效的设计把控价值链中的关键环节，实现和利益相关者的多方共赢。

阅读材料

优剪的商业模式创新

理发美容行业的办卡消费和捆绑消费，一直让人诟病。顾客进入一家美容院之后，导购会不断地推荐用户充会员卡，就能够享受较强的打折优惠。当充值之后，除了基础的打理头发之外，导购还会推荐品类繁多的护理产品和服务，赚取更高的利润。

理发美容行业的这种行为，给用户和商家都造成了困扰。由于各种高端的护理产品或服务有更高的利润，能够给导购带来更高的业绩提成。作为高频刚需的理发服务，反而变成了一种获客手段，不受重视。使真正想要理发的用户，在理发美容店里无法得到满意的用户体验，而是被反复的推销办卡所干扰。作为商家来说，虽然这些服务带来较高的利润，但是种类繁多的护理产品也增加了高额的物料成本，产生了不小的流动成本，并且增加了设备场地的固定成本。此外，由于管理的复杂度，美容店的标准化程度较低，扩张较为困难。

注意到这一问题，专注于理发的优剪采用极简的商业模式重构了理发美容行业的商业模式。传统美容店里，有洗头、理发、染烫、高端护理等多个环节，每个环节都需要安排人来做。优剪只聚焦一个环节：剪发，砍掉了其他所有环节。对男性、老人和小孩来说，客户对理发的需求很明确：价格适中，少等待，无推销，有适度的发型设计。在优剪，可以通过提前预约减少等待时间，明码实价，剪发过程中没有推销。这一模式很快扩张开来，赢得了目标客户群体的喜爱。优剪由于业务模式标准化，能够快速复制，也获得了自身的利益。理发师可以专注于理发，提升技能，获得稳定的收益。最终形成多方共赢的局面。

优剪对美容行业商业模式的创新反映了"简单有效"这个原则对用户、商家等利益相关者多方共赢的重要性。从供应链管理的视角看，商业模式的本质，是企业把供应链上利益相关者提供的产品和服务组合在一起，形成新的产品或服务，为用户提供价值，获取收益。对供应链管理来说，最大的敌人是存货单元（Stock Keeping Unit，SKU）泛滥。例如，不同颜色、不同款式、不同尺码的衣服，都有一个 SKU 编码。SKU 越多，为顾客提供的产品和服务的种类越多，企业能够设计的商业模式也就越来越复杂。然而，SKU 泛滥给消费者和企业都造成了麻烦。从消费者来看，商业提供的选择服务过多，会导致选择困难，也容易陷入各种 SKU 捆绑消费的陷阱。从商家来说，SKU 过多会导致自身的供应链管理复杂度增加，对用户需求难以预测，库存管理的难度和风险大大增加，容易陷入和利益相关者的冲突。

（资料来源：搜狐：优剪生活：互联网思维下的传统美发店受年轻人青睐。）

第三节 设计多方共赢的商业模式

一个好的商业模式是多方共赢的。多方共赢一方面是创业企业要选定一个专注的领域，为用户提供不断增加的价值，帮助用户不断进步，我们称之为品类选择和用户价值定位；另一方面是把用户价值增长和其他利益相关者的价值分享联系成一个正向反馈的闭环，利益相关者之间相互促进，我们称之为利益相关者的飞轮效应。

一、选定专业品类和用户定位

对用户进行精准定位是涉及一个满足多方共赢的商业模式的基础。用户定位决定了创业企业是为谁创造价值，进而决定了创业企业应该联合哪些利益相关者，共同为用户提供产品或者服务。用户定位模糊或者偏移，会导致创业企业不清楚应该和哪些利益相关者相联合，也就不可能和利益相关者实现多方共赢。例如，当一位创业者选择进入服装市场时，他很难把全体人作为要面对的用户，因为不同的人的需求是不同的。他需要在不同用户之间做出选择：是进入高端市场还是低端市场。当创业者的定位发生转变时，例如他一开始想做高端市场，因业务开展困难而转向中端市场，这时从厂商到营销推广渠道的利益相关者可能都要全部更换，原来的商业模式也就不再成立。

快速、精准进行用户定位的一个常见策略是从品类着手。用户在面对大量的选择时，会对相似的服务进行合并处理和分类，用户只会记住每一类产品中的代表性品牌。品类⊖是用户心智对信息的归类。品类化是用户心智对信息归类的过程。

在设计商业模式的时候，创业者需要首先考虑切入哪个品类，例如当一位创业者要进入饮料市场的时候，他会发现饮料市场已经有饮用水、碳酸饮料、运动饮料、果汁等许多成熟的品类，也有无糖饮料这样的新品类。创业者如果要选择进入成熟品类，那么就面临着和已有的巨头竞争的局面。例如，在碳酸饮料领域，可口可乐一直占据优势地位。百事可乐抓住战后新一代美国人求变的心态，从可口可乐的碳酸饮料品类里划分出了一席之地。然而主打中国人自己的可乐的非常可乐，却以失败而告终。在一个成熟品类里，能够容纳的空间是极其有限的。一般来说，只有行业前几位的才能被消费者记住，形成品牌。

新品类出现时，已有品类的优势不一定能够转化成新品类的优势。相反消费者可能会把某个品牌和特定品类联系在一起，从而使这个品牌在进军新品类时反而有劣势。如可口可乐被认为是碳酸饮料代表。后来，可口可乐想进入无糖饮料这一新兴市场，但是由于可口可乐本身在碳酸饮料里面的优势地位，可口可乐还是很难被认为是一个无糖饮料品牌。近两年快速兴起的无糖气泡水品牌元气森林，快速占据了无糖饮料这个新品类的主导品牌地位。元气森林以"0糖0脂0卡"为主打品牌特征，快速爆红，2019年"双11"饮料类全网销售第二，超越了可口可乐。

品类的划分并非随意的，而是和核心的用户价值主张关联在一起。无糖饮料这个品类的出现，是和消费者对"好喝又健康"的核心价值诉求关联在一起的。随着物质的充沛，消费者对饮料的诉求已经不只是口感，还希望口感和健康兼顾。可口可乐虽然有不错的口感，也推出无糖饮料试图让用户感到健康，但是碳酸饮料这个品类本身已经和"不健康""垃圾食品"的认知密切联系在了一起⊜。例如，碳酸饮料中含有的磷酸会影响人的骨骼健康，可口可乐中含的咖啡因会引起身体不适，可口可乐会让人觉得比较饱，可口可乐含有较多的热量会容易让人发胖。元气森林

⊖ 里斯A，里斯L.品牌的起源[M].寿雯，译.北京：机械工业出版社，2013.
⊜ Vinky.销量超越可口可乐，元气森林为何爆火？[EB/OL].(2020-09-22)[2021-09-09]. https://dy.163.com/article/FN585UUF0511805E.html.

是 "0 热量" 的气泡水，是健康的、含有矿物质的矿泉水。

通过品类切入市场，是前面提到的用户进步和简捷有效两个原则的具体体现。一个新品类爆发的基础，是用户有强烈的诉求没有在原有品类里得到满足。例如，前文讲到的 "快剪" 这个品类的出现，是因为男性用户对现有理发美容店营销模式的不满，希望有简单、快捷的理发。"快剪" 是从美发店中衍生出的新品类，只是其中的一个环节，但是却和美发店这个品类形成了竞争，抢走了用户。企业和企业之间的竞争，本质上是旧品类和新品类之间的竞争。

品类朝着越来越简单、专业的方向发展。新品类往往都是从旧品类中分化出来的。在《品牌的起源》中，营销专家里斯（Ries）也指出，商业的品类逐渐分化，从一个复杂的、无所不包的大品类，逐渐分化出许多更加专业的新品类，每个新品类都有孕育新的领导品牌的机会。品类进化的原则是分化而不是融合。

创业企业越能聚焦于某个品类，商业模式也就越容易简单有效，为打造利益相关者的持续共赢的商业模式打下坚实基础。例如，当良品铺子选定 "高端零食" 的定位时，商业模式的选择就很明确，通过良好的线下体验吸引顾客，原材料选取较高品质的供应商。从 "高端零食" 这个品类进一步延伸，良品铺子意识到健康、营养的高端儿童零食⊖会是一个快速成长的新品类。现有儿童零食品质参差不齐，让家长担忧。良品铺子进而推出了 "小食仙" 的儿童零食子品牌，并牵头起草《儿童零食通用要求》团体标准，力推成为儿童零食品类的行业自律标准⊖。这套标准从儿童所需的营养出发，根据不同年龄段儿童的营养需求制定健康零食的标准，组织供应商共同为儿童开发健康、安全的食品。

二、设计利益相关者飞轮

当创业者选定某个可以深入发展的品类之后，下一步就要考虑如何组合利益相关者以提供用户所需要的产品或服务。通常的商业模式设计是以画布的形式结构化地呈现商业模式各要素。相比于常用的商业模式画布，利益相关者飞轮作为一种可视化工具有两个好处：

1）能够显示出利益相关者作为一个系统是如何互动的。商业模式画布虽然列出了利益相关者之间的要素，但是没有显示利益相关者之间的关系。

2）能够描绘利益相关者之间动态的正反馈循环。利益相关者之间的关系并非

⊖ 张思遥. 休闲零食打响 "品类细分战"：良品铺子首创儿童零食 ［EB/OL］. （2020 – 05 – 21）［2021 – 09 – 09］. http://www.ebrun.com/20200521/386538.shtml.

⊖ 张思遥. 休闲零售打响 "品类细分战"：良品铺子首创儿童零食 ［EB/OL］. （2020 – 05 – 21）［2022 – 03 – 10］. https://www.ebrun.com/20200521/386538.shtml.

静态不动的，而是互相增强的，互相促进，形成正反馈的回路，推动用户价值、创业企业和其他利益相关者共同获益。商业模式画布和一些直接描述利益相关者交易结构的商业模式可视化手段都未能展现这种动态关系。

飞轮模型背后的原理是控制论中的正反馈调节回路。控制系统，包括输入端、信息处理过程和输出端。当输出端的信号（反馈信号）回到输入端，对系统再次产生积极影响时，正反馈就发生了；如果再次输入，起到了负面影响，负反馈就发生了。例如，当我们学习骑自行车时，每次以正确的姿势骑车时，车子就能顺利的动起来；而每次车子能顺利地动起来，我们就知道自己的骑车姿势是对的，强化了我们正确的骑车姿势。在正反馈循环的作用下，多练习几次，我们就学会了骑车。

管理学家吉姆·柯林斯（Jim Collins）应用正反馈循环解释创业企业是如何从小变大，持续发展的[一]。他使用了"飞轮效应"来描述企业成长过程中的正反馈循环如图9-1所示。柯林斯很好奇，为什么有的企业能够建构持续发展的动力，而其他企业却不能？经过研究，他发现了卓越的企业都在持续地推动一个巨大的沉重的飞轮。一开始飞轮推动是缓慢的，当推动几圈时，飞轮逐渐积累了一些动能，然后当飞轮转到更多圈的时候，飞轮的转速逐渐加快，最终在某个时刻企业从量变实现了质变，飞轮就以不可阻挡的势能持续向前转动。

当创业者设计出一个飞轮，如何才能检验这个飞轮是否有效呢？柯林斯指出，我们可以利用飞轮来解释自己的成功清单和失败清单。如果飞轮能够帮助我们把最关键的、可复制的成功显而易见地呈现出来，也能将最重要的失败和最为明显的痛点清晰暴露出来，那么这个飞轮就是有效的飞轮。

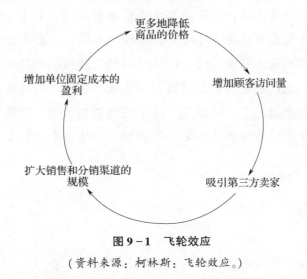

图9-1 飞轮效应

（资料来源：柯林斯：飞轮效应。）

〇 柯林斯. 飞轮效应 [M]. 李祖滨，译. 北京：中信出版社，2020.

我们以亚马逊为例来解释，飞轮是如何转动的。虽然亚马逊是一家庞大的企业，但通过飞轮理解亚马逊的业务并不困难。亚马逊的低价格带来更多的顾客访问量，当顾客访问量增加的时候，愿意入驻平台的第三方卖家也增加了，从而使平台上销售和分销渠道的规模扩大，亚马逊自身的物流中心服务器等固定成本就可以分摊给更多的第三方，降低成本，获得更好的效益，亚马逊自身的获益，也能够推动它进一步降低平台上商品的价格。

作为创业企业持续增长营收和利润比依靠爆品暴富要难得多，也更有价值。营收和利润持续增长的企业能够获得更高的估值。飞轮上转动的各个轮子反映了对不同利益相关者带来的价值，也反映了动态变化、利益相关者共同进化的商业模式的本质。商业模式不是线性的，而是正反馈循环的交易结构。

飞轮是一家企业持续成功的本质所在。然而不同于隐藏的商业秘密，飞轮是一家企业持续成功的看得见的秘密。当我们去分析任何一家持续成功的企业时，总能找到它是依靠什么飞轮持续转动，由小到大的。然而，为什么这些没有什么秘密的企业能够做到，他们的竞争对手不能做到呢？这其中的关键，是飞轮上每个利益相关者能否以相似的速度转动。飞轮的转动取决于飞轮上每个利益相关者的速度，如果链条上有某个环节的轮子转速慢了，转速快的飞轮需要帮助这个轮子，否则就会影响到整体飞轮的转速。

飞轮原理上并不复杂，涉及的关键利益相关者数量也有限，关键在于能够持续转化，不断迭代优化，享受复利带来的红利。柯林斯认为，飞轮的构件反映了一家企业最本质的业务逻辑，飞轮的构件不能超过六个。如果飞轮过于复杂，要简化构件，去掉不重要的构件，才能抓住飞轮的本质。许多大企业从小变大，往往都是从一个很简单的飞轮开始的，持续帮助转速较慢的利益相关者进步，从而持续转动的结果。这些企业的业务逻辑并不难懂，相反，一些看起来很复杂的商业模式，虽然看起来很完美，但涉及了过多的利益相关者，导致商业模式存在极高的风险，一旦某个环节的利益相关者不能跟上整体节奏，整个商业模式都会受到冲击。

练习题

（单选或多选）

1. 商业模式是企业与其（　　　）的交易结构。

　A. 内部利益相关者　　　　　　　　B. 外部利益相关者

　C. 内部和外部利益相关者　　　　　D. 合作伙伴

2. 商业模式设计中的伦理问题不包括（　　　）。

    A. 使利益相关者经济利益受损　　　B. 使利益相关者时间利益受损

    C. 使利益相关者情感利益受损　　　D. 和利益相关者互利共赢

3. 用户购买某项产品或者服务，是因为他们（　　　）这项产品或者服务来完成这些任务。

    A. 雇用　　　　　　B. 展示　　　　　C. 消费　　　　　　D. 享用

4. 商业模式应该（　　　）。

    A. 引入尽可能多的利益相关者

    B. 越复杂越好

    C. 形成独立运转，各利益相关者都能持续获利的最小单元

    D. 依靠投资人的资金运转

5. 创业企业由小变大是因为（　　　）。

    A. 正反馈循环　　　　　　　　　　B. 负反馈循环

    C. 线性增长　　　　　　　　　　　D. 随机增长

第十章
风险投资中的
伦理问题

1. 了解风险投资的决策过程
2. 了解风险投资中的主要伦理问题
3. 了解风险投资的历史和风险投资伦理的形成过程
4. 了解风险投资及其伦理原则的未来发展方向

导入案例

趣店融资中的伦理问题

趣店是最快达到百亿美元估值的创业企业。2017 年，金融科技公司趣店集团登陆纽约证券交易所，从成立到上市仅用了 3 年零 7 个月。短短三年内，趣店不含天使轮就融资 6 轮，融资额度从数百万美元、数千万美元到数亿美元成倍增长，总融资额度至少 51 亿元人民币。基于招股说明书和当年融资的报道，创业媒体铅笔道记者指出，趣店疑似融资金额多次造假，包括 B 轮融资造假 5.45 倍，C 轮融资被当作两轮融资重复披露，E 轮融资夸大一倍等。

报道发出后，趣店先是向微信提出申请，要求封杀铅笔道的报道，被微信拒绝：该投诉不符合法定处理条件，不予支持。20 天后，趣店向法院提起诉讼，要求铅笔道：①停止侵权；②连续 30 日道歉；③赔偿损失 10 万元。趣店声称：铅笔道"虚构事实、无中生有、恶意诋毁"。

铅笔道就趣店的起诉立刻做了回应：文章若非失实，我们绝不删稿；证据若非确凿，我们绝不道歉。铅笔道的信息源于趣店发布的招股说明书、趣店官方的历史对外公开信息和媒体公开报道。铅笔道委托公证处保全的关键网页的信源证据，请翻译机构翻译了招股说明书，并联系上了早前媒体报道中的部分作者。有 17 位作者表示，融资数据由趣店通过通稿、软件和发布会提供。铅笔道还获得了趣店向媒体发送的官方邮件，有"宣布获得 2 亿美元融资"的内容。在后续的 4 个月时间内，铅笔道和趣店进行了三次开庭质辩，在第三次庭审时趣店被要求在 7 日内提供财务资料和书面证据以证明历次融资数据。随后趣店撤诉。

在关于趣店的报道中，铅笔道提出了一个问题：创业，应该先论是非，还是先论成败？如果已经成功，讨论是非已无意义。但若不论是非，成功又有何意义？趣店上市。是耶，非耶，成耶，败耶？

趣店成功了吗？2017 年的上市是趣店的高光时刻。但此前、此后，这家快速成长的独角兽企业都充满争议。趣店起家于充满争议的校园贷，许多学生因为超前消费，还不上贷款而遭受暴力催收和恐吓。不顾消费贷的争议，趣店于 2017 年在纽交所上市，市值超百亿美元。然而，上市当天两大股东昆仑万维和国盛金控就发布减持公告。2018 年，在趣店市值腰斩，下滑至 56 亿美元时，趣店创始人罗敏声称，从 2018 年 1 月 1 日起，在趣店集团市值达到千亿美元之前，他将不再从公司领取任何薪水和奖金。然而，随着蚂蚁金服减持趣店的股份并终止合作，趣店的高估值失去了支撑，多次业务转型失利，公司市值仅剩 3.88 亿美元

(2020. 10. 26)，仅为最高峰的 1/25。

趣店的快速崛起和估值攀升，是互联网金融监管较弱和蚂蚁金服需要流量入口的双重因素造就的。然而由于缺乏核心技术和符合资格的互联网金融牌照，趣店的高光时刻转瞬即逝。随后，趣店不断进入"汽车新零售""1 对 1"教育、互联网家政等热门风口。虽然有的项目能够短暂拉升股价，但是由于缺乏深耕的耐心和粗糙的打法而很快草草收场。例如，以 3~10 岁儿童为目标的趣头条号称上线 1 个月就招募 5 万名讲师，但是由于高价推广、课程粗糙的问题，很快就收场。

趣店是资本热潮中许多创业者的缩影，追求快速的、世俗意义的成功。趣店创始人罗敏曾经说过：创业当好人没有什么意义。他不在意道德层面的追求，而是被世俗意义的成功激励着永不停歇。融资造假、概念炒作、夸大信息这些问题在趣店看起来，或许不过是成功路上一些无关痛痒的小节。然而，随着短暂的利益窗口的结束，资本套现离场，公司股价暴跌，趣店的高光时刻最终昙花一现。

（资料来源：铅笔道：3 次开庭质辩后，趣店撤诉：铅笔道不战而胜。）

案例讨论分析

1. 趣店在创业融资里，为什么会夸大估值？
2. 夸大估值给趣店带来了什么利益，造成了什么损害？
3. 创业企业在融资过程中应该遵守哪些伦理原则？

第一节 风险投资中的伦理问题

从 20 世纪六七十年代起，风险投资逐渐成为一支举足轻重的力量，登上创业的舞台。风险投资是一把双刃剑。它有可能成就一家企业、一个行业，甚至硅谷、中关村这样的创新生态系统。但是缺乏伦理约束，它也可能对创业生态造成毁灭性的打击。

从诞生至今，风险投资一直具有以下三个核心特征[一]：

（1）投资人追求长尾分布的超额利润 投资人明白，大部分风险投资都会血本无归，但是少数投资将会带来超额利润回报。投资人不追求针对单一投资的稳定回报，能够容忍大多数失败的投资，但是希望通过投资一个项目获得超额的回报，来弥补之前投资的损失。为了满足超额利润，风险投资常常押注于快速成长，有较大发展空间的新兴行业，推动了创新经济的发展。

〇 NICHOLAS T. VC：An American history［M］. Cambridge：Harvard University Press，2019.

（2）风险投资常常通过专业代理人来完成　由于风险投资常常投入发展尚不明朗、有较大不确定性的新兴行业，资金所有者往往不具备相应的知识、经验和创业者资源，大部分风险投资需要通过专业代理人，也就是风险投资机构来协助完成。风险投资机构通常采用合伙模式，普通合伙人（General Partner，GP）向有限合伙人（Limited Partner，LP）募集资金，代表有限合伙人甄选项目，进行股权投资。

（3）风险投资的代理人模式含有伦理风险　资金所有人、代理人、创业团队、企业员工、用户组成了创业企业的利益相关者。创业是一个价值创造、价值切分和风险补偿的过程。创业者创造的价值源于为顾客、股东、员工等利益相关者创造的价值。在价值再分配的过程中遵循风险补偿原则，承受风险较高的利益相关者获得较大的利益，而承受风险较低的利益相关者获得较少的利益。当利益相关者都希望最大化自身利益，最小化自身责任的时候，很容易出现不劳而获的"搭便车"行为，损害各利益相关者的整体利益。风险投资是一个通过机制设计和沟通协调使集体利益最大化的过程。

风险投资中可能存在双重委托代理关系造成的伦理风险[⊖]：资金所有人和投资人之前由于信息不对称造成的投资人滥用资金谋取自身利益，以及投资人和被投企业之间，由于信息不对称造成的被投企业利用投资人的钱谋取自身利益。在这里，我们主要讨论后一种伦理风险。我们把风险分为两类[⊖]：投前委托代理风险和投后委托代理风险。

一、投前委托代理风险

风险投资协议签订之前，创业者对自己的项目及自身能力比风险投资人更加了解。这使投资人面临着创业者利用信息不对称抬高项目估值的伦理风险，具体表现为利用赛道信息和项目信息不对称抬高估值，让投资人以较为昂贵的价格获得公司股权。

1. 利用赛道信息不对称抬高项目估值

预测技术成熟度的 Gartner 曲线指出，一项新技术从酝酿到成熟，往往会经历一个波折的过程。随着技术的逐渐成熟，人们对技术的期望值不断攀升，资本蜂拥而入，最终远远超越技术本身所能承载的预期，进入期望膨胀期。随着期望膨胀达到顶点，人们发现技术其实不能满足人们的预期，迅速陷入幻灭期，资本撤离市场。

⊖ 郑辉. 风险投资双重委托代理研究 [D]. 上海：复旦大学，2007.

⊖ 王峰. 论风险投资中的委托代理风险及控制 [J]. 中外企业家，2009（8）：87-95.

然后，经过几年的盘整和恢复，技术逐渐成熟，迎来了复苏期和成熟期。例如，互联网行业发展的初期就经历了过度繁荣，然后纳斯达克市场崩盘，然后重新盘整发展直至成熟的过程。

快速扩张的新兴市场是一个积极的市场信号，吸引大量投资人和创业者进入，渴望赢得赛道的主导地位，掌握定价权，从而获得超额利润。在一个赛道刚开始的时候，所有人对赛道的方向都很模糊。这就给了一些创业者炒作概念，以获取投资的机会。创业者会告诉投资人，我们正面对一个庞大的持续爆发的市场，现在正是投资的好机会，投入一笔钱过几年可能会有百倍的回报。资金所有人被广阔的市场前景所吸引，砸钱进来创业。

不同于 IPO 时企业需要详尽披露项目的潜在风险，风险投资时创业者相对于投资人占有很大的信息优势。创业者可能会利用信息优势，不断强调自己项目有着远大的前程，刻意向投资人隐瞒新兴行业可能会遇到的风险。创业者常常比投资人更加了解新兴行业的实际情况，更加了解项目在宏观环境、产业环境、内部管理等方面可能遇到的风险。投资人和创业者有着不同的视角，不同基金有着不同的期限，投资人更关注在特定期限内能够通过并购、清算、IPO 等退出事件能够获得的投资收益。创业者对投资人隐瞒信息可能导致投资人对退出机制判断失误，甚至导致投资血本无归。

向投资人隐瞒项目风险具体有以下表现：掩饰关键技术远未成熟的事实，夸大某个成功项目的局部优点以给自己的方向背书，从某种成功的模式推到许多逻辑上其实相差很远的模式，有意缩小当前市场体量以说明自己市场空间的巨大等。

受到技术成熟度周期的影响，风险投资存在周期性的热点。从团购、共享概念到人工智能、区块链、芯片等，每一次新技术带来的期望膨胀期，都会有炒作概念、追求热点的创业者涌入。例如，从 2018 年起，美国连续制裁中兴、华为等科技企业，惊醒国人意识到芯片的重要性。地方政府也开始大力扶植芯片产业。然而，许多芯片企业是临时拼凑的团队，缺乏核心技术积累，仅借着风口获得投资和地方政府的配套资源。随着结构化产品发行，互联网金融工具的引入，越来越多的风险投资化整为零，引入缺乏专业判断能力的散户投资者⊖和创业者一起一轮轮制造概念，推高估值，在技术幻灭期到来之前收割"人傻钱多"的"韭菜"。

在互联网行业快速崛起的过程中，许多来自传统行业的资金所有人由于对互联网行业理解不深，怕失去机会，常常容易陷入这样的项目。然而，投资人容易被广

㊀ 包凡. 警惕风投散户化［EB/OL］.（2016-02-29）［2020-09-09］. https://stock. qq. com/a/20160229/058597. htm.

阔的市场所蒙蔽，没有看到创业项目是否有能够切实提升产业效率的解决方案，没有看到创业者有可能为这个行业创造的价值增量。在热钱过多，风险投资市场火热的时候，创业者以"速度优先"为借口，追逐风口、热点，进入根本就不成立的虚假赛道，靠着投资人的钱持续发展。

2. 利用项目信息不对称换取较高估值

由于被投资的企业不是上市公司，投资过程中存在严重的信息不透明并且很少受到监管，创业者和有限合伙人可能会利用信息优势损害投资人的利益。很多情况下，信息不透明并非恶意为之。创业企业缺乏完善的信息记录技术和管理规范，关于企业运营的数据往往不系统、不完整、难以获得。创业者可能会采取以下方式向投资人夸大和伪造核心信息，骗取较高的公司估值。

（1）夸大核心数据　夸大核心数据是创业融资中常见的问题。虚假的数据营造了产品火爆的氛围，吸引投资人砸钱入场。常见的虚假数据新增手段包括：通过刷榜、积分墙、换量等方式从专门刷数据的公司购买虚假用户和虚假用户行为；通过机器人、内置程序等方式伪造用户活跃量；通过"左手进，右手出"的方式伪造虚假、繁荣的交易数据。

（2）炒作创始团队　营造创始人和创始团队神话，包括学历、名企工作经历、过往的辉煌履历。还会制造一些难以查实的创始人故事，例如，创始人放弃高年薪出来创业；营造创始人神话般的融资故事，如在很短的时间内被某知名投资人看上，拒绝知名投资人的投资等，以抬高自己的身价；创始人频繁出席各种和业务无关的公开活动，接受媒体采访等。

二、投后委托代理风险

签订投资项目后，创业者主要负责企业的日常经营，拥有更多关于企业的信息。投资人只能偶尔了解企业的运营数据，但由于缺乏对业务逻辑和企业运营实际情况的了解，对创业者缺乏实际的控制。这使创业者常常会利用信息不对称使自身利益最大化，而忽略甚至损害投资人的利益。

1. 夸大和虚报融资金额

夸大和虚报融资金额和估值是创业融资中较轻的伦理问题。当创业者获得一笔融资后，对外公开时，创业者可能会夸大融资金额，以增加市场对创业企业的信心。在一个以融资金额论英雄的时代，获得较高的融资金额，对创业者是一件值得炫耀的事情。

腾讯科技的报道显示，夸大和虚报融资金额正逐渐成为创投圈公开的潜规则。80%以上的创业企业可能存在虚报融资的情况。虚报融资的手段包括：把人民币变成美元，融资金额乘以 3~5 倍甚至 10 倍，把根据业绩情况分阶段到位的投资变成一次性融资等。由于保密协议，除了创业者和投资人，外部在企业没有公开上市之前很难获知融资金额到底是多少。真格基金创始人徐小平把融资造假描述为"行业里的新默契"，指出"中国商业文明真要达到实话实说，形成人人恪守的底线，还需要若干年"。

但企业进入上市阶段，招股说明书披露的真实融资数据，往往会揭露之前融资金额造假的问题。创业媒体铅笔道通过梳理上市公司开发的方式，发现了许多企业存在大幅融资金额造假的情况。例如，窝窝网历史上曾公布 B 轮融资 2 亿美元，但上市披露仅为 5000 万美元，智联招聘曾经公布一轮融资 105 亿美元，但上市披露融资金额为 651 万美元。但即便到这个阶段，由于融资结构的复杂性，真实融资额度还是存在一定的猜测性。此外，即便一些严格审计的财报提供了确切的财务数据，但是这些通过融资虚报获得利益的上市公司，在这个阶段被曝光，对其影响已经很有限了。

从心理学角度来看，创业融资虚报是一种印象管理策略。每个人都有给他人制造良好印象的本能。印象管理是一个人控制他人形成对自己印象的过程[⊖]。人们在三种情况下会有较强烈的印象管理的动力：①追求一个高价值目标；②积极、正面的形象和这个目标高度相关；③当下的实际形象和理想形象之间有差距。使用过度的印象管理可能会引发伦理问题。创业者往往都有强烈的想赢的心态，这使他们非常在意外部对自己的正面积极的看法。较高的融资金额能够显示创业者强大的融资能力，知名投资机构对创业者的信心，相对于竞争对手的优势等。尤其当创业者自身对项目信心不够强时，特别需要通过投资额度的认可，来提升自我正面的印象，让用户、供应商等利益相关者充分信任。

创业融资虚报看起来会给创业企业带来扩大知名度、下一轮融资获得更高的估值、给竞争对手以打击等短期好处。表面上看，创业融资虚报是有百利而无害的事情。媒体上披露的这种金额作假，没有任何监管要求，企业虚报融资金额也不会承担任何后果。然而，从中长期来看，创业融资虚报也可能会给创业企业和利益相关者带来损害。

第一，创业融资虚报让创业者沉迷于虚幻的、强大的自我幻觉中，不肯接受自我形象和理想形象有很大差距的现实，不顾及创业真实情境中的风险。

第二，虚报融资会在行业里形成融资虚报的浮夸风气。当一家创业企业虚报融

⊖ DUBRIN A J. Impression management in the workplace [M]. New York：Routledge, 2010.

资金额时，行业里的竞争对手也不得不虚报融资金额，以避免被别人小瞧，形成融资金额浮夸的恶性循环。

第三，融资金额的信息失真会影响媒体的公信力。媒体本身是以提供真实、可靠的信息作为生存的信用，提供虚假信息的媒体会受到读者的质疑。媒体不可能逐个查证创业企业真实的融资金额是多少，只能以创业者提供的数据为准。然而，如果创业者提供的数据是假的，并在日后（如企业上市时）被揭露出来，媒体的公信力就会受到质疑。

第四，融资金额的信息失真会营造虚假的繁荣景象，降低不明真相的创业企业员工的危机意识。当创业企业在外面招聘高管时，对方可能会因企业刚刚完成了高额融资而提高薪酬预期，增加企业招聘难度。

第五，融资金额的信息失真会导致连续的虚报融资行为。由于虚假融资造成估值较高，下一轮融资对外报道时，也只能继续虚报，否则会打击市场信心。这就使融资金额虚报成为不断增加虚报额度的不归之路。

2. 创业者利用企业资源牟取私利的行为

理论上，当创业者拿到投资人钱的时候，投资人可以通过严格的监管来控制创业者的行为。然而，投资人有许多要投的项目，和创业者的沟通只能是以一个月或者一周的频率进行，不可能24小时都盯着创业者的动作。严苛的监管会耗去投资人和创业者大量的时间和资源。例如，投资人可以通过对预算、决算、营业计划、经营方针、出售企业业务、借款、大额交易、会计制度变更等各种细节进行监管来控制创业者，还可以派驻投资人认可的财务总监，设立企业和投资人共同管理资金账户等。这些强势的监管措施都牺牲了创业企业的运营效率，束缚住了创业企业的手脚，让创业企业无法适应瞬息万变的商业模式。

缺乏强监管使创业者可能产生一系列利用企业资源牟取私利、损害企业利益的行为，包括：听不进董事会的意见、和董事会及团队其他成员对抗、缺席企业的重大会议、用繁忙的琐事掩盖对重大问题的无措、高度敏感和情绪化、拒绝和董事会沟通、推诿责任、不了解业务一线细节、阻挠董事会的调查、最优秀的人才离开、粉饰业绩等。

创业者的徇私和套利可能会迫使投资人采取行动，更换创业者。由于远离业务一线，投资人对被投企业实际业务的直接影响是有限度的。投资人对创业企业影响最大的，是对关键人事任免的影响。随着企业业务的发展，对创业者的挑战越来越高，担任CEO的创业者如果没能够及时进化，就会制约企业业务的发展。创业者自身是很难意识到这一点的。企业内部往往对创始人不会直接批评。企业的业绩考评又往往对企业的创始人缺乏约束。投资人拥有独特的经验和视角，能够对关键岗位的人事任免产生影响，替换不能适应企业业务发展的创始人，打破企业发展的人才瓶颈。然而，关键人才替换也是高风险的行动。一旦处理不当，会在企业内部引发动荡，影响企业业务的发展。

创业者需要意识到，当从外部引入风险资本开始，就意味着企业可能因为获得风险资本的加入而脱离创业者的控制。创业者对一手创立的企业充满个人情感，往往认为风险投资机构仅是中途来帮助自己的。然而，风险投资机构已经通过购买股权，拥有了对企业未来发展产生重大影响的权力。创业者不合适时，风险投资机构有权替换创业者，以使企业脱离创业者的控制，更好地发展。

当投资人意识到需要推动 CEO 更迭时，需要和董事会其他成员协商，积极果断地推动人才更迭。其他董事会成员可能会有所顾虑，包括希望给创业者更多时间，担心如何找到更好的人选，害怕引发企业动荡等。但是如果已经明确创业者是不能胜任的，拖延时间只会让问题变得更糟。

董事会要尽快明确继任者招聘决定，制订相应的计划。包括决定董事会在更迭期间的责任，每一位董事的具体责任，谁和 CEO 沟通，谁在过渡期间负责招聘，如何组织面试，CEO 的薪酬，CEO 更迭后整个管理团队的薪酬和股权激励如何安排等。董事会还要努力争取 CEO 之外其他高管成员的支持，大家共同应对过渡期的问题，或者先安排一位临时 CEO。

第二节　风险投资伦理的发展历程

如何化解委托代理风险，让投资人和创业者在伦理共识之下，朝着共同的目标努力，是风险投资伦理要解决的核心问题。风险投资发展的历史，是个从小到大、从不成熟到成熟的过程，也是一部在实践中不断试错、总结、建立风险投资行业伦理原则的历史。在 20 世纪 60 年代之前，风险投资行业致力于建立价值创造和利益分享的公平原则，最终通过代理人-投资人合伙制为核心的一系列风险承担和利益分配框架，让创业者、投资人等利益相关者在按照风险收益对等的原则下团结一致，追求集体利益最大化的共同目标。从 20 世纪六七十年代起，在几位卓越的风险投资家的引领下，风险投资致力于建立一种推动行业发生颠覆性变革的创新伦理，奠定了以硅谷为代表的创新系统的根基。下面，我们从哥伦布的航海开始，介绍风险投资的伦理是如何建立的。

一、风险投资和相关伦理原则的萌芽

1. 大航海时代的风险投资

风险投资的历史最早可以追溯到哥伦布的全球航海冒险[一]。哥伦布于 1451 年出生于意大利港口城市热那亚，精通几何学、地理学、航海学、天文学、拉丁语等课程，从而能够成为一名优秀的从事海上贸易的航海家。那时，奥斯曼土耳其帝国攻占了君士坦丁堡，切断了传统的欧亚贸易，欧洲迫切需要开拓向中国和印度的航线。地圆学说已经开始流行，人们猜想沿着大西洋向西航行，就能到达中国和印度。哥伦布拟订了一个西行航行计划，横跨大西洋通往亚洲，但是遇到了资金的困难。此时的欧洲，已经逐渐发展出康曼达的商事合伙模式。这种商事合伙模式发源于 10 世纪的意大利，一方（坐商）拥有资金但不参与经营，把商品、金钱、船舶转交给另一方（行商）经营。通常，承担资金风险的合伙人获得 3/4 的利润，并承担有限责任。从事航行的合伙人管理双方投入的财产，获得 1/4 的利润，承担无限责任。这是一种公平的契约模式。

哥伦布在康曼达模式的基础上发展出了一项雄心勃勃的计划。投资方担负远洋航行所需要的费用，哥伦布负责开拓横跨大西洋的航路，他可以担任占领的殖民地的总督，并从获得的香料珠宝中获得分成。哥伦布带着他的计划游走于欧洲各国王室，先后遭到了葡萄牙、热那亚、威尼斯、英格兰王室、西班牙王室的拒绝。经过 6 年努力，哥伦布再次获得向西班牙伊莎贝拉女王陈述的机会。虽然评审委员会仍然质疑哥伦布的能力，但是伊莎贝拉女王决定投资哥伦布，最终哥伦布和西班牙王室签署了"圣塔菲协议"，约定西班牙王室提供资金、船只和人员，哥伦布负责远航探险。哥伦布将获得珠宝、香料的 10%，有权购买占领地 1/8 的商业权益。1492 年 10 月，经过 70 多天的航行，哥伦布发现了北美新大陆，并于次年安全返回欧洲。哥伦布按照约定获得了财富和职位。后来，由于和西班牙王室的利益冲突，哥伦布被剥夺了总督的职位，还陷入团队内部的冲突，但他仍然带领船队进行了 4 次美洲探险，发现了更多的美洲土地。西班牙王室从发现美洲新大陆中获得了巨大的收益，包括巅峰时期占有了世界 83% 的金银和广阔的美洲土地。

哥伦布的美洲探险搭建起了现代风险投资的雏形：企业经营和出资分离。拥有知识、经验和能力的创业者出人，拥有资本的投资人出钱，共同进行高风险高收益

[一] 黄嵩. 风险投资家哥伦布 [EB/OL]. (2013 - 01 - 16) [2020 - 09 - 09]. https://www.huxiu.com/article/9123.html.

的创业活动。合伙制模式也一直沿袭至今，发展成为风险投资机构的主流模式。这种模式要求创业者和投资人共同遵守极高的诚信、公平的伦理准则，为双方共同利益的最大化而各自承担巨大的风险。哥伦布冒着生命危险开拓未知的航线，期待西班牙王室能够按照约定，及时兑现资金承诺，让航行能够成行，更期待发现新的土地后西班牙王室能够信守承诺，让他获得名誉和土地。西班牙王室投入了巨额的资金，面对着未知的土地和冒险，期待哥伦布能够用这笔资金开拓新的航线，而不是借着开拓新航线的幌子招摇撞骗，暗中把资金腾挪转移，中饱私囊。诚信和公平原则是风险投资行业的伦理基石。虽然中间经历了波折，但是伊莎贝拉女王一直坚定支持哥伦布的冒险，哥伦布也矢志不渝地探索新大陆，伊莎贝拉—哥伦布的合作堪称投资人—创业者关系的典范。

2. 19 世纪北美捕鲸业的风险投资雏形

19 世纪美国蓬勃发展的远洋捕鲸业进一步发展了风险投资行业。19 世纪的美国，鲸鱼具有极高的经济价值。鲸鱼油在照明、工业润滑油等方面有广泛的应用，鲸骨是女士服装的重要材料。随着鲸鱼被大量捕捞，近海搁浅的鲸鱼已经很难满足需求，经济利益刺激美国发展起远洋捕鲸行业，并逐渐发展起相配套的风险投资模式，成为美国风险投资业的开端[一]。捕鲸业风险投资的一个创举是有很多代理人在船长和资金所有人之间担任组织、协调的工作，这是当代风险投资业中一般合伙人—有限合伙人模式的雏形。这些专业代理人为船长和希望投资捕鲸业但不具备能力的资金所有者牵线搭桥，并因协调组织工作而获得利益。捕鲸业是一个典型的长尾回报行业。大部分捕鲸航行会血本无归，但只要少数几次满载而归，就能获得极高的超额收益。虽然淘金或石油挖掘行业也有类似的特征，但只有捕鲸行业发展出了完善的风险投资组织形式。

这些风险投资代理人逐渐成为协调、组织捕鲸活动的核心，维护着捕鲸行业诚信、公平的伦理原则，使高风险的捕鲸活动能够顺利进行。一方面，代理人从资金所有者那里获得风险资本，帮助这些缺乏捕鲸业专业知识的资金所有者寻找可靠的船长。另一方面，帮助船长解决资金、装备、船员等后顾之忧，使船长专注于远洋航行，并监督航行的开展。当投资人、船长、船员之间有利益冲突时，风险投资代理在中间协调。

风险投资人还要设计能够激励所有人为集体利益最大化而奋斗的契约。资金所有者获得成功捕捞鲸鱼的股权回报，他们通常提供有固定期限的资金。代理人一方

一 张宏宇. 世界经济体系下的捕鲸业兴衰 [EB/OL]. (2019 - 10 - 17) [2020 - 09 - 09]. https://www.sohu.com/a/347680380_501394.

面获得经营管理的劳动回报，另一方面也获得股份的资本回报。船长获得航行的劳动和股份的资本回报。船长获得的股份是对他所拥有的稀缺的专业能力以及承担生命危险航行的补偿。如果船长不能从航行中获得超额利益，那么他就可能为自己而非其他利益相关者的利益而行动。然而，船员获得的收益就要少很多，虽然他们也冒着巨大的风险参与航行。这是因为他们的知识和技能不具备稀缺性。

捕鲸业中发展起的代理人式的风险投资模式随着工业化的进展逐渐在其他行业中得到应用，包括棉花、铁路、电气等 20 世纪初期的新兴产业。风险投资代理人在富有的投资人和早期创业者之间搭建起网络，让资本和项目得到最优的匹配。虽然这些网络往往是私人关系，吸纳的资金量较少，但是一个正式的风险投资市场逐渐成熟，为第二次世界大战后科技革命爆发时相关的风险投资行业蓬勃发展奠定了基础。

二、风险投资及相关伦理原则的发展

1. 第二次世界大战后的风险投资发展

第二次世界大战后，基于科技创新的创业机会蓬勃发展，但是掌握有大量资金的银行、保险、信托等机构投资者由于监管限制、缺乏专业知识和保守的投资风格，无法投资于这些科技公司。专业的风险投资机构开始登上历史舞台。

第一家有影响力的风险投资机构是以有限合伙模式建立的美国研究发展公司（ARD）。这家公司由哈佛商学院教授乔治斯·多瑞尔特（Georges Dorrit）于 1946 年成立⊖，以有限公司的形式组织。ARD 的成立带着强烈的社会责任，奠定了风险投资的创新伦理基石。

然而 ARD 的模式在成立后一直受到质疑。早期投资的许多项目持续亏损，ARD 筹资遇到困难，不得不进一步卷入企业经营。投资人失去了对 ARD 的兴趣。ARD 的经营风格日趋保守，在破产边缘挣扎，日益注重短期利益而非有影响力的颠覆性创新。直到 1957 年 ARD 投资历经 14 年获利 5000 倍的明星项目 DEC，才验证了风险投资机构模式的可行性。ARD 之后的风险投资机构都以投出高额回报的超级明星企业为荣。

虽然投出了 DEC，但 ARD 的有限责任公司模式使它无法向投资人分配 DEC 投资所带来的超额收益，投资人仅能够获得工资和奖金。感到不公平的投资人逐渐离开了 ARD，创建了自己的企业，包括 Greylock & Company、Fidelity Ventures、Palmer

---

⊖ ANTE S E. Creative capital: Georges doriot and the birth of venture capital [M]. Brighton: Harvard Business Press, 2008.

Partners 等知名风险投资机构。意识到有限责任公司模式的缺陷,这些企业都采用了合伙制,以确保员工能够分享超额回报的收益。有限合伙的模式逐渐成为风险投资机构的主流模式,并保持至今。在合伙制下,有限合伙人出钱,根据出资额度对公司负有有限责任,获取部分投资回报;一般合伙人收取资金管理费用和部分投资回报。创业者根据自己所持有的股份获得相应的投资回报,领取工资,获得董事会根据业绩进行的奖金、股权等激励。

2. 20 世纪六七十年代风险投资行业的创新伦理

在确保公平的风险投资基本伦理原则和框架建立之后,风险投资行业越来越成为一个成熟、规范的行业。风险投资行业伦理的焦点转向创新伦理,试图建立一种关于什么是"好"的投资项目的一般原则,以指导投出高回报的项目。在 20 世纪六七十年代,有三位从美国东海岸到西海岸的投资家以各自不同的方式和投资实践发展出了三种不同的风险投资,共同建立起风险投资行业创新伦理的原型。在风险投资行业过热的时候,追逐资本泡沫的投资人和创业者可能会违背这些伦理原则。但当泡沫退去,人们回归理性时,这些原则仍然是优秀的风险投资机构和创业者所坚守的准则,也早已成为以硅谷为代表的创新生态系统的伦理基石。

阿瑟·洛克(Arthur Rock)是风险投资行业的奠基人之一。早在 20 世纪 60 年代,毕业于哈佛商学院,在投资银行工作的洛克就意识到加利福尼亚州有许多充满创业精神的人才,于是决心把东海岸的钱移到西海岸,以支持新兴的高科技企业。洛克是风险投资行业创新伦理的奠基人和践行者。他认为自己不仅是创建上市公司并且不断赚钱,而是通过持续不断创建可持续的企业顺便赚钱。只要企业的目标是持续不断地创造社会价值,就自然能赚到钱。洛克的超前理念奠定了硅谷风险投资和创业伦理的基石。通过投资仙童半导体、英特尔、苹果等硅谷最重要的科技公司,洛克支持和伴随着硅谷逐渐成长为全球最活跃的科技创新中心,成为硅谷创新文化的奠基者。

洛克聚焦于人而非产品。他认为,"我寻找目标的首要条件就是那人是否诚实,而这要花很长时间才能知道。不是说这个人是不是会偷东西,或者拿了钱就逃之夭夭,而是他有没有勇气正视自己犯的错误。你如果问 100 个人他们想不想发财,没有一个会说不想,但光有致富的欲望还不行,必须要有牺牲精神——'牺牲'不仅是指一天工作 20 个小时,更是指勇于说不的能力。说不的对象包括某些个人的喜好及任何有碍于企业发展的诱惑"。他认为,是人制造了产品,而不是产品制造了人。

洛克识别"正确的人"的标准

1）正直：财务上的诚实，勇于承担责任，敢于面对事实。

2）动机：为什么要创业？是想要一家最大最好的企业？想要一家漂亮的、行事保守的舒适企业？想要更好的车、更好的薪水？还是愿意持续不断地创造社会价值？

3）市场导向：不是从自己的兴趣出发，而是对人们想要很快、大量购买的东西感兴趣，想要解决很少有人想要解决的重大问题。

4）技能和经验：具有自己选择领域进行创造的技术能力、实际大规模管理的经验、运营的经验。对投资人而言，在这些领域学习耗费时间、代价高昂。

5）会计能力：对企业成本、定价、竞标等信息充分掌握，深入理解。

6）领导力：这种品质难以描述，但花费一些时间，你就能感受到。

（资料来源：Tom Nicholas：VC：an American history.）

汤姆·珀金斯（Tom Perkins）是风险投资机构凯鹏华盈的创始人。他毕业于麻省理工学院和哈佛大学，特别看重创业项目的技术实力，这使得凯鹏华盈成为一家专注于初创科技企业的风险投资机构。凯鹏华盈早期最重要的投资案例是对天腾电脑公司（简称天腾）的投资，这是最早的风险投资机构孵化创业企业的案例。珀金斯作为一名技术专家，深度卷入早期产品设计之中。他源源不断地为天腾提供资金支持，从早期启动用于团队招聘的 5 万美元，到第一轮融资的 100 万美元，再到第二轮融资的 50 万美元。他还全力以赴地帮助天腾组建技术、金融和销售团队。天腾一度占据了凯鹏华盈 19% 的资金量。1977 年，天腾上市，凯鹏华盈的投资升值到1250 万美元。

凯鹏华盈还开创了"经联体"的投资模式[一]。这个概念源于日本，原本表示日本供应商和制造商之间连锁互相帮助的关系。凯鹏华盈鼓励它所投资的创业企业互相签订买卖、授予许可、提供担保。每年凯鹏华盈会组织六次所投资企业总裁和高管的聚会。通过打造投资企业的生态，结伴而行，加快孵化新企业的速度。

唐·瓦伦丁（Don Valentine）创立的红杉资本则关注市场和赛道，关注快速成长的、有巨大潜力的市场。这些市场通常缺乏充足的数据，投资人需要把尽可能来源多样的碎片信息拼起来以产生市场洞见。红杉资本非常在意把产品和顾客联系起

㈠ 斯加鲁菲. 第一代投资人：自成一体的风险资本［EB/OL］.［2021－09－09］. https://www.itur-ing.com.cn/book/tupubarticle/8154.

来创造新价值，改变市场格局的企业。基于这种投资逻辑，红杉资本投资了让电子游戏从街头走入家庭的 Atari，让个人计算机走进千家万户的苹果等。

由于红杉资本市场导向的投资策略，其更加看重有限合伙人的利益和投资回报，有时候可能会劝说创业者放弃控制权出售企业，或者用职业经理人取代创始团队。例如，思科接受红杉资本投资后，瓦伦丁成为思科的董事会主席，很快掌握了公司控制权。瓦伦丁认为，创立一家企业所需要的管理能力和管理一家大企业所需要的管理能力是不同的，并且很少在一个人身上兼具。因此，他对思科进行了人事改革，替换了许多思科原创始人的朋友，最终两位创始人也离开了思科并退出了股份。

风险投资是一个竞争激烈的行业。少数顶尖企业拿走大多数利润，大部分风险投资机构只能惨淡经营甚至血本无归。风险投资机构要解决的核心问题是，如何创造相对稳定的财富效应和赚钱预期，而不是靠运气赚钱。以凯鹏华盈和红杉资本为代表的风险投资机构通过拥有一套独特的价值理念、判断体系、分析方法和做事方式，从创始人渗透到每一个合伙人，以确保持续发现一流企业，获得丰厚回报。

洛克、珀金斯和瓦伦丁为代表的风险投资家对从 20 世纪五六十年代开始的硅谷崛起起到了重要作用。虽然他们的投资风格有所差异，但是他们都具有远见和洞见，为高潜力的创业企业提供资本支持、发展建议、信任背书，帮助硅谷成为一个生机勃勃的创新生态系统。英特尔、基因泰克、苹果等风险投资支持的创业成功故事激励着无数卓越的人才投身创业。顶尖的风险投资家都有着强烈的社会责任感，能够承受长期的寂寞、坚持，最终迎来丰厚的回报。

三、风险投资和长期价值创造

20 世纪 80 年代，随着风险投资支持的科技企业逐渐成为经济的主导力量，风险投资的模式日益得到认可，风险投资的创新生态也日益完善。银行、保险公司、投资银行逐渐发展出了为风险投资支持的企业从融资到上市的配套服务。20 世纪 80 年代是风险投资高速发展的时期。20 世纪 70 年代，美国每年新进入的风险投资基金只有 1 亿~2 亿美元，而 20 世纪 80 年代每年超过 40 亿美元。风险投资的热潮也引发了资金密集投入某些热点赛道，形成资本泡沫和同质化竞争。例如，1984 年，大量的风险投资涌入服务器领域，建立了超过 300 家服务器企业，其中绝大多数因为市场过于拥挤而倒闭。风险投资的热度也激发了创业者为了获取融资的投机行为。一些创业者热衷于钻研如何获得投资人的融资而不是把产品推向市场，创造社会价值；而一些风险投资机构也热衷于包装创业企业然后以最快的速度通过上市套现，尤其是那些初创的、急迫地想要证明自己的风险投资机构。创业者和风险投资机构面临着履行对有限合伙人回报的责任和发展可持续的商业企业之间的道德冲突。有限合伙人投入项目通常有固定的期限，而创业者可能需要较长时间的探索才能创立企业，两者之间存在矛盾。大量涌入的资本热潮在 20 世纪 80 年代和千禧年初造成了资产泡沫和纳斯达克指数崩盘，许多创业者和投资人因此损失惨重，而少数坚持价值创造，能够穿越周期的企业获得了持久的利益。

我国的风险投资行业起步于 1985 成立的中国新技术创业投资公司，这家由国家科学技术委员会和中国人民银行控股的公司为"火炬计划"的实施和我国风险投资模式的探索做出了重要贡献，然而由于相对于配套制度过于超前，难以承受风险投资行业主业的持续亏损，违规炒期货，最终于 1998 年关闭。类似的情况也出现在早期的深创投，所幸深创投把资金交给券商委托理财，获得了不错的收益，维持下来。随着以互联网为代表的新经济在中国崛起，以 IDG、红杉资本、软银为代表的外资风险投资机构进入中国，以深创投、真格基金、创新工场等为代表的中国本土创投崛起，中国创投的规模和成就已在逐渐接近美国创投。越来越多的风险投资机构采取长期主义的观点，支持创新型企业穿越行业周期的长期发展。这种长期主义的视角也在不断重塑风险投资行业。

第三节　风险投资伦理的创新趋势

只要风险投资仍然由人来完成，委托人和代理人之间就会存在伦理冲突，因为他们有不同的利益。风险投资伦理的创新问题，就是为了解决风险投资行业的委托代理困境。社会和商业正在发生剧烈的变化，我国的快速崛起，金融科技的快速发展，新兴行业的快速发展，都给风险投资行业提出了新的挑战。过往投资机构的操作方式、管理方式和对待人才的方式，可能不适合未来顶尖的一批企业家。产业引导基金、养老基金、大学捐赠基金等有限投资人的入场，也让风险投资不再是私人投资人获利的渠道，具有了越来越强的长期价值和社会价值。这个过程中，风险投资的伦理也在与时俱进，以适应新的风险投资模式。

减少委托—代理下的伦理风险问题，有两种方法：①更加规范、兼顾诚信公平和创新的投资流程；②更代表长期利益的风险投资资金来源。

一、更加规范，兼顾诚信公平和创新的投资流程

越来越多的风险投资机构采用更加严格和规范的流程对待要投资的项目，然而矛盾的问题是，既要以诚信公平的原则淘汰那些存在伦理风险的项目，约束创业者

的行为，又要给创业者的创新行为足够的激励，鼓励创业者创造给股东带来超额回报的颠覆式创新项目。以下流程在风险投资过程中得到越来越多的重视。

1. 更加专业的投前尽职调查过程

尽职调查是发现价值，规避风险的重要流程。早期的风险投资机构更多依靠经验和直觉对创业企业进行判断。随着风险投资行业的规范和成熟，专业、扎实的尽职调查，越来越成为投前最关键的环节。

1）投资于早期项目的风险投资机构专业化，以在尽职调查中能够进行更加专业的判断。为了分散风险，风险投资机构往往希望布局多个赛道，以投资组合的方式对冲不同赛道带来的风险。然而，研究表明，投资于早期项目的风险机构更倾向于采取专业化的策略，布局少数赛道⊖。布局少数赛道的好处是，能够充分接触、了解和赛道相关的创业者、投资人并获得潜在的项目资源。同时，专业化的赛道还有助于投资人建立在赛道里的声誉，从而吸引到高质量的项目。

2）搭建尽职调查的行业和职能专家网络。由于对早期项目进行尽职调查的复杂性，尽职调查越来越多采用搭建专家网络的形式进行。投资机构听取多方意见，综合做出最终投资决策。例如，著名专家网络公司 GLG 格理集团⊜，搭建了一个由全球 90 万名专家组成的专家团，提供专家付费咨询服务，帮助投资机构汇聚各行各业的专业洞见，做出更好的投资决策。许多投资机构也搭建了自己的行业专家网络，通过专家之间的意见交叉验证以做出审慎的投资决定。除了行业专家，财务专家、法务专家、资产评估专家、人力资源专家等都可能参与尽职调查流程。由行业专业和职能专家综合对项目进行评估，既能从行业前景出发发掘项目的价值，给予项目合理的估值，又能降低委托—代理所带来的信息不对称风险。

2. 平衡投资人和创业者利益的投资条款

合理的投资条款设置也是对投资人和创业者利益进行平衡的重要手段。投资人通常以"恩威并施"的手段让创业者既获得足够的激励，又受到条款的约束。这些方法包括：

1）分阶段注入资本。由于投资人缺乏对实际业务的参与，但创业企业的发展瞬息万变，投资人和创业者都不可能在做出投资决策时就具备完备的信息。因此，一种兼顾投资人和创业者利益的方法就是分阶段注入资本。投资人和创业者事先约

⊖ 勒纳，利蒙，哈迪蒙. 风险投资、私募股权与创业融资 [M]. 路跃兵，刘晋泽，译. 北京：清华大学出版社，2015.

⊜ 格里集团. Who we are [EB/OL]. [2021-09-09]. https://glginsights.com/who-we-are/.

定投资金额和关键的里程碑事件，当项目触达关键的里程碑事件后，相应阶段的投资才会注入。分阶段注入资本减少了投资人的监管成本，但通过资金注入对创业者形成了约束。如果未达到约定成果，投资人也能及早停止注资，减少风险。

2）联合投资。越来越多的创业项目采用领投—跟投的模式进行。经验丰富的投资人形成联合判断，作为领投方。其他投资机构采用跟投的模式，参照更加专业的投资人的意见进行投资。

3）公司控制权的分配。公司控制权包括现金流量分配权、投票权、董事任命权、清算权、后续融资决定权等。在签署投资协议时，风险投资机构和创业者要对这些权益进行约定，以保护双方的利益。例如，风险投资机构可以规定，如果创业企业达不到事先约定的业绩指标，风险投资机构就可以行使某些权益以保护自身利益，甚至在某些情况下获得对公司的完整控制权。

3. 更加专业和注重伦理的投后赋能服务

风险投资机构越来越重视投资后的管理，以使风险投资不仅是一个财务投资过程，而且是一个价值创造过程。例如，著名风险投资机构经纬创投在2020年年度总结中⊖，就提到为所投企业组织了创始人培训、财税咨询、券商和证券交易所交流会、外汇资金使用培训、银行资源对接、财务和业务报表分析、人才输送、流量资源、危机管理等涵盖不同轮次的投后服务。对投后赋能的重视，意味着投资机构越来越主动地参与被投企业的经营管理中，能够更加深入地了解被投企业的伦理风险，从而及时做出反应。

对创业伦理的培训和咨询应当成为投后管理的核心内容。经纬创投注意到，创业者越来越意识到，组织的升级迭代是创业者关心的最核心问题，甚至超越了战略和增长。组织问题的核心是解决和协调人和人之间的利益冲突。例如，高管团队如何达成思想共识，上下如何同欲。这些都需要通过沟通、碰撞，建立组织中的伦理共识，让利益共同体成为伦理共同体。同时，投后管理所输入的大量外部资源，也不仅是对接后就可以使用，而且需要创业者能够依据伦理原则协调外部利益相关者，真正让这些利益相关者和创业者组成共生共赢的生态。

二、更代表长期利益的风险投资

更加规范、兼顾诚信公平和创新的投资流程是通过加强风险投资机构的内部治

⊖ 经纬创投. 2020年终盘点：充满拐点的一年 [EB/OL]. （2021-02-18）[2021-09-09]. https://36kr.com/p/1103603839076865.

理，使创业者和投资人能够处理好利益冲突，合作共赢。风险投资的商业模式创新则是通过引入新的资金来源，让代表更长期利益的资金进入风险投资行业，让投资人和创业者专注于长期价值创造，而不被短期的利益所牵绊。这是近年来风险投资行业最重要的变革方向之一。政府引导基金、公司战略投资基金和长青基金（大学、养老金、家族办公室等）的进入，让追求长期、持续的价值创造成为风险投资行业的新风向，有助于风险投资行业伦理的水平提升。

1. 公司风险投资基金的引入

许多大型企业成立了公司风险投资基金，以实现企业不同的战略目的，包括：

（1）搭建企业创新生态　以腾讯、阿里巴巴为代表，越来越多的企业采用创新生态战略，通过向创新企业投资，深入各行业，搭建广阔的"护城河"。这些创业企业可能成为大企业的客户、供应商，形成互利共生的关系。

（2）了解创新前沿　许多企业变大后，自身创新活力下降，通过投资外部创新企业，能够获得技术、商业模式和业务趋势的前沿趋势。

（3）寻求并购标的　获得风险投资后，创业企业可能进一步成为大企业的并购标的，从而使大企业获得新的业务线、更加多元化的产品和服务组合。

企业战略投资是基于生态战略的长期投资。大企业逐渐意识到，自己把所有的赛道都做完，既会耗费巨大的成本，让企业没有边界地扩张，也不利于社会和创新生态的形成。2010 年，腾讯和 360 因为手机安全软件爆发了激烈的争论，引发了社会对以腾讯为代表的大企业抄袭创业企业，扼杀创新生态的争议。经过反思，腾讯转型发起生态战略，通过战略投资、流量扶持培养外部合作伙伴，而不是通过模仿抄袭把初创企业赶尽杀绝。公司风险投资重新定义了风险投资的创新伦理原则，不仅是像独立风险投资机构那样追求投出一个个赢家通吃，改变行业的大企业；也可以通过围绕一家大企业建立共生繁荣的创新生态⊖。

2. 政府投资基金的引入

1992 年，以色列为了发展高科技产业，出台了 Yozma 计划⊜，设立了一个完全由政府投入，规模为 1 亿美元的基金。其中的 80% 用于投资 10 家私人风险投资基金，每支基金政府最多可占 40% 的份额，用以撬动 1.5 亿美元的私人资金。这些私人资金在 5 年内还能够以优惠价格买断政府的股份。另外的 20% 用以直接投资。Yozma 计划对 164 家创业企业进行了投资，56% 的基金通过并购和 IPO 推出。通过

⊖　吴晓波. 腾讯传：1998—2016 中国互联网公司进化论 [M]. 杭州：浙江大学出版社，2017.

⊜　张新立，杨德礼. 论风险投资中的尽职调查 [J]. 科技进步与对策，2005 (9)：76 - 78.

Yozma 计划，以色列的科技产业从无到有发展起来。

1999 年，深圳市政府出资设立了深创投，引导社会资本出资，投资创新性中小企业。随着深交所中小企业板块于 2004 年设立和 2009 年创业板的设立，深创投前期积累的投资快速爆发，在 2010 年就有 26 家投资企业以 IPO 方式退出。深创投主要投资稳健的中后期项目，但也会有小比例投资初创期项目。20 年来，深创投逐渐成为我国最有影响力的风险投资机构之一。

政府风险投资重新定义了创业风险投资的公平原则。产业引导基金作为特殊的有限合伙人，其目的在于让所在区域的人们普遍获益，而追求自身的经济回报率。这使我们需要重新理解风险投资的公平原则，不仅是投资人、创业者之间利益的公平分配，还要考虑创业项目对产业和社会的意义。政府风险投资基金大多围绕着产业政策，布局对本地经济有带动作用的新兴产业，能够容忍较长时间的陪跑。由于规模较大，政府风险投资逐渐向开发、连接、赋能的平台发展。一方面，以政府信用背书，撬动民间资本进入新兴行业；另一方面，通过多个专业化的创投基金，孵化战略性新兴产业。

3. 长青基金的引入

风险投资常常存在企业持续经营的长期目标和资本投入短期获利目标的矛盾。例如，ARD 投资 DEC 11 年后才迎来了 IPO 和退出。如果 ARD 缺乏耐心，是无法等到 DEC 的成功的。为了克服资本的短期主义，风险投资机构开始探索常青基金的模式[○]，如保罗·怀斯（Paul Wythes）创立的 Sutter Hill 公司。不同于红杉资本或凯鹏华盈按照期来募集资金，常青基金没有投资期限，常常使用大学捐赠基金、家族办公室、养老基金等作为资金来源。这些基金追求长期回报，而不是快进快出。即便出现低于预期的冲击，也不会急于撤资，而是和风险投资机构长期绑定。

一些风险投资机构已经开始采用常青基金的设计，如硅谷风险投资机构、秉承以创业者为核心长期投资理念的成为资本、投资期限达 28 年的今日资本常青基金、阿里巴巴成立的非营利项目阿里巴巴创业者基金（以循环投资的方式支持中国香港和中国台湾的创业者）。这些秉持长期导向的基金有利于推动长期、可持续的创新项目发展，避免给创业者制造短期退出的压力，使创业者追求短期、不可持续的利益，损害用户、投资人的利益。

○ 陈能杰. 常青基金的无限游戏 ［EB/OL］.（2020－03－18）［2021－09－09］. https://www.36kr.com/p/1725280075777.

4. 风险投资领域影响力投资的兴起

2010 年，摩根士丹利和洛克菲勒提出了影响力投资的概念，是指那些超越财务回报，想要创造积极影响的投资。影响力投资是一种义利并举，融合公益和商业的投资。投资对象主要是用商业手法运作，赚取利润以贡献社会的社会企业。传统投资者认为影响力投资规模较小，风险较高，回报微薄。然而，新兴投资机构越来越寻求积极的社会影响和财务回报的均衡[一]。

这种均衡主要是通过投资方向的选择而实现。例如，2020 年，在杭州（国际）影响力投资大会上，禹闳资本发布了[二]国内首份影响力投资主题图谱，列出了 16 个影响力投资主题，包括：8 个社会主题和 8 个环境主题。这些主题的筛选遵循 4 个原则：①既关注全球面临的挑战，同时聚焦中国社会和环境方面存在的痛点；②每一个主题都攸关一定体量人群的切身利益；③各类主题及其解决方案对环境和（或）社会的正面影响显著大于潜在的负面影响及风险；④具有可投资性和营利性。社会主题包括：①优质、普惠的健康医疗与养老；②优质、普惠、公平的教育与就业；③可持续、优质、普惠的金融产品及服务；④优质的经济适用房；⑤缩小城乡差距与新农村建设；⑥灾害的应急管理；⑦食品安全；⑧多样化文化的传承和传播。环境主题包括：①清洁能源及其新材料新技术；②提高资源效率与公平获取资源；③废弃物管理与循环经济；④保护和可持续利用水土资源；⑤大气污染物处理和温室气体排放；⑥可持续消费；⑦可持续农业和渔业；⑧可持续运输和未来出行。

练 习 题

（单选或多选）

1. 风险投资中伦理问题的主要来源是（　　）。

　　A. 代理人模式　　　　　　　　B. 风险投资的不确定性

　　C. 进入新兴行业的风险　　　　D. 创业者的自律性

2. 投资人对创业者监管困难的原因是（　　）。

　　A. 监管成本会影响企业的运营效率　B. 监管会束缚企业的灵活适应

　　C. 投资人时间精力有限　　　　　　D. 创业者时间精力有限

———————
一 林永青."影响力投资"与"资本向善"：2020 年资本市场新旋律 [J]. 金融博览，2020 (5)：44-45.

二 投资界. 禹闳资本发布国内首份影响力投资主题图谱 [EB/OL]. (2020-11-28) [2021-09-09]. https://m. pedaily. cn/news/462815? ivk_sa=1024320u.

3. 风险投资机构存在的主要矛盾是（　　）。

    A. 持续经营的长期目标和投资投入的短期获利目标

    B. 创业者和投资人

    C. 创业企业和用户利益

    D. 创业者和员工

4. 风险投资中流程管控要兼顾的一对矛盾是（　　）。

    A. 淘汰有伦理风险的项目　　　　B. 激励创新行为

    C. 保护投资人的利益　　　　　　D. 保护创业者的利益

5. 有利于促进创业者伦理行为的风险投资过程包括（　　）。

    A. 尽职调查　　　　　　　　　　B. 投资条款

    C. 投后管理　　　　　　　　　　D. 股权激励

第十一章
创业中的社会责任

1. 了解企业社会责任的概念，以及早期理论上的争论
2. 掌握企业社会责任的主要框架
3. 熟悉如何编制企业社会责任报告
4. 熟悉企业慈善的主要类型

导入案例

"假疫苗"长春长生被裁定破产，没有社会责任感的企业能走多远？

2018年11月7日，长春长生在公告中披露，吉林省长春市中级人民法院认为，根据《长春长生生物科技有限责任公司破产清算专项审计报告》结果显示，长春长生生物科技有限公司（简称长春长生）已经资不抵债，不能清偿到期债务，且无重整、和解之可能。管理人的申请符合法律规定，故依照《中华人民共和国企业破产法》第二条第一款、第一百零七条之规定，裁定宣告长春长生破产。

轰动一时的疫苗造假案曝光近16个月后，长春长生终于宣告破产了！

2018年7月15日，国家药品监督管理局官网发布一则关于《长春长生生物科技有限责任公司违法违规生产冻干人用狂犬病疫苗的通告》，指出长春长生冻干人用狂犬病疫苗生产存在记录造假等行为。

"假疫苗"事件迅速引发了舆论的轩然大波和全民铺天盖地的讨伐，在全媒全民的关注、舆情推动下，国家重要领导人也做出了指示，要求相关部门严查严办。

2018年7月29日，长春新区公安分局依据《中华人民共和国刑事诉讼法》第七十九条规定，以涉嫌生产、销售劣药罪，对长春长生董事长高某芳等18名犯罪嫌疑人向检察机关提请批准逮捕。

2018年10月16日，国家药品监督管理局和吉林省食品药品监督管理局依法从严对长春长生违法违规生产狂犬病疫苗做出行政处罚。国家药品监督管理局撤销长春长生狂犬病疫苗（国药准字S20120016）药品批准证明文件；撤销涉案产品生物制品批签发合格证，并处罚款1203万元。吉林省食品药品监督管理局吊销其《药品生产许可证》；没收违法生产的疫苗、违法所得18.9亿元，处违法生产、销售货值金额三倍罚款72.1亿元，罚没款共计91亿元。此外，对涉案的高俊芳等十四名直接负责的主管人员和其他直接责任人员做出依法不得从事药品生产经营活动的行政处罚。涉嫌犯罪的，由司法机关依法追究刑事责任。

微软总裁比尔·盖茨曾对他的员工说："人可以不伟大，但不可以没有责任心。"

企业也是同理，你可以不像比尔·盖茨那样以裸捐自己所有资产的形式回馈社会，你也可以不做任何慈善行为去给自己的企业树立正面美好的形象，但你绝对不可以突破道德底线，为了个人利益，为了一己之私去做危害社会、危害百姓的事。因为这样的企业，存活的时间绝不会太久！

要知道，现在是一个信息社会，任何一件丑闻一经曝光，在不到一天的时间里就能发酵到极致，足以迅速击垮一个企业数十年营造的形象。回顾历史，"三鹿奶粉"事件被媒体报道后，我国奶粉行业重新洗牌，双汇"瘦肉精"事件后，倒逼企业加强产业链每个环节的问责追责……

在经济全球化的背景下，社会责任已成为企业核心竞争力的重要组成部分，成为继价格、质量竞争之后衡量企业实力的重要标准之一。企业要承担社会责任，不仅是一种选择，更是一种趋势。

近些年来，国内很多企业，也都在越来越多地强调自身的社会责任。

在阿里巴巴18周年庆上，阿里巴巴称其与普通企业的区别在于社会责任，"解决多大社会问题，成就多大企业"；在腾讯，马化腾也频繁地提及社会责任，认为"社会责任将不仅是腾讯的最基本责任，而应成为腾讯的未来担当，被我们的产品、我们的服务当作前提来考虑"。今日头条创始人兼CEO张一鸣也表示，"企业除了创造商业利润、解决就业、创造税收之外，还需要正直向善"。

企业，就像一棵大树，社会的土壤滋养它茁壮成长，它回馈以落叶，丰沃了土壤，也滋养了自己。离开社会，企业就不能独立存在。

企业社会责任的基础，实际上也是企业自身的经济利益，不管是商业伦理的遵守，还是社会责任的主动承担，都将为企业树立良好形象，从而帮助企业完成其逐利的目标。

再回过头来审视长春长生假疫苗事件，不正是自食了罔顾道德、藐视法律法规、不把社会责任视为己任的恶果吗？

所以，一个企业无论如何发展，只要是不把承担社会责任放在眼里，赚了再多的钱，赢得再多荣誉，最终都只会化为泡影。

（资料来源：搜狐网，https://www.sohu.com/a/352666953_120410199.）

案例讨论分析

1. 引例中的问题是否具有共性，能否举例说明？
2. 应该如何解决这些问题？
3. 创业企业首先应该从哪里开始履行社会责任？

第一节　企业社会责任的概念

在创办企业的过程中，特别是面对采取新技术和新商业模式的潜在社会风险，企业社会责任是不可回避的重要内容。因为，企业如果只关注创造利润，极有可能由于对社会带来负面影响或伤害侵蚀自己的品牌和发展空间，从而带来灾难性后果。

反之，如果企业能够在实现经济贡献，履行法律义务的同时，还能够做出符合社会进步和促进道德的贡献，就会在企业盈利的同时给社会带来正面、积极的影响，也增强了企业自身的社会资本。伦理既是企业的社会责任之一，也是企业社会责任的根源。由于创新创业的不确定性及对相关影响因素认识不足，这对正处在创办早期阶段的企业显得更为重要。

企业伦理的利益相关者分析框架强调，企业在创造财富的同时，也对利益相关者负有保护权益和避免伤害的基本责任。从社会契约和社会资本的角度来分析，企业不仅是一个经济组织，也是一个社会单元，从而也具有社会责任，应该着力于保护和提升社会资本而不仅是产业资本。尼尔森的一项研究发现，67%的员工更喜欢为具有社会责任感的企业工作，而55%的消费者会为对社会产生积极影响的企业销售的产品支付额外费用。[○]

所以，如果说利益相关者理论是企业伦理冲突及其分析、决策、解决的基本框架，那么企业社会责任（Corporate Social Responsibility，CRS）虽然与内在逻辑一致，但历史更为悠久、考虑问题更为系统全面、更具建设性，甚至已经超越了企业伦理的范畴。

1981年，200家大型企业的首席执行官共同举办了商业圆桌会议，会议的《企业责任声明》指出："经济责任无疑与企业社会责任并行不悖，一个企业的责任包括企业如何保证整个企业的日常运作。企业必须是一个富有思想的组织，不仅考虑利润的问题，还应充分考虑到其行为对各个方面的影响，从股东到整个社会。它的商业行为必须具有社会意义。"[○]

在2019年8月20日举办的美国商业圆桌会议上，包括美国最大银行的行长和世界最大航空公司的首席执行官，以及亚马逊CEO贝佐斯、苹果CEO库克在内的美国近200家最大企业CEO发表声明，企业不仅要注重利润，也要注重社会责任。"我们的每个利益相关者都是必不可少的。我们承诺为所有人创造价值，为企业、社区和国家的未来成功创造价值。"

随着相关的企业伦理问题越来越突出，企业的利益相关者的力量越来越强大，企业社会责任的概念、理论也被学界和社会广为接受，也有越来越多的企业会评估企业社会绩效、发布企业社会责任报告，企业社会责任越来越具有理论和实践上的

○ Nielsen. Doing well by doing good：Increasingly，consumers care about corporate social responsibility，but does concern convert to consumption？［EB/OL］．［2021-11-08］．https://www.nielsen.com/wp-content/uploads/sites/3/2019/04/Nielsen-Global-Corporate-Social-Responsibility-Report-June-2014.pdf.
○ 斯坦纳J，斯坦纳G.企业、政府与社会［M］．诸大建，许艳芳，吴怡，等译．北京：人民邮电出版社，2015：116.

影响力。

从亚当·斯密在《国富论》中提出"看不见的手"开始，市场可以自动自发地促进社会繁荣和总体福利的观点深入人心。所以，西方社会理论界长期认为，企业只要在法律范围内实现利润最大化，就已经履行了责任。

但20世纪初，随着媒体日益繁荣，一味追求利益、压榨工人的"黑心工厂""血汗工厂"被媒体逐渐曝光，食品安全、环境污染等极端事件导致众怒，这些企业伦理问题引起了整个社会的反思。

1916年，芝加哥大学的约翰·莫里斯·克拉克（John Maurice Clark）首次提出"迄今为止，大家并没有认识到社会责任中有很大一部分是企业的责任"⊖之后，企业的社会责任开始成为研究的对象。

20世纪30年代，出现了企业社会责任的概念。当时《哈佛法律评论》刊登了哥伦比亚大学阿道夫·A. 伯利（Adolf A. Berle）教授和哈佛大学教授埃德温·梅里克·杜德（Edwin Merick Dodd）教授之间的辩论。伯利教授主张企业管理人员只需要为利益相关者负责，而杜德教授则在《公司管理者是谁的受托人》一文中认为管理者应该承担更多的责任，"企业管理者只是代替全社会行使权力"。为了论证该观点，杜德教授提出了一个理论概念，这就是"企业社会责任"。他指出现代企业"首先需要得到法律的认可和支持，并非因为它是企业老板的赚钱工具"⊜。"因此，对雇员、消费者和一般公众的社会责任感可以看作企业经营者所应该采用的正确态度，这最终导致那些平时随心所欲的企业所有者也会逐渐接受这种态度。这样，商业伦理在某种程度上就容易变成一种职业伦理而不是交易伦理。"⊜

总而言之，企业社会责任的概念起源于关于企业合法的争论。所以，也有观点指出："它的核心目标是控制企业行使权力并使企业权力合法化。"⊗

1953年，企业社会责任之父霍华德·R. 鲍恩（Howard Bowen）在《商人的社会责任》一书中给出了企业社会责任的最初定义："企业社会责任指企业有义务制定政策、做出决策，遵循对社会目标和价值观有益的行动指南。"⊕

在《企业社会责任：概念构建的演进》一文中，阿奇·B. 卡罗尔（Archie B. Carroll）通过相关研究总结道：20世纪60年代，企业社会责任开始兴起；70年

⊖ CLARK J M. The changing basis of economic responsibility [J]. The Journal of Economy, 1916, 24 (3): 209-229.

⊜ 帕博迪埃，卡伦. 商务伦理学 [M]. 周岩，译. 上海：复旦大学出版社，2018：416.

⊜ 李伟阳. 企业社会责任经典文献导读 [M]. 北京：经济管理出版社，2011：32.

⊗ 斯坦纳 J，斯坦纳 G. 企业、政府与社会 [M]. 诸大建，许艳芳，吴怡，等译. 北京：人民邮电出版社，2015：110.

⊕ 鲍恩. 商人的社会责任 [M]. 肖红军，王晓光，周国银，译. 北京：经济管理出版社，2015：5.

代，企业社会责任定义多样化；80 年代，企业社会责任更多的是实证研究；90 年代，企业社会责任概念基本转移到其他主题上，如利益相关者理论、企业伦理理论、企业社会绩效和企业公民。他对企业社会责任的定义为："对社会负责任的企业应该要努力做到创造利润、遵守法律、有道德，并且成为一个好的企业公民。"[一]

同时，社会创业也成为一种新兴的创业形式。对传统商业而言，回报是以金钱为衡量的，但社会企业家还执着于从他们的投入中获得社会效益和回报。这就使社会责任的衡量标准成为一项重要的工作，形成了若干框架和规范。

第二节 企业社会责任的框架和规范

1. "同心圆" 模型

1971 年，美国经济发展委员会发表《工商企业的社会责任》报告，提出企业社会责任的"同心圆"模型。这一模型将企业要履行的社会责任内容划分为内、中、外三个圆圈。

其中，"内圆"是指企业实现经济功能的基本责任，即为投资者提供回报、为社会提供符合需要的产品、为员工提供就业、促进经济增长。"中间圆"是指企业实现经济功能要与社会价值观和关注重大社会问题相结合，如保护环境、合理对待员工、回应顾客期望等。"外圆"是企业承担的更广泛的促进社会进步的其他无形责任，如消除社会贫困、防止城市衰败等。

2. 企业社会责任金字塔

卡罗尔不但提出了企业社会责任的概念，还提出了一个企业社会责任金字塔框架如图 11－1 所示，认为企业主要责任可以分为四个方面：经济、法律、道德和慈善[二]。这些社会责任要求，企业要付诸利益相关者认为的对社会公正有益的行动，并且这些义务是以伦理原则为基础的，如权利、正义、诚信等。

[一] 李伟阳. 企业社会责任经典文献导读 [M]. 北京：经济管理出版社，2011：116.

[二] CARROLL A B, BROWN J, BUCHHOLTZ A K. Business and society：Ethics and stakeholder management [M]. 4th ed. Cincinnati：South-western Publishing Co, 2000.

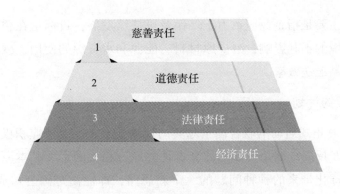

图11-1 企业社会责任金字塔框架

3. SA8000

1997年，社会责任国际组织联合其他国际组织和跨国公司，制定发布了全球首个企业社会责任标准（Social Accountability8000，SA8000）。SA8000标准适用于世界各地的任何行业的不同规模的企业。其依据与ISO9000质量管理体系及ISO14000环境管理体系一样，皆为一套可被第三方认证机构（SGS通标标准）审核的国际标准。而且有专家预测，SA8000也会被称为ISO国际标准在国内得到推广。

制定SA8000标准的宗旨是保护人类基本权益。SA8000标准的要素综合了国际劳工组织关于禁止强迫劳动、结社自由的有关公约及其他相关准则、人类权益的全球声明和联合国关于儿童权益的公约。

4. 三重底线原则

1998年，英国的约翰·埃尔金顿（John Elkington）首次提出主张"社会、经济和环境"可持续发展的三重底线原则（Triple Bottom Line，TBL），也被称为3P原则，即"人（People）、利润（Profit）、地球（Planet）"。[一]

其核心思想是将企业社会责任思想与可持续发展的思想相结合，从人、利润、地球三方面的责任融合了社会、经济和环境绩效，而不只是传统意义上的经济绩效或者经济社会绩效。这是关于企业社会责任的较高的标准。

人的责任主要是指薪酬公平、童工、职业健康安全、培训和就业机会均等，以及保护本地居民和支持教育事业发展等社会服务。

利润责任主要是不仅保证利益相关者的常规利益回报，还关心他人的利益诉求，例如可以与当地供应商合作，为当地带来间接经济效益。

〇 ELKINGTON J. Partnerships from cannibals with forks：The triple bottom line of 21st century business [M]．Oxford：Oxford Centre for Innovation，1997.

地球责任主要是指企业应致力于环保及可持续发展，目标是在企业经营过程中尽量降低对环境的不利影响；减少原材料、能源和水资源的使用，减少废气废品排放量，提高产品派送效率。[一]

5. 全球契约计划

2000年7月正式启动的联合国全球契约计划号召各国企业应积极承担人权、劳工标准、环境及反腐败四个方面的社会责任并履行相关的十项基本原则。全球契约是人们解决全球化带来的种种问题的一个新思路，即促使跨国公司成为解决社会、环境等问题的积极力量。

（1）人权方面

原则1：企业界应支持并尊重国际公认的人权。

原则2：保证不与践踏人权者同流合污。

（2）劳工标准方面

原则3：企业界应支持结社自由及切实承认集体谈判权。

原则4：消除一切形式的强迫和强制劳动。

原则5：切实废除童工。

原则6：消除就业和职业方面的歧视。

（3）环境方面

原则7：企业界应支持采用预防性方法应付环境挑战。

原则8：采取主动行动促进在环境方面更负责任的做法。

原则9：鼓励开发和推广环境友好型技术。

（4）反腐败方面

原则10：企业界应努力反对一切形式的腐败，包括敲诈和贿赂。

这些原则来源于《世界人权宣言》《国际劳工组织关于工作中的基本原则和权利宣言》《关于环境与发展的里约宣言》《联合国反腐败公约》。

6. 企业社会责任"维恩图"模型

2003年，施瓦茨和卡罗尔在分析企业社会责任"金字塔"模型的局限性基础上，提出一个新的企业社会责任三领域模型，采用维恩图解进行说明，我们称之为企业社会责任的"维恩图"模型。这一模型认为企业履行社会责任的内容分为三个领域：经济领域、法律领域和道德领域。

经济领域是指"那些意图对企业有直接或间接正面经济影响的活动"；法律领

○ 帕博迪埃，卡伦. 商务伦理学［M］. 周岩，译. 上海：复旦大学出版社，2018：421.

域是指"商业企业对反映社会统治者意愿的法律规范的响应",可以分成三个部分:顺从、避免民事诉讼和法律预期;道德领域是指"普通大众和利益相关者期望的企业道德责任",包含三个普遍的道德标准:惯例性、后果性和存在论型。

根据这一模型,在企业社会责任三个分领域中,没有一个分领域是相对更重要的。而且,企业经营中的实际活动很少是纯粹经济性、纯粹法律性或纯粹道德性的,几乎所有的活动不是包含三个领域,就是包含两个领域。

7. ISO 26000

2010 年 11 月 1 日,国际标准化组织正式发布了社会责任指南标准(ISO26000),该标准是影响世界经济社会发展的重要事件,推动了世界社会责任与可持续发展运动的蓬勃发展。

ISO26000 循序以下原则:强调遵守法律法规、尊重国际公认的法律文件、强调对利益相关者的关注、高度关注透明度、对可持续发展的关注、强调对人权和多样性的关注。◯

8. 社会责任国家标准

2015 年 6 月 2 日,国家质检总局和国家标准委联合发布了社会责任系列国家标准。系列标准包括《社会责任指南》《社会责任报告编写指南》《社会责任绩效分类指引》。其中,《社会责任绩效分类指引》为企业组织开展社会责任绩效评价提供规范化的指引,也为组织进一步开发适合自身需要的社会责任绩效指标提供依据。◯

关于企业社会责任的评价指标有多种体系,知名的有道琼斯可持续发展指数、多米尼道德指数,以及《商业伦理》等媒体的评价体系,如《财富》最受尊敬的企业名单。

第三节　创业企业社会责任战略

战略是为了达到目标而采取的基本取向、方法或计划。为了能够实现履行企业社会责任的目标,企业有必要制定和实施企业社会责任战略。将企业社会责任提升到战略层面才能有效推进,除了因为其本身关乎战略全局外,还有一个重要原因是

◯ 李伟阳. ISO 26000 的逻辑:社会责任国际标准深层解读 [M]. 北京:经济管理出版社,2011.
◯ 郝琴. 社会责任国家标准解读 [M]. 北京:中国经济出版社,2015.

其有一定的评估难度。这种难度来自两个方面：一方面，是短期绩效和长期绩效矛盾，从长期看企业社会责任方面的投入必然会带来企业声誉、劳资关系、社会认同度等各方面的提升，但是从短期来看，这种投入回报未必显著；另一方面，企业社会责任创造的价值本身很难像利润一样去计算，并按照科学的体系建立一套激励机制。

国际商学领域备受推崇的战略管理专家、哈佛大学的迈克尔·波特（Michael Porter）教授与同事马克·克莱默（Mark Kramer）教授通过在企业社会责任战略方面的研究⊖指出：公益活动之所以未能解放企业生产力，是因为这些企业犯了两类错误：第一类错误是它们把企业与社会对立起来看待，而这两者事实上是相互依存的；第二类错误是它们只是泛泛而谈公益慈善，从未将其与企业自身的战略需求相结合。波特进一步指出：成功的企业离不开和谐的社会，反之亦然，两者之间如唇齿相依。开展商业活动首先需要一个健康的社会环境，因为只有健康的社会才能带来高效生产力，并创造让商业交易得以进行的行为准则。一个健康的社会也需要企业开展创新活动、创造就业机会、制造产品和提供服务，并支付支持社会活动的各项税收。企业只有找到与社会共同发展的契合点，才能踏上通往可持续发展之路。

波特在《战略与社会：竞争优势与企业社会责任的联系》中将企业社会责任分为两类：一类是反应型，另一类是战略型。反应型社会责任是企业应对一般性社会责任议题，以及价值链负面影响社会责任议题所开展的社会责任管理和实践活动。战略型企业社会责任所开展的社会责任管理和实践活动是企业主动应对价值链积极影响社会责任议题的战略性行为。企业通过战略型社会责任，不仅能够将价值链活动改变成既有利于社会又能加强企业战略的社会责任活动，而且也通过运营能力改进了竞争环境，从而创造了企业和社会的共享价值。

钱德勒（Chandler）和沃瑟（Werther）提出了战略型企业社会责任的概念，即战略型企业社会责任"将一个整体的企业社会责任视角与一个企业的战略计划和核心业务相结合，从而使企业能够从中期到长期在一个宽泛的利益相关者组合中创造最大的经济价值和社会价值"。⊖

所谓战略型企业社会责任，就是假定企业"做好事"不仅有利于自身，还有利于社会。根据战略型企业社会责任的观点，企业之所以关心利益相关者，完全是因为管理者们认为这才是企业的最大利益诉求。⊜

⊖ PORTER M E, KRAMER M R. Strategy and society: The link between competitive advantage and corporate social responsibility [J]. Harvard Business Review, 2006, 84 (12): 78 – 92.

⊖ WERTHER W B, CHANDLER D. Strategic corporate social responsibility as global brand insurance [J]. Business Horizons, 2005, 48 (4): 317 – 324.

⊜ GOODPASTER K E. Business ethics and stakeholder analysis [J]. Business Ethics Quarterly, 1991, 1 (1): 53 – 73.

例如，Parsa 对餐饮业中消费者对于企业社会和环境责任实践的意识和回应进行了研究，得出结论：对于那些展现出更高水平的企业社会责任实践的企业而言，消费者展现出更加积极的回应，尽管许多消费者并不知道他们所光顾的这些企业所开展的社会责任实践程度如何，但当光顾对环境和社会负责任的企业时，多数消费者愿意承受温和的价格上涨。[⊖]

谷歌也是积极承担社会责任，实施社会责任战略的一个典型，这不但没有降低该企业的效率和股价，反而促进了创新和可持续发展。

第四节　社会责任信息披露

1. 企业社会责任披露机制

西方国家的企业社会责任披露机制由来已久。20 世纪 30 年代产生的强制信息披露主张以政府干预的力量规范上市公司的信息披露。相对这种模式，自愿性信息披露是企业管理层主动提供相关信息。

20 世纪 60 年代，企业社会责任报告就已经在美国大量出现。法国、英国也都在 20 世纪 70 年代要求企业披露有关社会责任信息。1982 年，《跨国公司行为准则草案》发布，提出了建立跨国公司社会责任会计信息披露制度的建议。中华人民共和国财政部也在 1995 年公布的国有企业经济效益指标体系中，包含了"社会贡献率"和"社会积累率"等评价企业社会责任效益的指标。

对于企业社会责任，目前我国虽然在《中华人民共和国公司法》《中华人民共和国证券法》《上市公司治理准则》《上市公司信息披露管理办法》等法律法规中有一些关于企业社会责任的规定，但对企业社会责任信息披露没有具体的规定，企业主要还是自愿性信息披露。以发布企业社会责任报告的方式披露履行社会责任的情况，是比较主流也是操作性较强的作法。

2008 年 5 月 14 日，上海证券交易所发布的《关于加强上市公司社会责任承担工作暨发布上海证券交易所上市公司环境信息披露指引的通知》中指出，上市公司可根据自身特点拟定年度社会责任报告的具体内容，但报告至少应当包括如下方面：

（一）公司在促进社会可持续发展方面的工作，例如，对员工健康及安全的保

⊖　PARSA H G，LORD K R，PUTREVU S，et al. Corporate social and environmental responsibility in services：Will consumers pay for it？［J］. Journal of Retailing and Consumer Services，2015，22：250 - 260.

护、对所在社区的保护及支持、对产品质量的把关等;

（二）公司在促进环境及生态可持续发展方面的工作，例如，如何防止并减少污染环境、如何保护水资源及能源、如何保证所在区域的适合居住性，以及如何保护并提高所在区域的生物多样性等;

（三）公司在促进经济可持续发展方面的工作，例如，如何通过其产品及服务为客户创造价值、如何为员工创造更好的工作机会及未来发展、如何为其股东带来较高的经济回报等。

2. 企业社会责任报告

（1）编制标准　从广义上讲，企业所发布的所有非财务报告可以统称为企业社会责任报告。根据世界上著名的企业非财务报告的在线目录网站 CorporateRegister. com 上的统计方法，所有报告可被划分为：环境报告、环境健康安全报告、环境健康安全与社会（社区）报告、企业责任报告、可持续发展报告、环境社会报告、慈善报告、社会（社区）报告及其他报告共九个类型。但一般来说，可以将非财务报告划分为综合性报告或单项报告，其中综合性报告主要包括可持续发展报告、企业公民报告、企业社会责任报告、环境健康安全报告等，而单项报告中最为重要的是企业环境报告。

通常说的企业社会责任报告是狭义的，是指企业履行社会责任的综合反映。也就是企业就其经济活动及整体产生的经济、社会和环境影响情况，与利益相关者沟通的过程。

全球报告倡议、社会责任 SA8000、责任 1000（AA1000）、可持续管理整合指南（SIGMA）是当今世界最具代表性的四种社会责任报告模式[⊖]。

全球报告倡议（Global Reporting Initiative，GRI）的目标是编制一套可信并可靠的，供全球共享的可持续发展报告框架，供任何规模、任何行业及任何地区的组织使用，以便组织能够像会计准则一样清晰而公开地披露其经济、社会和环境影响。其目标指向经济绩效、社会绩效和环境绩效三个方面。

SA8000 标准是社会责任国际组织（Social Accountability International，SAI）公布的一个全球性的、可供认证的、主要用于解决工作场所诸多问题的审核和保证的通用标准。SA8000 标准包含了《国际劳工组织公约》《联合国儿童权利公约》及《世界人权宣言》中所有关于劳工权利的核心内容。

AA1000 是为了取得社会和伦理的会计、审计及报告制度之间的平衡而制定的

⊖　万幸，邱之光. 中国企业社会责任报告研究综述 [J]. 生产力研究，2010（7）：200 - 201，208.

责任标准，主要目的在于帮助企业增进与利益相关者的关系，改善企业社会责任和伦理的会计、审计、报告的质量。AA1000 标准侧重于过程。

SIGMA 的核心理念是"整合"，SIGMA 在鼓励各个组织在其内部整合可持续发展问题的同时，也整合了社会、环境和经济问题。最终，SIGMA 成了许多社会责任倡议（如《联合国全球契约》《里约热内卢环境与发展宣言》《沙利文原则》《联合国和国际劳工组织公约》等）的综合体。

目前，国内企业社会责任编制中广泛使用的是 GRI 的框架。GRI 可持续发展报告架构提供报告原则、披露标准和实施手册，可以为各种规模、各类行业、各个地区的机构编制企业社会责任报告提供参照。

2006 年 3 月，我国国家电网公司首次发布了 2005 年度企业社会责任报告，这是我国中央企业对外正式发布的第一份社会责任报告。随后，中石油、中国平安、宝钢股份等企业陆续发布了基于 GRI 相关框架的社会责任报告或可持续发展报告。

2008 年 4 月，中国工业经济联合会等 11 个工业行业协会联合发布了《中国工业企业及工业协会社会责任指南》⊖，这是我国发布的第一个企业社会责任报告指南。其主要内容包括公开陈述、科学发展、保护环境、节约资源、安全保障、以人为本、相关利益和社会公益等，共有 28 个方面的 80 项内容。

2015 年，国家质检总局和国家标准委发布了社会责任系列国家标准，发布了《社会责任报告编写指南》，该指南是我国在 ISO2600 基础上进行修改采用的，成为社会责任报告信息披露领域的第一个国家标准。表 11 - 1 提供了一个根据国家标准编制的社会责任报告收集资料清单。但该标准为指引型标准，并未强制推广。

表 11 - 1　社会责任报告收集资料清单

总体要求	资料的形式包括：文字、图片、数据；时间以报告年度为主，个别可以追溯到之前的年份
注意事项	1. 行文中可以体现媒体及公众的评价和看法 2. 编写每一部分内容时按照制度建设—年度目标—执行情况—存在的问题—改进措施/下一年度目标的结构组织
资料名称	**说明**
领导层致辞	组织的领导层致辞，主要是体现组织高层对社会责任的态度和承诺。可以采用多种形式，既可以是一篇短文，也可以采用一问一答的方式

⊖　该标准电子版（第二版）可在商务部网站下载，网址为：http://images. mofcom. gov. cn/csr/accessory/201008/1281064433802. pdf.

（续）

资料名称		说明
组织基本信息	企业总体概况	企业成立的时间、所属行业、规模、总部位置、员工人数等基本情况
	企业发展历程	企业发展过程及标志性的阶段、事件、产品
	企业业务范围	企业所涉及的业务、地域、组成、主要品牌等
	企业经营绩效	企业创造的经济利益
社会责任管理/组织治理	价值观及战略	组织愿景、使命、价值观；社会责任战略规划
		参与或支持的外界发起的经济、环境、社会公约、原则或其他倡议
	社会责任管理机制	组织架构，各部门工作职责
		组织内部与社会责任有关的制度
		加入的有关协会（如行业协会）、国家或国际性倡议机构
	利益相关者管理	利益相关者有哪些
		利益相关者的关键关切点
		沟通方式及成效
	社会责任议题	组织重要议题的识别和确定
	荣誉	组织所获得的与社会责任有关的各种荣誉，包括：安全生产、环境保护、员工权益、公益慈善、创新等
消费者	产品/服务安全	确保产品/服务安全的制度、措施、成效
	产品/服务信息	提供真实公正的产品/服务信息，包括标识、成分、使用日期等，相关的制度、措施、成效
	产品/服务创新	创新的制度、措施、成效
	消费者需求和投诉处理机制	相关制度、措施、成效
	消费者信息保护	相关制度、措施、成效
环境	环境保护总体情况	总体投资、支出、成效
	污染预防	污染源识别，预防目标、措施和成效
	资源可持续利用	提高资源使用效率和循环利用的方法或技术，相关管理制度或措施，取得的成效
	温室气体减排	组织排放的温室气体识别，减排目标、措施和成效
	生物多样性和自然栖息地保护及恢复	组织对生物多样性、自然栖息地的影响，保护目标、措施和成效

（续）

资料名称		说明
员工	员工总体情况	企业员工人数、构成等
	员工权益	员工劳动合同、工资、工时、不受歧视、参与企业决策、职代会、工会等方面的制度、措施、成效
	员工安全	员工职业健康安全制度、措施、成效
	员工发展	员工培训、职业发展规划等方面的制度、措施、成效
	关爱员工	文化活动、员工帮助、工作与生活的平衡等方面的制度、措施、成效、事件
组织运行	反腐败	领导关于反腐败的承诺或态度，反腐败的制度、措施、成效
	公平竞争	遵循公平竞争原则、反垄断和反倾销的制度、措施、成效
	促进其他组织的社会责任	如何规范组织的采购行为、如何进行供应商挑选、如何影响供应商履行社会责任等相关制度、措施、成效
	知识产权	尊重和保护知识产权的制度、措施、成效
社会	对社会的贡献	包括贡献税收、创造的就业、收入、投资、技术支持、健康投入等
	慈善公益	资助项目、慈善捐助等
展望		可以进行综述性的展望，也可以按照具体议题逐条进行规划展望

（资料来源：《社会责任国家标准解读》第 197 页，中国经济出版社 2015 年 7 月出版. 该解读根据国家标准和作者郝琴的经验整理而成，用于社会责任报告编制小组收集资料。）

（2）编制原则 中国社会科学院企业社会责任研究中心编制的《中国企业社会责任报告编制指南》明确提出了企业社会责任报告的五个原则[⊖]：

1）平衡性原则，即避免报告对信息的主观性筛选或故意性遗漏。

2）可比性原则，即企业披露绩效数据时，既要披露历史数据，又要披露行业平均数据。

3）时效性原则，即报告披露的信息的及时性，并确保报告的周期性发布（通常以年度为周期）。

4）易读性原则，即报告的信息披露方式易于阅读者理解和接受。

5）可验证性原则，即报告中披露的信息的收集、记录、整理、分析和披露应

⊖ 彭华岗. 中国企业社会责任报告编写指南之一般框架 [M]. 北京：经济管理出版社，2014.

经得起审核验证。

GRI 在《可持续发展报告指南》中，将社会责任报告的内容概括为四个原则：

1）实质性原则，即报告所披露的议题和指标，应该能够反映企业、机构对经济环境和社会的重大影响。

2）利益相关者参与原则，利益相关者参与是企业社会责任的核心要素。通过参与，企业可以更好地认识其对社会、经济和环境的影响，以及企业社会责任绩效上存在的问题。

3）可持续发展原则，即报告要显示出企业在整体可持续发展中的绩效，体现于更广泛的与可持续背景有关的绩效。

4）完整性原则，即报告所涉及的实质性议题、指标和定义应足以反映对经济、环境和社会的重大影响，并能够使利益相关者评估报告期限内报告机构的真实绩效。

（3）报告结构　一份完整的企业社会责任报告包括六大主体部分。

1）报告前言：披露报告规范、高管致辞、企业概况（含企业治理）、关键绩效表等内容。

2）责任管理：披露企业社会责任管理现状，包括社会责任治理、社会责任推进、社会责任沟通，以及守法合规等方面的管理理念、制度、行为和绩效等。

3）市场绩效：披露企业的市场责任绩效，包括股东责任、客户责任、伙伴责任等方面的管理理念、制度、行为和绩效等。

4）社会绩效：披露企业的社会责任绩效，包括政府责任、员工责任、社区参与等方面的管理理念、制度、行为和绩效等。

5）环境绩效：披露企业的环境责任绩效，包括环境管理、节约资源/能源，以及降污减排等方面的管理理念、制度、行为和绩效等。

6）报告后记：披露企业对未来社会责任工作的展望、内外部利益相关者对报告的点评、参考指标索引、报告反馈等内容。

（4）编制意义

1）可以对以往业绩和未来预测的业绩进行衡量和报告，而且这已成为一个关键的管理工具。

2）可以作为建设、维持和不断完善利益相关者参与的重要工具。

3）可以从更高层次上帮助组织传递与经济、环境和社会机遇和挑战相关的信息。

4）有助于加强企业与外部各利益相关者（消费者、投资者、社区）的关系，建立信任。

5）以更具战略意义的方式将财务、营销和研究开发等企业职能部门联系起来，建立内部对话机制。

6）编制企业社会责任报告的过程也是建立预警机制的过程，即针对供应链、社区、监管机构，以及声誉和商标管理过程中存在的问题和未曾预测的机遇提供警示。总体而言，发布可持续发展报告有助于管理层防患于未然，在可能产生危害的事件发展成负面的突发事件之前就对其进行评估。⊖

7）有助于提高管理层的评估能力，评估组织对自然、人文和社会资本所做的贡献，从而更加完整地反映组织的发展远景。

8）可减少上市公司股价的波动和不确定性，也可以减少资金成本。更全面和定期的信息披露，可以避免不及时披露或突然披露所引起的投资者行为的重大转变，从而增加企业财务状况的稳定性。

（5）报告审验　社会责任报告作为企业披露社会责任履行情况和推进企业伦理建设的重要工具，越来越受到企业和社会重视，发布企业社会责任报告的企业也越来越多，但是如何确保报告的可信度又成了新的问题。

企业社会责任报告的审验，是由独立的审验方使用一套详细制定的原则和标准，经过专业的检测、审核、评估、确认等程序，评价企业社会责任报告的质量和保障企业社会责任绩效的管理体系。⊖选择外部审验可以在一定程度上解决对企业社会责任报告的信任问题。

目前，已有不少企业将社会责任报告交由第三方机构进行独立审验后再发布，经过专业的检测、审核、评估、确认等程序，并将审验结论纳入社会责任报告的内容。

审验不但可以更好地满足各利益相关者和社会公众对企业社会责任报告的要求，也有助于更客观地了解企业在社会责任绩效上的进步和不足，有助于企业的持续改进。

阅读材料

腾讯社会企业责任报告（摘录）

2008 年，腾讯发布第一份企业社会责任报告。这份报告的时间跨度是 10 年，记录了腾讯从 1998—2008 年的社会责任实践历程。2019 年，腾讯发布了《2018 年企业社会责任报告》，主要内容有："高管致辞、开篇词、腾讯的责任之道""智慧政务 善利民生""智慧产业 善兴经济""智慧社会 善行人间""智慧文化 善铸精魂""智慧生态 善待家园""人在鹅厂 善美与共"等。

该报告提炼出"一二三四"企业社会责任观模型，如图 11-2 所示，即一个初心，两个驱动，三个角色和四个对象。

⊖ 殷格非，李伟阳. 如何编制企业社会责任报告 [M]. 北京：企业管理出版社，2008.

⊖ 田虹. 企业伦理学 [M]. 北京：清华大学出版社，2018：76.

图 11 - 2　腾讯社会责任观模型

一个初心：连接

连接是腾讯履行企业社会责任的初心——连接二字，不仅贯穿于腾讯的各项业务，而且充分体现了腾讯企业社会责任管理的利益相关者参与原则，符合新时代中国特色社会主义建设"五位一体"发展理念，以及联合国 2030 可持续发展目标。

两个驱动：科技 + 文化

腾讯的社会责任竞争力主要体现在科技和文化两大领域——在科技、文化两大引擎驱动下，腾讯积极并有效参与解决社会和环境可持续发展领域的问题，在履行企业社会责任之时同步提升自身竞争力。

三个角色：连接器、工具箱、生态共建者

三个角色既是腾讯在业务层面的定位，也是在企业社会责任层面的功能定位——作为一家互联网平台型企业，腾讯正是通过在不同领域促进连接、提供工具和共建生态，助力解决各类影响人类可持续发展的问题。

四个对象：政府、行业、用户、公众

从"用互联网服务提升人类生活品质"到"科技向善"，腾讯始终把"人"置于企业愿景和使命的核心。具体而言，腾讯履行企业社会责任的重要对象包括政府、行业、用户和公众，最终是为了助力数字时代的每个人实现对美好生活的追求。

（资料来源：摘自《腾讯 2018 年企业社会责任报告》。）

第五节 企业慈善

1. 企业慈善与利益相关者

企业慈善是卡罗尔所定义的企业社会责任的内容之一，而且位于金字塔顶端。但慈善责任和伦理责任不同，它具有增加企业社会影响力和社会资本的可能，但慈善不是义务，一般不会因为企业不做慈善而给利益相关者带来麻烦 [一]。企业的慈善活动情况一般会写到企业社会责任报告中，并且与利益相关者沟通。

企业慈善是人类履行社会责任最基本、历史最悠久的方式，但现代社会的企业慈善活动已经越来越注重与利益相关者的互动，并且随着互联网技术的发展，形式也越来越新颖和多元化。有研究者选取沪深两市 A 股发布社会责任报告的上市公司为样本，结果表明分析师跟踪能增强企业慈善捐赠意愿和扩大捐赠规模，明星分析师跟踪增强企业捐赠意愿和扩大捐赠规模更为显著。分析师跟踪人数越多，企业越可能利用利益相关者冲突管理，提高企业声誉资本，进而提升企业价值。由此可见，企业面临信息环境的市场风险时，要综合考虑企业、经理人、监管机构、分析师、投资者和其他市场参与者之间的互动平衡。[二]

纵观全球，创业者在慈善事业中扮演了积极的角色。许多大获成功的创业者也是慈善家。全美大多数大学里的楼房、新建教室、移动设施等，都是由愿意回馈社会的成功企业创始人资助的。在所有大学的捐助活动中，捐赠数额最大，捐款人数比例最大的群体是成功的企业家。有一段时间麻省理工学院捐赠基金总额的一半是企业创始人捐赠的股票。[三]

2. 慈善的概念与内容

2016 年 3 月 16 日，全国人大通过《中华人民共和国慈善法》，开启了中国慈善的法治时代，也是慈善理念向社会普及的重要路径。

根据相关条款，本法所称慈善活动，是指自然人、法人和其他组织以捐赠财产或者提供服务等方式，自愿开展的下列公益活动：

[一] 但这不包括对慈善活动的言论引发的争议。
[二] 徐博韬，王攀娜. 分析师跟踪与企业慈善捐赠 [J]. 会计之友，2019（12）：89–93.
[三] 斯皮内里，亚当. 创业第一课 [M]. 浦汉淞，译. 北京：中国人民大学出版社，2017：36.

（一）扶贫、济困；

（二）扶老、救孤、恤病、助残、优抚；

（三）救助自然灾害、事故灾难和公共卫生事件等突发事件造成的损害；

（四）促进教育、科学、文化、卫生、体育等事业的发展；

（五）防治污染和其他公害，保护和改善生态环境；

（六）符合本法规定的其他公益活动。

3. 慈善的形式

（1）传统的企业捐赠　企业捐赠是最传统、最直接的企业慈善方式。企业可以通过现金、产品、技术、设备设施使用、员工义务服务等方式捐赠，并且不附加对受捐者的任何条件。尽管这种捐赠行为可能会对企业带来良好声誉或者减税等受益，但其目标是利他主义的。例如，创立于1911年的卡内基基金会的宗旨是"促进相互理解和知识的发展与传播"；创立于1913年的洛克菲勒基金会的宗旨是"促进全人类的共同富裕"；创立于2007年的腾讯公益慈善基金会的宗旨是"致力公益慈善事业，关爱青少年成长，倡导企业公民责任，推动社会和谐进步"；创立于2011年的阿里巴巴公益基金会的宗旨是"营造公益氛围，发展公益事业，促进人与社会、人与自然的可持续发展"。

在美国，企业慈善捐助并不是主流，由于税制的原因，慈善捐款大部分来自个人，根据美国施惠基金会发布《捐赠美国》（*Giving USA*）报告[一]，企业捐赠多年来保持在5%左右。

我国慈善捐赠的第一来源是企业。根据中国慈善联合会发布的《2017年度中国慈善捐助报告》，来自企业的捐赠共计963.34亿元，占64.23%；来自个人的捐赠共计349.17亿元，占23.28%。[二]

（2）战略捐赠　战略捐赠是指企业的捐赠策略与企业战略保持一致。战略捐赠使企业的捐赠从单纯的、分散的企业义务转变为与企业发展目标一致的捐赠活动。

20世纪八九十年代，与利益相关者理论的发展、成熟同步，战略捐赠逐步走进人们的视野，促使企业为自己的利益相关者承担更全面、更深入及更长期的企业责任。根据克雷格·史密斯（Craig Smith）的研究[三]，美国AT&T公司当时就提出，基金会的慈善活动应该支持经营目标；反过来，经营单位也应该以营销知识、技术援

[一]　美国施惠基金会网址为 https://store. givingusa. org/.

[二]　中国慈善联合会. 2017年度中国慈善捐助报告 [EB/OL]. [2021 – 03 – 16]. http://www. charityalliance. org. cn/u/cms/www/201809/20232201v09l. pdf.

[三]　SMITH N C. The New Corporate Philanthropy [J/OL]. Harvard Business Review, 1994 (3) [2021 – 03 – 16]. https://hbr. org/1994/05/the-new-corporate-philanthropy.

助和员工志愿者等形式来支持慈善活动。这使企业捐赠与营利性的关系有了新的发展。史密斯认为，战略性慈善捐赠能提高客户对企业品牌的认知度，提高雇员的生产率，减少研发成本，有助于克服规制障碍，并将带来类似增加利润的好处等。

微软是在我国开展战略捐赠的先驱，它的做法也比较典型。

2003年，微软通过和我国的教育部合作，开展了教育部—微软（中国）"携手助学"项目。截至2008年该项目一期结束，遍布全国31个省、市、自治区的百间计算机教室全部建成并投入使用，超过11万名的信息技术专任教师接受了培训，成千上万的偏远山区学生从中获益。经过总结后，微软中国在2008年启动为期五年的"携手助学"第二期项目中，又发起了针对东部十省的5万名信息技术教师培训计划，同时培养10万名中小学学科教师。微软还自2004年6月推出"潜力无限—社区技术培训"项目，通过与60余家国际及国内非营利组织、学术机构、地方政府合作，至今已在全国15个省（市）建立44家社区学习中心，为无法充分接触并学习信息技术的个人提供技能培训。迄今已有94万进城务工人员和弱势群体从该项目中受益。

微软投入大量资金、设备、人员为公众尤其是弱势群体实施教育培训，在帮助他们提升计算机应用水平和跨越"数字鸿沟"的同时，也与企业的定位和发展战略紧密结合，使企业的捐赠策略与企业战略保持一致，并相互促进。

在战略捐赠中，企业将慈善由单纯的利他行为变成企业战略行为。对此非议颇多，但是战略捐赠会使企业将自身的发展与社会的发展结合起来，将企业的利益与企业社会责任结合起来，这正是这种慈善方式拥有广阔发展前景的原因。

（3）慈善营销　慈善营销是指企业将慈善活动与产品销售联系在一起，使企业在品牌与社会责任两个方面都有增值。慈善营销可以焕发出消费者的道德激情，提升中小股东、员工、供应商、媒体等利益相关者对产品和品牌的好感和认同感。

慈善营销的典型的代表是美国品牌汤姆斯。麦考斯基在2006年创办了汤姆斯鞋业公司，公司用零售业务形成的资金来支持给缺鞋的孩子捐赠鞋子的计划——买一双鞋子，会捐给需要帮助的孩子一双鞋子。仅仅几个月，汤姆斯就成为独一无二的品牌，并在2009年获得美国"卓越企业奖"。如今，这种"买一捐一"的慈善营销模式，也越来越多地出现在我们的生活中。

澳大利亚的品牌每刻腕表（Moment Watches，MW）承诺顾客每购买一只腕表，就会付出1小时深入贫困社区，以行动帮助有需要的人。同时，不仅提供财务上的支援，并且给予他们爱与关怀。MW会与非牟利慈善机构合作提供物资派发，包括新鲜食物、饮料、衣物及日常所需。这一慈善营销特征非常突出的品牌在亚洲大受欢迎，一些明星喜欢佩戴MW手表。

慈善营销不但借助慈善目标扩大了产品的销量，也使消费者通过付出较少的成本和精力实现了表达爱心的需求，已经成为以市场化的方式来推动企业慈善活动和承担社会责任的典型模式。但是这种做法也引发一些争议，例如国人熟知的××公司"一分钱"捐赠受到质疑，不但会影响企业的声誉，更会影响慈善机构和慈善营销本身的声誉。

案 例

××公司"一分钱"捐赠受质疑

"一瓶水，一分钱。每喝一瓶××水，你就为水源地的贫困孩子捐出了一分钱。饮水思源，××。"2006年，这条"饮水思源"广告在中央电视台及地方台等多家媒体上发布以来，引起了社会的广泛关注。

"一分钱"广告不仅在当年赢得了满堂彩，而且在接下来的几年时间内，"一分钱"的广告效应也发挥了巨大作用。然而时过不久，很多细心的消费者却对这则广告起了疑心。"广告中，没有透露更多活动的细节，而且活动从什么时候开始，在哪些地域展开，钱是不是都到了贫困地区孩子手里，作为消费者，我们都一无所知。"山东寿光一位网友留言说。

中国宋庆龄基金会基金部相关负责人接受记者采访时表示，该基会与××公司合作，仅限于2006年，据透露，双方约定的活动时间是2006年1月到7月。

据记者调查，在合作期间，××公司没有定期向基金会公布销售量，在捐赠协议中，对捐赠人和销量统计进行监督的内容也没有涉及。"企业的销售量属于商业机密，企业肯定不愿透露，作为公益机构，如果对企业条件限制太多，也会打击企业的积极性。"宋庆龄基金会宣传部一位不愿透露姓名的人表示。

据知情人透露，××公司工作人员曾透露，2008年，××公司饮用水的市场销售量大致是15亿瓶到20亿瓶的规模，"2005年以来也基本保持了这样的销量"。

由于广告中，××公司并没有说明活动的具体期限以及日期，所以引起消费者的质疑，"如果按照实际计算，××公司应该每年至少拿出1500万元注入助学基金，而不是500万元"。业内一位人士表示。

"××公司这些年卖了多少水，捐了多少钱，钱到底有没有救助贫困地区的孩子，消费者很难分辨，"河南省慈善总会秘书长林彬接受记者采访时表示，"如果企业都这样敷衍了事的利用公众的爱心做公益，那将对国内的公益事业产生极其恶劣的影响"。

据记者调查，××公司"一分钱"项目从2001年便开始启动。"喝××水为奥运捐一分钱"——每卖一瓶水即为2008年北京奥运会捐赠一分钱，当时，首届"一分钱"行动支持了北京申办奥运会。当年，××公司主导的"聚沙成塔"宣传理念被评为十大成功营销案例。

2002年，"一分钱"行动的主题更换为"阳光工程"，据公开资料显示，××公司共向全国24个省的395所学校捐赠了价值500万元的体育器材。

之后，2004年，第三届"一分钱"行动与雅典奥运会同行，以支持"中国体育事业"。

另一份公开资料显示，2002 年，××公司启动"××阳光工程"后，曾表示，此活动将延续到 2008 年，为期 7 年。记者从公开渠道没有查到"一分钱"公益项目在 2007 年、2008 年两年有任何的捐赠活动。

近日，××公司北京分公司负责媒体的刘经理接受记者采访时表示，"一分钱"项目已经不做了"。××公司工作人员吴超超告诉记者说，"一分钱"项目一两年做一次活动，他记忆中比较大的一次活动就是 2006 年与宋庆龄基金会的合作，并表示，公司会以其他的方式做很多公益活动，例如 2008 年地震捐赠，但最终以"刚到单位不久"为由，拒绝透露相关信息。

从公开资料获悉，汶川地震发生后，××公司先后捐赠了价值约 1700 万元的矿泉水、果汁等物资，没有查到现金捐赠。

林彬也强调说，××公司"一分钱"项目唯一能查到的现金就是 2006 年与宋庆龄基金会合作，"这种信息不透明、不公开的做法也促使了很多消费者怀疑××公司的真正动机"。

（资料来源：于佳莉，《公益时报》。）

案例讨论分析

1. 你认为该案例中暴露出哪些问题？
2. 为什么慈善营销会比一般的慈善活动受到更多质疑？
3. 慈善营销最重要的原则是什么？

（4）互联网公益　互联网公益是企业通过互联网技术和互联网平台开展的新兴的慈善活动。基于互联网的社交属性和技术赋能，以及支付手段的便捷，互联网公益在捐赠等方面具有独特的优势，而且随着互联网平台和信息技术、信任体系的不断发展进步，也更加生活化、多样化和专业化。

与中国的互联网企业在全球中的地位相匹配，中国的互联网公益事业也走在世界前列，"近十年来，互联网公益在中国呈现一种现象级的趋势。以 2008 年的汶川地震为标志，随着以腾讯、阿里巴巴为代表的互联网企业开始越来越深入公益行业，科技与公益的结合发生了某种化学反应，使中国的公益生态逐渐激发出一股新的力量。在这股力量的推动下，出现了各具特色的互联网公益平台，并将公益机构、企业、公众乃至政府有效连接在一起，推动中国公益呈现出全民参与的蓬勃发展态势"。民政部先后公布了 22 家互联网募捐信息平台，除 6 家基金会、慈善团队以及 1 家媒体外，其余 15 家皆为企业和金融机构，占到了 68%。企业在互联网公益中已

———————
㊀ 陈一舟，等. 中国互联网公益 [M]. 北京：中国人民大学出版社，2019.

经占据了绝对主导的地位。

国内比较典型的互联网公益产品有阿里巴巴的"蚂蚁森林""蚂蚁庄园""公益宝贝"、新浪的"微公益"等，以及具有鲜明移动互联网时代特征的腾讯"一起捐""益行家（运动捐步）"等。大数据、人工智能、增强现实、区块链等新兴信息技术也在进一步丰富互联网公益的实现场景，不断催生出新的互联网公益产品，例如，一个基于以太坊的捐赠平台 Givethy 已经受到海外公益界的广泛关注。Givethy 平台完全建立在以太坊的智能合约系统之上，用户几乎能够实时监控钱款的使用，大大改变了钱物信息公开的方式。

阅读材料

阿里巴巴的互联网公益

2019 年 6 月 26 日，阿里巴巴联合中国残疾人联合会发布《阿里公益助残报告》。报告显示，2016 年 8 月至 2019 年 5 月，共有 17.41 万残疾人在淘宝天猫注册网店，这些网店创下了 298.4 亿元销售额。

中国残联、阿里巴巴的大数据显示，2019 年，阿里巴巴电商平台共有 17.41 万家残疾人网店，这些网店在过去三年创下了 298.4 亿元销售额。据数据显示，2018 年 6 月至 2019 年 5 月，残疾人淘宝店销售额 116 亿元。

除了关注残疾人创业的公益扶贫之外，在 2019 年 5 月 16 日，阿里巴巴还公布了首份阿里巴巴经济体"公益财报"。"公益财报"显示，2018 财年，阿里巴巴员工用业余时间做公益，累计公益时 26.9 万小时，公益足迹分布在全球 20 多个国家和地区。

此外，阿里巴巴也是规模最大的公益带动平台。在阿里巴巴公益和支付宝公益平台上，2018 财年产生公益捐赠共超过 91 亿笔，累计带动了 4.4 亿人参与公益。

这是阿里巴巴交出的公益答卷之一。当然，阿里巴巴的公益活动不止于帮助残疾人，蚂蚁森林、公益宝贝等这些耳熟能详的公益活动，已成为阿里巴巴可持续发展的重要一部分。

在早期的阿里巴巴公益中，更多的是用平台带动更多的用户，以捐赠和慈善为主导的一个方式。但随着近几年的发展，阿里巴巴不仅在简单做公益，更是在用互联网、用平台、用技术的方式让公益变得更便捷。

支付宝中的蚂蚁森林及蚂蚁庄园就是非常典型的案例。曾经二十几个志愿者希望唤醒每个公众的绿色行为，于是做出了"蚂蚁森林"这样一款产品。不到三年时间，蚂蚁森林已经拥有 5 亿用户。每天有大量的人通过互联网记录自己的绿色行为，并种成了一棵棵虚拟的树种，阿里巴巴把这棵树种到了荒漠。5 亿用户在荒漠化地区种下 1 亿棵真树，总面积近 140 亿亩（1 亩≈666.7m²）；在蚂蚁庄园中，则通过对虚拟宠物进行圈养来参与公益项目，集合大家的力量，帮助孩子们实现自己的梦想。

目前，阿里巴巴公益和支付宝公益两大平台平均单笔捐赠额只有 0.13 元，通过公益宝贝实现的捐赠，单笔捐赠最低只有 2 分钱，而 2019 财年却为公益机构筹款达 12.7 亿元。

在阿里巴巴经济体各个业务单元中，公益也都随处可见，蚂蚁森林、饿了么可以吃的筷子、高德绿色星球、菜鸟环保算法、闲鱼绿色回收等一系列现象级的公益项目不断孵化出来，仅蚂蚁森林一个产品，就已带动用户种下 1 亿棵真树。

阿里巴巴集团合伙人、阿里巴巴公益基金会理事长孙利军表示"阿里巴巴是公益最大的受益者"。在孙利军看来，阿里巴巴走过了 20 个年头，也因公益而变得越来越强大，越来越有力量。公益文化是阿里巴巴最独到、最值得对外分享的一种文化。

（资料来源：祁浩然，蓝科技网，怎样做一个合格的企业公民？）

练 习 题

（单选或多选）

1. 企业社会责任的概念起源于关于（　　　）的争论。
   A. 企业利益最大化　　　　　　　B. 企业合法
   C. 企业食品安全问题　　　　　　D. 企业环境污染问题
2. 下列选项那些不是企业社会责任的框架和规范（　　　）。
   A. 企业社会责任金字塔　　　　　B. 伯尔尼公约
   C. 三重底线原则　　　　　　　　D. ISO26000

第十二章
面向未来的创业伦理

1. 了解创业者如何通过伦理自律与他人协同
2. 了解创业者建立原则驱动的组织
3. 了解创业者如何成为创业生态的组织者

导入案例

国家市场监督管理总局处罚五家社区团购企业

2021 年 3 月 3 日，国家市场监督总局发出通报，对橙心优选（北京）科技发展有限公司、上海禹璨信息技术有限公司、深圳美团优选科技有限公司、北京十荟科技有限公司、武汉七种美味科技有限公司 5 家社区团购企业依法做出行政处罚，主要原因是企业以低于成本价格销售商品，涉嫌破坏市场秩序和不当竞争，处罚金额为 50 万 ~100 万元。

社区团购是一种新的生鲜销售模式，由平台、团长和用户三个角色组成。团长是一个社区里有闲暇时间愿意赚点零用钱的人，如退休职工、宝妈、便利店老板等。团长是社群的维护者。团长提前在自己的群里面发布商品链接，价格通常比较优惠。用户下单后把订单给到平台，平台从仓库发货给团长，由团长再分发给用户。团长从这个交易过程中收取佣金。

社区团购以低价取胜，而低价的背后是大额的补贴，这是互联网公司拓展新市场的常用手段。一种观点认为，为了吸引用户下单，很多平台甚至用低于成本价的方式倾销，扰乱了市场价格。当烧钱抢夺市场之后，互联网企业会利用垄断优势进而提价。对用户来说，虽然前期通过补贴策略获得了短期的利益，当这些商家获得垄断地位后，提升价格终究会让消费者获得损失。此外，在这个过程中，对卖菜的小商贩、社区便利店等线下社区经济模式可能会造成冲击。另一种观点认为，社区团购采用预售 + 次日达 + 自提的模式，降低了生鲜销售的销售成本、库存损耗等交易成本，让用户和农户都获得利益。卖菜的小商贩可以转型成为团长。

从这个案例中，我可以看到古老的规范伦理学在处理互联网新经济的商业模式问题上，仍然发挥着重要的作用。规范伦理学旨在找出我们行动的原则和规范。社区团购是一场庞大的、涉及几乎每个人的商业模式变革。每个人都可能成为社区团购的用户，每天都要消费的生鲜发生的价格波动，影响每个人的利益。还在零售流通环节，大量的小商贩以贩卖生鲜为生，社区团购的商业模式在冲击着他们固有的生存方式。入局的创业企业，怀着提升产业流通效率的初心，但是入局后，受到背后资本方的压力，或者因为这些创业企业本身就是大型互联网平台的子公司，担负着抢占新的流量入口的重任，不得不通过补贴烧钱，快速抢占市场。面对这些不同的利益相关者，创业者应该如何做？

创业者不仅要获得商业上的成功，还要获得伦理或者道义上的成功，否则就会引发社会公众和舆论的质疑，如社区团购的案例。然而，面对不同利益相关者的诉求，创业者不是要一味顺应，而是要协调不同利益相关者，实现利益相关者整体的最大利益。创业者不仅是产品的开发者，商业模式的设计者，还是伦理原则和规范的引领者。

作为一个社区团购的创业者，在面对纷繁复杂的局面时，可以通过以下伦理决策框架思考问题：

1）我有什么个人长期坚守的原则？美德伦理学强调，个体是美德的行动者。无论外界的环境有多大的压力，创业者都要把自己看作一个独立思考和行动的个体，自己内心都有要坚守的原则。这些原则源于个人的成长经历，以及做社区团购的初心。当创业者明确了自己做事的原则和底线时，面对创业团队的其他创业者就能坚守底线，并引领大家，形成共同的做事原则和方法，建立创业团队的秩序。

2）我们的企业有什么坚守的原则？义务论强调"以预设的原则做事"。创业者要在建设企业的过程中，为企业设立超越个体和具体结果的做事原则，引导创业团队共同遵守这些原则，从而在面对产业上下游伙伴时，能够坚守原则，引导和协调建立产业上下游的秩序。

3）我的创业项目如何让大多数人受益？功利主义伦理学强调以大多数人的利益为先。在社区团购的创业项目中，如何让用户、菜农、小贩等大多数人尽可能从中获益？例如，如何通过降低交易成本，让用户获得真正可持续的低价？如何帮助不懂互联网的菜农转型，成为产业生态的获益者？

（资料来源：澎湃新闻：整顿不当低价倾销行为，五家团购网站被行政处罚。）

案例讨论分析

1. 社区团购有哪些利益相关者？
2. 创业者在社区团购中，遇到了怎样的伦理问题？
3. 哪些原则能够帮助创业者应对伦理问题？

第一节　更加自律的创业型个体

过去 10 年，人们对创业的理解已经发生了深刻的变化，创业不仅是一种工作状态，而且更多的是一种人所存在的目的。创业意味着一个人追求独立自由的精神，敢于开创新的领域。在未来，这种理念会被越来越多的人接受。在知识社会，每个人都可以是创业型个体。创业型个体是那些把追求个体的独立自由作为人生目的的个体。他们可能是一家创业企业的创始团队成员，可能是一家大企业的开拓新业务的一线员工，也可能是一位尝试设计新政策的公务员，还可能是一位自由职业者。在让－保罗·萨特（Jean-Paul Sartre）的存在主义哲学○○看来，自由是绝对的，每

○ 萨特. 存在与虚无 [M]. 陈宣良，等译. 合肥：安徽文艺出版社，1998.

○ 刘擎. 西方现代思想讲义 [M]. 北京：新星出版社，2021.

个个体都有追求自由的权力；自由又是相对的，每个个体又受到他人自由的限制，因此每个人要对自己的自由选择负责任，包括法律责任和道德责任[一]，而不是把不符合伦理的行为归咎于环境的束缚。对于创业型个体而言，由于对个人自由有更高的追求，必然面临着更多个人和他人利益冲突的伦理困境，以及对解决伦理困境更多的责任担当。这时候，强调个人对自身伦理责任担当的美德伦理学对创业型个体处理伦理困境就显得尤为重要。

一、创业型个体的崛起

古代，人类社会是以神权或君权为中心的。教会和君王掌握着至高无上的权力，掌握着法律、道德和真理的标准。从启蒙运动开始，独立的、个体的人的力量不断变大。英国哲学家弗朗西斯·培根（Francis Bacon）告诉我们，人可以通过科学研究，不经过上帝而探寻真理。具有独立思考精神，掌握科学研究方法的科学家逐渐揭开了自然界神秘的面纱。在德国兴起的宗教改革运动中，马丁·路德（Martin Luther）指出，人可以不通过教会，自己和上帝沟通，把人从教会的禁锢中解放了出来，让人们成为自己的主宰。在启蒙运动思想的解放下，人类的发明、创新日益增加，不断探索未知的疆域，在以蒸汽机为主导的第一次工业革命和以电力为主导的第二次工业革命中，一批充满冒险精神的创业企业诞生，修建横跨北美大陆的铁路，搭起连接大西洋的电缆，改变了世界的面貌。1912 年，奥地利经济学家约瑟夫·熊彼特（Joseph Schumpeter）[二]在《经济发展理论》中指出，企业家是创新的主体，他们通过生产要素的重新组合，不断打破旧有市场的均衡，获取超额利润，实现颠覆性的创新。

然而，商业世界中强大的资本和 20 世纪初期崛起的大型组织又在压抑着个体的力量，许多有才华有能力的个体的潜能被深深压制，成为庞大商业体系中的"工具人"。借助强大的营销网络，消费者在商家的诱惑中购买商品，消费主义盛行，但感到迷茫和空虚。在《单向度的人》[三]中，哲学家赫伯特·马尔库塞（Herbert Marcuse）指出，人们在消费中看似自由，但其实是被生产者所控制，用物质需求瓦解了精神需求，使人们顺从于商家的意志。

以计算机和互联网为代表的信息社会逐步瓦解了传统工业时代资本和大型组织的权力。由于信息更加容易获取，越来越多的个体可以通过持续学习，成为为自己

[一] 倪娣清. 人的存在、人的自由与人的责任：萨特自由观新释 [J]. 广东社会科学，2006（1）：66–70.

[二] 熊彼特. 经济发展理论 [M]. 叶华，译. 北京：中国社会科学出版社，2009.

[三] 马尔库塞. 单向度的人：发达工业社会意识形态研究 [M]. 刘继，译. 上海：上海译文出版社，2006.

工作负责的知识工作者，人和人之间越来越以平等协作的方式进行工作。工业时代依靠资本或大型组织的规模实现长期垄断的情况越来越难。越来越多具有认知优势的创新者创立灵活、快速的小企业，颠覆大企业的行业地位，经济体系的不确定性越来越高。掌握了越来越多信息的消费者也拥有越来越大的权力，他们对商家的点评、意见、口碑成为影响商品销售的决定性力量。如果商家的产品质量出现问题，互联网上迅速形成的舆情会瞬间对商家造成致命打击，再大的企业也没法封锁舆情，阻止信息的流动。

当今的商业世界是一个复杂、多元的创新生态[一]，创业型个体的组织越来越成为一个动态的过程。每个人都是这个生态的一部分，像原子一样漂浮在这个生态系统中。当某个特定的目的出现时，人们会因为这个目的聚集起来。目的达到之后，人们就可能会散开，等待新目的出现再聚合。100年前，熊彼特洞察到，企业家是一种状态，而不是一种永久的身份。[二]当通过组合创新要素，建立起企业安定下来后，企业家的身份就消失了。阿德·马卜贡杰（Ade Mabogunje）说，企业是一个事件。在今天，各个行业就充满了创新、颠覆和重组的可能性。越来越多的个体生活在事件中，以灵活、随时可以被重新组合的个体身份而存在。

在移动互联网时代，个体获得了空前高的工作和生活自由，个体的力量空前强大。只要能力允许，个体可以自由切换工作的内容、场所和地点。个体可以选择加入一家大型组织，或者通过一个平台型组织发挥个体的价值。越来越多的多频道网络（Multi-Channel Network，MCN）机构出现，服务于有创意的个体，帮助他们通过娱乐主播、电商主播、知识付费等多样化的渠道变现。虽然MCN仍然会对主播进行绩效考核，但本身没有雇佣关系。主播也并非人身依附于MCN。

即便加入组织的个体，身份角色也越来越灵活，越来越多的人愿意为了实现自己的抱负而放弃稳定的工作，在之前难以想象的职业和组织之间转换。例如，一位公务员会因为想要实现在公益慈善领域的抱负而辞去公职，成为民间公益组织的领导者。一位大学教授可能会因为知识付费而获得高额报酬，进而开设自己独立的工作室。自由职业者可能进入大企业担任要职，也可能因为自己的兴趣而离开稳定的大企业去创业。

大型组织曾经为个体设置了明晰的职业发展路径，然而随着大型组织的不确定增强，这些路径变得越来越模糊。里德·霍夫曼（Reid Hoffman）和本·卡斯诺瓦

[一] 黄，霍洛维茨. 硅谷生态圈：创新的雨林法则 [M]. 诸葛越，许斌，林翔，等译. 北京：机械工业出版社，2015.

[二] 熊彼特. 经济发展理论 [M]. 王永胜，译. 北京：中国社会科学出版社，2009.

（Ben Casnocha）在《至关重要的关系》[○]里指出，未来，每个人都必须像创业者一样思考，动态寻找机会、能力和兴趣的匹配点，而不是依附于某个大型组织设定好的职业路径发展。在另一本《联盟》[○]中，霍夫曼、卡斯诺瓦和克里斯·叶（Chris Yeh）指出，企业和个体之间的信任正在变得脆弱，需要重新调整彼此的预期，建立"相互投资"的短期雇佣关系，而不要指望企业会长期雇用员工。

二、创业型个体的自律

大量追求独立、自我的创业型个体的出现，为协同组织个体的力量提出了挑战。一方面，传统工业时代采用的指令、控制型的组织方式已经很难适应创业型个体的需求；另一方面，创业型个体所蕴含的巨大潜能，让人们意识到创业型个体如果能够有效协同组织起来，将爆发巨大的管理红利。创业型个体一方面追求自我的解放和自由，另一方面也可能因为追求自我，而导致彼此难以合作。1940 年，贝尔实验室的威廉·肖克利（William Shockly）和他的同事发明了晶体管，肖克利回到硅谷创办企业，招聘了 8 名顶尖人才。然而，由于肖克利不善管理，对员工缺乏信任，态度傲慢，导致这些顶尖人才集体辞职，成为造就硅谷半导体行业的"八叛逆"。这样的案例层出不穷，许多聪明的天才之间无法合作。

要想把创业型个体组织成一个彼此信任，密切合作的团队，不仅需要组织者具备专业上的影响力，更需要组织者在道德上高度自律，带给其他创业型个体稳定的预期。"八叛逆"的逃离，实质原因是肖克利虽然有很强的技术能力，但是难以控制自己的行为，喜怒无常，天马行空，让团队成员没有稳定的预期，不知道应该如何和他相处。这种问题在很多技术出身的创业者身上很容易出现。创业者自身的想法可以变化，但是做事的原则要保持稳定，否则和别人的互动就很艰难，尤其是创业者身居高位时。

美德伦理学是一个既古老又充满新意的领域。美德伦理学是以行为主体为中心的伦理学[○]，涉及人的个性特征和品质，包括习惯、优点、癖好等。这些个性品质决定了我们是谁。从伦理的角度看，"好人"是拥有很多美德的人。美德伦理学在于探究美好生活和做好人的意义。拥有很多美德的人，即使在艰难的情况下，付出巨大代价，也要坚持信仰或者道德准则。

○ 霍夫曼，卡斯诺瓦. 至关重要的关系 [M]. 钱峰，译. 北京：北京联合出版公司，2013.

○ 霍夫曼，卡斯诺瓦，叶. 联盟：互联网时代的人才变革 [M]. 路蒙佳，译. 北京：中信出版社，2015.

○ 威克斯，弗里曼，沃哈尼，等. 商业伦理学：管理方法 [M]. 马凌远，张云娜，王锦红，译. 北京：清华大学出版社，2015.

阅读材料

积极心理学的美德研究

最近兴起的积极心理学进一步对美德展开了科学研究[一][二]。克里斯托弗·彼得森（Christopher Peterson）和马丁·塞利格曼（Martin Seligman）通过研究大量道德哲学家、宗教思想家和普通人重视的美德，总结提炼出 24 项跨越文化，在全世界都认同和称颂的积极心理品质。人们可以通过评估工具评估自己所具有的积极心理品质：

智慧和知识——涉及知识的获得和使用的认知优势

创造力：能想出新颖的和多产的做事方法。

好奇心：对不断出现的事物感兴趣。

开放的心智：从多角度思考和考证事物。

热爱学习：掌握新的技能、主题和知识内容。

洞察力：能够为他人提供明智的忠告。

勇气——情绪优势，涉及在面临外部或内部反对力量时达成目标的意志

勇敢：不因威胁、挑战、困难或痛楚而退缩。

坚韧：完成自己的工作，即使工作过程中面对困难，也会坚持下去。

正直：说实话和真实地展现自己。

活力：兴奋、充满干劲地面对生命，做事不会半途而废或失去干劲。

人道——人际优势，涉及关心和扶助他人

爱：重视与别人的亲密关系，特别是那些互相分享与关怀的关系。

善良：愿意向他人施以恩惠和为他人做好事、帮助他人、照顾他人。

社交智慧：明白他人和自己的动机和感受。

正义——构成健康社区生活基础的公民优势

公民意义：作为团队的一分子，表现良好，对团队忠心。

公正：依据公平和公正的观念，对所有人一视同仁。

领导力：鼓励所在群体完成工作。

节制——避免过度

宽想和宽容：宽怨做错事的人，接受他人的缺点。

谦恭/谦虚：不张扬自己的成就。

审慎：对自己的选择小心谨慎，不会过分冒险。

自我控制：规范自己的感觉和行为，自律。

超越——建立与广博宇宙的联系，给生命带来意义

㊀ 彼得森. 积极心理学：构建快乐幸福的人生 [M]. 徐红，译. 北京：群言出版社，2010.

㊁ 斯奈德. 积极心理学 [M]. 王彦，席居哲，王艳梅，译. 北京：人民邮电出版社，2013.

对美丽和卓越的欣赏：留意和欣赏生命中所有的美丽、卓越和富于技巧之处。

感恩：留意身边发生的好事并为此感谢。

希望：对未来抱有最好的期望并努力达成愿望。

幽默感：喜欢大笑和逗笑别人，给别人带来欢笑。

灵性：对崇高的人生目的和宇宙意义持有一致的信念。

（资料来源：克里斯托弗·彼得森：《积极心理学：构建快乐幸福的人生》）。

美德伦理学告诉创业者，个体在获得越来越大自由的同时，也在承担着越来越大的自我负责的伦理责任。罗莎琳德赫斯特豪斯（Rosalind Hurs thouse）[一]在《美德伦理学》里指出，美德伦理学最核心的假设是"有美德的行为者"是伦理的核心，强调个体应当自己约束自己，过有原则的生活，而不是以外在结果或规则为中心。美德是一种内在的伦理标准，会引导我们过一种清晰的、有秩序的生活，让身边的人和我们能更愉快、稳定的合作。在《人生十二法则》中，心理学家乔丹·彼得森（Jordan Peterson）[二]指出，遵守共同的准则能够让人们觉得彼此是可以预测的，每个人都按照别人所期待的方式做事，人们才能够合作或者平等的竞争。心理和行为上的共享体系简化了人们眼中的彼此，甚至简化了整个世界。

如何建立起一套自己明晰的伦理标准？美国《独立宣言》起草人之一的本杰明·富兰克林（Benjamin Franklin）[三]为我们提供了一个良好的典范。富兰克林年轻时为了达到道德完善制订了一个大胆而艰巨的训练计划。他希望自己在任何时候都能够不犯任何错误地生活，想要克服天性习惯或者伙伴给他造成的一切缺点。他发现不同书里对美德的细节各种各样，例如节制，有的人仅是谈到饮食，而有的人却扩大到贪婪和野心。于是富兰克林自己总结了 13 个美德的名目，每个名目附上了一条简短的规则。这些名目包括：节制、缄默、秩序、决心、节俭、勤奋、诚信、正义、中庸、清洁、平静、贞洁和谦卑。富兰克林把美德形成视为一种习惯养成，他并没有同时铺开去锻炼这 13 种美德，而是每隔一段时间研究一下，能把这一种研究透了，再去尝试下一种，循序渐进，直到把 13 种都研究透。富兰克林订了一个小本子，一种美德占一页。每天在自查中发现美德方面的过错，就画一个小黑点。每周聚焦一种美德，每 13 周就可以把这些美德都过一遍，一年就可以过 4 遍。富兰克林

○一 赫斯特豪斯. 美德伦理学［M］. 李义天，译. 南京：译林出版社，2016.

○二 彼得森. 人生十二法则［M］. 史秀雄，译. 杭州：浙江人民出版社，2019.

○三 富兰克林. 富兰克林自传［M］. 蒲隆，译. 南京：译林出版社，2012.

认为一个人给花园锄草，他没有打算一下把所有的杂草都除尽，因为没有这个能耐，但是可以一轮一轮地锄草，最终把杂草都锄尽。

每个创业型个体都应该像富兰克林一样，成为美德的行动者，建立起有原则、高度自律的生活，进而才能成为创业型个体组成的团队的协同者和组织者。在和他人互动的过程中，创业型个体所坚守的原则在具体事务中，逐渐被创业或创新团队吸收和优化，成为创业团队的共同原则，创业或创新团队就能够摆脱低效的指令和控制的管理模式，高效协同工作。然而，如果创业型个体为了追求自己的自由，而压制其他创业型个体，那么就会一再重复"屠龙少年变成恶龙"的悲剧故事，导致创业型个体之间无法合作，团队破裂。

三、创业型个体的集体决策方式

当个体都能高度自律，成为遵循美德的行动者时，创业型个体之间的集体决策方式就变得比较简单。团队和组织并不需要对创业型个体施加过度的监管，而是创业型个体之间组成分布式的创新网络，彼此平等、信任、高效协同。

通常，人们做决策时有两种机制：权威或民主。权威决策是由某个权威人物，如老板进行拍板决策。民主是以一人一票的方式，遵循少数服从多数的原则做出决策。这两种方法都有各自的弊端。权威决策机制下，少数判断失误的权威人物可能会把大家带入深渊。在民主机制下，缺乏判断力的群体也可能做出失败的决策。创业型个体一直都在寻找一种让每个人的智慧都能充分发挥的方式。

破解权威和民主决策的两难，发挥出每个人的价值的关键，在于决策者要能够坚持信息透明、彼此尊重的原则。这在桥水基金创始人瑞·达里欧（Ray Dalio）和字节跳动创始人张一鸣的工作方式中都有所体现。

达利欧⊖不希望组织依靠个人权威来运作，而是希望通过真诚、透明的讨论，从每个人的原则中寻找出最好的想法而实现的。在达里欧看来，最优想法至上是一种通过系统化的流程，把寻找最好的想法作为首要目标的方法。最优想法至上方法的落地通常有以下几个步骤：①把大家的真实想法摆在桌面上集体讨论；②思考为什么别人会有不同的想法，充满好奇心地探索差异，向别人学习，最终超越分歧，大家共同找到更好的办法。

张一鸣提出了团队成员的高效协同，首先需要提供充足的背景信息。在张一鸣看来，对于有良好教育背景和实践经验的人，只要有充足的背景信息，就能做出一

⊖ 达利欧. 原则：如何创造出完美独特的自己 [M]. 刘波，綦相，译. 北京：中信出版社，2018.

致的、很好的决策。作为公司的 CEO，却由于身居高位，不接地气，没有人敢提反对意见，导致常常做出自以为是的错误决策。在《做 CEO 要避免理性的自负》的演讲中⊖，张一鸣提出，CEO 常常误以为自己的方法特别好，希望在公司大范围推行，但是忘记了自己的抽象知识和具体要做的事情之间的差距，形成自上而下的、宏大但是错误的战略。例如比尔·盖茨在微软推行 Vista 操作系统，或是乔布斯离开苹果做 NeXT 的时候。

张一鸣提出，CEO 要避免理性的自负，要以创设情境而非控制（Context, not Control）的方式来做决策，把公司变成一个分布式系统。具体的做法是：①甄选聪明的、有良好的思维模式、能够做好决策的个体；②给每个做决策的人充分的上下文情境信息，帮助个体做出决策；③当一项业务进展出现问题的时候，不是让更高阶的人来做，而是反过来想，是不是情境信息不够，例如行业的情况、业务数据、过往的失败案例没有及时分享给他。

信息透明和彼此尊重的原则道理并不复杂，但真正的挑战在于创始人要以身作则、坚守原则，从而影响团队建立共享的原则。达里欧和张一鸣都是高度的原则自律者，美德的行动者。达里欧认为，每个人都要反思"再现的情景"背后的机理，看到隐藏在扑面而来的复杂事物中的实质，通过现实的反馈不断调整自己的原则。张一鸣认为，坚持原则很多时候是经济的，可以看作一种短期浮亏长期受益的投资⊖。

第二节　更加遵循伦理原则的创业组织

一、道义论和组织伦理原则

美德伦理学关注个体长期、持续的美德品质，而道义论关注人的行为标准是否符合规定的标准。这两者之间的关键差别在于，美德伦理学虽然认为个体应该遵循美德，但个体之间的美德可能存在差异，每个人可以拥有不同的美德。道义论则认为，人类遵循和尊重别人的价值有"应该"和"不应该"的标准和规范，这些规范

⊖ 源码资本. 张一鸣：做 CEO 要避免理性的自负［EB/OL］.（2017 - 04 - 25）［2021 - 09 - 09］. https://www.chinaz.com/start/2017/0425/692076.shtml.

⊖ 李阳林. 2011 年：历史转折中的张一鸣［EB/OL］.（2019 - 11 - 03）［2021 - 09 - 09］. https://www.iyiou.com/analysis/20191103117201.

界定了什么是好的行为，什么是不好的行为。这些伦理标准和规范通常来自社会和组织长期积累的文化和核心价值观。

"道义"是群体所遵循的普遍伦理原则，必须建立在社会所普遍公认的伦理合法性和伦理底线的基础上，遵循一些更加基础的伦理假设，如权利和义务之间的均衡，对弱势群体的照顾等。"道义"关注的是所有社会个体之间的权益分配。然而，由于个体之间利益的差异性，建立社会上所有个体都愿意遵循的律令就要经过艰难的协商过程，并且需要以客观公认的道德经验为基础。

对创业组织而言，组织层面公认的道义或行为准则非常重要，关系到组织作为一个整体的合法性，以及各利益相关者对组织的信任和稳定预期。如果一家企业被公认为缺乏诚信、不守承诺，那么和这家企业的合作效率会极低。合作伙伴需要耗费极高的成本来监督和检查这家企业的行为。对员工而言，如果员工觉得企业只是想榨取他们的价值，而不尊重每个个体的价值，也会在猜疑和自我保护中耗费大量精力，降低工作效率。从创业企业建立起，无论直接还是隐性，每家企业都在建立自己的伦理规范和行为准则。这些行为准则源于社会普遍的伦理原则，企业的成功或失败的经验，创始人的个人理念、企业内部多元文化群体本身所带有的伦理规范等。建立创业企业共同伦理原则的关键，在于这些不同来源的伦理原则之间的冲突和矛盾。组织中的每个人都是具有多重社会身份的，每个社会身份都有不同的伦理要求。例如，企业期待员工以用户为中心，即便加班加点也要把用户托付的工作完成；而作为一个家庭成员，家庭伦理则可能期待员工能够按时回家，陪伴家人，做一个尽责的家庭成员。组织需要审慎地识别这些伦理规范之间的冲突，尽可能减少企业的伦理规范和个体所承载的其他社会身份的伦理原则之间的冲突。

伦理原则有着鲜明的文化和时代特征。下面，我们分别从美国和我国创业组织发展历程的角度出发，指出创业组织的伦理原则演变的趋势和未来的发展方向。

二、伦理原则和美国创业组织的发展

早期的清教徒奠定了美国文化和创业伦理的根基㊀㊁。清教徒文化具有四个紧密联系的特征㊂：①建造人间天国的坚定信念；②拥有机械天赋，亲力亲为的技师精神；③把集体利益置于个人利益之上的道德观念；④能够根据大大小小的目的协调

㊀ 费舍尔. 阿尔比恩的种子：美国文化的源与流 [M]. 王剑鹰，译. 桂林：广西师范大学出版社，2018.

㊁ 韦伯. 新教伦理与资本主义精神 [M]. 李修建，张云江，译. 桂林：广西师范大学出版社，2010.

㊂ 霍博 K，霍博 W. 清教徒的礼物 [M]. 丁丹，译. 北京：东方出版社，2013.

各种财力、物力和人力的组织能力。

19世纪末20世纪初，刚经历了第一次工业革命的美国把清教徒的文化基因和创造巨大财富的机会结合起来，形成了工业革命时代的创业伦理。这些创业伦理在个体层面，表现为个体社会对未来坚定不移的、特有的乐观精神。这种乐观一方面是个人通过奋斗发财致富，成为世俗成功的典范；另一方面是实现《圣经》中建设人间天国的宗教理想。这些朴素的乐观、崇尚个体奋斗、追求财富的积极思想，成为美国创业伦理的根基。米厚如（Mitch Horowitz）在《美国积极思想简史》[⊖]中指出，19世纪末，刚经历了第一次工业革命的美国经历了有史以来的第一次经济大发展，现代化、标准化的消费品生产刺激了消费主义和物质主义，美国从农业经济向城市经济转型。商店里琳琅满目的商品刺激着人们不断膨胀的消费欲望和消费焦虑。股票买卖和债权交易等获取财富的新兴手段兴起。在物质主义和消费欲望的刺激下，越来越多的普通人能够通过创业积累难以想象的财富，人们开始关注如何通过思想的力量发家致富，实现富有成功的人生。在《征服贫穷》中，海伦·威尔曼斯（Helen Wilmans）意识到"思想吸引财富"的重要性，她写道："唯有在最乐观、最积极、最专注的精神状态下，才能达到学习和工作上的最高效率，并完成财富的最大化。"这类新思想运动提倡通过思想的改变从而改变客观环境和个人命运，为经济高速发展中的美国人提供了一种精神的动力和全新的宗教信仰。"君子爱财"逐渐成为一种新的成功典范。

在20世纪下半叶，以硅谷为代表的科技革命又为美国的创业伦理注入新的活力。硅谷的崛起，是对美国东海岸保守、官僚化的组织文化的反叛，想要建立起一个平等的、去中心化的新世界[⊜]。创新成为以硅谷为中心的新的创业伦理原则的核心主题，并推动整个经济体向创新经济转型。这场创业伦理原则的变革迄今仍在进行。创业不再仅是为了追求个人财富的生存型创业，而是为了改变世界的创新型创业。

在《大繁荣》[⊝]中，诺贝尔奖经济学得主埃德蒙·菲尔普斯（Edmund Phelps）指出，现代经济提供了大量从事对新创意的构思、推广和检验的工作，这些工作体验和传统经济中枯燥、重复的工作不同，能够给人带来精神上的刺激。人们热爱在工作中解决新问题，开发新的可能性，充分施展自己的才能。这些新观念构成了工作伦理和更高层面的创业伦理的基础。人们投身创业，不仅是为了物质的回报，也为了更高的成就感和精神上的满足感。

⊖ 米厚如.美国积极思想简史［M］.薛静静，译.北京：中国人民大学出版社，2017.
⊜ 特纳.数字乌托邦：从反主流文化到赛博文化［M］.张行舟，译.北京：电子工业出版社，2013.
⊝ 菲尔普斯.大繁荣［M］.余江，译.北京：中信出版社，2013.

20 世纪七八十年代，快速成长的创新企业成为美国经济的增长引擎。管理学家彼得·德鲁克（Peter Drucker）⊖洞察到："20 世纪 70 年代中期以来，美国经济体系发生了深刻的变化，从管理型经济彻底转向了企业家型经济。"经济发展的主要动力不再是庞大的组织，而是快速成长的"企业家企业"，德鲁克把这些企业定义为创造出了新颖而不同东西的少数的企业，既包括快速成长的中小企业，也包括如通用电气这样不断创新的大型企业，甚至包括具有企业家精神的大学和非营利机构。企业家精神是一种把变化视为常规，致力于做与众不同的事，而非把已做过的事情做得更好的精神。在德鲁克看来，企业家型经济使美国抵御了"石油冲击""能源危机"和两次相当严重的经济衰退，创造出远超西欧和日本的工作机会。

这些创新型的企业和从前只追求发财致富的企业有着不同的组织方式。创新的回报有一定周期，并不一定直接带来短期的经济回报。这些创新型的企业无法仅作为利益共同体维系企业运转，而共同的伦理原则就在凝聚和组织企业上发挥着越来越重要的作用。此外，当企业面对模糊、不确定的决策时，伦理原则作为决策时的"价值前提"，能够给企业成员提供清晰、明确的决策依据。创业者有着越来越强的责任意识，在创业开始就注重遵守伦理原则的建立，让创业企业不仅是利益共同体，也是伦理共同体，不仅仅以结果和成败论英雄。

因此，我们看到从 20 世纪七八十年代至今，美国快速发展的"企业家经济"伴随着伦理原则越来越成为创业企业的标准配置。大批不甘循规蹈矩，推陈出新的年轻人，在创立试图颠覆行业传统企业的过程的同时，也在建立自己的伦理标准和原则。例如，谷歌在创业初期，就提出了"不作恶"的原则，强调："不要作恶。我们坚信，作为一个为世界做好事的企业，从长远来看，我们会得到更好的回馈——即使我们放弃一些短期收益。"亚马逊提出了包括顾客至上、主人翁精神、创新简化等十二条领导力原则，成为企业招聘人才的标准。

三、伦理原则和中国创业组织的发展

作为早熟的轴心文明，我国很早就有依据道义建立社会伦理规范的意识。《论语·里仁》中讲到："君子喻于义，小人喻于利"。《孟子》中更是提出了："生，亦我所欲也；义，亦我所欲也。二者不可得兼，舍生而取义者也"的道义标准，塑造了一代代中国人的性格，也奠定了我国创业伦理的文化基因。

近代以来，中国传统伦理观在强烈的外来刺激下，经历并仍然处在剧烈的重建

⊖ 德鲁克. 创新与企业家精神［M］. 朱雁斌，译. 北京：机械工业出版社，2007.

过程中。一方面，传统儒家的伦理原则仍然对国人的道义观念有着深刻的影响；另一方面，在西方经济和文化的冲击下，我国也在融合学习西方的伦理原则，和我国传统伦理观产生了激烈的冲突碰撞。我们仍然处在这个碰撞和融合的过程中，这是我国创业者建立伦理原则的现实情境。近40年来，我国创业伦理经历了和美国高度类似的过程。早期创业的动力是改善生活，发财致富。随着"低垂的果实"被逐渐摘完，新一代的创业者越来越追求以创新为导向的创业，解决更难的问题，我国的"企业家经济体"正在快速形成中。[○]

当前我国最早的创业活动是改革开放后才兴起的。1978年，从事商业活动的私人资本经营者群体从无到有的出现，成为经济的重要力量。

我国早期的创业者以敢闯敢试、自我探索，以及模仿、引进西方产品、技术和经营管理模式为主。在物质贫乏的年代，创业逐渐成为致富的最好手段之一。

1978年—1983年是农村能人草创时期。这个时代的创业者背景往往是"政经合一"的村级带头人（社队作坊或小工厂的厂长，县村个体劳动者如禹作敏、吴仁宝、鲁冠球、何享健等）。这些改革开放的第一代创业者面对高度不确定的政策环境，不完善的经济体系，快速扩张的中国和海外市场，头脑灵活，敢闯敢拼，摸着石头过河。

1984年—1991年是工厂管理启蒙时期。这一阶段城市逐渐成为经济改革的主战场，承包制被引进城市。城市经济中的边缘青年、大型国有企业的下岗人员、找不到工作的退役军人、不甘平庸的基层官员等成为创业的主体。张瑞敏、王石、牟其中为代表的企业家，受益于全球化贸易、进口替代和国内蓬勃发展的消费市场，成为这一时期杰出企业家的代表。以乡镇和县市集体经济为特征的苏南浙北（周耀庭、蒋锡培、宗庆后）、温州（南存辉、胡成中、王振滔）、珠三角（李经纬、何伯权、李东生）等地区的创业者，发展出了基于本地文化和市场经济融合，多元化、特色鲜明的地域经济和创业伦理。这些成功的创业者往往集中在短缺的食品、纺织、家电等消费品领域，从国外引进大量的生产线，但相对于国外同行，在品牌、技术等方面都很不成熟，创新也很有限。

1992年—1997年是民族品牌崛起和品牌营销狂飙时期。这个时期，我国进入"发展才是硬道理"的世俗狂欢时代，金钱成为社会价值的标尺，社会主流人群开始投身下海经商。具有鲜明社会改造情结的"92"派（陈东升、田源、冯仑）和大学生下海派（史玉柱、求伯君、郭广昌）等崛起。20世纪90年代中后期，民族品

○ 吴晓波．中国企业家谱系［EB/OL］．（2017 - 11 - 27）［2021 - 09 - 09］．https://www.sohu.com/a/206818475_137204.

牌异军突起，同时由于产能过剩导致营销越来越重要。一批激进的营销型企业家通过广告轰炸和人海战术主导了我国消费市场的潮流，也引发了伦理争议。这个阶段虽然形成了一些中国独特的品牌，但是从品牌运营、营销渠道建设等方面还是以借鉴西方营销实践为主，缺乏自己的独创。

1998 年—2008 年是资本外延扩张的阶段。1998 年东亚金融危机后，我国迎来了制造业崛起、商品房改革和地产经济崛起、互联网经济崛起等一系列重大变化。创业者开始分化。一方面，制造业崛起和地产经济崛起仍然提供了大量赚快钱的机会；另一方面，从无到有的互联网经济，一开始就获得国际风险投资的支持，带着最少的商业原罪，和快速崛起的风险投资一起，让硅谷的创新精神在我国生根发芽，为我国的创业伦理注入强烈的创新精神。在这个阶段，我国企业开始有意识地提炼自己的伦理原则。例如，1997 年华为公司内部思想混乱，任正非邀请几位人民大学的教授，集合众人发散的思维，一起讨论出《华为基本法》，形成了华为的企业文化大纲，统一了大家的意识。

2009 年—2018 年是产业迭代创新时期。我国成为仅次于美国的全球第二大风险投资市场，所拥有的代表未来新经济的独角兽企业数量也仅次于美国。在这种场景下，创新逐渐成为我国创业伦理的核心主题，我国逐渐从追随西方国家到创新引领。每个产业都充满焦虑，担心被互联网、人工智能或者其他的技术变革所颠覆。

我国的创业者在摸索中实践，试图定义我国创业中的创新伦理。一方面，新的概念、技术、商业模式层出不穷，硅谷所推崇的冒险、叛逆、敢为人先等创新伦理的要素逐渐被我国创业者践行。另一方面，在面对高度不确定的创新领域时，创业者、资本如何评估创新价值，如何在创新的过程中维护各方利益，常常会产生很多伦理问题。共享经济、O2O、互联网金融等创业领域都产生了大量的泡沫。创新没有先例可循，需要打破旧秩序，但是这个过程中创业者要遵守怎样的伦理原则，是创业者需要探索的。2015 年开始陆续出现的互联网金融公司暴雷和监管部门的严厉整顿，让创业者渐渐学会，创新并非为所欲为。创新和颠覆本身不是目的，为社会创造更大的价值才是。

钱穆先生在《国史大纲》的前言中写道：所谓对其本国以往历史有一种温情与敬意者，至少不会对其本国历史抱一种偏激的虚无主义，即使本国以往历史无一点儿价值，亦无一处足以使彼满意，亦至少不会感到现在我们是站在以往历史最高之顶点，此乃一种浅薄狂妄的进化观。文化演化是一个渐进的、反复的过程，需要把不同领域，彼此冲突的原则进行融合，最终才能形成新的伦理原则和范式。

创业伦理原则的建立，最终需要依靠一代代的创业者，坚守他们在人生早期就形成的原则和信念，无论经济形势如何变化，个人财富如何增长。《哈佛商学院

1949 届》○中，描述了已经成为商业领袖的哈佛商学院 1949 级毕业生，在目睹 20 世纪 90 年代末和 21 世纪初，在美国科技产业狂飙突进的造富狂潮中产生的安然、世通、泰科电子等丑闻后感到的深深失望。这些在大萧条时代长大，在哈佛商学院接受了商业技能知识、道德因素理论和社会哲学与经济哲学融合的综合教育，具有极高个人声望和财富的商业领袖们，一直坚信"我们从小就相信建立一个让你引以为豪的企业比赚钱更重要。我们所在乎的不是聚敛财富或兴建豪宅。今天人们觉得这很难理解"。这也是我们写这本书，致力于在我国推动创业伦理教育的初衷。我们希望在创业者心中埋下创业伦理的种子。

第三节　更负责任的创业生态参与者

一、创业者的创业生态责任

美德伦理学关注个体持久的品质，道义论关注社会、文化和组织的伦理原则，而功利主义伦理学关注伦理的结果。这些结果包括个人的成功、社会的繁荣、财富的增长等。功利主义伦理学的核心问题是：从结果的角度看，行为的本身是否利大于弊？功利主义看来，结果的正当性能够证明手段的正当性。功利主义有两个核心特征：行为主义需要确定目标的合理性，人们需要采取能够实现最好结果的行为。功利主义伦理学有助于帮助创业企业界定自己在创业生态系统中对利益相关者的责任。

功利主义伦理学的难点在于确认什么是好的行为的结果。例如，对创业企业而言，结果应该用业绩来实现还是应当用给利益相关者创造的价值来实现？如何衡量给利益相关者创造的价值？关于伦理结果的最新趋势是，以用户为代表的利益相关者的价值正在从最基础的功能性价值向更高层次的价值跃迁。创业者需要注意这个趋势，结合自己所在行业的发展阶段，及时更新对伦理结果的定义。贝恩公司的研究团队提出了"用户价值金字塔"○，提出用户价值不仅包括节省时间，避免麻烦等低层次的价值，还包括情感、改变生活乃至社会影响等高层次价值，如图 12 - 1 所示。企业为用户提供的价值越多，企业的产品或服务对用户就越有吸引力。这意味

○ 卡拉汉. 哈佛商学院 1949 届［M］. 杨华，译. 北京：机械工业出版社，2005.
○ 阿姆奎斯特，西尼尔. 用价值要素发现客户的真正需求［J/OL］. 哈佛商业评论，2016（9）.
［2021 - 11 - 08］. https：//www.hbrchina.org/2016 - 09 - 02/4449.html.

着，当创业企业在使用功利主义的判断逻辑，想要以利益最大化的结果来说明手段的有效性时，要从价值清单里审慎地选择和定义伦理结果，并确认利益相关者对伦理结果有一致的理解。

社会影响类

自我超越

改变生活类

改变生活带来希望　　自我实现

动力　　财富传承　　附属/从属

情感类

减轻焦虑　给我奖赏　怀旧　设计/审美　标志价值

健康　　安抚价值　乐趣/消遣　吸引力　提供途径

职能类

省时　简单化　赚钱　降低风险　组织　整合　联系

省力　避免麻烦　降低成本　质量　多样化　感官吸引力　提供信息

图 12 - 1　用户价值金字塔

对创业企业而言，注重功利主义伦理有助于创业企业搭建灵活、多元的创业生态系统，创造更大的价值空间，从而让利益相关者从中获益。

二、创业生态系统的价值空间

创业生态系统的数量正在快速增加。城市、企业、大学、投资机构都希望打造自己的创业网络，形成自己的创业生态系统。创业者也有了更多的选择，可以加入一个或多个自己适合的创业生态系统，也可以自己打造新的创业生态系统，而不必一定依附于某个生态。生态也越来越乐意维持一种热带雨林式、自由开放的文化。

创业生态系统的协同和组织需要多中心的机制，以维持生态系统的多样性和创新性。要成为创业生态中的关键玩家，创业企业越来越需要遵循让大多数利益相关者获益的原则，才能被创业生态容纳。早期的创业企业，以发财致富、自我利益为中心。创业企业如果要生存，在市场容量有限的情况下，往往会和上下游产生激烈的内卷化竞争。新一代的创业者越来越追求协同产业链上下游，通过创新增加更大的价值空间，最终让产业链上下游都获益。这是创业实践发展的趋势。这和功利主义伦理学的思路一致：要让大多数人获益。

润米咨询创始人刘润在《为什么顶尖高手，都是极致利他者》⊖的文章中提出了价值空间是判断一个创业项目能否成功的观点。所谓价值空间，是当一个创业项目发生后，整个交易链条是否能够通过同样的成本获得更多的价值。例如，在过去用100斤花生能够榨25斤油，但当一个创业者出现后，改进了压榨工艺，在品质保持不变的情况下，能够榨出40斤油，多榨了15斤油就创造了一个价值空间。创业者可以把多榨出来的15斤油中的5斤油分给用户，让用户以和之前同样的价格买到30斤油；把5斤油分给合作伙伴，让合作伙伴帮助卖更多的油；把5斤油留给自己。能够创造更大价值空间的创业者会获得用户和合作伙伴的支持，每个人都希望创业者能够成功。因为创业者的成功能够给大家带来利益。

创业者不仅要创新，而且要追求增加价值空间的创新，这样的创新才能让价值链上的利益相关者都获益。如果创新没有实现价值链的增量，而是用以夺取价值链上其他利益相关者的利益，这样的创新迟早会受到抵制。例如，一家互联网企业看起来通过技术搭建起了一个连接商家和用户的平台，但是这个平台让用户买到更贵的东西，让商家付出更高的进驻成本，这样的创新是肯定不能持久的。

越来越多试图搭建或融入生态系统的组织会意识到，生态系统的繁荣或失败并不取决于组织自身，而是取决于组织在多大程度上增加价值空间，让大多数利益相关者获益，从而吸引利益相关者一起共同建设、完善生态。我们甚至看到，越来越多的创业生态系统的主导者会愿意以经济补贴的方式帮助其他利益相关者降低融入生态的成本，贡献自己的才智。

未来组织之间的竞争，越来越是产业链和产业链之间的竞争，是生态之间的竞争，是一群人和另一群人的竞争。谁能够在短时间创造广阔的新增价值空间，建立起让数量庞大的让普通人利益最大化的创业伦理准则，让人们觉得跟着他有前途，谁就能快速崛起，做大做强。每一个微小的利益相关者，都可能成为决定企业之间

⊖ 刘润. 为什么顶尖高手，都是极致利他者 [EB/OL]. (2020-04-19) [2021-09-09]. https://www.cyzone.cn/article/583078.html.

成败的关键。"蚂蚁雄兵"的势能，也可能会帮助初创企业掀翻巨头。

在自然生态系统中，动物、植物、微生物等都有各自的分工，各有各的价值，形成相互依存的生物网络，任何一个环节的缺失都可能对生物网络的稳定性造成影响。创业生态系统也是这样。创业生态中的成员彼此联系，都很重要，缺乏任何一个人都可能对生态系统造成破坏。要实现多大程度的创业生态协作，就要在多大程度上建立让生态伙伴利益最大化的创业伦理准则。难以建立让创业伙伴利益最大化的创业生态准则是限制创业企业规模化的核心问题。创业伦理的关键是让大大小小的利益相关者都建立起"获益预期"，觉得加入生态能够带来物质、精神等多方面的利益，让利益相关者追随自己。作为创业生态的组织者，一方面需要有创造价值空间的能力，不断把蛋糕做大，提供价值分配的空间；另一方面要有团结大多数人，先成人再达己的胸襟和气度。

三、创业生态和产业链的组织者

过去十多年互联网内容生态的战争提供了一个绝佳的实验室，让我们得以观察对小型企业/创业型个体的扶持是如何影响产业链竞争的格局，进而影响创业企业成败的。在门户网站时代，网络平台主要做内容分发，内容制作由专业机构完成，网站由编辑审核，所遵循的仍然是传统媒体的新闻伦理准则。进入搜索引擎时代，信息的分发通过关键词搜索完成。百度搭建了百度百科、百度贴吧等内容生态，营造了繁荣的内容生态，逐渐形成了 BBS 式的开放、包容、多元的伦理规则，诞生了许多网络名人，百度贴吧一度成为许多亚文化群体的集聚地。微信时代，张小龙以"再小的个体，也有自己的品牌"为核心理念，搭建微信内容生态。微信鼓励每个人都进入微信生态中，消除地理的限制和中介环节，提供有价值的服务。为了鼓励生态发展，微信保持克制，不会和内容创作者争夺，而是希望培养一个多元繁荣的"森林"。到了以字节跳动为代表的智能引擎推荐时代，通过简单粗暴的砸钱补贴获得大量优质内容创作者的支持，帮助内容创作者变现赚钱。2015 年，张一鸣推出"千人万元"计划，帮助 1000 名内容原创者月收入不低于一万元，头条号的数量在一年内从 3.5 万个升到 30 万个。类似的策略也出现在火山视频、抖音、悟空问答等产品中。头条认为，"现金是对知识分享的奖励"。这使不少知乎等其他平台的大 V 转投头条，帮助头条内容生态快速做强。

从门户网站到今日头条的内容生态变化中，我们可以看到平台伦理朝着降低创作门槛，让更多的普通内容创作者能够使用创作工具，从内容生态中获得利益，从而容纳了越来越多的内容创作者进入生态。在早期百度贴吧时代，平台鼓励多元、细分的社群建立，专业内容创作者获得的主要是兴趣社群中的关注。在微信时代，平台鼓励每个人都成为微信巨大流量池中的内容贡献者，一批具有较强文字创造能力的个体崛起，开发了大量微信公众号，从自媒体逐渐转型发展出多样化的业务生态。在头条、抖音时代，秉持技术中立原则，不人为判断内容的好坏，算法分发能够容纳理论上无限的内容存在，更广泛的内容创作者进入平台，提供了从专业到娱乐，丰富多元的内容生态。抖音开发出了简单好用的视频编辑器，让普通人也能很快编辑上传视频，简化了视频创造的门槛，让大量普通人转型成为视频创作者。在头条、抖音这样的平台上，创作者不仅可以获得关注，还能直接获得平台的物质激励，在生态中得到了更加丰富的需求满足。

在未来，我们将见到越来越多的大企业成为创业生态系统的组织者，这种趋势不仅表现在平台型互联网企业，也可能发生在任何行业、任何企业。2018年，工业和信息化部、发改委、财政部和国资委印发《促进大中小企业融通发展三年行动计划》的通知，提出大企业要和中小企业协同创新，共享资源，实现融合发展的产业生态，培养经济增长新动能。通知还指出，要深化基于供应链协同的融通模式，推动基于创新能力共享的融通模式，推广基于数据驱动的融通模式，打造基于产业生态的融通模式。华润、中集集团、海尔、三一重工等大型企业集团，开放自身业务场景、管理经验和技术储备，提供产业资本，扶持了许多初创企业，促进了创业生态的繁荣。

大企业在搭建平台的过程中，掌握了海量用户资源和数据，相对于小企业和创业型个体有较强的谈判能力。借助规模效应形成垄断优势的大型平台企业，很可能会因为缺乏制约的权力，而侵害小企业和创业型个体的利益。互联网平台企业近年来频发的"二选一"、大数据杀熟、超前点播付费等争议问题，让人们质疑掌控权力的大型平台企业的公平性。随着《关于平台经济领域的反垄断指南》等法规的出台和完善，越来越多大型平台企业的不公平竞争行为将受到制约。

随着互联网的深入发展和交通的便利，全世界越来越连接成一个复杂、密切的整体，创业生态系统也在更高层面实现整合。人们有理由担忧，网络的连通、技术的进步、资源的集聚会让少数人拥有空前大的权力，侵蚀普通人的利益，造成更大的社会不公平。但是我们也相信，在分布式网络中，大量普通人所集聚的群体智慧，是创业生态中的主导力量。当普通人没有被有效组织起来时，是古斯塔夫·勒庞（Gustave LeBon）在《乌合之众》⊖里所描述的无意识、盲从、容易相互影响的群体。然而，群体也可能像凯文·凯利（Kevin Kelly）在《失控》⊜中所描述的，许多自下而上组织起来的个体，形成群体的智慧。

⊖ 勒庞. 乌合之众［M］. 夏小正，译. 天津：天津人民出版社，2013.
⊜ 凯利. 失控［M］. 东西文库，译. 北京：新星出版社，2011.

普通人所形成和集聚的群体力量，会让创业企业获得巨大的集体智慧的加持，赢得竞争的胜利。有远见的创业企业会重视团结尽可能多的普通人的力量，降低普通人参与生态的阻力，能够更多地利用个体的力量。我们可以期待，创业会带来一个更加公平的世界，每个人都可以通过融入某个创业生态，让自己更有价值。

四、创业生态和社会使命

近年来，社会创业日益成为一种新兴的创业导向。不同于商业创业者，社会创业者致力于用商业手段解决社会问题，所得的盈余用于帮扶弱势群体，促进社会的发展，他们对社会价值的看重大于对商业价值的看重，对所有利益相关者有着高度的责任意识[一]。社会创业者具有强烈的同情心，关心他人并容易和他人形成情感连接[二]。

社会企业有着清晰、持续、可测量、优先的社会使命。即便企业有机会投入更高收益的活动中时，仍然保持初心，坚守社会使命[三]。例如：

喜憨儿洗车的社会使命是：让心智障碍人士掌握技能、参与工作、体现价值、赢得尊重。为了实现使命，喜憨儿在全国发起心智障碍者批量就业行动，建立1000家喜憨儿模式的洗车中心，解决10000～15000个心智障碍人士的就业问题。

分享生活的社会使命是：解决中国的农业污染和农产品安全问题；倡导健康的生活方式，服务于农业生产者及消费者，尝试推进乡村的可持续发展。分享生活提出了一个很有吸引力的社会变革公式：每5户消费者加入，就可以让1亩土地脱毒；每10户消费者加入，就可以让1个农民脱贫；每100户消费者加入，就可以让5个年轻人留在乡村工作；每1000户消费者加入，就可以建设一个更有持续性的乡村。

老爸测评的社会使命是：解决中国劣质产品泛滥的问题。让孩子们远离有毒有害产品。实现这个使命，搭建了拥有7万活跃粉丝的微信号，下单购买产品的粉丝人数突破50万人。

我们认为，社会企业不仅是以弱势群体为服务对象的企业，而是所有有着强烈、专注的社会使命感，通过融入或搭建创业生态解决社会问题，承担更大的社会责任的创业企业。社会创业更多的是一种为社会创造价值的精神，而不是具体的形式。阿里巴巴从创业初期就有"让天下没有难做的生意"的使命。腾讯在2003年、2005年和2019年经历了三次使命升级，从"用户依赖的朋友、快乐活力的大学、

[一] 斯晓夫，刘志阳，林嵩，等. 社会创业：理论与实践 [M]. 北京：机械工业出版社，2019.

[二] MILLER T L, GRIMES M G, MCMULLEN J S, et al. Venturing for others with heart and head: How compassion encourages social entrepreneurship [J]. The Academy of Management Review, 2012, 37 (4): 616−640.

[三] 毛基业，赵萌. 社会企业家精神：创造性地破解社会难题 [M]. 北京：中国人民大学出版社，2018.

领先的市场地位、值得尊重的合作伙伴、稳定和合理的利润"发展到"通过互联网服务提升人类生活品质，成为最受尊敬的互联网企业"，再到"用户为本，科技向善"。这些社会使命，引领着企业由小变大，承担着越来越大的社会责任。

生态视角贯穿全书的核心。由于很多企业通过生态战略获得了成功，许多创业企业把生态作为一种写在商业计划书里吸引投资人的概念，但是却没有支撑生态战略的坚定、可持续的社会使命作为内在的灵魂。创业企业和创业生态是共生共荣的关系，然而这种关系得以成立，在于创业企业有着强烈的社会使命，帮助自己所在的创业生态建立更好的社会秩序，而不是向生态索取资源。创业者需要意识到，自己不仅是在创立一家企业，更是一个实现社会功能，创造社会价值而非个人利益的组织。

最后，用管理学家彼得·德鲁克的一段话⊖作为全书的结尾："我们需要的是一个创业社会，在那里创新和创业是常规性的、稳定的和持续不断的。正如管理已经成为所有当代机构的特殊器官，成为组织社会的整合器官，同样，创新和创业必须成为组织、经济、社会的一种必不可少的维持生命的活动。"

我们期待和创业者一起，共同建立一个繁荣、美好、多元的创业社会。

练 习 题

（单选或多选）

1. 以伦理原则约束自己行为的好处是（　　　）。
   A. 获得更多的财富　　　　　　　　B. 减少外在干扰的影响
   C. 过清晰的、有秩序的生活　　　　D. 和身边的人更加愉快和稳定的合作

2. 遵守共同原则的好处是（　　　）。
   A. 让人们觉得彼此是可以预测的　　B. 平等的合作或竞争
   C. 简化人际关系　　　　　　　　　D. 形成利益共同体

3. 组织层面的行为准则对创业企业的好处是（　　　）。
   A. 有利于树立组织合法性　　　　　B. 让利益相关者对企业有稳定预期
   C. 赢得利益相关方的信任　　　　　D. 有利于融资

4. 用户价值金字塔中处于最高层级的价值是（　　　）。
   A. 职能价值　　　B. 情感价值　　　C. 改变生活价值　　D. 社会影响价值

5. 社会创业的特征包括（　　　）。
   A. 用商业手段解决社会问题　　　　B. 对商业价值看重超过社会价值
   C. 有清晰、可测量的社会使命　　　D. 对利益相关者有着高度的责任意识

⊖　德鲁克. 社会的管理［M］. 徐大建，译. 上海：上海财经大学出版社，2003.